KB272341

몸으로 추정하는

몸을 추정하기

트랜스젠더와
물질성의
수사학

게일 샐러먼 지음
전혜은 옮김

오월의봄

내가 견뎌낼 수 있게 도와주고
항상 내게 같음과 다름에 대해 가르쳐준
줄리를 위해

차례

일러두기

1. 단행본, 정기간행물(신문, 잡지 등)은 겹화살괄호(《》)로,
   논문, 영화 등은 홑화살괄호(〈〉)로 표기했다.
2. 저자의 첨언은 '{ }'로, 독자의 이해를 돕기 위해 옮긴이가
   내용을 덧붙인 경우에는 '[ ]'로 묶어 표시했다.
3. 본문의 인용문은 모두 옮긴이가 새로 번역했으며,
   한국어판이 있는 경우 이를 참조했다.
4. 원서에서 누락되었거나 잘못 기재된 출처는 역주를 통해
   서지 정보를 추가했다.

《몸을 추정하기》는 현상학(주로 메를로-퐁티Maurice Merleau-Ponty의 작업), 정신분석학(프로이트Sigmund Freud와 폴 쉴더Paul Schilder의 작업), 퀴어 이론을 통해 체현embodiment의 문제를 파헤치면서 이 각각의 분야가 몸을 어떻게 생각하는지 고찰하는 기획이다. 나는 몸의 물질성을 우리가 아무런 매개 없이 접근할 수 있고 인식론적 확실성을 가질 수 있는 것으로 보는 통념에 도전하고자 한다. 그리고 그러한 인식론적 불확실성이 규범적으로 젠더화되지 않은 존재들의 삶에 윤리적으로도 정치적으로도 큰 도움이 될 수 있음을 주장하고자 한다. 전반적으로 이 책은 트랜스젠더화되고 트랜스섹슈얼한 몸transgendered and transsexual bodies[1]에 대한 최근의 이론화 작업들에서 출발하여, 그러한 이론화가 현상학과 정신분석학이 몸을 이해하는 방식으로부터 얻어갈 것이 있으리라고 제안한다. 그리고 아마 좀 더 중요하게는, 트랜스 몸과 트랜스 주체성들을 좀 더 철저하게 숙고하지 않는다면 몸이란 무엇인가에 대해 우리가 현재 갖고 있는 생각들은 그 중요성이 돌이킬 수 없을 정도로 줄어들 것이라고 제안하고자 한다. 그러므로 이 기획은 트랜스 몸과 트랜스 주체성들의 특이성specificity을 드러내는 한편, 그러한 특이성을 엄격히 물질적인 측면으로 정의하고픈 유혹에 저항하고자 한다. 여기서 나의 주장은 트랜스젠더화된 몸이 규범적으로 젠더화된 몸과 다르게 표시되는 물질적 특이성을 갖고 있다는 것이 아니라, 오히려 규범적인 젠더의 생산 자체가 몸의 '느껴지는 감각felt sense'과 몸의 육체적 윤곽 간의 괴리에 의존하며, 이러한 괴리를 병리적 구조로 볼 필요가 없다는 것이다.

이 책에서 나는 신체적 존재를 설명하는 담론들에서 물질적인 것과 환상적인 것phantasmatic의 관계를 탐구한다. 그리고 이 관계가 반드시 양립 불가능한 관계일 필요는 없으며, 오히려 몸의 물질성이 의식에 존재하는 방식뿐 아니라 더 중요하게는 부재하는 방식들을 설명해줄 생산적인 긴장으로 특징지어질 수 있음을 보이고자 한다. 나는 모리스 메를로-퐁티, 지그문트 프로이트, 폴 쉴더, 주디스 버틀러Judith Butler가 제시한 체현 이론들을 독해하면서, 어떻게 하면 이런 이론들 안에 포함된 환상적인 것과 물질적인 것의 관계가 트랜스 몸들을 더 잘 이해하는 일에 도움이 되도록 할 수 있을지를 궁리한다. 동시에, 환상적인 것과 물질적인 것의 관계들이 어떻게 체현될 수 있고 또 살아질 수 있는지를 이해하는 데 트랜스 몸들에 대한 고찰이 도움이 될 만한 방법을 모색한다. 이 각각의 탐구는 체현된다는 것이 무엇을 의미하는가에 대한 더 광범위한 질문으로 향하는 길을 연다. 이 책 전체에서 나는 신체적 존재의 본성에 관한 가정들을 복잡하게 만들기 위해 유령phantom 또는 양가적 현존ambivalent presence이라는 관념에 의지한다. 여기서 유령은 때로는 텍스트적이고 때로는 물질적이며, 때로는 몸의 특정 부위나 영역의 양가적 현존을 표시하고 때로는 일반적으로 체현된 주체성의 특징을 가리킨다.

현상학, 정신분석학, 퀴어 이론과 트랜스젠더 이론 각각은 몸을 추정한다는 것이 무엇을 의미하는 가 하는 문제에 접근할 때 몸의 '느껴지는 감각'을 최우선적으로 강조한다. 이때 각 분과 학문이 사용하는 각기 다른 수단들을 함께 검토한다면, 느껴지는 감각이 대개 아무런 의심 없이 받아들여지는 몸의 윤곽이 어디까지인지 그 한계를 파악하는 일에 착수할 수 있다. 현상학자들은 이 느껴지는 감각을 **고유감각**proprioception[2]으로 이해하고, 정신분석학은 **신체적 에고**bodily ego로 생각한다. 그리고 느껴지는 감각은 때때로 트랜스젠더 이론에선 정체성과 '실재성realness'에 대한 주장들의 근거로 부상하기도 했다. 이 각각의 학문은 이런 의미 그리고 궁극적으로는 몸 자체가, 느껴지는 감각에 전적으로 달려 있다고 강력히 주장한다. 나의 견해로는 이 느껴지는 감각의 지속적인 중요성을 부정하거나 도외시하지 않고서도 이 감각이 문화적 해석의 산물이며 문화적 해석의 영향을 받는다는 점을 시인할 수 있다. 이런 담론들이 제공하는 개념적 도구들을 결합하여 활용함으로써, 트랜스젠더리즘과 트랜스섹슈얼리티

transgenderism and transsexuality[3]에 대한 논의가 너무도 문제가 많은 방식으로 '실재real'에 매달리지 않았으면 하는 것이 나의 바람이다. 내가 보기엔 '진짜real'라는 표현은 그 말에 붙는 규범화하고 규율하는 차원을 결코 완전히 떨쳐버릴 수 없다.

1부에서는 정신분석학과 현상학에서 현존과 부재, 물질적인 실체substance와 비물질적인 느낌이 신체적 존재에 관한 이론을 구조화하는 방식들을 다룬다. 트랜스젠더리즘과 젠더 디스포리아 gender dysphoria[4]를 이론화하는 다수의 작업에서 몸의 본성·기원·의미에 대해 논할 때, 몸을 실체 및 현존과 나란히 놓으면서—이때 실체 및 현존은 부재하는 것, 비물질적인 것, 또는 관념적인 것과 단순하고 극명하게 대립한다고 여겨진다—몸의 물질성을 주어진 자명한 것으로 대하는 경향이 있다. 그런 해석들이 생산하는 체현 이론에서는 몸의 현존을 반박 불가능한 사실로 단언하고 몸의 물질성이 정체성과 주체성을 보증한다고 생각하며, 젠더도 젠더 디스포리아도 이런 몸의 산물이라고 간주한다. 그럼에도, 느껴지는 감각이 몸을 의식에 전달하듯 몸의 물질성을 떠받치는 이 비물질적인 구조들은 몸을 물질성과 의미로 충만하고 파열이나 단절 따윈 없는 실체라고 이해하는 이론으로는 설명될 수 없다. 또한 주체가 몸을 느끼는 감각과 주체의 육체적 윤곽 간 관련성의 문제는 엄격히 유물론적인 틀 안에서는 다뤄질 수 없다.

1장 〈신체적 에고 그리고 물질적인 것이라는 논쟁적 영역〉[5]은 정신분석학에서 신체적 에고를 어떻게 개념화하는지를 살펴본다. 나는 몸 도식body schema의 발달과 기능에 대한 폴 쉴더의 논의, '피부 에고skin ego'를 체계화한 디디에 앙지외Didier Anzieu의 작업, 그리고 에고는 "다른 무엇보다도 신체적 에고"라는 프로이트의 그 유명한 주장을 고찰하고, 프로이트의 이 주장을 중심으로 모인 최근의 학술적 논의를 함께 검토할 것이다. 나의 주장은 사람이 스스로 갖고 있다고 느끼는 몸이 외부 윤곽에 의해 범위가 정해지는 몸과 반드시 같지는 않으며, 이는 규범적으로 젠더화된 주체에도 해당되는 사실이라는 것이다. 트랜스들transpeople은 정신분석학을 경계해왔는데 그럴 만한 충분한 이유가 있다. 정신분석학이 여러모로 젠더 다양성과 젠더가 다양한 사람들을 병리화하는 데 쓰여왔기 때문이다. 그럼에도 정신분석학은 아마 다른 어떤 담론보다도, 주체가 자기 몸을 '알게'끔 해주는 일련의 정교화된 메커니즘에 대해 가장 철저하고 상세하게 검토해왔으며, 심리적인 것과 물질적인 것의 연결을 기술하는 풍성하게 생산적인 방법을 우리에게 제시해줄 수 있다—동성애 혐오와 트랜스 혐오를 많이 표출하는 정신분석학의 경향이 제어될 수 있다면 말이다. 정신분석학은 자아의 구성 그리고 그 자아가 몸에 거주하는 방식을 다루기 때문에, 물질적 몸이 우리에게 아무런 문제 없이 입수 가능한available 것이라는 전제를 복잡하게 만들 수 있다. 정신분석학 안에서 몸은 일련의 복잡한 정신적 재현들, 심리적 이미지들을 통해서만 주체에게 입수 가능해지는데, 이것들은 신체적 에고로 불릴 때도 있고 몸 도식으로 불릴 때도 있다. 이런 개념은 젠더퀴어 공동체에서 유용하게 쓰일 수 있다. 왜냐하면 사람이 몸에 대해 '느껴지는 감각'을 가진다고 추정할 때의 그 몸이 외부에서 지각되는 물리적 몸과 반드시 인접해 있을 필요가 없음을 보여주며, 따라서 주체가 자기 몸의 물질성과 맺는 관계에 대한 관념을 복잡하게 만들기 때문이다.

2장 〈성적 도식: 《지각의 현상학》에서의 전위와 트랜스젠더〉는 현상학이 몸을 어떻게 설명하는지를 고찰한다. 이 설명에서는 몸 도식 개념을 사용하며 몸의 느껴지는 감각에 집중한다. 나는 메를로-퐁티가 체현을 현상학적으로 탐구한 작업에서 출발하여, 몸의 느껴지는 감각에 주목한다고 해서 몸이 우리의 지각을 뒷받침하거나 지각보다 앞서 존재한다고 단언할 필요는 없다는 그의 급진적인 제안을 검토할 것이다. 《지각의 현상학》에서 메를로-퐁티가 신체적 존재를 설명한 부분을 보면 주체성 자체가 몸 이미지의 구성을 통해 달성된다. 이 현상학에서는 물질성이 체현의 문제에 확실한 답을 줄 것이라며 쉽게 의지하는 법이 없는데, 그 이유는 메를로-퐁티에게 '신체 부위들은 대상이 아니라 잠재성'이기 때문이다. 대신에 몸은 '살아 있는 의미들의 결합체'로, 고유감각을 통해 이런 의미들을 얻게 된다. 이때 고유감각이란 일차적이지만 위치를 특정할 수 없는 '느껴지는 감각'으로, 몸을 별개의 부위를 모아놓은 것이 아니라 일관된 전체로서 경험할 수 있게 해준다. 이런 아이디어들이 트랜스젠더리즘에 대한 사유에 미칠 영향은 꽤 전도유망하며, 몇몇 트랜스 저술가들은 체현에 대한 현상학적 설명과 깊이 공명하는 언어로 이 느껴지는 젠더와 관찰되는 젠더 간 어긋남을 서술한 바 있다. 예를 들어 트랜스젠더 이론가 제이슨 크롬웰Jason Cromwell은 사람의 몸이 표명하는 성별/섹스sex,[6] 즉 **눈으로 볼** 수 있는 성별/섹스가 반드시 그 사람**일** 수 있는 성별/섹스일 필요는 없음을 시사하지만, 이 괴리를 상세히 풀어줄 만한 신체적 존재에 관한 면밀한 설명을 제공하지는 않는다. 바로 그런 설명을 메를로-퐁티의 작업이 제공해준다. 메를로-퐁티는 몸과 자아의 이원론적 개념화에 의존해서 체현을 설명하는 철학적 해석들에 도전하는 동시에, 안과 밖에 극명하게 선을 긋는 모델에 근거해서 몸을 개념화하는 정신/몸 이론가들에게도 도전한다. 대신 그는 우리 몸이 우리의 자아에, 그리고 우리 몸이 위치한 세계에 떼려야 뗄 수 없게 뒤얽혀 있다고 본다. 나는 몸이 타자들과의 관계를 통해서만 물질이 된다는 그의 주장을 고찰하여, 이 주장이 트랜스 주체성의 이론화에 어떤 결과를 가져올 수 있을지를 탐구할 것이다.

2부는 사진과 대중매체가 트랜스들을 시각적으로 재현하는 방식에 관여한다. 3장 〈렉스클럽의 소년들: 트랜스젠더와 사회적 구성〉에서 나는 '트랜스젠더학transgender studies'이란 제목 아래 점점 불어나고 있는 텍스트들을 검토한다. 첫째로, 트랜스젠더학이 페미니즘과 퀴어학의 담론들로부터 어떻게 출현했고 어떤 골치 아픈 관계를 맺고 있는지를 살펴볼 것이다. 일부 페미니즘 이론가들은 트랜스섹슈얼리티가 젠더 규범들에 도전하기는커녕 그저 그 규범들을 물화物化할 뿐이라 주장해왔다. 그러자 트랜스젠더 저술가들은 페미니즘 이론이 트랜스젠더화된 사람들의 체험lived experience에 관심이 없다고 비판해왔다. 나는 이 논쟁의 역사를, 그리고 트랜스젠더 이론이 젠더화된 체현에 관한 새롭고 생산적인 이해를 제공해온 방식들을 고찰할 것이다. 둘째, 나는 트랜스젠더 이론가들이 신체적 물질성에 대해 제기한 주장 중 문제가 많은 일부를 따져볼 것이다. 예를 들어 제이 프로서Jay Prosser의 목표는 "트랜스섹슈얼 정체성을 입증하기, 트랜지션transition을 거치는 인물의 물질성을 드러내기", 그리고 "체현이 주체성의 본질적 기초를 어느 정도까지 형성하는지를 밝혀줄" "젠더 가로지르기gender crossings의 신체적 문제를 전면에 놓기"다.[7] 프로서의 논의는 게이 레즈비언 담론 안에서 트랜스섹슈얼과 트랜스젠더화된 사람들이 비가시화되는 문제에 맞설 하나의 전략으로서 체현에 초점을 맞춘다. 나는 이런 목표에 동조하며, 이 목표가 트랜스들의 명백한 현존, 체현된 현존에 대한 인정이 역사적으로 부재했던 문제에 맞서고 트랜스섹슈얼 주체성의 특이성을 정확히 찾아내 보여주고자 하는 욕망을 나타낸다고 본다. 그러나 내가 우려하는 바는, 트랜스섹슈얼 몸이 '의심할 여지 없이 진짜'라고 단언함으로써 트랜스섹슈얼리티의 이런 차이를 정확히 찾아내려는 시도가, 몸의 느껴지는 감각에 대한 단언(이는 확실히 필수적이다)과 그 결과로 따라온 주장인 몸이 무엇이고 몸이 어떻게 추정되는가는 자명한 일이라는 주장(이는 필수적이진 않다) 사이로 자신도 모르게 미끄러져 들어가버리는 골치 아픈 문제가 일어난다는 점이다.

4장 〈트랜스페미니즘과 젠더의 미래〉는 여성학women's studies, 페미니즘, 그리고 트랜스젠더리즘 및 다른 비규범적 젠더들에 관한 연구 사이의 관계를 질문한다. 여성학이란 제목 안의 트랜스젠더학의 자리에 대해, 또는 그런 자리가 부족한 현상에 대해 질문하면서 나는 지금껏 페미니즘이 비규범적인 젠더들이 사유되고 체현되고 살아가게 되는 양상과 보조를 맞추지 못했다는 점을 짚고자 한다—제도화된 형식의 페미니즘에서 특히 이런 문제가 보이지만 제도 바깥도 마찬가지다. **트랜스젠더**라는 용어를 둘러싼 최근의 논쟁은 페미니즘 담론 안에서 **퀴어**와 **여성**woman[8] 이란 용어의 유통에서 표면화되었던 지시성referentiality과 정체성에 관한 우려 중 일부를 반복하고 있다. 이 장의 목표는 세 가지다. 첫째로 제안하고 싶은 것은, 만약 여성학이 생명력 넘치는 학문 분야로 다시 부상하고자 한다면 최근 부각되고 있는 젠더들에 좀 더 민감하게 대응해야 한다는 것이다. 여성female과 남성male의 이분법을 넘어서는 젠더들은 허구도 아니고 미래에나 있을 법한 것들도 아니며, 바로 지금 체현되고 살아가는 젠더들이다. 여성학은 아직도 이 사실을 잘 받아들이질 못해서, 사람들이 살아가는 모습대로의 젠더의 현재 상태를 제대로 가늠할 수도 없고, 젠더의 미래로 가능한 수많은 것들을 상상하지도 못한다. 여성학이 때로 트랜스젠더리즘을 향해 드러내는 적대는 레즈비언 공동체와 트랜스 남성들이 상호 적대 관계라는 대중매체의 주장 속에서 또 다른 방식으로 반복된다. 이 장의 두 번째 목표는 이 적대의 재현 양상을 살펴보고, 트랜스들이 포식자의 형상으로 폭력을 저지른다는 판타지가 그러한 재현의 형성에서 어떤 역할을 맡고 있는지 탐구하는 것이다. 세 번째 목표는 트랜스 공동체와 레즈비언 공동체 간 관계를 위의 재현과는 다르게 형상화하는 다른 방법들을 읽어내는 것이고, 그다음 두 명의 레즈비언 사진 작가가 기록한 트랜스 남성들의 사진을 해석하면서 이 장을 마무리할 것이다.

3부는 성차sexual difference를 우리 시대의 중대한 철학적 주제로 상정한 것으로 유명한 철학자 뤼스 이리가레Luce Irigaray를 검토한다. 5장[9] 〈트랜스 성차의 윤리 : 뤼스 이리가레와 성적 결정 불가능성의 자리〉는 몸의 물질성과 그것의 한계limit라는 주제에 도전하고 그 주제를 더욱 복잡하게 만들고자 시도한 이리가레와 그녀의 이론을 받아들인 다른 페미니스트들의 작업을 통해 성차와 육체적 물질성을 페미니즘적으로 다시 상상하는 일에 대해 고찰한다. 나는 물질성에 도전하는 이런 페미니즘 작업들에서, 특히 몸의 육체적 한계에 대한 전통적인 철학적 관념들을 문제시하면서 무엇이 몸으로 '여겨지는가'의 지평을 확장한 엘리자베스 그로츠Elizabeth Grosz 같은 이론가들의 작업에서 명시적으로도 암시적으로도 드러나는 성차화된 한계sexuate limit[10]라는 아이디어를 고심한다. 나의 주장은 한계에 대한 이런 관념이 도전받기도 하지만 또한 전이轉移되기도 한다는 것이다. 신체적 가소성可塑性, plasticity의 한계에 관한 질문들은 젠더 가소성의 한계에 관한 질문들로 대체되어버린다—여기서는 몸을 거의 무제한적인 신체적 재편성reconfiguration이 일어날 역량이 있는 장소로 보장한답시고 트랜스섹슈얼리티의 형식에서 젠더 가소성을 폐제廢除, foreclosure한다.

6장 〈성적 무관심/성차sexual indifference의 부재[11]와 한계의 문제〉는 이리가레의 〈자리, 간격: 아리스토텔레스의 《자연학》 4권에 대한 해석Place, Interval: A Reading of Aristotle, Physics IV)[12]을 독해하면서 이리
가레의 성차 개념에 대한 분석을 이어간다. 몸 그리고 관계에 대
한 이성애 규범적이지 않은 해석이 이리가레의 그 논문의 논리
안에서 과연 가능할 것인지를 질문하고, 만약 가능하다면, 엄격
히 이성애적인 것의 범위 밖에 있는 성적 관계들을 위해, 또는 엄
격히 남성male 아니면 여성female으로 이해될 수 없는 몸과 동일시
의 다양한 편성을 위한 어떤 공간이 마련될 여지가 있을지를 질
문한다. 나는 아리스토텔레스가 《자연학》에서 명시적으로 자
리place를 개념화한 방식을 탐구할 것인데, 자리에 제공되는 존재
론적 우위에 초점을 맞추고, 아리스토텔레스가 자리에 대한 일
관된 정의를 확보하기 위해 관계, 담기containment, 상호 대체mutual
replacement를 어떤 식으로 사용했는지에 주목한다. 이리가레는 아
리스토텔레스의 자리 개념이 비유적으로 젠더화되어 있다고 해
석하며, 아리스토텔레스의 논의에 개입하여 이런 형상화를 비판
하는 동시에 성차의 다리를 가로지르는 관계들을 이론화한다.
성차의 문제는 〈자리, 간격〉에서 교착상태에 빠지고 마는데, 이
는 이리가레가 근본적으로 성차를 **질료형상론**質料形相論, hylomorphism[13]
같이 이해한다는 점에 기인한다. 즉 물질과 형식이 그러하듯 남
성male과 여성female이 반드시 존재론적으로 결합해 있으며 반대쪽
성별/섹스 없이는 자신을 표현할 수도 없고 자신이 실존함을 알
방법도 없다고 확신하는 것이다. 이 장은 이리가레의 도식 안에
서의 성차 그 자체의 자리를 고찰하면서 마무리한다. 나는 '간격'
에 대해 그녀가 애매하게 얼버무렸던 부분을, 성차를 가로지르

는 윤리적 관계들의 기초를 다지기 위해 보존되어야 하는 것이자 성별들sexes이 서로 공존할 수 있도록 다리를 놓을 필요가 있는 간극으로 해석한다. 이 장은 남성male과 여성female 어느 쪽 범주도 집처럼 편안하게 여기지 못하는 몸과 정신들을 고찰함으로써 차이에 대한 이러한 지도 제작법을 확장하려 시도한다. 또한 '성차'를 엄격히 확정적 방식으로 몸 위에 지도가 그려지는 경계선으로 이해하는 대신에, 남성과 여성 범주를 가로질러 작동할 수 있을 뿐 아니라 그 범주들 안에서도 작동할 수 있는 차이의 표식으로 이해할 가능성을 열어주는 패러다임을 제안하고자 한다.

마지막 장인 〈문자를 보류하다: 국유재산으로서의 섹스〉는 잰 모리스Jan Morris의 자서전 《수수께끼Conundrum》와, 젠더를 규제하고 트랜스인 사람들을 통제하는 최근 법안을 나란히 놓고 읽으면서 섹스를 관료적 개체bureaucratic entity로 고찰한다. 트랜스 특이성에 대한 나의 논점이 이 장에서 가장 강조된다. 여기서 내 주장은, 많은 문헌에서 섹스가 소유물property에 비유되거나 은유로서 소유물로 이해되곤 하지만, 특히 트랜스들이 의료 및 정부 관료 체제를 상대할 때면 섹스가 은유가 아닌 물질적인 소유물로 취급되며, 특히 트랜스 당사자의 사유재산이 아닌 국유재산으로 기능한다는 것이다—규범적으로 젠더화된 사람들은 겪지 않는 방식으로 말이다.

그러므로 《몸을 추정하기》는 많은 분과학문 전통에서 나온 텍스트들을 독해하면서, 몸이 무엇이며 그것이 어떻게 한 사람의 고유한 몸이 되는가 하는 문제를 파고드는 비판 현상학적 분석이 신체적 물질성에 대해 정신분석학과 현상학에서 제공해온 주로 젠더 규범적인 해석들을 더욱 풍요롭게 넓힐 수 있음을 보이고자 한다. 또한 우리가 트랜스젠더화된 몸들을 결국은 물질적인 것으로 단순히 축소할 수 없는 특이성의 체현으로 이해하는 일에 현상학과 정신분석학이 도움이 될 수 있음을 보이고자 한다. 따라서 바라건대 나는 (적어도) 두 개의 각기 다른 학문 장에서 동시에 진행 중이지만 연결된 적은 없었던, 체현에 관한 현재의 대화에 관여하고자 한다. 철학적이고 이론적으로 체현을 고찰하는 작업들은 역사적으로 성차를 무시하는 경향이 있었고, 성차에 주목하는 체현 이론들은 비규범적 젠더들을 병리적인 것으로 취급하는 경우가 많았다. 체현에 대한 고전적인 철학 연구들은 젠더 다양성이 육체성에 대한 전통적인 관념들을 보완하는 동시에 거기에 도전할 수 있는 방식들을 숙고하거나, 체현에 대한 철학적 해석이 젠더화된 체현 중 어떤 종류를 합법화하고 어떤 종류를 금지하는가를 고찰한 적이 드물었다. 체현의 어떤 새로운 형식들이 트랜스젠더화된 주체성을 가능케 할까? 반대로, 새로이 떠오르고 있는 분야인 트랜스학*trans studies*[14]은 자신이 펼치고자 하는 정치적 주장 중 일부를 강화해줄 수 있을 이런 체현 철학들과 아직 교류한 적이 없다. 또한 현상학과 정신분석학 이론이 제공하는 전도유망한 도구들—몸과 느낌의 관계를 상세히 설명하고, 그 둘 사이의 괴리를 병리적 징후로 이해하는 대신에 체현된 주체성의 잠재적으로 강력한 측면으로 이해할 풍성한 설명적 수단—을 활용하는 트랜스 저술가들은 아직 소수에 불과하다. 《몸을 추정하기》에서 나는 몸의 느낌으로부터 신체적 물질성의 멍에를 벗기는 이런 통찰력 있는 논의들을 끌어와서, 트랜스섹슈얼리티와 트랜스젠더리즘에 관한 현재의 대화가 엄격한 데카르트적 틀을 넘어서 나아가길 바란다—트랜스젠더학은 하나의 학문 분야로서 매우 빠르고 활발하게 성장하고 있어서 이미 여러모로 내가 여기서 기술하는 것 이외의 다른 무언가로 되어가는 중이긴 하지만, 이런 점이 주목받아야 하는 순간에조차 때로 데카르트적 틀 안에 갇혀 있을 때가 있다. 내 목표는 정신분석학적 몸, 현상학적 몸, 트랜스젠더화된 몸들을 충분히 서로 가깝게 붙여놓고서, 이 몸들의 유사성이 좀 더 가시화되는 한편 서로의 차이가 서로에게 생산적 긴장을 끌어낼 수 있도록 하는 것이다.

언어와 대명사에 관한 메모: 개인마다 선호하는 대명사가 명확할 때 나는 이를 존중했다. 이 말은, 이 책에서 내가 때로는 젠더를 특정하는 대명사를 사용하고 때로는 젠더 중립적인 대명사를 사용한다는 뜻이다. 그리고 나는 책 전체에서 대명사 용법의 이러한 비일관성을 의도적으로 유지하려 애썼다.

이 책은 FTM female-to-male과 MTF male-to-female 양쪽 사람들에 대해 논의한다. 다만 트랜스를 논할 때는 역사적으로 MTF 경험만이 곧 트랜스 경험인 양 둘을 뭉뚱그려온 관행을 뒤집어서 FTM 경험에 자주 초점을 맞출 것이다.

1   [역주] 이런 표현에 대한 설명은 이 책의 〈옮긴이 해제〉 참조하라.

2   [역주] proprioception은 자기 몸의 각 부분의 위치, 상태, 방향, 운동, 가해지는
     자극 등을 내부적으로 감지하는 감각을 뜻한다. 의식하지 않아도 나의 팔이 어디
     있는지 알고, 그 팔을 움직여 컵을 쥘 수 있는 것은 이 감각 덕분이다. 고유감각固
     有感覺, 고유수용성감각固有受容性感覺, 고유수용감각固有收容感覺, 자기수용감각自己
     受容感覺, 자기수용성自己受容性 등 다양한 번역어가 쓰이며 최근에는 고유감각이란
     용어가 좀 더 자주 쓰이고 있다.

3   [역주] 이 개념들에 대한 논의는 이 책의 〈옮긴이 해제〉를 참조하라.

4   [역주] 'dysphoria'는 '디스포리아'로 음차하였다. 'gender dysphoria'
     는 의료계에서는 주로 '성별불쾌감', '성별위화감'으로 번역된다.
     세계트랜스젠더보건의료전문가협회World Professional Association for Transgender
     Health, WPATH에서 발간하는 《트랜스젠더·성별다양성이 있는 사람을 위한
     건강관리 실무표준Standards of Care for the Health of Transsexual, Transgender, and
     Gender-Nonconforming People》(이하 《건강관리 실무표준》)의 첫 번째 한국어판인
     제7판 번역본의 부록 용어집에서는 '성별위화감'으로 번역하면서 "개인의 성별
     정체성이 출생 당시 지정된 성(과 해당 성에 부여된 성역할 내지 일차, 이차 성징)
     과 어긋남으로써 느끼는 불편함이나 고통이라고 광범위하게 정의"한다.(2016:
     2) 《건강관리 실무표준》 제8판의 한국어판에서는 '성별불쾌감'이란 용어를 주로
     사용하면서, "성별불일치" 자체가 원인이라기보다는 "역사적인 낙인과 현재의
     낙인 때문에 괴로움이나 불쾌감을 겪을 수 있"으며 여기에 의료적 도움을 제공할
     수 있다는 탈병리화 관점을 강조한다.(2023: 7) 한편, 한국의 퀴어학계에서는
     퀴어 이론가 루인의 기념비적인 논문 〈젠더, 인식, 그리고 젠더폭력: 트랜스(젠더)
     페미니즘을 모색하기 위한 메모, 네 번째〉(2013)에서 '젠더 경합'이란 번역어를
     제시한 이래 이 용어가 널리 쓰여왔다. 루인에 따르면 '위화감'이란 해석은
     트랜스젠더만 젠더와 불화를 겪을 뿐 나머지 소위 '정상인'들은 자연스레 젠더와
     화합하여 살아간다는 시스젠더 중심적 모델에 기초한다는 점에서 한계가 있다.
     규범적 젠더 정체성 형성을 젠더 이상ideal에 도달하려 아무리 애를 써도 점근선을
     그릴 수밖에 없는 근본적 실패의 과정으로 설명하는 버틀러(1993)의 논의를
     전유하여, 루인은 "이 사회의 젠더 자체가 불안을 통해 도달할 수 없는 욕망으로
     구성된다"는 점에서 트랜스젠더와 시스젠더를 막론하고 모든 인간 존재에게
     "젠더 체화 과정은 불화와 경합을 통하지 않고서는 실현될 수 없고 불화와 경합을
     체화하는 과정"임을 주장한다.(220) 따라서 트랜스와 비-트랜스를 엄격히
     구별하여 전자에 병리화의 낙인을 찍는 대신, '젠더 경합'을 트랜스와 비-트랜스
     모두가 겪는 경험으로, 즉 "다른 젠더로 자신을 설명하진 않는다고 해도, 태어날
     때 지정받은 젠더를 자신의 젠더 범주로 받아들이고 그 범주에 적합한 존재로

살아가기 위해 취하는 일련의 노력과 전략을 포괄하는 언어"로 재해석할 것을
제안한다.(219) 자세한 논의는 다음을 보라. 루인, 〈젠더, 인식, 그리고 젠더폭력:
트랜스(젠더)페미니즘을 모색하기 위한 메모, 네 번째〉,《여성학 논집》제30권 1
호(2013): 199-233.
나는 루인의 견해에 동의하며, 샐러먼의 이 책 또한 "규범적인 젠더의 생산
자체가 몸의 '느껴지는 감각'과 몸의 육체적 윤곽 간의 괴리에 의존"하며 이
괴리는 규범적으로 젠더화되지 않은 몸들뿐 아니라 규범적으로 젠더화된 몸들도
필수적으로 겪는 과정이라는 것을 주장한다는 점에서 젠더 디스포리아를 '젠더
경합'으로 해석하는 견해와 일치한다. 다만 내가 '디스포리아'로 음차한 이유는
이 용어가 다른 단어들과 조합해서 등장할 때 어색함을 줄이기 위해서였다.
이 책에서는 "디스포리아적 남성성", "디스포리아적 섹스화된 체현"(4장) 등
형용사적 표현으로 등장하는 경우, 그리고 '경합'으로서의 의미뿐 아니라 '위화감'
의 의미로도 사용되는 경우(즉 샐러먼이 시스젠더 중심적 사회에서 트랜스를
바라보는 견해를 바탕으로 이 용어가 사용되는 방식을 메타적으로 언급할 때)가
뒤섞여 있다. 더욱이 6장의 마지막 절 제목인 '한계를 재사유하기: 디스포리아와
차이Rethinking the Limit: Dysphoria and Difference'에서는 '디스포리아'가 레즈비언
페미니스트들에게서 트랜스가 부치에게 전염시키는 질병처럼 취급되는 양상을
비판하는 맥락에서, 또한 '성차' 개념의 시스젠더 중심적 용법을 교란하는 대항
담론의 맥락에서 사용되고 있다. 이런 맥락을 모두 포괄하면서 번역어가 같은
개념을 가리키고 있음을 알아볼 수 있게 하려면 음차로 통일하는 것이 그나마
나은 선택이라고 생각했다.

5   [역주] ego의 번역어 선정에 대해 양해를 구할 것이 있다. 프로이트는 독일어로
'Ich'(나, 자기, 자아)라는 용어를 중의적으로 사용했는데, 영국의 정신분석가로
프로이트를 영미권에 알린 제임스 스트레이치James B. Strachey가 프로이트 전집을
번역·편집하는 과정에서 '자기'를 뜻하는 그리스어 Eγώ에서 유래한 단어인
ego를 가져와 *Ich*를 ego로, *Über-Ich*를 super-ego로, *Es*를 id로 번역했다.
그리하여 ego는 영어권에서 정신분석의 핵심 개념어로 유통되었고, 이 번역상의
생성과 어긋남의 문제를 건너뛴 채 영미권에서는 ego와 self의 차이와 관계성을
논의하면서 이 단어의 고유성을 구축하려는 시도들이 있었고, 1990년대와 2000
년대 초반까지는 한국 정신분석학계와 정신분석 이론을 활용한 여러 분야에서
영미권의 이런 경향을 따라 ego를 '에고'로 번역해왔다. 그러다 열린책들
출판사에서 2003년 처음으로 프로이트 전집을 번역 출간할 때 독일어 원본을
기준 삼아 '에고'라는 용어를 따로 쓰지 않고 '자아'라는 번역어를 제시했다. 이후
한국 정신분석학계에서 출간되는 텍스트들은 '자아'라는 번역어를 사용하는
경향이 있다(프로이트의 자아 개념에 대한 해설과 번역은 다음을 참조하라.

장 라플랑슈·장 베르트랑 퐁탈리스,《정신분석 사전》, 임진수 옮김, 열린책들, 2024, 461~479쪽. 열린책들의 프로이트 전집은 2020년 개정판을 보라). 다만 샐러먼의 이 책은 다학제적 연구로서, 책 전체에서 ego는 정신분석학적 개념어로 제한하고 이와 비교해 self는 페미니즘과 퀴어학을 포함한 여러 분야에서 통용되는 좀 더 일반적이고 대중적인 의미로 사용한다. 또한 2021~2023년에 출간된 미국 학술논문 동향을 보면, ego와 self를 따로 쓰는 용법이 샐러먼이 이 책을 쓰던 2000년대 말에만 통용되던 건 아니며 지금도 ego란 용어가 미국 정신분석학계의 어휘 목록에서 방출되지 않고 사용되고 있는 것으로 보인다. 이런 맥락에서는 이 책의 1장 이후로는 더 이상 등장하지 않는 ego를 '자아'로 번역할 때 책 전체의 독해에 혼선을 줄지도 모른다는 우려가 있어, 잠정적으로 ego를 '에고'로 번역하고 '자아'는 self의 번역어로 사용했다.

6 [역주] 번역하면서 오래 고심한 용어는 오히려 'sex'였는데, 샐러먼이 (특히 주디스 버틀러의 퀴어 이론에 기초하여) 이 용어를 사용하는 방식, 샐러먼이 분석하는 독일과 프랑스에서 나온 이론들이 이 용어를 사용하는 방식, 트랜스 물질성을 본질주의적으로 옹호할 필요성을 주장하는 일부 트랜스 저술가들의 논의(이 책 곳곳에서 샐러먼이 비판하는)에서 이 용어를 사용하는 방식과 맥락이 완전히 다르거나 어슷하게 겹쳐지는 양상을 '성별' 아니면 '섹스' 둘 중 하나의 번역어에 고정해서 담아내기가 어려웠기 때문이다. 이런 중첩과 어긋남이 있음을 시사하는 것이 독서에 도움이 될 것 같은 대목에서는 잠정적으로 '성별/섹스'로 번역했다.

7 [역주] 원서에는 출처 표기가 빠져 있으나 큰따옴표 친 세 구절은 Jay Prosser, *Second Skins: The Body Narratives of Transsexuality*(1998)의 서론 4~7 쪽에 흩어져 있다.

8 [역주] 이 책 전체에서 female/woman과 male/man이 등장할 때는 단어 첫 등장 부분에만 영문을 함께 적고 이후에는 한글 번역어만 표기하는 일반적인 편집 원칙을 깨고 매번 영문을 나란히 표시함으로써 '여성'과 '남성'이라는 범주를 둘러싼 근본적인 긴장을 드러내고자 했다. 1, 2, 4부에서 보겠지만 시스젠더 중심적이고 트랜스 배제적인 담론들은 female이 ('반박 불가능한 물질성'의 의미를 담은) '생물학적 여성'을 뜻하며 이 생물학적 여성만이 '진짜 여성'이므로 female과 woman이 반드시 일치해야 한다고 믿는다. 따라서 이들은 woman 범주 안에 female 말고 다른 것이 들어가서는 안 된다고 주장하는 반면, 샐러먼은 female이 아닌 다른 퀴어들도 woman 범주 안에 들어갈 수 있어야 한다고 주장하고, 나아가 트랜스 배제적 입장들이 '생물학적 성별'이라 믿고 있는 female 조차 사회적 구성임을 논증한다(male과 man에 대해서도 마찬가지다). 젠더 이분법에 맞지 않는 존재들을 둘러싼 이 첨예한 갈등을 이 단어들이 사용되는

방식을 통해 가시화할 필요가 있을 때마다 영문을 함께 적었다.

다른 한편, 이리가레의 성차 이론을 다룬 3부에서는 이 단어들을 구분 없이 한글로만 표기하거나 영문 병기로 구분하는 작업을 번갈아 했다. 그 이유는 우선 이리가레가 사용한 언어인 프랑스어에서 문법적으로 female과 woman을 구분하지 않고 femme이란 용어로 여성과 관련된 모든 것(생물학적이든 사회적이든)을 포괄하기 때문이다. 따라서 샐러먼이 이리가레를 인용하고 정리하는 부분에서는 female/woman과 male/man을 구분 없이 섞어 쓰는 경향을 보인다(이는 샐러먼이 참고한 이리가레 영문판의 영향이기도 할 것이다). 그러나 이리가레가 최근의 트랜스 배제적인 female/woman 논의와 무관한 것은 아니다. 5장에서 보겠지만 이리가레 이론 안에는 시스젠더 남성과 여성이 아닌 다른 젠더퀴어한 남성과 여성들이 있을 자리가 명시적으로 존재하지 않고, 6장에서 보듯 그로츠와 같은 트랜스 배제적 페미니스트들이 트랜스의 존재 자체를 부정하고 배척할 이론적 자원으로 이리가레의 성차 이론을 동원해온 역사가 있기 때문이다. 따라서 3부에서는 샐러먼이 이리가레 이론을 더 광범위하고 급진적인 성차를 논의할 자원으로 타진하는 한편으로 이리가레 이론에 전제된 시스젠더 중심성을 드러내기 위해 female과 woman을 의도적으로 사용하는 방식, 그리고 시스젠더 중심적인 이분법으로 포괄할 수 없는 여성과 남성들을 이야기하기 위해 woman과 man을 쓰는 방식을 드러내고자 영문 병기를 군데군데 추가했다. 이 얼룩덜룩한 번역상의 개입이 매끄러운 독서를 방해하겠지만, 이 책 전체에서 그리고 페미니즘을 퀴어하게 고쳐 쓰는 작업 전반에서 female과 woman이 합체되었다가 갈라지며 무엇을 파괴하고 무엇을 생산하는지를 숙고하는 데 도움이 되길 바란다.

9   [역주] 서론의 이 각 장 소개 부분에서 5장 소개와 6장 소개는 뒤바뀌어 있다. 아무래도 이 책이 샐러먼의 박사논문을 단행본으로 출간한 첫 저작이다 보니 내용을 재구성하는 과정에서 발생한 실수를 저자도 편집자도 알아채지 못한 듯하다. 정리하자면, 이 책 5장에서는 이리가레의 〈자리, 간격: 아리스토텔레스의 《자연학》 4권에 대한 해석〉에 대한 비판적 독해에서 출발하여 성차를 이론화하는 작업 안에 비규범적으로 젠더화된 존재들이 있을 자리를 마련할 방법을 모색한다. 6장에서는 이리가레의 《하나이지 않은 성》에 실린 글들을 비판적으로 분석하는 한편, 이리가레의 이론을 토대 삼아 성차와 신체적 물질성의 한계를 배타적이고 폐쇄적으로 개념화하는 페미니즘 이론들(특히 엘리자베스 그로츠의 이론)이 트랜스 혐오를 정당화하는 방식을 폭로한다.

10 [역주] sexuate란 용어는 연관되지만 서로 다른 두 개의 학문적 흐름에서 나왔고 각 분야에서 다른 번역어가 쓰이고 있다. 하나는 프랑스의 정신분석학자 자크 라캉Jacques Lacan의 성화sexuation 이론이다. 남성과 여성을 상징질서 안의

26

자리로 이해하는 라캉의 성화 이론에 대해서는 여러 학자의 해설과 재해석을 엮은 다음의 선집을 참조하라. 슬라보예 지젝·레나타 살레츨 엮음, 《성화》, 라깡정신분석연구회 옮김, 인간사랑, 2016(Slavoj Zizek & Renata Salecl, eds., *Sexuation*, Durham, NC: Duke University Press, 2000). 다른 흐름은 프로이트와 라캉 정신분석학의 남성 중심성을 비판하면서 정신분석 페미니즘의 계보를 열고 성차 이론을 주창한 뤼스 이리가레에서 나왔다. 이리가레의 《성차의 윤리학Ethique de la différence sexuelle》(1982)이 처음 영어로 번역되었을 때 '성차'는 'sexual difference'란 번역어로 영미권에 전파되었다(*Ethics of Sexual Difference*, Trans. Carolyn Burke and Gillian C. Gill. Ithaca, N.Y.: Cornell University Press, 1993). 한국에서 이 개념은 먼저 1990년대 후반 '성적 차이'란 번역어로 소개되었다가(뤼스 이리가레 외 지음, 《성적 차이와 페미니즘》, 권현정 엮음, 공감, 1997) 점차 '성차性差'라는 줄임말로 자리 잡았다. 이리가레 해설서를 쓴 레이첼 존스Rachael Jones에 따르면 'sexuate'는 이리가레가 자신의 저작이 영미권에 번역되어 알려진 이후에 프랑스어 sexué의 영어 번역어로 직접 제시한 것으로, 후기 저작에서는 이 용어를 사용하여 'sexuate rights', 'sexuate identity', 'sexuate culture', 'sexuate subjects' 같은 개념들에 대한 논의를 발전시켰으며, 다만 'sexual difference'와 'sexuate difference'를 엄격히 구분하지는 않고 유연하게 혼용했다고 한다(Rachael Jones, *Irigaray: Towards a Sexuate Philosophy*, UK: Polity Press, 2011: 4. 자세한 논의는 존스의 이 책을 참조하라.) 이에 따라 최근의 영미권 학술 문헌에서는 sexual difference와 sexuate difference가 번갈아 쓰이거나 후자가 더 자주 사용되는 추세다. 한국에서는 sexuate의 번역어로 '성차화된'이 제시되고 있다(황주영, 〈페미니즘과 자연: 성차 이론과 에코 페미니즘의 절합〉, 서울시립대 철학과 박사논문, 2022, 130~131쪽. 같은 저자가 쓴 개론서도 참조하라. 《뤼스 이리가레》, 컴북스 이론총서, 커뮤니케이션북스, 2017). 샐러먼의 이 책에서 sexuate는 3번 등장하는데 '성차화된'이란 번역어가 문맥에 어울려 이를 따랐다. 한편 '성차화된'이란 번역어가 'sexuate'에만 확정적으로 사용되는 것은 아닌데, 예를 들어 엘리자베스 그로츠의 *Volatile Bodies* 한국어판 《몸 페미니즘을 향해: 무한히 변화하는 몸》(임옥희·채세진 옮김, 꿈꾼문고, 2019)에서는 책의 8장 제목 "Sexed Bodies"를 "성차화된 몸"으로 번역하고 있다. 이는 그로츠가 이리가레를 따라 이분법적으로 구조화된 성별을 성차로 제시하고 있음을 반영한 것으로서 그로츠의 논의에만 한정하자면 원저자의 의도를 잘 담아낸 번역이긴 하나, 철저히 시스젠더 중심적 관점이라는 점에서 한계가 있다. 6장 역주6을 참조하라.

11 [역주] 사전적 의미로 indifference는 주로 '무관심'을 뜻하지만, 5장과 6

장에서 샐러먼은 이리가레의 성차 이론이 남성과 여성이라는 이분법적 한 쌍을 가장 본질적으로 중요하고 생산적인 관계로 이론화하느라 같은 성별로 분류되는 범주 내부의 관계들을 아무런 차이도 없고 성적 관계도 불가능한 것으로 취급하는 문제를 비판하면서 'sexual indifference'란 표현을 쓴다. 즉 개별적 여성들은 대문자 여성이라는 단일한 집단 정체성 안의 호환 가능한 부분처럼 취급되고, 여성들 간의 "동성 간 관계는 이성애적 유대가 수립되게끔 하는 회로의 역할"(6장)을 할 뿐 동성애의 가능성은 고려되지 않는다. 이 두 가지 의미를 다 담아내고자 나는 이 용어를 '성적 무관심/성차의 부재'라고 번역했다. 관련 논의는 특히 이 책의 5장 마지막 절 '두 개 이상 존재하려면'과 6장 5절 '그 신비로운 잔여'를 보라.

12   [역주] 본문에 "Place, Interval"로 표기된 이리가레의 논문은 다음과 같다. Luce Irigaray, "Place, Interval: A Reading of Aristotle, Physics IV", *An Ethics of Sexual Difference*, Trans. Carolyn Burke and Gillian C. Gill. Ithaca: Cornell University Press, 1984: 34-55. 앞으로 본문에서 이 논문을 언급할 때는 〈자리, 간격〉으로 표기한다.

13   [역주] 질료형상론은 아리스토텔레스의 이론으로, 세상 만물은 질료matter가 형식form과 결합하여 비로소 물질적 대상으로 존재하게 된다고 이해한다.

14   [역주] 이 책에서 샐러먼은 transgender studies와 trans studies를 섞어 쓰면서도 두 용어가 반드시 같은 의미라고 명확히 주장하지는 않는다. 이 모호한 태도는 샐러먼이 학문적으로 엄밀하지 않아서는 아니다. 그보다는 남/여 이원론을 진리·기준·규범으로 여기는 주류 사회와의 관계에서 이러한 학문 분야가 존재함을 강조하고 이를 설명할 때와, '트랜스'란 이름표와 어떤 식으로든 관계 맺고 있는 당사자들이 생산하는, 때로 서로 충돌하는 담론들의 복잡성을 설명할 때 뉘앙스가 달라질 수밖에 없기 때문일 것이다. 후자에서 '트랜스젠더학'과 '트랜스학'이라는 이름들의 용법과 그 안에 담기는 의미들은 '트랜스젠더'와 '트랜스섹슈얼'이란 범주의 정의와 관계 설정을 둘러싼 논쟁과의 연결 속에서 달라질 수 있다.

1부 ——————— 무엇이 몸인가?

1장

신체적 에고
그리고 물질적인 것이라는
논쟁적 영역

모든 몸은 그 자체로 유령을 담고 있다. (아마도 몸 자체가 유령이다.)

—폴 쉴더,《인간 몸의 이미지와 출현the image and appearance of the human body》

체현과 젠더에 관한 동시대 논의에서 트랜스젠더에 관한 관심을 불러일으키기 위해 애쓰는 우리 같은 이들에게 정신분석 이론은 어떤 유용성이 있을까? 내가 말하고자 하는 것은 트랜스젠더를 다루는 최신 저작들은 정신분석과 현상학의 영역과 수많은 관심사와 질문을 공유한다는 것이다—어떻게 해서 몸은 하나의 섹스를 분명하게 드러내는가? 명백한 이분법을 초과하거나 당혹스럽게 만드는 방식으로 섹스를 표명하는 몸들을, 어떻게 하면 병리화하지 않는 방식으로 설명할 수 있을까? 섹스를 완고하게 이분법적으로 이해하는 경향에 도전함으로써 트랜스젠더를 이해하는 작업을 진행하길 원한다면, 몸과 정신 간 이분법적 관계에 대해 유사한 압박을 가하는 이론들에서 유용한 도구를 발견할 수도 있을 것이다. 트랜스들은 젠더에 대한 정신분석적 설명을 의심하는 경향이 있었다. 당연히 그럴 수밖에 없었는데, 정신분석이 역사적으로 트랜스들을 병리학과 비체화abjection[1]의 영역으로 좌천시키곤 했기 때문이다. 사실 이 전통은 일부 정신분석 집단에서 계속 이어지고 있다.[2] 그럼에도, 정신분석은 아마 다른 어떤 담론보다도 주체가 자기 몸을 '알게'끔 해주는 일련의 정교한 메커니즘에 대해 가장 철저하고 상세한 탐구를 제공해왔다. 정신분석은 자아의 심리적 구성 그리고 자아가 몸에 거주하는 방식을 다루기 때문에, 우리가 물질적 몸을 심리적 자아the psychic self를 완벽히 충실하게 반영하는 것으로서 아무 문제 없이 입수할 수 있다는 가정을 복잡하게 만들 수 있다. 프로이트는 몸이 하나의 섹스를 취하게 되는 심리적 조건을 설명하는 데 도움을 줄 수 있으며, 따라서 섹스를 이분법 이외의 무언가로 이해하는 섹스화된 체현sexed embodiment[3]에 관한 논의에 유용하다.

이 장에서 나는 트랜스젠더에 대한 논의와 특히 연관이 있는 프로이트 개념 두 가지를 재검토할 것이다. 첫 번째는 프로이트가 반음양半陰陽, hermaphroditism을 논하면서 이분법적 성별/섹스sex 모델을 비판한 논의인데, 놀랍게도 이 비판은 그동안 거의 주목받지 못했다. 둘째, 나는 그가 신체적 에고를 도식화한 논의를 소개하고, 젠더·몸·정체성의 문제와 씨름하는 저술가들이 그 도식화를 어떻게 사용해왔는지를 안내하는 일종의 길잡이 여행을 시도한다. 신체적 에고 개념은 트랜스젠더를 사유하는 일에 특히 유용한데, 사람이 '느껴지는 감각'을 갖고 있는 몸이 외부에서 지각되는 물리적 몸과 반드시 인접할 필요는 없다는 점을 이 개념이 보여주기 때문이다. 즉, 사람이 스스로 갖고 있다고 느끼는 몸이 외부 윤곽에 의해 그 범위가 한정되는 몸과 반드시 동일할 필요는 없으며, 이는 심지어 규범적으로 젠더화된 주체에도 해당한다. 종합하자면 이 두 모델은 몸을 오직 하나의 섹스에게 단독으로 주어지거나 하나의 섹스에만 소유권이 주장되는 단일 물질 형태보다는 뭔가 더 복잡하고 광대한 것으로 이해하는 젠더화된 체현에 관한 이론을 제공한다. 체현을 필연적으로 신체적 에고를 통해 경로를 찾는 것으로 이해한다는 것은 몸과 에고가 거의 또는 완전히 동일하다고 주장하는 것이 아니다. 오히려 에고와 몸 둘 다의 구성에 다양한 종류의 투사投射, projection가 필요하고, 에고가 그 자체로 투사이며, 차이·거리·타자성이 에고와 몸의 심장부에 있음을 역설하는 것이다.

인터섹슈얼 특성, 이원론, 그리고 프로이트가 시달린 유혹

프로이트는 《성욕에 관한 세 편의 에세이Three Essays on the Theory of Sexuality》[4]를 연이은 도발적 주장들로 열어젖힌다. 그중 가장 놀랄 만한 주장은 인간 존재는 선천적으로 바이섹슈얼bisexual이라는 그의 유명한 이론을 논하기 시작할 때 나온다. 프로이트는 다음과 같이 운을 뗀다. "인간 존재는 남자 아니면 여자라는 것이 일반적 인 믿음이다."[5] 이어서 프로이트는 이 주제에 대한 여론이 틀렸을 수도 있으며, 과학은 "성적 특성을 알아보기 힘들고 성별sex을 결 정할 수 없는 사례들을 알고 있다"고 쓴다. 프로이트는 오늘날의 우리라면 인터섹슈얼리티intersexuality로 설명할 만한 상태인 반음 양에 대해 논의하는 과정에서 인간 존재가 남성male 아니면 여성 female이라는 전제를 다루면서 이 전제가 뿌리부터 잘못되었음을 시사한다. 그는 과학의 권위를 모아 근거로 내세우는데, 여기서 과학은 비밀스러운(여론은 잘 모르는 것들을 과학은 안다) 동시에 권위 적인(과학이 알고 있는 것은 여론이 추정하는 것을 능가한다) 지식을 소유 한다. 섹스와 몸의 경우에 과학이 '알고 있는 것'은 몸의 표면으 로부터 그 몸의 섹스를 쉽게 읽을 수 없는 사례들이고, 따라서 인 간 존재들을 남성 또는 여성으로 항상 쉽게 나눌 수 없다는 것이 다. 여기서 프로이트가 가장 의지하는 과학은 해부학이다. 그리 고 특히 더 의지하는 것은 성기의 형태 구조morphology에 대한 해부 학, 즉 몸의 섹스에 대한 내적 '진실'을 규명하기 위해(또는 이 경우 에는 혼란스럽게 만들기 위해) 몸의 성적 표면을 해석하는 작업이다.

프로이트는 반음양 몸이 성적 이분법에 깔끔하게 순응하길 거부하는 현상은 성적 경계에 대한 도전, 사실상 섹스 자체에 관 한 바로 그 통념을 겨냥한 더 광범위한 문화적 도전을 나타낸다 고 말한다. 이는 형태 구조의 층위와 문화의 층위에서 몸의 안팎 모두에 이분법들이 존재하는 묘한 이중의 움직임에 의해 달성된다. 인터섹슈얼 몸은 '남성'이나 '여성'으로 쉽게 범주화될 수 있게끔 하는 성차의 이분법을 따르길 거부한다. 그럼에도, 이 몸에서 문화적 이분법에 도전하게 해주는 수단이 되는 것은, 이 몸이 남성의 특성과 여성의 특성 둘 다를 몸 표면에서 읽어낼 수 있게 하는 이분법을 꿋꿋하게 표명한다는 바로 그 점이다. 이처럼 알아볼 수 있는 이분법을 몸이 완고하게 주장하고 있다는 이 특징이, 엄밀히 말해 범주적 이분법을 알아볼 수 없게 만드는 것이다.

프로이트는 이 젠더가 애매한 몸이 섹스화된 몸들—위반적으로 섹스화된 몸이든 규범적으로 섹스화된 몸이든 간에—을 사유하는 데 중요한 함의를 품고 있음을 시사한다. 프로이트는 섹스의 문제에서 여론의 오해를 바로잡을 수 있는 권한이 과학에 있다고 상정한 다음, 반음양 몸의 특이성에 주목하고자 하는 이유를 설명한다. "이런 비정상성들의 중요성은 그것들이 정상적 발달에 대한 우리의 이해를 촉진한다는 예기치 못한 사실에 있다. …… {그리고} 원래는 바이섹슈얼인 신체적 기질이 진화 과정에서 섹스가 위축된 약간의 흔적만 남겨둔 채 유니섹슈얼 기질로 수정되었다는 추측으로 우리를 인도한다는 점에 있다. 이 가설을 정신의 영역으로 확장하고 싶은 유혹에 이끌렸다."(7)

여기서 정확히 무슨 일이 일어나고 있는 걸까? 프로이트는 반음양의 해부학적 발생 빈도가 "비정상", 즉 정상적인 것에서의 일탈이라고 시인한 다음, 이런 비정상성에 대한 이해가 "정상적 발달"을 이해하기 위한 조건이라는 "예기치 못한 사실"을 역설한다. 이는 충분히 명백한 사실인 듯하며, 남성성과 여성성의 생물

학에 대해 그가 나중에 내린 평가와도 일치한다—이 후기 평가
에 따르면 성적으로 "정상적"인 영역 안에서조차 반음양의 "비정
상성"에서 매우 두드러지는 특성들을 혼합된 모양새로 보유하
고 있으며, 따라서 "순수한 남성성 혹은 순수한 여성성은 심리학
적 의미에서도 생물학적 의미에서도 찾을 수 없다. 반대로 모든
개인은 자신의 성별과 반대 성별에 속하는 특질이 혼합된 특성
을 내보인다".(86) 여기서 반음양의 형태 구조는 '정상적' 형태 구
조와 **그 종류가 같다.** 오직 혼합이 나타나는 **정도**만 다를 뿐이다.
이 말은 규범적으로 젠더화된 존재와 반음양인 존재의 차이가
대수롭지 않다는 뜻이 아니다. 전자는 '자신의 고유한' 성별/섹스
sex를 소유하는데 후자는 그럴 수 없으니 말이다. 그래도 이 말이
시사하는 바는, 한 섹스의 소유권을 주장할 능력이든 그 섹스의
소유물로 주장될 능력이든 간에, 그 어떤 개인에든 적절한 섹스
란 그 자체로 범주의 수준이 아니라 정도의 수준에서 일어나는
변이variation의 문제라는 것이다.

　　이 구절에서 가장 놀라운 건 프로이트가 자신이 느낀 "유
혹"을 이야기한다는 점이다. 이는 그가 제기한 문제를 더욱 급
진적으로 만든다. 그는 인간 종의 생리가 본디 바이섹슈얼인 형
태 구조로부터 유니섹슈얼 형태 구조로 발달해왔다는 생각, 따
라서 인터섹슈얼리티 상태를 종 자체의 성적 이형성性的 二形性, sexual
dimorphism[6]을 이해하기 위한 근원적 원형으로 제시하는 아이디어
를 건드려본다(아주 잠깐이긴 했지만 말이다). 이 진화론적 은유는 한
때 보유했던 섹스의 흔적들을 "남겨둔 채" 그냥저냥 지내온 "유

니섹슈얼” 몸보다 인터섹슈얼 몸을 덜 발달되고 덜 진화한 것으로 상정한다는 점에서 해로운 영향을 끼친다고 해석될 수 있다. 신체적 위축이 계통 발생론적 진보의 신호가 되는 것이다. 그렇지만 여기서는 인터섹슈얼 몸을 형태 구조의 영역과 정신의 영역 둘 다에서 성차의 모범적인 예시로 세우는 좀 더 긍정적인 해석도 제시된다. 잠깐이긴 해도, 프로이트는 “바이섹슈얼 심리적 기질”의 보편성을 이론화하는 작업을 조금이라도 가능하게 만들어줄 조건으로서 인터섹슈얼 몸을 제시한다. 프로이트는 이 가설을 정신 영역으로 확장하면 “심리적 반음양의 표현으로서 모든 다양한 종류의 역전逆轉, inversion[7]을” 설명할 수 있으리라고 제안한다. 이 제안이 뜻하는 바는 인터섹슈얼리티가 정신과 육체 간 생산적 괴리를 나타낸다는 것, 즉 이런 괴리로서의 인터섹슈얼리티가 역전의 사례들에서의 대상 선택과 성적 정체성뿐 아니라 더 놀랍게도 ‘정상적인’ 성적 대상을 취하는 ‘유니섹슈얼’ 몸과 정신의 사례들에서의 대상 선택과 성적 정체성을 이해하는 데도 도움이 될 수 있다는 것이다.

하지만 프로이트는 자신이 받은 유혹을 서술하자마자 곧 그 유혹을 거절해야 한다고 주장한다. 그래도 이 철회를 반드시 단호한 거부라고 보기는 어려운데, 무엇이 자신을 유혹하는지 그 범위를 프로이트가 매우 뚜렷하게 표시하고 있기 때문이다. 그 유혹을 거부해야 한다고 주장하는 바로 그 순간에조차 가설을 확장하고 있기에, 아무래도 프로이트가 짜낼 수 있는 저항보다 본인의 가설을 보편화하고 싶다는 유혹이 강해 보인다. 유감스럽게도 프로이트는 그런 가설의 확장이 결코 물질화될 수 없는 생물학적 증거에 의존하는 만큼 확장을 유지할 순 없으리라고 결론지었다. 그런 증거, 즉 여기서 "심리적 반음양자"로 형상화되는 "역전자들inverts"이 반음양의 육체적 징후를 전달한다는 증거는 입증 불가능하리라는 것이다. 따라서 프로이트는 "예기치 못한" 보편화로의 전환을 제시하고, "문제를 해결하기 위해 더욱 필요한 것은 반음양의 정신 및 육체적 징후에 역전이 정기적으로 수반되어야 한다는 것뿐"이라는 말로 이 생각을 잠시나마 품었다가, 그다음엔 "이런 기대가 좌절되었다"고 분명하게 적는다. 한편으로, 역전과 반음양 간 관계라는 "문제를 해결"하기 위해 "증거"를 찾았던 것인데 그런 증거의 부재가 역전과 육체적 반음양 간 관계를 명확하게 만든다. 달리 말해 프로이트는 아무런 연관성도 발견하지 못해서 그 둘이 "대체로 서로 독립적"이라고 결론 내린 것이다. 다른 한편, **해결되지 않고** 남겨진 것은 반음양과 정상적인 바이섹슈얼 심리적 기질 간 관계에 관해 프로이트가 제기한 문제다.

성차를 쪼개기

이런 맥락에서 프로이트가 바이섹슈얼과 유니섹슈얼 범주를 불러내는 것은 문제를 명확하게 하는 동시에 복잡하게 만든다. **바이섹슈얼**이라는 용어를 유니섹슈얼 몸과 한 쌍을 이루는 반대항으로 사용할 때, 이 용법에서 바이섹슈얼은 남성적 특성과 여성적 특성 둘 다를 드러내는 몸을 가리킨다(그리고 특성이란 표현이 무얼 가리키는가는 바이섹슈얼리티의 지시 대상과 마찬가지로 계속 변하는데, 신체적 외양, 성적 장치sexual apparatus,(7) 성적으로 특정한 행동양식,(8) 그리고 심지어 성적 본능 자체(6)를 번갈아가며 가리키고 있다). 이런 의미에서 바이섹슈얼리티는 반음양과 동의어가 된다. 그리고 프로이트가 반음양을 그런 식으로 쓰고 싶다는 유혹을 받았던 그 용도―반음양 몸에 대한 이해가 바이섹슈얼리티를 이해하는 데 도움이 되리라는 그의 바람―는, 우리가 바이섹슈얼리티가 단순히 반음**양이라고** 이해해야 하는 경우가 아니라면, 용어들의 이런 융합으로 인해 좌절되는 듯하다. 이 후자의 가능성[바이섹슈얼리티와 반음양이 같다고 이해해야 하는 경우가 있을 가능성]은 프로이트가 반음양에 대해 논하는 글의 제목을 "바이섹슈얼리티"로 택했다는 사실로 뒷받침된다. 그러나 지금 검토 중인 논의는 역전에 대한 프로이트의 더 광범위한 논의 안에서는 잠시 둘러가는 길(아니면 왜곡? 도착倒錯?)에 불과하다. 만약 바이섹슈얼리티가 그저 반음양이라면 이는 바이섹슈얼리티가 역전과 어떤 관계인지를 그다지 명료하게 밝혀주지 않는다. 프로이트가 제시한 바이섹슈얼리티의 여러 사례처럼 용어는 단 하나의 지시 대상에 한정될 수 없고, 항상 여러 등록부registers 가운데서 작동한다. 바이섹슈얼리티와 역전 간 관계를 개괄하면서 프로이트는 육체적 반음양과 같은 뜻이 아닌 두 번째 바이섹슈얼리티를 언급하는데, 그것은 "남성 역전자들을 대변하는 어떤 사람이 만든, 가장 날것의 형식으로 표현

된 바이섹슈얼리티 이론"으로, "'남성적 몸에 여성적 뇌'"이다.(8)

　이 이론에 따르면 바이섹슈얼리티는 항상 남성성의 외양에 여성성이 나란히 있지만, 바이섹슈얼리티의 첫 번째 유형인 반음양 유형은 몸의 층위에서 작용한다—남성의 신체적 속성에 여성의 신체적 속성이 함께 있는 것이다. 그런데 프로이트가 칼 하인리히 울리히Karl Heinrich Ulrichs[8]에 귀속시킨 두 번째 유형은 엄격히 육체적 영역에서 남성적인 것과 여성적인 것의 혼합을 제거해버린다. 이 바이섹슈얼리티 모델은 주체의 몸에 적합한 일관되고 단일한 섹스가 하나 있고, 주체의 정신에 적합한 또 다른 일관되고 단일한 섹스가 있다고 주장한다. 따라서 이 모델은 프로이트의 바이섹슈얼 몸을 특징짓는 혼합이란 관념을 단호히 거부하는 셈이다. 여기서 육체적인 등록부와 정신적 등록부 각각은 오직 하나의 성적 가능성만 담을 수 있다. 따라서 한 개인 안에서 성차는 뚜렷이 구별되고 침입 불가능한 두 개의 등록부 안에 안전하게 담긴다. 남성적인 것과 여성적인 것은 몸과 정신(또는 "뇌")으로 깔끔하게 쪼개지고, 이 범주들은 정의상 침투 불가능하다. 프로이트는 이 이론이 불필요하게 "심리학적 문제를 해부학적 문제로 대체해버린다"는 이유로 기각한다. 즉, 이 이론은 지지할 수 없는 추측—왜 지지할 수 없냐면 "우리는 무엇이 여성적 뇌를 특징짓는가에 대해 모르"기 때문이다—을 필요로 하는 방식으로 정신 내부의 성차의 문제를 몸의 등록부로 옮겨놓는다는 것이다. 프로이트가 보기에 바이섹슈얼리티에 대한 이런 식의 정의는 그 어떤 주어진 등록부 안에서도 성차가 양립 불가능하다고 여기고는, 그러니 육체든 정신이든 성적으로 읽어낼 수 있도록 육체와 정신 양쪽의 내부에서 성적 의미화 작용을 단단히 강화하길 요구한다는 점에서 불충분하다. 이는 **같은 등록부 안에서** 남성적인 것과 여성적인 것의 혼합은 그게 무엇이든 사회적으로도 심리적으로도 견딜 수 없는 것이라는 "조잡한" 함의를 품고 있다고 프로이트는 주장한다. 그런 틀 안에서 가능한 성적 동일시들은 우리가 사실상 사람은 남자 아니면 여자 둘 중 하나로만 존재해야 하고 결코 둘 다여선 안 된다는 "여론"의 영역으로 되돌아갈 정도로 제한당한다. 나는 이 책의 후반부에서 "남성적 몸에 여성적 뇌"(그리고 그 반대도)라는 이 은유로 되돌아올 것이고, 이 은유에 대해 프로이트가 제기한 비판의 유용성도 논의할 것이다. 왜냐하면 이 은유는 과연 이것이 현상학적으로 정확한가의 문제로 트랜스 서사들 안에서 널리 반박을 받아왔지만, 그럼에도 트랜스젠더와 트랜스섹슈얼리티의 재현에서 익숙한 수사로 끈질기게 지속되어왔기 때문이다.

프로이트는 젠더가 각기 다른 등록부로 나뉘어 있는 몸, 그러나 훨씬 더 깊은 층위에서는 균열이 일어난 몸을 우리에게 보여준다. 그 이유는 물리적 몸 자체가 프로이트에게는 단순하고 일관된 전체로 존재하는 것처럼 보이지 않기 때문이다. (변함없이 똑같다는 의미와 쉽게 식별할 수 있다는 의미 둘 다에서) 안정된 부분들로 이뤄진 몸에 의존하는 신체적 통일성이란 관념은 《성욕에 관한 세 편의 에세이》에서의 프로이트에게선 찾아보기 힘들다. 이 텍스트에서 그는 반음양 몸이든 유니섹슈얼 몸이든 간에 몸들이 우리—'우리'가 "여론", 과학자, 정신분석가, 또는 이론가 중 어느 쪽에 속해 있든 간에—가 예상하는 것과 정반대를 의미화하겠다고 고집을 부리는 방식들에 집요하게 주목한다. 우리는 프로이트가 몸에 관해 엄격하게 생물학적이거나 해부학적인 모델로부터 훨씬 멀리 벗어나서, 대신에 성감대의 가변성과 가소성에 초점을 맞춰 이런 성감대들이 어떻게 우리에게 신체적 일관성의 감각을 주는지를 상세히 설명하는 것을 보게 된다. 프로이트는 유아기 행동양식과 엄지손가락 빨기에 대한 논의에서 몸에 대한 이 대안적 지형학을 펼치는데, 여기서 그는 무엇을 성감대로 간주하는가에 대해 포괄적인 개념을 제공한다. "피부나 점막의 다른 어느 부위든 성감대의 기능을 인수할 수 있으며, 따라서 그런 방향으로 같은 성질을 갖고 있음이 틀림없다. 그러므로 자극의 품질은 해당 신체 부위의 본성보다는 쾌감의 생산과 더 관련이 있다."(49) 그는 성감대로서의 구강 점막의 기능에 대해 많은 이야기를 풀어내는 한편, 손도 성감대로 지목하고(75) 피부가 **탁월한** 성감대라고 주장하기도 한다.(35) 사실 성감성_{erotogenicity}을 이런 식으로 귀속시키는 일은 몸의 모든 부위로—특히 몸 표면으로, 심지어 몸의 내부로도—확장할 수 있고 실제로도 확장한다. 프로이트는 슬쩍 뽐내듯 이렇게 말한다. "나는 성감성의 자질을 몸의 모든 부위에, 그리고 모든 내부 장기에 귀속시키게 되었다."(50) 이 공식화에서는 모든 것이 성기가 될 역량이 있으며, 따라서 성기와 성별_{sex}의 한 덩어리 같은 관계(또는 적어도 색인처럼 바로 연결된 관계)를 그 기반부터 위태롭게 만들 역량이 있다. 그

뿐 아니라 성별을 나타낼 성기의 능력 또한, 성호르몬과 그것이 생쥐를 변형시키는 효과에 대한 프로이트의 논평으로 인해 더욱 위태로워진다. "실험을 통해 수컷을 암컷으로, 또 반대로 암컷을 수컷으로 변형시키는 일이 가능해졌다. 이 과정에서 동물의 정신성적psychosexual 행동양식은 육체적인 성적 특성들에 부합하게 변하며, 이 변화는 동시에 일어난다."(81) 호르몬에 대한 추론적 논평에서 프로이트는 성별 또는 성적 정체성과 생물학의 연관성을 강화하려는 듯 보인다. 즉, 성호르몬의 도입이 초래한 생물학적 변화가 동물의 정신성적 행동양식의 변화를 수반한다. 동물의 성적 행동양식은 성별을 분명하게 해준다. 쥐의 "이성애적" 행동양식(!)이 쥐의 수컷 또는 암컷으로서의 위상을 결정하는 데 도움이 되는 것이다. 그러나 이런 움직임은 단순한 생물학적 결정론으로부터 성별의 결정을 **분리시키는** 흥미로운 효과를 낳는다. 프로이트가 "정자나 난자"로부터 조심스레 구별해낸 호르몬 수준에서의 변화가, 성기의 형태 구조와 무관하게 **실제 수컷 또는 실제 암컷**을 생산하는 것이다. 그러나 정자와 난자의 중요성을 간과해서는 안 된다. 정자와 난자가 개인의 성별을 결정할 능력이 없을지라도, 그것들은 남성성과 여성성을 결정하는 요소라고 프로이트는 말한다. "'남성적인 것'과 '여성적인 것'은 각각 정자나 난자의 존재에 의해, 그리고 정자와 난자에서 비롯된 기능들에 의해 특징지어진다."(85) 종합하자면, 이 논평은 사람이 정자 없이도 남자일 수 있지만 남성적이지는 않음을, 또한 난자 없이도 여자일 수 있지만 여성적이지는 않음을 시사한다. 남성성과 여성성에서 생물학의 결정적 역할을 이처럼 전환한 다음에 프로이트는 남성성과 여성성 어느 쪽도 심리학적 의미에서든 생물학적 의미에서든 "순수한" 형태로 발견될 수 없다고 확언하며, 이로써 우리를 심리학적으로도 생물학적으로도 혼합과 반음양의 영역으로 돌려보낸다.

프로이트는 사춘기 변화 이후 "여러 성감대가 성기 지대the genital zone의 우위 아래 종속된다"고 주의 깊게 언급한다.(73) 프로이트의 이론화 작업 자체에 대해서도 같은 말을 할 수 있을 것이다. 시간이 지날수록 섹스, 젠더, 성기 같은 범주들을 더 강화하고 또 더 확신하게 된다고 말이다. 하지만 잠시나마 프로이트가 섹스와 젠더에 대해 가장 급진적인 견해를 품는 유예된 상태가 여기 있다. 물질에 대한 프로이트의 사유가 시간이 흐르며 발전함에 따라, 남성성과 여성성에 대한 프로이트의 이론화 작업에서의 상대적 중요성이라는 측면에서 성감대들은 정말로 성기 지대의 우위에 종속되고 만다. 《정신분석학 개요utline of Psychoanalysis》(1940)[9]를 쓰던 시기에 프로이트는 여전히 남성과 여성의 특성 둘 다를 드러내는 몸들을 숙고하는 중이지만, 그 몸들이 이분법적인 성차의 근본 논리에 심각한 도전을 제기한다고 여기지는 않는다. 몸은 남성 아니면 여성이고, 이것이 "생물학적 사실"이라고 프로이트는 단언한다. "여기서 우리는 성별의 이원성이라는 생물학적 사실의 위대한 수수께끼에 직면하게 된다. 즉 그것은 우리 지식의 궁극적 사실로서, 그것으로부터 다른 무언가로 거슬러 올라가려는 모든 시도에 저항한다. 지금까지 정신분석은 전적으로 생물학 분야에 속하는 이 골치 아픈 문제를 해결하는 데 아무 기여도 하지 못했다."(188) 어쩌면 우리는 성별/섹스와 생물학에 대한 프로이트의 사유가 아직 안정되지 못한, 이론이 무르익기 전의 초창기 단계인 여기에 프로이트와 함께 좀 더 머물면서 여기서 끌어낼 수 있을 몇 가지 함의를 고찰하는 편이 좋을 것이다.

신체적 에고와 "거리를 둔 정체성"

에고는 다른 무엇보다도 신체적 에고bodily ego다. 그것은 표면적 실체인 것만이 아니라 그 자체로 표면의 투사이다.

—지그문트 프로이트,《에고와 이드The Ego and the Id》, p. 26.

《에고와 이드》[10]에서, 프로이트는 에고의 신체적 본성에 대한 이 유명한 주장을 내놓는다. 이 문장을 두고 많은 해석과 논평이 나왔고, 이 공식의 간결함과 애매함으로 인해, 에고의 본성과 몸의 본성을 이론화할 때 이 공식이 어떤 결과를 낳을지에 대한 매우 많은 추론이 이어졌다.[11] 앞으로 보게 되겠지만, 일부 독자들은 여기서 프로이트가 에고와 몸 둘 다의 물질성을 강화하고 있다고 말해왔다. 그리고 다른 독자들은 몸의 물질성이야말로 이 공식화가 문제시하고 있는 바로 그것이라고 주장해왔다. 첫 번째 집단으로 묶이는 독자들의 계획은 몸이 구체적인 정체성, 자기 동일성self-sameness, 반박 불가능한 물질성이라고 주장하는 것으로, 이들은 프로이트의 이 구절이 몸과 에고를 서로 나누어 쪼갤 수 없는 하나의 단위가 되게 하며 그래서 몸과 에고 둘 다에 불변의 물질성을 수여하는 행복한 효과를 낳는다고 해석하는 경향이 있다. 두 번째 집단의 독자들은 투사 자체에 집중하는 경향이 있으며, 투사의 메커니즘과 재료에 대해 질문하면서, 시각적 등록부가 몸과 에고의 구성에 연루되는 방식들에 주목한다.

카자 실버만Kaja Silverman은 《보이는 세계의 문턱The Threshold of the Visible World》의 첫 장 〈신체적 에고〉에서 "처음부터 그리고 가장 심오한 의미에서, 에고는 본성상 육체적이다"라는 프로이트의 주장을 우리가 어떻게 이해해야 할지 질문한다. 그리고 이 주장을 이해하려 시도하는 가운데 "젠더, 인종, 성적 선호, 기타 문화적으로 구성되고 강제되는 구별이 어떻게 신체적 에고의 층위에서 작동하게 되는지"를 우리가 이해할 방법을 질문한다.[12] 실버만은 먼저 라캉의 거울단계 이론으로 향하는데, 이 이론에서 라캉은 에고가 표면의 투사에 의해 그리고 그 투사로서 구성되게끔 하는 수단들을 좀 더 완전하게 정교화한다. 라캉은 엄마에게 안겨 거울을 대면하게 된 유아가 거울에 비친 자신의 상을 보며 커다란 기쁨을 느끼는 장면을 기술한다. 실버만이 강조한 대로, 자기 이미지를 보면서 유아가 느끼는 즐거움은 타자성과 동일성 사이를 오가는 복잡한 진동에 기초한다. "한편으로 거울단계는 오인誤認, méconnaissance을 표상한다. 주체가 자신이 아닌 것에 동일시하기 때문이다. 다른 한편, 주체가 거울을 바라볼 때 그/그녀가 보고

있는 것은 문자 그대로 자신의 이미지다.”(10-11) 유아는 자신의
신체적 역량을 능가하는 존재의 이미지를 자기 자신이라고 인
식한다. 이미지와 그 이미지에서 자신을 발견해 기뻐하는 자아
가 절대적으로 동일하기란 불가능하다는 점이 유아의 그 커다란
기쁨을 줄어들게 하진 않는다. 오인으로 인한 이 기쁨은 ‘정확한’
인식은 결코 해줄 수 없는 방식으로 에고를 가득 채워준다. 실버
만은 거울단계에 대한 라캉의 설명을 앙리 왈롱Henri Wallon의 설명
과 비교하는데, 왈롱은 유아가 거울 안에서 인식한 것이 자기 자
신이 아니라 “사랑하는 대상”이며, 나중에는 “분신 또는 라이벌”
이라고 설명한다.(15) 왈롱은 한 유아의 일화를 소개하는데, 그
아기는 자신의 이름을 듣자 “직접 응답하는 대신 거울 이미지를
바라보았다”.

실버만은 오인을 통한 이 특수한 종류의 동일시를 “거리를
둔 정체성identity-at-a-distance”이라 칭하는데, 이는 우리가 몸과 자아
에 대해 개념화할 때면 그 중심에 놓이는 내부성과 외부성, 동일
성과 차이 사이의 복잡하게 얽힌 상호작용을 포착하는 특별히
우아한 방식이다. 이 공식화는 특별히 거울단계에 대한 왈롱의
설명에 해당하지만, 그럼에도 정체성의 수립이 항상 이미 비정
체성nonidentity이나 차이에 의해 표시되고 그 정체성 수립의 핵심
에 거리가 포함되는 수많은 방식을 우리가 사유하는 데 도움이
될 수 있다. 실버만은 이 공식화가 라캉의 설명에도 들어맞는다
고 보는데, 라캉이 “에고를 수립하는 이미지의 허구성과 외부성
을 강조”한다는 점에서이다.(10) 만약 우리가 이 공식의 적용 범

위를 넓히는 실례를 무릅쓴다면, 우리는 이런 결론을 내릴 수도 있을 것이다—훨씬 더 일반적으로, **그 어떤** 동일시의 사례든 거기엔 거리 개념이 내장되어 있다고 말이다. 만약 그러한 동일시가 이상화된 이미지에 동일시한 것이라면, 그 이미지가 내면화되는 바로 그 순간에조차 시각적 등록부 안에서 그 이미지가 놓이는 위치 때문에 그 이미지는 그저 주체에겐 항상 외부적인 것이 된다. 또한 상징적 동일시, 즉 이상화된 주체 위치와의 동일시는 상징적 이상 자체와 그 이상을 개인적으로 어떤 식으로든 실현한(그러나 사실상 실패한) 것의 특수성 간 격차를 돌파하려는 불가능한 시도이기도 하다.

앞으로 보겠지만, 이와 다른 식으로 정체성을 사유한다면, 즉 조금이라도 정체성이 읽을 수 있는 것이 되려면 거리를 배제해야 한다는 식으로 사유한다면 이는 곧 절대적 일관성과 완전성을 주장하기 위해 거울 앞에 있는 유아의 장면을 반복하는 셈이 된다. 일관성과 완전성은 문화적 가독성을 낳기는커녕 반대로 표상 그 자체를 대가로 치러야만 올 수 있는 것임을 정신분석은 강조한다. 주체성에 관한 한 풍부함과 충만함, 일관성과 완전성은 허구적 상태일 뿐만 아니라, 언어에 의해 상징계의 영역으로의 진입이 폐제된 존재의 조건 자체이다. 정신분석은 몸과 정신으로 이뤄진, 깨지기 쉽고 불완전한 주체를 제공한다. 몸과 정신이라는 이 두 요소를 합쳐서 일관되고 완전한 전체가 되는 게 아닐뿐더러, 몸과 정신 어느 쪽이든 완벽하거나 완전한 전체로 간주하는 건 부적절하다.

　　　　1부 | 무엇이 몸인가?

　　세 부분으로 조각난 정신의 구조는 이제는 익숙하지만,[13] 정신분석적 몸 또한 몸을 통일된 전체로 보는 서술에 저항한다. 찰스 셰퍼드슨Charles Shepherdson은 정신분석에서 몸의 구성을 "작은 유기체가 자기 몸을 찾아 길을 떠나는 기묘한 신화"라고 부른다.[14] 이 신화가 상황을 과하게 의지주의적으로 묘사하긴 하지만, 정신분석 안에서 사람은 몸으로 태어나는 게 아니라 몸이 된다는 것은 참인 듯하다. 라캉의 거울단계는 이전에는 자기 몸을 '잡동사니 부스러기'로 경험했던 유아가 자신의 시각적 이마고imago─유아가 궁극적으로 될 존재의 이상화된 버전─에 동일시하게 되는 방식에 대한 설명이다. 이 행위에 수반되는 시간적 혼란이 결정적이다. 즉, 유아는 이 발달단계에서는 사실상 자신이 소유하지 못한 신체적 일관성과 지배력을 자신이 갖고 있다고 느낀다. 유아가 동일시를 통해, 즉 모든 형식의 인식과 마찬가지로 오인인 동일시를 통해 이 일관성을 수취한다는 의미에서, 신체적 일관성은 허구적인 것으로 보인다. 환상적인 신체적 완전체에 대한 이 설명과 폴 쉴더의 설명에는 유사성이 있다. 두 설명 모두, 일관성이 물질적 몸의 형태 구조적 배치를 반영한 것이 아니라 에고의 기능이라고 가정한다. 사람이 '소유하는' 몸 그리고 사람이 그 몸에 귀속시키는 여러 능력이나 일관성은 동일시의 결과이고, 이 동일시는 항상 근본적으로 관계적 행위다. 라캉식 표현을 쓰자면, 신체적 일관성은 상상계의 영역에 속하는 것이지 실재계의 영역에 속하는 게 아니다.

　　실버만이 쓴 대로, 라캉의 도식 안에서는 "몸은 이미지, 자세, 접촉을 통해 몸으로 구성되기 전에는 미약한 통일체로서 존재하는 일조차 없다. 사실, 몸은 '조각나 있다'고 말할 수도 없는데 왜냐하면 그런 말은 일단 그 조각들을 모아 조립하면 결국 '전체'가 된다는 뜻을 시사하기 때문이다. 겉보기엔 '차이'가 식별되게끔 하는 여러 신체적 색인은 결과적으로는 형식도 가치도 없는, 일관되지 않은 복합체 안의 사소한 요소들일 뿐이다".(22) 나는 이 마지막 문장을, 신체 부위들을 차이의 기반으로 삼고 싶은 욕망, 즉 반박 불가능한 생물학적인 영역에 정체성 개념을 고정시키고 싶은 욕망이 외부 힘들을 통해 '몸의 구성보다 앞서' 몸에 대해 우리가 갖게 된 심상에 의해 처음부터 좌절되리라는 것을 일깨워주는 조언으로 받아들인다. 즉, (실버만의 문구를 끌어오자면) 단순히 "문자 그대로의 몸"이라는 날것의 재료는 심리적인 정체성이 뿌리내릴 만큼 충분히 깊은 토양을 제공하지 않는다.[15]

나를 위해 존재하는 몸, **내 고유한 몸**corps propre은 일단 "문자 그대로의 몸"이 이미지, 자세, 접촉을 통해 의미를 수취한 다음에야 오는 것이다. 이미지, 자세, 접촉―몸을 구성하는 이 각각의 작용 사례는 거리를 기반으로 한다. 이미지와 접촉의 외부성은 자명해 보일 것이다. 동일시와 투사의 작용에 거리가 필수적인 것과 마찬가지로 말이다. 하지만 쉴더가 명확히 밝히듯, 완전히 내부적 현상, 내부적으로 별개의 순환 회로일 것 같은 몸의 '자세 모델postural model'조차 그 자체로 일련의 이미지, 동일시, 사회적 관계들을 통해 구축된 것이다.

　　　　　1부 | 무엇이 몸인가?

표면 장력 / 표면 견인력

> 신체적 윤곽과 형태 구조는 단지 심리적인 것과 물질적인
> 것 사이의 더 이상 줄일 수 없는 긴장과 관련 있는 것만이
> 아니라, **바로 그 긴장이다.**
>
> —주디스 버틀러, 《중요한 몸Bodies that Matter》,[16] p. 66.

지금까지 우리는 몸을 주로 표면으로 표상하는 논의들을 검토해왔다. 이처럼 몸을 표면으로 형상화하는 논의로는 아마 디디에 앙지외의 작업이 가장 두드러질 것이다. 그는 정신분석 안에 널리 퍼져 있는, 깊이와 심리적 내면에 관한 모델들의 효과를 표면 모델이 쉽게 설명할 수 있다고 제안한다. 《피부자아The Skin Ego》[17]에서 앙지외는 신체적 에고에 대한 프로이트의 공식화를 출발점 삼아, 피부가 몸을 담는 것과 마찬가지로 에고를 정신을 담는 외피envelope로 상정한다. 앙지외의 연구는 또한 쉴더의 작업에 많은 부분 빚지고 있다. 피부 에고에 대한 앙지외의 정의는 몸 이미지에 대한 쉴더의 정의와 거의 동일하다. 즉, 그것은 자아를 표상하는 동시에 구성하는 '정신적 이미지'인 것이다. 프로이트의 텍스트처럼 앙지외의 텍스트는 몸과 정신을 별개의 분리된 등록부로 갈라놓으려는 시도를 좌절시킨다. 피부를 정신에 대한 은유로 조명하는 대신, 그는 때로 이를 뒤집어 정신이 그 자체로 피부에 대한 은유라고—좀 깜짝 놀랄 만한 공식화로—제안한다. "생각이 뇌의 문제인 만큼이나 피부의 문제라면?" 이런 질문을

던지면서, 피부가 사실상 "인간 사유의 근원적인 기초"라고 주장한 것이다.[18]

앙지외는 에고의 심리적 기능에 대한 체계적인 목록을 제공한다―자아를 유지하고, 담고, 보호하는 기능, 자아와 세계 사이의 장막帳幕 역할, 자아에게 일관성을 빌려주는 기능 등(앙지외는 서로 구별되는 아홉 가지 기능을 목록으로 만들지만, 이 목록이 열려 있음을 강조한다). 그는 이런 기능 각각이 피부에 배정될 수 있음을 논증하고, 심리적으로 에고에 들어맞는 모든 것이 피부의 구조와 기능에 관한 서술로 읽힐 수 있음을 보여준다.(98-106) 그의 해석은 피부의 기능이 포괄적임을 강조한다―신체적이고 정신적인 삶의 거의 모든 특질이 표면에 위치할 수 있다는 것이다. 하지만 그럼에도 피부는 획일적인 총체로 정의되는 데 저항한다. "피부는 단일한 기관이 아니라 각기 다른 기관의 전체 집합이다. 피부의 해부학적·생리학적·문화적 복잡성은 정신적 평면에서의 에고의 복잡성을 미리 보여준다. 그 모든 감각기관 중에서 피부는 가장 중요하다 …… 피부는 단독으로 공간적 차원과 시간적 차원을 결합한다."(14) 앙지외는 피부가 **"탁월한** 성감대"라는 프로이트의 제안을 진지하게 받아들이면서 피부의 물질성과 은유성 사이를 수월하게 오간다.

앙지외는 "섹슈얼리티는 자기 피부 안에서 기본적인 안전성에 대한 최소한의 감각을 획득한 사람들만 접근할 수 있는 것"이라고 주장한다.(39) 이는 너무도 흔한 제유提喩로, '피부' 수준에서의 익숙함과 편안함이 몸 전체의 견지에서 수월함, 편안함, 또는

     1부 | 무엇이 몸인가?

소유의 느낌을 대신하게 된다는 것이다. 하지만 우리가 우리 몸 안에서, 우리의 피부 안에서 이런 편안한 느낌을 발달시키고 유지하는 건 어떻게 가능한 것인가? 그리고 자아와 피부의 관계가 편안함과 행복감 대신 불편과 위화감일 때, 이는 체현과 주체성에 어떤 결과를 가져오는가?

몸과 에고 둘 다를 재사유하는 데 앙지외의 피부 에고 개념이 급진적인 만큼, 그가 계속 전념하는 외피의 은유는 그가 갈아엎고자 하는 듯한 몸과 정신의 이분법적이고 위계적인 관계를 복구할 조짐을 이따금 보인다. 앙지외는 프로이트식 도식의 바탕이 되는 '담기containment' 은유들을 강조하고 전유한다. 즉, 몸은 정신을 담는 그릇container이다. 정신은 그 자체가 표면의 외피—알맹이(무의식)를 에워싸고 담는 껍데기(의식)—로 이루어져 있다.[19] 이런 은유를 발전시킨 게 앙지외만은 아니다. 아마 이 은유는 프로이트 해설가들이 정신과 몸의 관계를 개념화하는 가장 흔한 방법 중 하나일 것이다.[20]

몸을 정신을 담는 외피로, 즉 내면의 '핵심'을 감싼 덮개로 보는 이해에는 두 가지 문제점이 있다. 첫 번째 문제는 이 정신적 핵심이, 그 내용물이 몸 표면으로 옮겨지고 대체됨에 따라 역설적으로 더 단단히 굳어지는 동시에 완전히 텅 비워지게 된다는 점이다. 앙지외는 이 공식화에 전념해서, 자신의 텍스트를 몸이 "생물학적 몸"과 "사회적 몸"으로 이뤄졌다고 이해하며 정신을 "이중으로 지지하는" 몸의 기능을 정교화하는 논의로 시작한다.⑷ 그러나 결정적인 지점들에서 그는 이걸 완전히 반대로 뒤집는 것처럼 보인다.

> 피부 에고란 말로 내가 의미하는 바는, 발달 초기 단계 동안
> 아동의 에고가 몸 표면에서 겪은 경험을 바탕으로 자신을
> 심리적 내용물을 담은 하나의 에고로 표상하기 위해 활용하
> 는 정신적 이미지이다. 이는 심리적 에고가 작동의 수준에
> 서는 자신을 신체적 에고와 구별하면서도 표상적 수준에서
> 는 여전히 신체적 에고와 혼동되는 상태로 남는 순간에 해
> 당한다.(40)

아직 우리가 몸과 정신의 관계를 담고 담기는 관계로 사유하는 모델 안에 머물러 있긴 하지만, 용어들은 역전된다. 몸에 대한 전통적인 '외피' 은유가 사회적 외피에 감싸여 있는 물질의 '내부'를 제공하는 것이다. 앙지외는 '물질'을 비물질적인 정신적 깊이를 담는 **바깥**으로, 즉 피부로 제시한다.

물질적 핵심에 정신적 표면이 씌워진 이 공식화의 두 번째 문제점은, 표면이 본질적이지 않거나 중요하지 않다고 무시하거나, 표면 바로 밑에 '진짜로' 놓여 있는 것을 찾느라 표면을 지나쳐버리는 경향이 있다는 것이다. 앞으로 보겠지만, 제이 프로서가 표면을 사용하는 방식은 항상 표면 뒤나 그 밑을 찾아보게끔 한다. 여기서 '표면'은 각기 다른 것들의 광범위한 모음을 대신하게 된다—정신, 언어, 심지어 퀴어 이론 자체. '핵심'은 몸, 물질성, 그리고 가장 놀랍게도 '트랜스섹슈얼'로 사유된다. "트랜스섹

슈얼은 퀴어 이론의 고유한 한계를 폭로한다. 즉 퀴어 이론이 선호하는 젠더 수행성이라는 영역의 너머나 바로 밑에 놓여 있는 것이 트랜스섹슈얼이다."[6] 표면 모델이나 덮개 모델은 그 표면의 뒤나 바로 밑에 무엇이 있는지를 조사할 계기처럼 여겨진다. 프로서는 수행성 바로 밑에 놓인, 숨겨지고 아마도 부정당한 물질성을, 수행성이 숨기려고 애쓰는 물질성을 폭로하길 원한다(여기서 수행성은 퀴어 이론과 동의어인 양 이해되고, 궁극적으로는 '주디스 버틀러'와 동의어로 이해된다).

그럼에도, 앞으로 6장에서 보겠지만 이것이 이 관계를 사유하는 **유일한** 방법은 아니다. 예를 들어 엘리자베스 그로스는 신체적 에고에 대해 논할 때 깊이 모델과 '담기' 은유를 피하고 대신 프로이트의 신체적 에고를 표면들의 작용으로 특징짓는다. 그로스가 보기에 몸은 무언가를 감싸는 외피가 아니라, **내부** 표면과 **외부** 표면으로 이뤄져 있다. 즉 에고는 정신의 '내부' 표면이자, 몸의 '외부' 표면의 투사인 것이다.[21] 깊이 모델에 반대하고 그보다 표면 모델을 강조하는 그로스의 입장은 여러 학문 분야의 저술가들에게서 공통되게 보인다.[22]

몸을 외피로 보는 이런 개념화는 신체적 에고에 대한 앙지외의 설명이 폴 쉴더가 공식화한 신체적 에고와 갈라지는 지점으로 볼 수 있다. 왜냐하면 쉴더의 몸 도식은 **몸이 자신의 고유한 피부의 한계를 넘어설 수 있고 실제로 넘어섰다**는 생각을 우리에게 제시하기 때문이다. 즉, 몸은 정신을 위한 외피가 아니고, 피부는 몸을 위한 외피가 아니다. 몸과 정신 둘 다, 뭔가를 담는

능력으로 특징지어지는 게 아니라 가변성으로 특징지어지는 것
이다.

몸 도식

쉴더의 《인간 몸의 이미지와 출현》은 몸과 자아의 바로 이 관
계를 이론화하려는 시도다. 쉴더는 몸에 대해 반박 불가능한 진
정한 '느껴지는 감각'과, 이 느껴지는 감각을 우리 자신의 신체
적 물질성에 대한 우리의 이해와 연결하는 심리적 매개가 양립
가능하다고 제안한다. 거칠게 요약하자면 쉴더의 논의는 다음
과 같다. 우리는 시간이 흐름에 따라 구축되는 몸에 대한 심리
적 표상인 몸 이미지를 통해서만 우리 몸에 의지하여 몸을 사용
할 수 있다. 몸 이미지는 다양하다(그 누구든 항상 하나 이상 갖고 있
다). 몸 이미지는 유연하다(몸 이미지의 편성은 시간이 흐름에 따라 변
화한다). 몸 이미지는 우리가 다른 사람들과 맺는 관계로부터 비
롯되며, 몸 이미지의 윤곽이 외부로부터 지각되는 몸의 윤곽과
동일한 경우는 드물다. 쉴더의 이 책은 이 주제에 몰두한 첫 번
째 책이고, 몸 이미지 개념이 도입된 이래[23] 자주 인용되는 학자
가 쉴더이긴 하지만, 그의 이론은 그가 이론의 출발점으로 삼은
신체적 에고에 대한 프로이트의 관념은 물론이고 헨리 헤드Henry
Head 같은 초기 신경학자들의 작업에도 많이 신세 지고 있다. 사
실 쉴더의 몸 이미지는 대부분 헤드의 몸의 '자세 모델postural model'

　　　　　　　1부 | 무엇이 몸인가?

에서 끌어온 것이다. 확실히 쉴더는 **자세 모델, 몸 이미지, 몸 도식**, 이 용어들을 구별 없이 교대로 사용할 때가 많다.[24] 아마도 쉴더가 체현 논의들에 가장 결정적으로 기여한 바는 그가 학제적 interdisciplinary 접근법을 사용했다는 점이고, 처음부터 그가 체현의 문제를 탐구함에 있어 정신분석, 현상학, 신경학이 별개의 분리된 방법론으로 여겨질 수 없고 그래서도 안 된다고 꾸준히 강조했다는 점이다.[25] 바로 이런 학제성을 통해 쉴더는 프로이트의 정신분석적 개념인 신체적 에고를 이론의 구조로 삼은 다음 신경학의 연구 성과들과 현상학 접근법을 반영할 수 있었다.[26]

몸의 자세 모델에 대한 쉴더의 이론을 소개하면서 실버만은 그 이론의 핵심으로 거리를 전면에 놓는다. 처음 고찰을 시작할 때는, 주체에게 자신의 신체적 감각보다 더 내면적이거나 더 현상학적으로 가까운 건 아무것도 없는 듯하다. 실버만은 몸 이미지가 "생물학적으로 주어진" 것이 결코 아니며, 우리가 결국은 (오직 잠정적일 뿐이긴 하나) 완전체로 인식하게 되는 집합체로 "공들여 구축되어야 한다"는 점에 주목한다.[27] 이 과정은 결코 완벽할 수도 없고 완결될 수도 없다. 그리고 자세 모델은 모든 시공간에서 안정된 것으로 존재하기보다는 일련의 다양한 모델들로 존재하는 경우가 더 많다. 따라서 몸 이미지에 대한 우리의 감각, 즉 몸에 대한 자세 모델은 침전된 효과이다. 거기엔 안정된 지시 대상이나 예측할 수 있는 내용물 따위가 없다. 왜냐하면 그건 형식과 모양에 따라, 또 각각의 새로운 반복을 통해 순간순간 다를 수 있기 때문이다.

이것이 바로 쉴더가 자신의 논의에서 강조하고자 한 몸 이미지의 **구성성**constructedness, 즉 항상 사회 세계 안에서 일어나는 구성이다. 몸 이미지는 항상 다른 몸들과 세계와의 관계 속에서 맥락적으로 위치지어지고, 몸 이미지의 구성은 사회적 현상이다. "몸의 자세 모델은 구축되어야 한다. 그것은 창조물이고 구성이지 선물로 주어지는 게 아니다. **그것은 모양이 아니라 …… 모양의 생산이다.** 이 구조화 과정이 세계와 관련된 경험들과 긴밀하게 접촉해야만 가능해진다는 건 의심할 바 없다."(113)(강조는 인용자) 그리고 다른 곳에서는 이렇게 언급한다. 몸의 이미지는 "구조structure가 아니라 구조화structuralization다".(174) 여기서 우리는 신체적 에고가 표면이 아니라 표면의 투사라는 프로이트의 설명이 정확히 반복되고 있음을 알 수 있다. 각각의 경우에 중요한 항은 명사가 아니라 동사다. 그리고 물질적인 것이 아니라 물질적인 것을 제공하는 작용이 중요하다.

이런 설명에서 몸이 단순한 생물학적 소여所與와 거리가 멀다는 점은 명백해 보일 것이다. 아마 더 미묘한 점은, 몸을 구성하는 부분들도 그것들의 집합체보다 앞서 존재하는 생물학적 소여로 생각될 수 없다는 것이다. 피부감각조차도 심리적 매개라는 개입 없이는 경험되지 않는다. 실버만은 쉴더에게 피부감각, 즉 "몸의 자세 모델에서 심리적 매개를 회피하는 듯 보이는 그 요소"가 마치 반사 이미지처럼 외부 자극으로부터 구축되는 것으로 나타난다는 점을 짚는다. "쉴더의 주장에 따르면 그것{자세 모델}은 사회적 교환 없이는 결코 성립될 수 없을 것이다. 왜냐하면 그건 오직 몸이 대상들의 세계와 맺는 관계를 통해서만 정의될 수 있기 때문이다. …… 우리의 몸 표면이 다른 표면들과의 접촉/관계에 진입하는 건 오로지 우리가 그걸 지각할 수 있을 때뿐이다."[28] 접촉은 그 접촉이 외부적 대상의 접촉이든 아니면 다른 인간 존재들의 접촉이든 간에, 몸의 자세 모델에 외부적인 것이 아니라 그 모델을 구성하는 요소다. 사실 실버만이 지적하듯, 우리의 자세 모델을 형성하는 건 타자들의 접촉만이 아니며 심지어 "우리 몸의 다양한 부위에 타자들이 갖는 관심"도 몸을 형성할 역량이 있다.(126)[29] 실버만은 쉴더가 내놓은 가장 핵심적인 것 중 하나가 "성감대가 신체적 에고의 특질"(14)인 방식, 즉 신체적 에고에 대한 프로이트의 설명과 몸에 있는 구멍들의 중요성에 대한 라플랑슈의 평가에 의존한 해석이라고 결론짓는다. 프로이트를 따라 쉴더는 몸 도식의 발달에서 몸의 구멍들과 성감대가 불균형적으로 중요한 역할을 맡는다는 점을 강조하고, 몸 이미지의 발달이 진행되는 두 개의 서로 다른 층위를 접목한다. "몸의 자세 모델의 구축은 외부 세계와의 계속된 접촉에 의해 생리적 층위에서 발생한다. 리비도적 층위에서는, 그것은 우리 자신이 우리 몸에 갖고 있는 관심에 의해서만 구축된다. 하지만 또한 다른 사람들이 우리 몸의 다양한 부위에 보이는 관심에 의해서도 구축된다. 그들은 행동을 통해 또는 단지 말과 태도를 통해 자신들의 관심을 보일 수 있다."(137)

여기서 쉴더는 몸 도식을 변화시키거나 창조하는 것들의 부류 안에 접촉과 정동 둘 다를 포함시키는데, 이는 두 가지 요점을 확립한다. 첫째, 몸 도식의 **기원들**은 자아와 세계 사이를 매개하는 실체로서 기능한다는 점에서 관계적이다(몸 도식의 **기능**이 관계적이다). 둘째, 이 관계성, 그리고 몸 도식의 몸/정신 회로 안으로 사회적인 것을 도입하는 이 움직임은 주체가 어느 정도 자유롭게 선택하는 게 있을지라도 몸 도식이 전적으로 의지주의적인 기획으로 해석될 수 없음을 보증한다. 쉴더는 이렇게 쓴다. "우리 고유의 활동이 몸 이미지를 구축하는 데 충분치 않다는 점은 의문의 여지가 없다."(126)

몸 도식은 몸에 대한 이미지이자 표상이지만, 또한 이미지와 표상 그 이상이다. 몸이 하나의 단위로 이뤄져 있다는 것은 즉각적이고 확실한 지각이지만, 여기서조차 몸 도식은 "단순한 지각이 아니고" "단순한 표상도 아니다".(11) 쉴더는 "그림에 관해 이야기할 때 우리는 사실을 단순화한다"(176)고 주장하면서 표상의 언어에 다소간 의심을 표한다. 그리고 헤드를 따라 몸 도식의 **시간적** 본성을 강조한다. 몸의 자세 모델은 시간이 흐름에 따라 변화하고, 심지어 매 순간 바뀌기도 한다. "내면에서 자아-구성과 자아-파괴가 영구히 계속된다."(15-16) 아마도 훨씬 더 중요한 점은 몸 도식이 과거와 맺는 관계가 의존성 관계라는 점이다. 여기서 몸의 일관성은 켜켜이 쌓인 기억 중 한 층에 의지함으로써만 수립되고, 일단 일관성이 수립된 다음엔 그런 뒷받침이 비가시화된다. 쉴더는 《인간 몸의 이미지와 출현》을 헤드가 몸 도식을 정의한 내용으로 시작한다.

이것들{과거의 인상}은 의식 안에서 이미지로 떠오를 수도 있다. 하지만 특별한 인상의 경우처럼 중심되는 의식의 바깥에 남아 있는 경우가 좀 더 많다. 여기서 그것들은 우리 자신에 대한 조직화된 모델들을 형성하는데, 이를 '도식들 schemata'이라 칭할 수 있을 것이다. 그러한 도식들은 새로이 들어오는 감각 자극으로 인해 생산되는 여러 인상을 조정하며, 이 조정은 위치 또는 인근에 대한 최종적 감각이, 이전에 일어났던 무언가와의 관계로 채워진 의식에 떠오르는 방식으로 이뤄진다. …… 모든 인식 가능한 변화는, 이전에 일어났던 무언가와의 관계가 이미 부과된 의식 안으로 들어오는 것이다. 택시-미터 거리가 우리에게 이미 실링과 펜스로 변환되어 표상되는 것처럼 말이다. (11-12)

몸의 완전함과 일관성을 가리키는 직접적이고 매개되지 않은 감각인 듯 보이는 것은 결국은 기억의 작용에 전적으로 의지하고 있음이 밝혀진다. 몸에, 그리고 중요하게는 의식에 "위치 또는 인근에 대한 감각"으로 최종적으로 전달되는 것은 "감각 자극"과 과거의 인상이나 기억 간 관계, 즉 현재의 느낌과 **이전에 일어났던 무언가**와의 관계인 것이다. 신경의 활동인 몸의 감각 자극은 몸 도식의 생산에 필요하나 그것만으로는 충분치 않다. 몸 도식은 과거의 인상·감각·환상·기억의 방대한 저장고에 의지하여 자신의 일관성을 구축하는 것이다. 모든 신체적 위치는 과거의 물리적 위치들과의 유사성에 기초하고 그런 맥락 속에서만 심리적으로 읽을 수 있게 된다(그리고 따라서 **물리적으로** 읽어낼 수 있게 된다). 이러한 번역은 즉각적으로 일어나고, 그 어떤 의식적 번역도 필요하지 않고, 감각과 번역 사이의 시간차도 일어나지 않는다.

쉴더는 "몸 이미지에서의 변화는 즉시 몸에서의 변화가 되는 경향이 있다"고 주장한다.(137) 따라서 그의 공식화 안에선, 물질적인 몸은 몸 이미지보다 더 가소성과 가변성이 높은 무언가가 되는 셈이다. 물질적인 몸이 자신의 고유한 생산과 파괴를 통해 거듭 순환하며 크기, 모양새, 행동양식, 일관성의 정도를 바꾸는 바로 그 순간에도, 몸 이미지는 우리가 우리 몸을 파악하게끔 해주는 유일한 수단으로서 지속된다. 몸 이미지의 매개 효과를 통해서만 몸에 보낼 수 있는 리비도적 투자libidinal investment 없이는, 몸의 이런저런 것들은 형상이나 모양새 없는 "모호한 질료"(166)로 환원된다. 그리고 그런 "모호한 질료"와 우리가 맺는 관계는 가까운 관계가 아니라 거리가 있는 관계인 경우가 많으며, 이때 심지어 우리 몸보다 타자들의 몸이 우리에게 현상학적으로 더 근접해 있을 수도 있다. "우리 고유의 몸은 무엇이고 타자들의 몸은 무엇인가? …… 우리 몸은 적어도 중요한 부분들에서는 외부 세계보다 우리에게 더 가까이 있지 않다."(234) 몸 이미지의 기능이 우리에게 보여주는 것은, 우리 몸과 세계 간 근접성이 우리 몸의 물질성과 그 몸에 대한 우리의 이해 사이의 거리보다 더 가까울 수 있다는 것이다.

쉴더는 묻는다. "우리 몸에 대한 지식의 생리학적 기초는 무엇인가?" 그의 답은, 신체적 물질성은 우리가 그것을 인정하는 바로 그 순간에조차 단순한 물질은 아니라는 것이다. "우리의 논의는 우리가 복잡하게 얽힌 장치apparatus와 관련되어 있음을 보여줄 것이다."(13) 몸으로서 "우리"는 몸의 자세 모델의 "복잡하게 얽힌 장치"와 관련이 있다. 그리고 근본적으로는 물질성과 자아에 대한 문제들과 관련이 있다. 하지만 어떤 의미에선 쉴더는, 몸의 본성을 탐구하는 자로서 우리가 몸의 생리학적 기초에 대한 그 어떤 확실성 대신에 몸 도식의 복잡한 장치로 **그럭저럭 때워야** 한다는 점을 시사하고 있는 셈이다. 매개되지 않은 몸의 "모호한 질료"에 호소한다고 해서 신체적 물질성의 문제를 해결할 수는 없다. 왜냐하면 이 "모호한 질료"는 항상 몸과 세계 간 심리적 관계의 침전물이기 때문이다.

사실, 몸의 자세 모델은 몸의 물질성이 배치될 수 있을 다양한 방식에 대해 그 어떤 확실성을 보장하기엔 그 자체로 충분치 못하다. 쉴더는 생리학적 손상이 몸 이미지와 "문자 그대로의 몸" 간 괴리, 몸에 대한 내부적 지각과 외부적 지각 간 괴리를 낳는 사례들을 검토하는 데 많은 시간을 들인다. 그는 질병인식불능증anosognosia[30]과 반마비半痲痹의 사례에서 가장 극단적인 형태로 재현되는 이러한 몸 이미지의 왜곡이, "정상적인 사람"에서조차 존재하는 몸과 몸의 표상 간 괴리를 "과장한 것"이라고 조심스레 언급한다.(81) "따라서 우리는 병리학에서뿐 아니라 우리 자신의 몸에 대한 지식을 위해서도 매우 중요한 일반 법칙을 다루고 있는 것이다."(94) 환상사지幻想四肢를 논할 때 쉴더는 '우리' 정상적인 사람들에게도 이런 환상이 있다고 주장하면서 이 통증을 병리학에 한정된 현상으로 격하하지 않으려 애쓴다.

몸 도식의 존재가 우리에게 먼저 몸의 물질성에의 접근 가능성의 문제를 다시 고찰해보라고 요청한다면, 그다음 단계로는 다음과 같은 문제를 제기한다. 어떻게 해서 우리 몸은 몸의 물질적 윤곽을 초과하는 의미를 갖게 되는가? 이것은 어떤 종류의 몸이며, 어떻게 해서 이해되고 살아지는 것인가?

<h2 style="text-align:center">상상계적 형태 구조들[31]</h2>

버틀러는 형태 구조적 상상계의 구조를 설계하는 과정에서 성기의 형태 구조와 신체적 일관성에 대한 프로이트의 논평을 해석한다. 버틀러는 〈나르시시즘 서론On Narcissism: An Introduction〉[32]을 출발점으로 삼는데, 그 텍스트에서 프로이트는 성감성을 다음과 같이 정의한다. "이제 몸의 어느 부위든 가져와서, 그 부위가 성적으로 흥분되는 자극을 정신에 보내는 활동을 그 부위의 '성감성'이라고 기술해보자."[33] 우리가 이미 보았듯, 다양한 신체 부위에 성감성을 귀속시키는 일은 심리적으로도 물리적으로도 무엇을 신체 부위로 '간주할 것인가'를 결정하며, 이는 신체적 일관성(또는 신체적 괴리)에 대한 우리의 느낌과 직접 연관된다. 버틀러는 프로이트에 대한 독해에서, 성감성이라는 이 개념이 신체 부위의 물질적인 해부학적 구조anatomy와 그것이 상상계에서 표상되는 모

습을 인과관계로 수립할 가능성을 뒤엎고, 이런 인과론을 그 둘이 일시적으로 부합해서 동시적으로 출현한 것이라고 이해하는 모델로 대체한다고 말한다. "만약 성감성이 관념을 통한 신체적 활동의 전달을 통해 생산되는 것이라면, 그 관념과 전달 행위는 현상학적으로 동시에 일어난다. 그 결과, 신체 부위가 관념에 선행하여 그 관념을 낳는다고 말하는 건 불가능할 것이다. 왜냐하면 현상학적으로 접근 가능한 몸과 동시에 출현하여 사실상 그 접근 가능성을 보장해주는 것이 관념이기 때문이다."(59)

버틀러는 물질적인 몸을 사회적인 것 또는 상상계가 한 층 그 위에 덧씌워져 있는 것으로 생각하는 체현 패러다임을 기각하면서, 대신 물질적인 몸과 그런 층의 출현이, 현상학적으로 말하자면 동시에 일어나는 방식들을 고려해보자고 우리에게 권한다. 인과관계는 아닐지라도 육신^{flesh}[34]과 관념 간 관계는 필수적인 동시에 생산적이다. 몸의 그 어떤 부위든, 아니 사실상 몸 자체가, 쉴더가 이론화한 몸과 같은 위상을 갖는다. 즉 몸은 매개 역할을 하는 심리 구조를 통해서만 주어지고 접근 가능해지는 것이다. 따라서 '관념'의 구조는 몸 도식의 구조와 상응한다. 그리고 쉴더의 몸 도식처럼, '관념'은 몸 표면과 마치 색인처럼 부합하지는 않는 성질을 야기할 역량이 있고, 따라서 물질적 영역에서의 존재론적 위상이 그리 분명치 않은 신체 부위에 접근할 수 있게 해준다. "이 가변적인 몸 표면 또는 신체적 '에고들은 따라서 더 이상 그 어떤 해부학적 구조에도 적절히 속하지 않는 성질을 옮기는 장소가 될지도 모른다."(64)

신체적 재현에서 성차가 맡는 역할에 명시적으로 주목한다는 점에서, 버틀러의 형태 구조적 상상계는 쉴더의 도식을 기반으로 한다. 해부학적 구조의 '사실'에 대한 우리의 경험은 어디서나 은밀하게 작용하는 이성애 중심적 상징계에 의해 구축된다. 성차를 재사유하고 젠더를 재편하는 기획에서, 물질성의 영역은 상상계 영역 안에서 가능할 법한 종류의 생산적 재편성을 만들어낼 가망이 별로 없다. 왜냐하면 만약 성차가 해부학적 구조의 수준에서 정체성의 '진실'에 대해 어떤 확실성을 전달하는 것처럼 군다면, 이 '진실'은 그 해부학적 구조의 생산을 지배하는 동시에 그것을 정신이 입수할 수 있게 해주는 **상상계의 층위에만** 도달하기 때문이다.

여기서부터 우리는 형태 구조적 상상계에 대한 버틀러의 이론화(그리고 일반적으로는 물질성과 체현에 관한 버틀러의 입장)에 대한 좀 더 끈질기고 널리 퍼져 있는 오해 두 가지를 없앨 수 있다. 첫 번째 오해는 **상상계**와 **환상**을 상상력, 환각, 망상, 또는 추측과 동의어인 양 이해하고, 환상을 물질성과 현실(이 둘도 동의어처럼 기능한다)과는 근본적으로 정반대되는 것으로 해석하는 것이다. 버틀러가 지적하듯, 한편으로 환상을 나태한 상상이나 하찮은 백일몽으로 이해해선 **안 된다.** 이런 식의 이해는 환상의 영역을 영향도 결과도 없는 자유로운 놀이로 여긴다. 하지만 버틀러의 주장에 따르면 환상과 형태 구조의 관계에는 상당히 큰 이해관계가 걸려 있다. 여기는 주체성 자체가 일어나는 장소인 것이다. 다른 한편, 환상을 정신병적 환각(또는 신경증적 히스테리)으로 해석하는 것은 환상에 정동을 과하게 투자하는 셈이다. 이런 식의 정의는 환상의 구조가 **곧** 동일시의 구조**인** 방식들을 흐릿하게 가리며, 상상계와 사회적 영역의 뒤얽힘을 해명하지 못한다. 버틀러가 언급하듯, "이런 의미에서 환상은 이미 형성된 주체**의** 활동으로 이해되어서는 안 되며, 주체가 다양한 동일시 위치로 분산되어 무대화되는 과정으로 이해되어야 한다."(267, 주7) 환상은 주체가 행하는 무언가가 아니라, 주체를 가능케 하는 무언가이다.

좀 더 넓게 보면, 환상은 현실과 반대되는 용어로 잘못 특징지어지는 경우가 자주 있다. 이때 후자는 그 의미가 자명하며 '그저' 환상일 뿐인 영역보다 명백히 우월하다고 여겨진다. 이와 똑같은 구조를 버틀러를 둘러싼 두 번째 흔한 오해에서 접할 수 있다. 버틀러가 물질성을 아예 믿지 않는다고 오해하거나, 또는 버틀러의 작업이 몸에서 육신을 뜯어내고 결과적으로 주체로부터 '현실'을 뜯어내는 공격적인 시도라고 오해하고는 반대하는 것이다. 《중요한 몸》은 몸과 정신을 인과관계로 상정하지 않는다면 필연적으로 단순히 물질성을 모조리 없애버리는 짓이 되지 않느냐는 이런 걱정에 대처하고자 한다. 버틀러는 물질성을 완전히 정신의 효과로 단정한다는 이런 왜곡된 과장에 대해 다음과 같이 논평한다.

[이는] 분명 옹호될 수 없는 종류의 관념론을 이룰 것이다. 생명 활동, 해부학적 구조, 생리기능, 호르몬 및 화학적 구성 요소들, 질병, 나이, 체중, 신진대사, 삶과 죽음의 영역에 의

해 나타나는, 몸과 관련된 다수의 '물질성'을 시인하고 긍정
하는 일은 틀림없이 가능하다. 이 중 어느 것도 부인될 수 없
다. 하지만 이런 '물질성들'의 부인 불가능성은 그것들을 긍
정한다는 게 무슨 의미인지, 사실상 어떤 해석적 매트릭스
들이 그런 필수적 긍정을 조건 짓고 가능케 하고 제한하는
지를 결코 조금도 알려주지 않는다. …… {물질성은} '이것 없
이는' 그 어떤 정신적 작용도 계속 진행될 수 없는 것, 뿐만
아니라 정신이 이것에 작용하고 또한 이것을 통해 작용하는
것 ……. (66-67)

이 문제에 대해 버틀러의 입장은 매우 명확하다. 그녀는 물
질성 따윈 없다고 주장하는 게 아니라, 우리가 몸이 물질적이라
고 주장할 때, 그 주장의 내용이 여전히 모호하고 불명확하다는
점을 짚는 것이다. 버틀러에게 신체적 물질성은 존재한다. 그뿐
만 아니라 그녀는 우리가 그런 물질성을 긍정해야 한다고, 그리
고 이 긍정이 주체성의 근본적인 조건이라고 주장하는 데 많은
노력을 기울인다.[35]

그렇다면, 버틀러가 주체성의 이런 "필수적 긍정"의 내용과
의미를 조사하는 작업이 어째서 그녀가 몸을 진지하게 받아들이
길 꺼린다는 증거로 해석되고 만 걸까?

'진짜' 트랜스섹슈얼의 물질적 형상

이 질문에 답하려면 다른 몇 가지 질문을 제기할 필요가 있다. 이를테면, 일부 퀴어와 트랜스 저술가들이 실체라는 관념에 해방감을 느끼는 건 어째서인가? 고통을 완화하고 잘못된 것을 바로잡을 목적으로 왜 신체적 물질성에 호소하는가? 그리고 이런 호소가 비규범적으로 섹스화되고 젠더화된 주체성들의 생산을 어떻게 보증하고 뒷받침할 수 있는가? 이런 호소에서 퀴어와 트랜스 몸들, 퀴어와 트랜스 주체들을 위해 추구되는 건 무엇인가? 신체적 물질성이 약속하는 듯한 정체성과 해결책은 무엇이고, 금지하는 정체성과 해결책은 무엇인가?

《두 번째 피부: 트랜스섹슈얼리티의 신체 서사Second Skins: The Body Narratives of Transsexuality》에서 제이 프로서는 신체적 물질성을 으뜸으로 강조하는 트랜스섹슈얼 주체성 이론을 제기한다. 프로서는 트랜스섹슈얼 정체성을 위한 신체적 버팀목을 확보하고자 한다. 그는 퀴어 이론이 몸에서 구성과 담론에 초점을 맞추느라 트랜스섹슈얼 주체성과 트랜스섹슈얼 체현 간 연결이 느슨해지다 못해 모조리 끊어졌다고 주장한다. 이런 의미에서《두 번째 피부》는 특히 페미니즘 이론과 퀴어 이론 안에서 트랜스섹슈얼리티가 역사적으로 무시된 문제와 맞서 싸운 트랜스학에서의 몇몇 시도를 대표한다. 그러한 기획의 정치적 목표에 관해서는 프로서와 버틀러는 분명 같은 의견일 것이다. 그리고 버틀러가 대안적으로 젠더화된 체현을 탐구하게 된 정치적 동기가 프로서의 동기와 크게 다르지는 않다. 그들은 트랜스섹슈얼 주체성을 이론화한다는 목표에 도달하기 위해 사용하는 수단이 다르다는 점에서 의견을 달리하는 것이다.

《두 번째 피부》는 트랜스 주체성의 특이성과 차이에 확고한 토대를 확보하기 위해 신체적 물질성에 호소하는, 트랜스학에서의 한 갈래 동향을 전형적으로 보여준다. 3장에서 보겠지만, '진짜' 물질성이 트랜스젠더화된 주체에게 견인력을 제공해서 자신의 정체성을 차이(내 트랜스젠더화된 몸의 특이성이 내게 일관된 정체성을 확보해준다)와 동일성(당신의 규범적으로 젠더화된 몸의 물질성이 당신에게 주체다움을 주는 것처럼, 내 몸의 물질성도 내게 그렇게 해준다) 둘 다에 고정하게 해줄 수 있는 유일한 것이라고 단정하는 트랜스 이론가들이 많다. 《두 번째 피부》는 이런 광범위한 흐름을 보여주는 동시에, 정신분석이 특히 트랜스섹슈얼 정체성의 이론화에 생산적으로 이용될 수 있으리라 제안하며 이론적 관여와 투자를 진행한다는 점에서 매우 독특하다.

프로서는 "실체를 젠더화된 몸 이미지에" 위치시키려 시도한다.(6-7) 이 실체는 세 가지 주요 속성을 갖는다. (1) 그것은 명백하게 물질적이다. (2) 그것은 "젠더화된 실재"가 실존한다는 반박 불가능한 증거를 제공한다. 즉, 그것은 "사회적 구성이 거짓임을 밝힌다". (3) 그것은 트랜스섹슈얼리티를 위해 성차에 근거한 정체성을 보장한다. 나는 프로서가 여기서 잘못된 질문을 던지고 있을 가능성을 고찰하고자 한다. 그리고 젠더화된 체현의 이론화 작업에서 몸 이미지가 유용한 것은 엄밀히 말하자면 몸 이미지가 물질적이어서가 아니라 물질성 자체의 재의미화를 허용하기 때문이라고 주장하고자 한다. 우선은 프로서가 "젠더화된 실재"를 찬성하는 자신의 논의를 뒷받침할 명시적 근거로 정신분석에서 찾아낸 것들을 살펴보자.

프로서는 프로이트의 신체적 에고에 대한 버틀러의 독해를 검토하면서, 버틀러의 "상당히 절충적인" 해석이 섹스를 문자 그대로 이해하지 못하게 만들었다고 결론 내린다. 프로서는 버틀러가 지시체referent를 아무렇게나 대한다고 비난하는데, 여기서 지시체란 《에고와 이드》에서의 '몸'이자, 더 넓은 의미에선 물질적 몸 그 자체다. 프로서는 프로이트식 신체적 에고에 대한 버틀러의 독해—그가 보기에 텍스트의 "명백한 의미를 거스르는"(42) 독해—안에서는 몸이 에고로부터 비롯되었다는 결론이 나오기 위해 몸이 "대괄호로 묶여, 좌천된다"(41)고 비난한다. 프로서의 주장에 따르면 이는 프로이트의 요점과 정확히 반대되는 것으로, 프로이트에게선 에고가 몸으로부터 비롯되고, 몸의 그 물질성 덕분에 몸이 에고에 물질성을 부여해준다는 것이다. 프로이트에 대한 자신의 해석과 버틀러를 상대로 그가 벌이는 논쟁을 뒷받침할 자원으로 프로서는 앙지외를 끌어오는데, 그가 보기에 앙지외는 라캉식 정신분석과 포스트-라캉식 정신분석(79, 242 주13), 후기 구조주의(12-13), 퀴어 이론(31-32)에서 번갈아 가며 배출해온 유감스러운 부산물인 "탈신체화desomatization"에 맞서 싸우는 사람이다. 프로서는 앙지외의 피부 에고 이론을 다음과 같이 요약한다.

앙지외는 몸 이미지를 몸의 느낌으로부터 파생된 것으로 표상하기 위해 '표면의 투사'를 '신체감각에서 **파생된**' 것으로 강조한다. 놀랍도록 단순하게 문자 그대로 해석해서 앙지외는 프로이트의 '표면'을 피부로 번역한다. 몸의 물리적 표면 또는 몸을 감싼 겉면은 정신적 장치에 의존적인 지원을 제공한다. 즉 에고, 자아감각은, 물질적 피부의 경험에서 파생되는 것이다. 몸은 몸의 '정신적' 투사와 같은 척도로 잴 수 있을 뿐 아니라, 이 투사의 생산도 책임진다. 몸은 결정적으로 그리고 물질적으로 자아를 형성한다. 모든 정신 구조가 몸에서 유래한다는 것을 입증하기 위한 앙지외의 수단인 피부 에고는 에고를 프로이트 이론에서의 그 신체적 기원으로 돌려보낸다.(65)

프로서가 앙지외의 방법론을 "놀랍도록 단순한 문자 그대로의 해석"으로 이해한 건 올바른 평가이긴 하다. 그러나 엄밀히 말해 앙지외가 물질적인 것과 환상적인 것의 이음매에서 작업했고, 전자에게 후자보다 특권을 부여하길 거부했다는 점은 분명하다. 앙지외는 이렇게 쓴다. "피부 에고는 환상의 질서가 현실에 구현된 것이다."[36] 여기서 환상은 주체를 구성하는 것이자 "현실"과 분리 불가능한 것으로 여겨지며, 이는 버틀러가 이 용어를 활용한 방식과 같다. 사실 프로이트식 신체적 에고에 대한 앙지외의 해석은 버틀러의 해석과 상당한 의견 일치를 보인다. 프로이트가 신체적 에고를 언급한 대목에 대한 그의 분석은 버틀러의 분석과 정확히 같은데, 둘 다 몸을 "표면의 투사"로 정립하는 것이다. "프로이트의 표현을 쓰자면 에고는 근본적으로 표면이고(심리적 장치의 표면), 표면(몸의 표면)의 투사다."(136)

몸, 물질성, 주체성에 대한 이런 질문들을 상세히 살펴볼 때 "단순한 문자 그대로의 해석"을 바라는 욕망은, 특히 많은 것이 걸려 있을 때면 물론 이해할 수 있는 욕망이긴 하다. '몸의 문제'—그리고 이에 수반되는 정체성과 주체성의 문제—에 대한 단순한 해결책은 분명 안도감을 줄 것이다. 프로서는 프로이트에 대한 버틀러의 독해가 담론성discursivity을 지지하느라 물질성을 치워버리는 더 광범위한 경향을 나타낸다고 보며, 본인의 기획은 물질성의 단순함으로 돌아가자는 요청이라 여긴다. 그러나 이 요청은 기만적이라 할 만큼 복잡한 담론적 작용이다. 몸에 관하여 담론 바깥에서 담론에 반대하여 신체적 물질성을 고집하려는 그 어떤 주장도 담론의 외부에 놓여 있지 않은 건 당연하다. 그 요청 자체가 담론적으로 진행되는 것이기 때문이다. 버틀러는 바로 이 딜레마를 자세히 설명한다.

> 언어 바깥에 물질성을 놓는다는 것은 그럼에도 물질성을 그렇게 상정하겠다는 뜻이고, 그렇게 상정된 물질성은 그런 단정을 자신의 구성 조건으로 보유할 것이다. 물질성을 언어 바깥에 있는 것으로 상정하는 것, 물질성을 언어와 존재론적으로 구별된다고 간주하는 것은 언어가 그런 철저한 절대적 타자성의 영역을 가리키거나 그 영역과 부합할 가능성

을 토대부터 약하게 만드는 일이다. 따라서 언어의 지시하는 기능을 확보할 목적으로 언어와 물질성을 확고히 구분한다면, 이는 그 지시 기능을 근본적으로 약화시키는 셈이다.(67-68)

프로서가 "트랜지션의 물질적 형상"과 "트랜스섹슈얼 서사의 물질성"을 검토한다는 사실 때문에 상황은 훨씬 더 복잡해진다. 물질성과 형상적인 것 또는 물질성과 서사가 관계가 있다는 주장을 분명 할 수는 있지만, 두 경우 모두 그 관계가 단순히 부합하는 관계인지는 의문의 여지가 있다. 서사와 형상적인 것은 본질적으로 담론성과 분리 불가능하다. 그리고 이런 것들을 언어 밖에서 사유한다는 게 어떤 의미일지, 또는 정말로 서사나 형상의 물질성이 육신의 물질성에 모양새나 기능 면에서 어떻게 부합할 수 있을지는 불분명하다. 그리고 '현실'을 꼭 붙들고 있어도 그 붙드는 힘이 너무도 미약해서 담론의 힘에 밀려 기반이 약해지거나 내쫓길 위협을 끊임없이 받을 정도의 물질성이란 어떤 종류의 물질성인가?

신체적 물질성에 관한 프로서의 입장은 트랜스섹슈얼들이 본인의 "육신의 물질성fleshy materiality"과 맺는 관계가 복잡하지 않고 아무런 문제도 없이 건설적이고 긍정적이게끔 하는 일련의 부인否認에 의해 보증된다. 이 전략의 정치적 목표에 동조하긴 쉽다. 그렇지만 여기서 프로서가 정신분석에 도움을 호소하는 건 엄청 이상한 일인데, 왜냐하면 그러한 호소는 주체가 본인의 몸과 맺

는 관계에 대한 정신분석 이론의 가장 중요한 통찰이라 할 만한
것을 근본적으로 오해하고 있기 때문이다. 프로이트, 라캉, 쉴더,
앙지외, 버틀러, 실버만 모두가 시사하는 바는, 그러한 신체적 수
취가, 그리고 따라서 주체 형성 자체가 자기 육신에 대한 나르시
시즘적인 투자와 (버틀러의 표현을 빌려오자면) "불가피한 자기-분열
과 자기-소외" 사이를 끊임없이 복잡하게 오가는 진동이며, 이것
이 바로 우리 몸이 표명되게끔 하는 수단이라는 것이다. 프로서
는 몸과 에고의 관계를 이론화하는 본인의 작업이 실버만을 따
른 것이라 주장하면서 "여기서, 트랜스섹슈얼 체현을 사유하려
는" 본인의 "시도는 실버만의 책에서 '신체적 에고'라는 제목이
붙은 장에 상응한다"고 쓴다.[37] 하지만 실버만 본인은 에고라는
"정신적 실체"를 "자연화하는 일"의 위험성을 경고한 바 있다.[38]

    소위 담론적이지 않은 신체적 물질성을 주체성의 토대로 삼
는 일―그 주체성이 규범적으로 젠더화된 것이든 비규범적으
로 젠더화된 것이든, 그 몸이 유니섹슈얼 몸이든 바이섹슈얼 몸
이든 간에―은 언어의 영역으로부터 분리되고 그 영역에 의해
오염되지 않기를 갈망하는 '근본적이고 절대적인 다름의 영역'
에 주체를 놓는다. 그리고 만약 그 주체가 또한 끊어진 적 없는
풍성함의 형상이어야 할 필요가 있다면, 즉 주체성의 확보를 위
해서는 몸이나 정신의 층위에서 그 어떤 괴리도, 또는 몸과 정신
간 그 어떤 단절도 부인되거나 거부되어야 한다면, 우리는 기이
하게도 낯설면서 익숙한 정신분석적 영토로 진입하고 있는 셈
이다. 트랜스섹슈얼 몸이 "의심할 여지 없이 진짜"라는 프로서의

단호한 주장은 결국 그를 정확히 실재계에 착륙시킨다. 이 실재계는 언어 바깥에 존재할 뿐만 아니라 사실상 근본적으로는 주체성 자체와 양립 불가능한 풍요로움과 충만함의 영역이다. 정신분석적으로 말하자면, 전적으로 풍요롭고 결핍은 없다고 특징지어진다면 그것은 언어의 바깥, 의미의 바깥, 상징계의 바깥, 관계의 바깥, 욕망의 바깥에 있는 셈이다. 그런 것은 트랜스 주체성이든 다른 주체성이든 간에 주체성을 이론화할 수 있는 생산적 위치가 아니라, 근본적인 비체화와 죽음과 마찬가지인, 아무런 움직임도 의미도 없는 정체된 상태인 것이다.

프로서는 트랜스섹슈얼들이 "육신에 섹스를 투자"하며 이 육신은 "부인할 수 없는" 것이라고 주장한다. 여기서 그가 버틀러와 논쟁할 부분은 없을 것이다. 버틀러도 몸의 물질성을 긍정해야 한다는 주장을 명시적으로 반복해서 강조했으니 말이다. 몸에 대한 나르시시즘적 투자가 살 만한 체현의 전제 조건이라고 말한 쉴더도 프로서의 주장에 이의를 제기하진 않을 것이다. "우리가 우리 몸과 관련해서 강한 감정들을 느끼리라는 것을 분명 예상할 수 있다. 우리는 우리 몸을 사랑한다. 우리는 나르시시즘적이다."(15) 그런 투자가 없다면 우리가 우리 몸과 맺는 관계는 이인화離人化된 소원한 관계다. 즉, 내 몸에 대한 '내 것'이라는 감각—그리고 결정적으로 내 몸의 일관성에 대한 감각—은 이 나르시시즘적 투자에 의존한다.[39] 실버만 또한 우리의 신체적 투자를 부인할 수는 없다는 점에 동의한다.

물질성을 긍정한다는 것—또는, 좀 덜 추상적으로 말하자면

　　　　　　1부 | 무엇이 몸인가?

한 사람의 고유한 체현이 살 만하고 살 가치가 있음을 역설하는 일, 특히 그 체현이 문화적으로 비체의 자리에 놓여 있거나 사회적으로 멸시당할 때 더욱 그런 가치를 강조하는 일—은 단지 우리 몸의 물질성 그 이상을 재편하기 위한 끊임없는, 그리고 항상 미완성인 노동에 착수한다는 뜻이다. 그런 물질성들을 살아간다는 것의 의미를 만들고 바꾸기 위해 있는 힘껏 싸운다는 뜻이다. 또는, 버틀러가 《중요한 몸》의 2장 〈레즈비언 팰러스와 형태 구조적 상상계The Lesbian Phallus and the Morphological Imaginary〉의 결론에 쓴 대로 "필요한 것은 새로운 신체 부위가 아니라, 이를테면 (이성애중심주의적) 성차라는 패권적 상징을 대체하고, 성감대적 쾌락을 구성하는 장소들을 위한 대안적인 상상적 도식들을 비판적으로 풀어놓는 일이다".(91)

1   [역주] 그런 곳에서 산다는 건 상상조차 할 수 없고 감히 살아 있어서도 안 되는
     것들을 처넣는, 주체와 타자의 경계 자체를 구성하는 외부 영역을 뜻한다. 프랑스
     정신분석 페미니즘의 거두 줄리아 크리스테바Julia Kristeva의 아브젝시옹 이론을
     경유하여 퀴어 이론가 주디스 버틀러가 비체abject 이론을 발전시킨 흐름에
     관해서는 전혜은, 《섹스화된 몸: 엘리자베스 그로츠와 주디스 버틀러의 육체적
     페미니즘》(새물결, 2010)의 1부와 3부를 참조하라. 타자와 비체의 관계에 대한
     설명을 포함하여 버틀러의 비체 이론에 대한 간결한 설명은 전혜은, 《퀴어 이론
     산책하기》(여이연, 2021)의 2장을 보라. 역사적으로 트랜스젠더로 해석할 만한
     이들, 스스로 트랜스섹슈얼이나 트랜스젠더로 정체화한 이들이 거의 모든 사회에
     존재해왔음에도 이들이 가시화될 때조차 매번 '세상에 이런 일이' 수준으로
     반짝 볼거리가 된 다음 금방 '그런 사람이 세상에 어디 있어?' 수준으로 묻히는
     현상, 당사자들이 목소리를 내고 살고 투쟁해온 역사와 문화가 번번이 지워지고
     단절되는 현상은 시스젠더-이성애 규범이 지배하는 사회에서 트랜스들이
     비체의 영역으로 폐제되어 있기 때문이다. 버틀러의 비체 이론은 트랜스뿐
     아니라 사회의 가장자리에 내몰려 있는 다양한 존재들이 '인간'의 위상에 오르지
     못하고 끝없이 말소되는(눈앞에서 바로 치우지 못할 때는 살아 있는 그 사람을
     죽여서라도 지우는) 문제에 이름을 붙이고 구조적으로 접근할 수 있게 해주었다.

2   예를 들면 온통 맹비난으로 가득 찬 다음과 같은 책이 있다. Catherine Millot,
     Horsexe: Essay on Transsexuality, Brooklyn, NY: Autonomedia, 1990.
     좀 더 최근의 예로는 다음을 보라. Colette Chiland, *Transsexualism: Illusion
     and Reality*, Middletown, CT: Wesleyan University Press, 2003.

3   [역주] 'sexed'를 '섹스화된'으로 번역한 연유와 맥락에 대해서는 6장 역주6을
     참조하라.

4   [역주] 프로이트의 모든 텍스트 제목의 한글 번역은 출판사 열린책들에서 나온
     프로이트 전집 제목을 따랐다(여기서는 지그문트 프로이트, 《성욕에 관한 세
     편의 에세이》, 박종대 옮김, 열린책들, 2020). 단, 제목만 한국어판을 따랐고,
     직접인용문은 샐러먼이 인용한 프로이트 영문판인 제임스 스트레이치James
     Strachey의 프로이트 표준 편집판을 중심으로 번역하고 한국어판은 참조했다.

5   Sigmund Freud, *Three Essays on the Theory of Sexuality*, Trans. James
     Strachey, New York: Basic Books, 1963, p. 7.

6   [역주] 동종이형同種異形, 동질이상同質異像, 이형성二形性 등으로 번역되는
     dimorphism은 생물학에서는 같은 종인데 암수 개체의 형태가 다른 현상을
     의미하고, 주로 'sexual dimorphism'으로 표현된다. '성적 동종이형'으로
     번역하는 것이 직관적으로 이해하기 쉽겠지만 '성적 이형성'이란 번역어가 더
     널리 쓰이므로 이를 따랐다.

7   [역주] inversion의 번역어는 다음의 한국어판 번역을 따랐다. 해블록
엘리스, 존 애딩턴 시먼즈,《성의 역전》, 박준호·이호림·임동현·정성조 옮김,
아모르문디, 2022(Henry Havelock Ellis and John Addington Symonds,
Sexual Inversion, A Critical Edition, edited and commented by Ivan
Crozier, London: Palgrave Macmillan UK, 2008[original 1897]).
프로이트와 동시대인인 성과학자 헨리 해블록 엘리스Henry Havelock Ellis가
동성애 인권운동가이자 시인·문학평론가·미술사학자인 존 애딩턴 시먼즈John
Addington Symonds와 함께 쓴 이 연구서는 동성애를 병리적이지 않은 방식으로
인간 다양성 관점에서 이론화한 기념비적 저작이다. inversion은 사전적으로는
'위치나 순서 등의 뒤집힘이나 자리바꿈'을 의미하나 시스젠더-이성애 규범적
사회에서는 부정적인 '도착倒錯, perversion'의 의미로서 젠더와 섹슈얼리티 규범을
벗어나는 사람들, 주로 동성애자를 뜻하는 용어로 사용되어왔다. 특히 이 해석의
주류화에 프로이트 정신분석이 기여한 바는 적지 않다. 이런 맥락에서 'inverts'
는 'perverts'와 함께 '성도착자'로 번역되어온 경향이 있으나,《성의 역전》
역자들은 동성애 혐오적 함의와 거리를 두면서 이 용어를 재개념화하고자 한
엘리스와 시먼즈의 의도에 맞춰 '역전자'라는 번역어를 채택했다.

8   [역주] '남성적 몸에 여성적 뇌', 또는 '남성의 몸에 갇힌 여성의 정신'(라틴어로
anima muliebris virili corpore inclusa')은 1860년대 커밍아웃한 뒤 당시
독일의 반동성애법 폐지를 위해 평생을 바친 법조인이자 언론인으로 성과학과
동성애자 인권운동의 선구자인 칼 하인리히 울리히가 남성 동성애를 설명하기
위해 만든 표현이다. 이는 19세기 말 20세기 초, 동성 간 욕망을 어떻게 이해할
것인가의 문제를 둘러싸고 등장했던 두 가지 담론 중 하나인 '젠더 역전의 수사'
였다(다른 하나는 '젠더 분리주의' 수사다. 이 분류를 제시하고 논의한 연구로는
Eve Kosofsky Sedgwick, *Epistemology of the Closet*, Oakland, CA:
University of California Press, 1990, 특히 서론을 보라). 이 수사는 처음에는
당사자 용어였으나 나중에 병리화의 낙인으로 변질되어 '동성애자 남성은
계집애 같다'는 대중적 편견으로 굳어졌다. 그래서 시스젠더 동성애자들은 이
수사를 멀리하게 되었지만, 트랜지션을 원하는 트랜스들은 20세기 후반까지도
이를 당사자 담론으로 활용해왔다. 이미 의료-관료 체계가 트랜스섹슈얼을 이런
식으로 규정하고 있었기에 이 틀에 맞춰 자신을 설명해야만 성별 정정 절차를
허락받을 수 있었기 때문이다. 따라서 이런 수사의 사용은 어느 정도는 전략적
선택이기도 했다. 달리 말해 이런 수사는 (시스젠더 규범적 주체들이 주장하듯)
성별 이분법의 자연적이고 본질적인 위상을 증명하는 것도 아니고 (트랜스
혐오자들이 주장하듯) 트랜스들이 젠더 이분법을 강화하는 원흉이라는 증거도
아니며, 오히려 성소수자들이 체계의 허점을 이용하고 한정된 담론적 자원을

활용하여 어떻게든 숨 쉴 구멍을 뚫고자 악전고투해온 역사를 보여준다.

9 [역주] 이 단행본은 한국에서는 열린책들 출판사의 프로이트 전집 중《정신분석학 개요》란 제목으로 처음 출간되었다가(박성수 옮김, 열린책들, 2004) 개정판에서는《과학과 정신분석학》이란 제목으로 바뀌었다(박성수·한승완 옮김, 열린책들, 2020). 〈정신분석학 개요〉와 〈과학과 정신분석학〉은 여러 글을 엮은 이 단행본에서 각각 마지막 장과 첫 장에 배치된 글의 제목이다.

10 [역주] 독일어 원제목은 *Das Ich und das Es*(1923)로, 샐러먼이 참고한 영문판은 제임스 스트레이치의 프로이트 표준 편집판에서 단행본으로 출간된 것이라서 본문에서 번역할 때 단행본 형식으로 표기했다(Sigmund Freud, *The Ego and the Id*, Trans. James Strachey, In *The Standard Edition of the Complete Psychological Works*, London: Hogarth, 1961, 19:1-66). 다만 이 텍스트는 한국어판 프로이트 선집에서는《정신분석학의 근본 개념》(윤희기· 박찬부 옮김, 열린책들, 2020)에 〈자아와 이드〉란 제목으로 수록되어 있다. 서론 역주5에 쓴 맥락을 반영하여 ego를 '에고'로 번역하였다.

11 엘리자베스 그로츠의 작업들을 보라. 그리고 다음도 보라. Gail Weiss, *Body Images: Embodiment as Intercorporeality*, New York: Routledge, 1999.

12 Kaja Silverman, *The Threshold of the Visible World*, New York: Routledge, 1996, pp. 9-10.

13 [역주] 프로이트 정신분석 이론에서는 자아/초자아/이드ego/super-ego/id, 라캉 정신분석 이론에서는 상상계/상징계/실재계로 정신의 구조를 설명한다.

14 Charles Shepherdson, "The Role of Gender and the Imperative of Sex", *Supposing the Subject*, edited by Joan Copjec, London: Verso, 1994, p. 170.

15 주디스 버틀러 또한 거울단계를 논하면서 조각난 몸의 형상이 완전하고 일관된 몸을 예시豫示하거나 예측하는 방식들에 주목한다. "조각이나 부분이라는 감각을 가진다는 것은 그것들이 속한 전체를 향한 감각을 미리 가졌다는 뜻이다. '거울단계'는 어떻게 몸이 처음으로 자신의 총체성이란 감각을 갖게 되는지를 서술하려 시도하지만, 그럼에도 조각이나 부분으로서 거울 앞에 놓이는 몸이 있다는 그 서술 자체가 전체적이거나 완전한 형태 구조에 대한 이미 수립된 감각을 그 몸의 전제조건으로 취한다." Judith Butler, *Bodies That Matter: On the Discursive Limits of "Sex"*, New York: Routledge, 1993, pp. 81-82.

16 [역주] 이 책의 본문에 등장하는 단행본과 논문 제목은 한국어판이 있는 경우는 가급적 한국어판의 제목을 따르고(한국어판의 판본이 여럿인 경우 최신판의 제목을 따랐고, 최신판의 제목이 원제와 다른 경우엔 원제를 최대한 반영한 판본의 제목을 따르고 역주를 달았다), 한국어판이 없는 경우에는 직접

번역했다. 버틀러의 *Bodies that Matter* 한국어판은 현재 두 개의 판본이 있다. 《의미를 체현하는 육체: '성'의 담론적 한계들에 대하여》, 김윤상 옮김, 인간사랑, 2003(절판);《중요한 몸: 성의 담론적 한계에 관하여》, 이승준 옮김, 알렙, 2026. 반년 전 이 번역본을 탈고했을 때는 한국어판이 2003년 판본뿐이었는데, 이 판본은 제목은 물론 전반적으로 버틀러 이론과 퀴어 운동 및 담론 전반에 대한 몰이해로 인한 오역 문제가 심각하여 제목을 따라 쓸 수 없었다(좀 더 자세한 논의는 전혜은,《퀴어 이론 산책하기》227-228쪽 각주 12 참조). *Bodies that Matter*라는 제목을 통해 버틀러는 'matter'의 중의적 의미를 활용해서 ①우리가 '몸'으로 여기는 무언가는 복잡하고 차별적인 물질화 메커니즘을 거쳐 '몸'으로 인식된 것이며, ②그로써 자연스러운/당연한/반박 불가능한 '진짜 물질성'이라는 위상에 올라간 '몸'만이 '중요'해지고, ③이렇게 물질화 과정 전체가 은폐되고 물질성이 자연화되는(정확히 말하자면 특정 몸만이 자연스러운 물질성으로 인정받고 중요시되는 동시에, 다른 몸들은 세상에 있을 수 없는 것, 있어서는 안 되는 것으로서 배척받고 살해당하는) 규범적 작용이 일어나고 있음을 짚는다. 이런 맥락에서 첫 한국어판 출간 후 지난 이십 년간 퀴어 페미니스트 연구자들은 이 책을 언급할 때《중요한/물질인 몸》,《물질화된/중요한 몸》,《물질화되는 몸》 등 다른 제목을 임시로 사용해왔고, 나는 전작《퀴어 이론 산책하기》에서 사용한 《물질화되는 몸》을 이 책의 초고에 적용했다. 이 책의 출간이 늦어지는 사이 신판이 나왔으니 이제 신판 제목을 따라《중요한 몸》으로 표기하겠다. 다만 새 한국어판의 〈옮긴이 후기〉가 구판의 번역을 옹호하면서 발생하는 문제에 대해 짚고 갈 필요가 있을 것 같다. 구판에 대해 한국의 퀴어 페미니스트들이 제기해온 지적은 신판 역자의 주장대로 "정확한 번역"에 대한 아집이 아니라, 퀴어 페미니스트들이 일궈온 운동과 담론의 역사와 대항 지식의 계보를 무시·왜곡하는 번역에 반대하는 것이었다. 이전 글에서 내가 지적했듯 구판의 "오역은 퀴어에 대한 무지와 편견을 드러낼 뿐 아니라, 그러한 무지와 편견에 맞서 싸우는 이론서인 버틀러의 저작을 다시금 이성애 규범성과 성별 이분법 체계라는 틀에 강제로 끼워 넣는 잘못을 저지르고 있다".(전혜은,《퀴어 이론 산책하기》228 쪽) 다시 말해 구판의 문제는 단순 오역의 문제가 아니라, 왜 버틀러가 이런 이론을 만들어야 했고 왜 퀴어들이 이 어려운 이론서에 열광했는지 이해하지도 못하고 이해하지 않아도 되는 위치의 번역가가 그 몰이해를 바탕으로 퀴어 이론의 가장 중요한 고전 중 하나를 퀴어들과 퀴어 이론에 대한 잘못된 지식과 혐오를 일부나마 재생산하고 유통하는 도관으로 만든 것이 문제다. 그럼에도 신판 역자는 이런 비판을 모조리 "정확한 번역에 대한 환상"에 기반한 공격으로 취급함으로써 퀴어 이론사에서 가장 정치적이고 중요한 고전 중 하나를, 그리고 이 책의 한국 수용을 둘러싸고 생산된 갈등을 순식간에 몰역사화·탈맥락화·

탈정치화해버린다. 더욱이 신판 역자는 구판 제목이 시의적절함을 주장하기
위해 이 제목을 한국 '여성' 페미니스트 운동사의 맥락에 위치시키는데 여기서
드러나는 세 가지 문제는 매우 유해하다. 첫 번째 문제는 이 후기가 자기합리화와
(구판 역자와의) 남성 동성사회적 연대를 위해 한국 페미니즘 운동을 방패막이로
사용할 뿐 아니라, 마치 구판과 신판 사이 이십여 년의 세월 동안 한국 퀴어 운동은
존재하지 않았던 것처럼 퀴어 역사를 삭제해버린다는 점이다. 둘째, 역자는
당시 한국에서 버틀러 이론의 시의성을 '여성'들의 정치적 필요에 한정함으로써
페미니즘 내의 시스젠더-이성애 중심성을 급진적으로 해체하고자 했던 버틀러의
이 책을 다시금 '(시스젠더)여성'만을 위한 이론으로 왜곡·축소한다. 심지어
역자는 이제 시대가 바뀌면서 버틀러의 이론서가 당시에는 다루지 못한 퀴어,
소수자들을 포괄할 수 있게 되었다고 주장하는데, 이는 '시스젠더'라는 용어가
나오기 훨씬 전부터 남/여 이분법에 맞지 않는 존재들을 위한 이론적 토대를
마련했고 이를 퀴어 이론의 근간이자 페미니즘의 미래로 논의해온 버틀러의
작업에 대한 모욕이나 마찬가지다. 세 번째, 이 후기에서 퀴어는 맨 마지막에
페미니즘이 관심 가져줘야 하는 불쌍한 타자처럼 부가적으로 언급되며 즉시
주변화된다. 심지어 역자가 '퀴어'로 호명하는 존재는 "흑인 동성애자, 레즈비언
여성"뿐이다. 트랜스젠더퀴어들은 다시금 철저히 폐제된다. 무려 버틀러
이론서를 번역한 책의 후기인데도 말이다. 이처럼 미국과 한국의 퀴어들의
역사적 실존도 지우고 이들이 발전시켜온 운동과 이론의 궤적도 지우고, 버틀러
이론을 시스젠더 중심주의 안에 가두고, 퀴어 이론과 지식의 계보를 식민화하는
인식론적 폭력을 이제는 적어도 퀴어 이론서의 번역서에서는 보지 않아도 될
때가 되지 않았나. 한국에는 훌륭한 퀴어 페미니스트 번역가와 연구자들이 정말
많다는 것을 출판계가 알아줬으면 좋겠다.

17   [역주] 이 책의 원제는 *The Skin Ego*로, 서론의 역주5에서 ego를 '에고'로
번역하겠다고 안내했지만, 이 책의 제목 번역은 다음의 한국어판을 따랐다.
디디에 앙지외, 《피부자아: 만짐과 만져짐의 심리학》, 권정아·안석 옮김,
인간희극, 2013.

18   Didier Anzieu, *The Skin Ego*, Trans. Chris Turner, New Haven: Yale
University Press, 1989, pp. 9-10.

19   Sigmund Freud, *The Ego and the Id*, in The Standard Edition of the
Complete Psychological Works, volume XIX(1923-25): *The Ego and The
Id and Other Works*, Trans. James Strachey, London: Hogarth, 1961, p.
19.

20   몸을 "경계a limit"와 "피부 자루a sack of skin"로 서술한 라플랑슈의 논의도 보라.
Jean Laplanche, *Life and Death in Psychoanalysis*, translated by Jeffrey

Mehlman, Baltimore: Johns Hopkins University Press, 1976, p. 81.

21 다음의 글을 보라. Elizabeth Grosz, "Psychoanalysis and Psychical Topographies", *Volatile Bodies: Toward a Corporeal Feminism*, St. Leonards, NSW: Allen & Unwin, 1994. 특히 37쪽을 보라). [한국어판:《몸 페미니즘을 향해: 무한히 변화하는 몸》, 임옥희·채세진 옮김, 꿈꾼문고, 2019. 저자가 말한 37쪽은 다음의 글이다. 〈정신분석학과 정신위상학〉] 또한 같은 저자의 다음의 책도 보라. Grosz, *Jacques Lacan: A Feminist Introduction*, New York: Routledge, 1990.

22 니체의 철학, 이리가레의 페미니즘 이론, 메를로-퐁티의 현상학은 모두 몸과 정신을 그릇과 그릇에 담긴 것의 관계가 아니라 표면 간의 관계로 특징지어왔다.

23 다음을 보라. Anzieu, *The Skin Ego*, p. 21. 또한 다음을 보라. Douwe Tiemsmerma, *Body Image and Body Schema: An Interdisciplinary and Philosophical Study*, Amsterdam: Swets and Zeitlinger, 1989. 몸 이미지와 몸 도식의 역사적 발전을 철저히 조사한 이 연구는 '몸 이미지body image'라는 신조어는 쉴더의 공으로 인정하지만, '몸 도식body schema'이란 용어는 1893년에 피에르 보니에Pierre Bonnier가 사용한 바 있다고 언급한다. [역주] 피에르 보니에 (1861-1918)는 프랑스의 이비인후과 의사이자 심리학자이다.

24 쉴더 이후의 이론가들은 이런 혼란스러운 용어의 확산을 바로잡으려 노력해왔다. 예를 들어 〈몸 이미지와 몸 도식: 개념적 명료화Body Image and Body Schema: A Conceptual Clarification〉(*Body and Flesh: A Philosophical Reader*, edited by Donn Welton, Malden, MA: Blackwell, 1998)에서 숀 갤러거Shaun Gallagher는 몸 이미지와 몸 도식을 구분하는데, 몸 이미지는 의식의 대상이 될 역량이 있는 무언가이고, 몸 도식은 의지와 무관한 구조로서 의식의 역치 아래서 주로 작용한다고 언급한다. 그렇다면 헤드의 '자세 모델'은 이미지나 표상이라기보다는 무의식적 조직이라는 점에서 후자의 범주에 속할 것이다. 다음을 보라. Henry Head and W. H. R. Rivers, *Studies in Neurology*, London: Frowde Hodder and Stoughton, 1920.

25 Paul Schilder, *The Image and Appearance of the Human Body: Studies in the Constructive Energies of the Psyche*, New York: International Universities Press, 1950, p. 7.

26 사실 쉴더는 [이후에 나온] 몸에 대한 현상학적 저작들에 상당한 영향력을 끼쳤다. 메를로-퐁티의《지각의 현상학》에서 주체성 자체가 일관된 몸 이미지의 구성을 통해서만 가능하다는 주장은 쉴더의 텍스트에서 몸 이미지에 대한 이론화 작업을 (그리고 때로는 몸 이미지의 가변성에 관한 구체적 사례를) 직접 가져온 것이다.

27 Silverman, *The Threshold of the Visible World*, p. 13.

28 Ibid.

29 Ibid.

30 [역주] anosognosia는 질병실인증疾病失認症 또는 질병인식불능증疾病認識不能症
으로 불리며, 뇌 손상으로 인해 몸의 질병·장애·결손·기능장애 등에 대한 지각
능력이 소실되어 그런 상태 이상을 부인하는 증상을 가리킨다. 대표적으로 안톤-
바빈스키 증후군Anton-Balbinski Syncome이 있다. 예를 들어 다음을 보라. 올리버
색스,《나는 침대에서 내 다리를 주웠다》, 김승욱 옮김, 알마, 2012(Oliver W.
Sacks, *A Leg to Stand On*, London: Picador, 2012[1984]).

31 [역주] 이 절의 제목인 "Imaginary Morphologies"은 버틀러의《중요한 몸》2
장 〈레즈비언 팰러스와 형태 구조적 상상계The Lesbian Phallus and the Morphological
Imaginary〉에서 따온 것이다. 한국어판 구판과 신판 모두 "Morphological
Imaginary"를 "형태학적 상상계"로 번역했으나(그리고 사실 이 단어 조합이
좀 더 깔끔하고 멋있어 보이긴 하지만) 버틀러가 'morphology'란 단어로
의미하는 건 학문으로서의 '형태학'이 아니라 우리가 '이것은 인간의 몸', '이것은
여성의 몸', '이것은 남성의 몸', 이렇게 알아보고 분류하는(그럴 수 있다고 믿는)
'형태 구조'이다. 버틀러는 우리가 '진짜 몸', '진짜 물질성'이라고 믿는 그것이
실은 그렇게 믿도록 구성된 이상화되고 규범화된 도식으로서의 형태 구조이며,
이것이 결코 객관적이지도 중립적이지도 않음을, 즉 여기에 남성우월주의,
성차별주의, 이성애중심주의, (버틀러가 이 글을 쓰던 시기엔 나오지 않은
용어지만 버틀러의 텍스트 전체에서 명백히 비판하는) 시스젠더중심주의 등
다양한 권력 이데올로기들이 복잡다단하게 작용하고 있음을 밝히고자 한다
(그리고 버틀러가 다루진 않았으나 인종차별주의, 비장애중심주의, 계급주의
등도 몸의 형태 구조의 형성에 교차적으로 작용한다). 이를 위해 버틀러는 라캉이
각각 거울단계와 팰러스를 이론화한 두 개의 텍스트 〈거울단계The Mirror Stage〉
(1949)와 〈팰러스의 의미화작용The Signification of the Phallus〉(1958)을 비교
분석한다. 버틀러에 따르면 이 두 텍스트에서 몸의 형태 구조에 대한 라캉의
이론화 작업은 서로 다르면서도 연결된 서사를 제시한다. 먼저 거울단계 이론은
상상계의 영역에서 파편화된 몸에 온전성, 총체성, 통제력을 수여하는 몸에
대한 이상화를 수립한다(이를 설명하는 과정에서 버틀러는 "형태 구조적 도식",
"투사된 또는 상상계적 형태 구조", "환상적 형태 구조", "형태 구조적 총체성",
"형태 구조적 전체", "전체적이거나 완전한 형태 구조" 같은 표현을 쓴다). 10년 뒤
나온 〈팰러스의 의미화작용〉에서는 상징계의 영역에서 이분법적으로 섹스화된
위치sexed positions에 몸들을 지정하는 방식으로 형태 구조가 수립되는데,
버틀러는 앞서 〈거울단계〉에서 수립된 몸의 이상화가 여기서는 라캉이 '특권적

기표'로 선언한 팰러스를 중심으로 (라캉이 이 팰러스와 음경penis과의 연관성을 명시적으로는 거듭 부인함에도) 남성 중심적이고 이성애 규범적인 방식으로 구축되고, 이런 차별적이고 편파적인 형태 구조가 그 자체로 모든 몸이 따라야 하는 규범적 질서로 수립되는 양상을 비판적으로 분석한다. 이런 인식틀에서는 팰러스의 수립을 통해 "남성적 형태 구조"가 "형태 구조를 이상화한 것"으로서 우뚝 서고, "여성적 형태 구조"는 이성애를 전제함으로써 보증되는 성별 이분법에 기초하여 '남성적인 것'과 근본적으로 구별되는 것으로만 이해된다.(86-87) 이런 논의 맥락에서 'morphology'의 번역어를 '형태 구조'로 정했다. 샐러먼의 이 책에서도 'morphology'는 주로 'genital morphology'의 조합으로 등장한다.

32   [역주] 독일어 원제목은 *Zur Einführung des Narzißmus*(1914)로, 이 텍스트는 한국어판 프로이트 선집에서는 《정신분석학의 근본 개념》안에 〈나르시시즘 서론〉이란 제목으로 수록되어 있다.

33   Sigmund Freud, *On Narcissism: An Introduction*, in The Standard Edition of the Complete Psychological Works, Volume XIX(1914-1916): *On the History of the Psycho Analytic Movement, Papers on Metapsychology, and Other Works*, Trans. James Strachey, London: Hogarth, 1957, p. 84, Butler, *Bodies that Matter*, p. 59에서 재인용.

34   [역주] flesh를 '육신'으로 번역한 이유와 맥락에 대해서는 2장 마지막 절 "'육신 전체'"에 역주를 달았다. 2장 역주26을 보라.

35   [역주] 샐러먼의 이 해석은 약간의 문제가 있다. 인용문의 전반부에서 보이듯 확실히 버틀러는 몸의 물질성을 부정하지 않았고, 인정하고 긍정하고 존중할 수 있다는 견해를 밝힌다. 하지만 그렇다고 해서 샐러먼의 주장처럼 버틀러가 물질성에 대한 긍정을 주체성의 근본 조건으로 주장하려 애쓴 적은 없다. 이는 직접인용문에 대한 오독에서 비롯되기에, 샐러먼의 인용문에서 생략된 부분을 버틀러의 원문과 비교해볼 필요가 있다. 버틀러의 원문 전체를 보자.

> 생명 활동, 해부학적 구조, 생리기능, 호르몬 및 화학적 구성 요소들, 질병, 나이, 체중, 신진대사, 삶과 죽음의 영역에 의해 나타나는, 몸과 관련된 다수의 '물질성'을 시인하고 긍정하는 일은 틀림없이 가능하다. 이 중 어느 것도 부인될 수 없다. 하지만 이런 '물질성들'의 부인 불가능성은 그것들을 긍정한다는 게 무슨 의미인지, 사실상 어떤 해석적 매트릭스들이 그런 필수적 긍정을 조건 짓고 가능케 하고 제한하는지를 결코 조금도 알려주지 않는다. 이런 범주 각각에는 역사와 역사성이 있다. 이 범주 각각은 범주들을 구분하는 경계선을 통해 구성되며, 따라서 자신이 배제하는 것에 의해 구성된다. 여기서 담론과 권력의 관계들은 범주들 사이에 위계와 중첩을

생산하며 또한 그 범주들의 경계에 도전하는데, 이는 이것들이 지속되는
영역인 **동시에** 논쟁적인 영역임을 시사한다.
우리는 이런 논쟁적 영역 안에서 끈질기게 지속되는 것이 몸의 '물질성'
이라고 주장하고 싶을 수도 있다. 하지만 만약 우리가 여기서 지속되는 것이
언어 안에서의, 언어에 대한 요구라고 주장한다면, 즉 예를 들어 과학의 영역
안에서 설명, 묘사, 진단, 변경의 요청을, 또는 체험의 문화적 짜임새 안에서
길러지고 단련되고 동원되고 잠들라는 요청을 촉발하고 야기하는 '그것'
이라고, 다양한 종류의 규정과 다양한 종류의 격정이 일어나는 현장이라고
주장한다면, 이 또한 같은 기능을 충족시킬 것이고 다른 기능들까지 열어놓을
것이다. 이런 요구, 이런 현장을, '이것 없이는' 그 어떤 정신적 작용도 계속
진행될 수 없는 것으로, 뿐만 아니라 정신이 이것에 작용하고 또한 이것을
통해 작용하는 것 으로 강력히 주장한다면, 이는 변함없이 지속적으로
작용하는 정신의 장소가 어디인지를 경계 그어 제한하기 시작하는 셈이다.
이는 그 위에 정신이 작용하는 텅 빈 석판이나 수동적인 매개물이 아니라,
오히려 처음부터 정신적 행동을 동원하는, 아니 바로 그 동원 자체이자,
변형되고 투사된 신체적 형식 속에서도 여전히 그런 정신으로 남아 있는,
구성적 요구이다. (Butler, 1993: 66-67, 원문 강조)

여기서 밑줄 친 부분이 샐러먼이 발췌 인용한 구절이다. 샐러먼은 인용하면서
……로 두 번째 줄 친 대목을 이을 때 그 앞에 "{물질성은Materiality is}"을 임의로
넣었다. 하지만 두 번째 줄 친 부분의 원문은 다음과 같다. "To insist upon this
demand, this site, as the "that without which" no psychic operation
can proceed, but also as that on which and through which the psyche
also operates, is to begin to circumscribe that which is invariably and
persistently the psyche's site of operation;" 여기서 줄 친 부분이 가리키는
것은 샐러먼의 해석처럼 "{물질성은}"이 아니라, "이런 요구, 이런 현장this demand,
this site", 즉 바로 앞 문장의 "**언어 안에서, 언어에 대한 요구**a demand in and for
language"와 (이 표현을 부연하기 위해 붙은) "다양한 종류의 규정과 다양한
종류의 격정이 일어나는 현장a site of enactments and passions of various kinds"임을 볼
수 있다. 차례로 설명하자면,

1) 원문에서 샐러먼이 인용한 첫 번째 밑줄 친 부분의 마지막 문장부터
살펴보자. "하지만 이런 '물질성들'의 부인 불가능성은 그것들을 긍정한다는
게 무슨 의미인지, 사실상 어떤 해석적 매트릭스들이 그런 필수적 긍정을 조건
짓고 가능케 하고 제한하는지를 결코 조금도 알려주지 않는다." 이 문장은

'물질성'(정확히 말하면 물질성을 절대적인 본질로 수호하는 지배적 담론)에 대한
버틀러의 기본 문제의식을 담고 있다. 버틀러는 우리가 물질성을 긍정하는 데서
그치지 말고 그런 긍정의 의미와 효과를 성찰해야 한다고 요청한다. 무언가가
진짜 본질적이고 반박 불가능한 물질성으로 규정된다면, 그 반대편엔 '물질성이
아닌 것'이 생산될 것이다. 그렇다면 어떻게 해서 '이것은 물질성이고 저것은
물질성의 자격이 없다'가 판정되는가, 그런 판정을 가능케 하는 조건은 무엇인가,
그리하여 어떤 해석적 매트릭스(또는 인식틀)를 통해 물질성과 물질성 아닌 것의
구분과 위계가 어떻게 차별적으로 생산되는가 하는 문제를 탐구해야 한다고
요청하는 것이다.

2) 밑줄 긋지 않은 다음 문장은 이 문제 제기를 뒷받침한다.
(1) 앞서 예시했던 "생명 활동, 해부학적 구조, 생리기능, 호르몬 및 화학적 구성
요소들, 질병, 나이, 체중, 신진대사, 삶과 죽음의 영역" 같은 "몸과 관련된 다수의
'물질성들'"의 각각의 범주는 고정불변인 것이 아니라 나름의 역사성을 가진다.
예를 들어 질병과 손상이 시공간에 따라, 다양한 사회문화에 따라 어떻게 장애로
구성되거나 구성되지 않는지에 대한 고전적인 논의로 다음을 보라. 《우리가 아는
장애는 없다: 장애에 대한 문화인류학적 접근》, 베네딕테 잉스타·수잔 레이놀즈
휘테 엮음, 김도현 옮김, 그린비, 2011(Benedicte Ingstad & Susan Reynolds
Whyte, Ed. *Disability and Culture*, Berkeley: University of California
Press, 1995).
(2) 이 범주들은 각각을 구분하는 경계를 통해 구성되며, 따라서 사실상
'여기까지가 이 범주에 속한다'를 표시하는 경계 바깥에 놓이는 것들에 의해 그
범주가 구성된다는 점에서, 역설적으로 어떤 범주의 존재론적 위상은 그 자리에
올라가기 위해 내쫓고 폄하하고 숨겼던 타자들의 존재(또는 그런 타자들을
만들어내기)에 의존하는 셈이다(제국주의의 작동 방식). 그러므로 지금 당연하고
자연스러워 보이는 그 어떤 범주든 절대적 진리로 받아들여서는 안 된다.
(3) 그다음 이런 생산에 작용하는 담론과 권력의 복잡다단한 관계에 대한
설명이 나오는데, 여기서 최소한 네 개의 작업이 수행된다. ① 어떤 범주에
포함할 것/배제할 것의 생산 ② 범주 간 위계 생산 ③ 범주 간 중첩(겹침) 생산
④ 경계 자체에 대한 도전. 이 네 가지 작용은 동시에 일어나거나 시너지 효과를
일으키거나 서로 충돌하기도 하므로 하나씩 단독으로 작용한다고 말하기는
어렵겠지만, 단편적으로라도 이 작용들을 이해할 예를 하나씩 들자면, ①번의
예로는 이스라엘에 의해 학살되는 팔레스타인 아이들이 이스라엘을 지지하는
서구 열강의 관점에선 '아이'도 '사람'도 아니며 여기서 일어나는 폭력이 '학살'이
아닌 '청소'로 규정되는 문제가 있다. 또한 장애인은 '사람'도 '시민'도 아니라서

대중교통을 타는 기본적인 행위조차 허락받지 못하고 공권력이 무자비하게
탄압해도 되는 대상으로 취급되는 문제도 여기 해당한다. ②번의 예로는 남성/
여성, 백인/유색인, 이성/감성, 문화/자연, 건강/질병 등의 이분법적 위계의
생산을 생각해볼 수 있다. (한편, 이런 위계가 편의에 따라 뒤집힌 모양새로
생산되기도 한다는 점을 유념할 필요가 있다. 예를 들어 문화/자연의 위계는
제국주의적 침략을 정당화할 때는 굳건하지만, 남녀 차별이나 동성애 혐오,
장애 혐오 등을 자연스럽고 본질적인 진리로 옹호해야 할 때는 반대로 뒤집혀
'자연'이 위쪽을 점한다) ③번의 예로는 퀴어 페미니스트 현상학자 사라 아메드
Sara Ahmed가 'sticky' 개념화를 통해 보여줬듯, 타자화된 범주들에 부정적
정동·기호·의미가 들러붙고 이 타자화된 범주들끼리 또 들러붙게 하여 혐오가
배가되고 고착화되는 현상을 들 수 있다. 규범적 주체 위상을 점한 범주들도
유사하게 겹침과 연결이 만들어진다(예를 들어 시스젠더-이성애자-백인-남성-
비장애인에는 '이성적임', '통찰력 있음', '카리스마', '신뢰성'이 부착되고 또 역으로
'이성적이고 카리스마 있고 믿을 만한 사람'의 대표적 형상으로 시스젠더-
이성애자-백인-남성-비장애인이 떠오르는 것처럼). 자세한 논의는 다음을
보라. 사라 아메드,《감정의 문화정치: 감정은 세계를 바꿀 수 있을까》, 시우
옮김, 오월의봄, 2023(Sara Ahmed, *The Cultural Politics of Emotion*, 2nd
Edition, New York & London: Routledge, 2015[2004]). 'sticky' 개념에 대한
요약 정리는 전혜은,《퀴어 이론 산책하기》6장 4절을 보라. 한편, ①②③번이
범주 경계를 강화하는 작용이라면 ④번은 정반대처럼 보이지만, 이는 ①②③
번을 열심히 하다 나온 부가적 효과이다. 인종차별주의, 제국주의, 식민주의,
자본주의, 비장애중심주의 등의 어지러운 커넥션 속에서 어떤 몸들은 물질성
간의 폭력적인 가치 위계 아래 놓이지만, 동시에 아예 물질성 자체를 인정받지
못하기도 한다. 즉 담론-권력의 관계들이 물질성 간 위계를 강화하다 못해
(차별받고 배제되는 쪽에 해당하긴 하나) 물질성의 경계 자체에 도전하는 셈이
되는 부조리가 발생하는 것이다. 이를 극명하게 보여주는 예로 여성 건강 문제를
들 수 있다. 남성우월주의적 사회에서 여성들에 대한 차별이 여성 질환 진단 및
치료에 대한 무관심과 지원 부족을 불러와 여성들의 다양한 아픔과 증상들이
꾀병 취급당하는 경우가 많은데, 이럴 때 '질병', '통증', '아픔'의 물질성의 위상은
근본적으로 위태로워진다. 버틀러에 반대해서 몸의 물질성(과 남성/여성 범주)을
수호하려 했던 페미니스트들이 물질성의 반박 불가능한 증거로 아픔과 손상을
가장 쉽게 소환했던 것을 생각하면 아이러니하다(전혜은,《섹스화된 몸》의 4부
참조).
(4) 이런 맥락을 종합하여, 버틀러는 '물질성'의 범주들과 그 경계들이 분명
끈질기게 지속되고 있고 그래서 영원불변처럼 보이긴 하지만 동시에 매우

논쟁적인 영역이라고 주장하는 것이다.

3) 그다음 두 번째 문단에서 버틀러는 몸의 물질성을 중시하는 측에서 나올 법한 반론인 '생명 활동이나 생리기능, 호르몬, 질병 같은 범주들이 논쟁적 영역일 수 있어도 그 안에서 끈질기게 지속되는 것이 몸의 물질성이라는 점은 부정할 수 없다'는 주장을 검토한다. 여기서 버틀러는 우리가 그런 주장을 바랄 수는 있지만, (1) 그 끈질기게 지속되고 있는 것은 물질성이라기보다는 물질성이 그래야 한다는 요구이며, 물질성에 대한 그 요구는 언어 안에서 언어를 통해 나오는 것임을 지적한다. (2) 이런 요구는 객관적이고 중립적인 무언가라기보다는 다양한 종류의 격정(또는 정동)과 다양한 규정이 일어나는 장소이다. (3) 오히려 우리가 어떤 반박 불가능한 진짜 물질성을 고집하는 대신 이런 요구와 현장이 그 '물질성의 범주들'이라는 논쟁적 영역 안에서 지속되고 있음을 인식하고 그러한 지속 양상을 탐구하는 것이 더욱 생산적인 방향으로 나아갈 수 있으리라는 것이 버틀러의 제안이다.

좀 더 자세히 말하자면, 버틀러는 생명 활동이나 생리기능 같은 '물질성들'의 범주 안에서 끈질기게 지속되는 것이 '몸의 물질성'이라는 주장에서 '몸의 물질성'이 놓인 자리에 "언어 안에서의, 언어에 대한 요구_{a demand in and for language}"를 대신 넣더라도 앞의 주장에 기대되는 기능을 똑같이 수행할 수 있으며 오히려 다른 길을 열 수 있다고 제안하는데, 이는 물질성을 언어로 대체하겠다는 뜻이 아니다. 그보다는 내가 앞에 예시한, 성차별이 다각적으로 중첩된 결과 여성 질환이 아예 인식되지도 못해 고통받는 여성들이 실존하는 경우처럼 지배적 인식틀 바깥으로 폐제되는 차별을 밝히고 그에 대응할 길을 열 수 있게 된다는 뜻이다. 달리 말해 우리가 사회적으로 주변화된 존재들의 고통을 존중하면서 그런 고통이 지배적 인식틀에 의해 없는 것 취급받는 문제들에 대응하려면, 단지 물질성을 부정하지 말자는 주장만으로는 한계가 있다는 것이다. '진짜 물질성'을 긍정한다는 명목으로 트랜스와 인터섹스들을 포함한 젠더퀴어들의 존재를 끊임없이 부정하고, 아픈데 진단명을 받지 못한 사람들의 고통을 부정하고, 여성들과 성소수자들이 겪는 성폭력과 살해 위협을 부정하고, 추상적 개념으로서의 장애와 질병을 물질성의 반박 불가능한 증거로 끌어다 쓰면서도 실재하는 장애인들의 삶은 부정하는 노골적인 동시에 은밀한 규범적 폭력에 맞서기 위해서는 물질성, 아니 물질성이 생산되고 정의되는 과정(물질화)을 본질주의적이지 않은 방식으로 이론화하는 작업이 필요하다. 이런 맥락에서 버틀러의 전체 저작을 관통하는 중심 주장은, 이 반박 불가능한 '물질성'의 자리에 '사람의 몸', '인간', '생명', (존중받을 자격이 있는) '진짜' 등이 번갈아 들어가면서 특정 물질성/ 몸/인간/생명만 그 위상을 존중받고 다른 물질성/몸/인간/생명은 송두리째 부정당하고 폐제되는 권력 메커니즘을 밝히고 그에 맞서 싸워야 한다는 것이다. 특히 《젠더 허물기》(문학과지성사, 2015), 《위태로운 삶》(필로소픽, 2018), 《연대하는 신체들과 거리의 정치》(창비, 2020)를 보라.

4) 마지막으로, 샐러먼이 인용한 두 번째 줄 친 부분이 있는 문장은 앞의 주장들을 뒷받침하면서 샐러먼의 해석과는 정반대의 주장을 하고 있다. 즉 샐러먼이 읽은 대로 물질성을 "'그것 없이는' 그 어떤 정신적 작용도 진행할 수 없는 것으로, 뿐만 아니라 정신이 그것에 작용하고 또 그것을 통해 작용하는 것"으로 마냥 긍정한다는 뜻이 아니다. 오히려 (1) 앞 문장에서처럼 '반박 불가능한 물질성' 이 놓였던 자리에 이 "언어 안에서, 언어에 대한 요구"를 대신 놓고 그런 요구를 "다양한 종류의 규정과 다양한 종류의 격정이 일어나는 현장"으로 이해하는 편이 좀 더 생산적인 다른 길을 열어준다고 해도, (2) 다시금 "이런 요구, 이런 현장을 '이것 없이는' 그 어떤 정신적 작용도 진행할 수 없는 것으로, 뿐만 아니라 정신이 이것에 작용하고 또 이것을 통해 작용하는 것으로 강력히 주장한다면, 이는 변함없이 지속적으로 정신이 작용하는 장소의 경계를 정하기 시작하는 셈" 이라고 지적하면서 그 무엇이든 절대시하려는 움직임을 경계한다. 다시 말해 무언가를 '이것은 정신보다 앞서 존재하고 정신의 근본적 조건이며 이것 없이는 정신적 작용도 불가능한 것'이라고 정신 외부에(또는 언어 외부에) 신성불가침의 무언가를 상정하는 행위는 그 자체로 그 무언가가 신성불가침함을 진실로 증명한다기보다는 '여기까지가 반박 불가능한 신성불가침의 무언가의 범위'라고 경계선을 긋는 인식론적 개입이라는 점에서 늘 비판적으로 고찰해야 한다는 것이 버틀러의 요점이다. (3) 그런 주장들에서 우리가 확인할 수 있는 것은 그런 무언가의 신성불가침한 본성이 아니라 그것을 신성불가침으로 인정하라는 요구이고, 이런 점에서 항상 이미 사회적으로 구성된 요구이다. 샐러먼이 다음 절에서 주장하듯, 젠더 이분법에 맞지 않는 이들을 가짜 취급하며 제거하려는 사회에 맞서는 당사자들의 다양한 생존 투쟁을 이론적으로 뒷받침하고자 한다는 점에서는 프로서와 버틀러는 같은 목표를 공유하지만, 어떻게 뒷받침할 것인가에서 큰 차이를 보이는데, 그 차이가 드러나는 지점이 4)에서 정리한 내용이다.
샐러먼의 오독을 바로잡기 위해 이 단락을 해설했지만, 사실 버틀러 2장에서는 이 단락에서 이어지는 다음 절이 물질성과 담론의 관계에 대해 더 상세한 논의를 담고 있으므로 원문을 참조 바란다.

36 Anzieu, *The Skin Ego*, p. 4.

37 Jay Prosser, *Second Skins: The Body Narratives of Transsexuality*, New York: Columbia University Press, 1998, p. 245, 주55.

38   Silverman, *The Threshold of the Visible World*, p. 12.

39   몸에서 리비도의 철수와 이인증depersonalization으로 인한 신체적 일관성의
      와해에 대해서는 쉴더의 헬렌 호프먼Helen Hoffman 사례 연구를 보라. "A Case
      of Loss of Unity in the Body-Image", *The Image and Appearance of the
      Human Body*, p. 158.

2장

성적 도식

《지각의 현상학》에서의 전위轉位와 트랜스젠더

몸은 …… 항상 몸 이상의 다른 무언가이다. 항상 섹슈얼리티이자 동시에 자유다.

—모리스 메를로-퐁티,《지각의 현상학Phenomenology of Perception》

그게 나라고 남들이 말하는 그 모든 것이, 내가 보기에 나인 것에 담기지 못하고 넘쳐흐른다.

—모리스 메를로-퐁티,《보이는 것과 보이지 않는 것The Visible and the Invisible》[1]

현상학과 애매성

《지각의 현상학》에서 메를로-퐁티는 혼합-젠더 체현mixed-gender

embodiment이라 부를 만한 것을 딱 한 번 언급한다. "환자는 자기 몸 안에 뿌리내린 두 번째 사람을 느낀다. 그는 몸 절반은 남자man이고 다른 절반은 여자woman다."(88) 이 언급이 비규범적 젠더 편성 gender configurations[2]을 사유하는 데 큰 도움이 될 것 같지는 않다. 젠더를 가늠할 수 없는 이 사람은 우리에게 "환자"로 소개된다. 좀 흐릿하긴 해도 감정적이거나 정신적 고통의 징후가 확실히 있다는 표지가 이미 붙여져서 소개되는 것이다. 그 환자는 젠더 이분법 체계 안에 이중으로 유폐되어 있다. 이 환자가 현상학적으로 말하자면 남자이자 동시에 여자일지라도, 이 젠더 편성이 남자와 여자의 이분법을 초과할 새로운 세 번째 항으로 사유되지는 않는다. 메를로-퐁티는 이 환자를 온전한 전체인 남자에 적절히 젠더화된 여자가 어찌어찌 융합된 한 남자로, 남자와 여자로 깔끔하게 양분된 몸을 가진 남자로 생각한다.[3] 그러나 《지각의 현상학》에서 비규범적 젠더들에 대한 주목이 매우 부족하다는 점을 고려하더라도, 나는 메를로-퐁티가 이 텍스트에서 제공하는 몸에 대한 현상학적 접근이 트랜스 체현을 이해하는 데 특별히 유용할 수 있다고 주장하고자 한다.[4]

아마 현상학에서 가장 핵심적 부분은 몸이 주체성에 부수적이거나 주체성의 집중을 방해하는 것이 아니라 오히려 주체성을 이해하는 데 결정적으로 중요함을 단언한다는 점일 것이다. 그리고 몸에서 가장 중요한 측면 중 하나는 섹슈얼리티에 대한 표명과 이해다. 메를로-퐁티의 접근법이 남성 중심적이라는 이유로 비판받아오긴 했지만, 섹슈얼리티가 인간 몸과 주체성 둘 다를 이해하는 데 필수적이라는 그의 주장은 적어도 페미니즘과 트랜스학에 맞춰 조정될 수 있어 보이는, 몸과 주체성 각각을 개념화하는 새로운 방식들을 약속한다.[5] 그의 작업이 이런 식으로는 그리 활용된 적이 없다는 점은, 그의 작업 안에서 젠더와 섹슈얼리티가 수용하는 이상하게도 경계에 걸쳐져 있는liminal 위치에 말을 건네는 것일지도 모른다—이 자리는 체현되어 있지만 그럼에도 완전히 형체가 있는 것은 아니고, 여기를 완전히 벗어나기란 불가능하지만 이제 막 시작 단계라 미완성이고, 꾸준히 존재함에도 그 정확한 위치를 찾아내기란 불가능하다.[6] 메를로-퐁티의 작업에는 섹슈얼리티에 무언가 본질적으로 **애매한** 점이 있다. 나는 이 애매함을, 성차를 적대적이거나 혐오적으로 '회피'하는 것이라 해석할 필요는 없으며(이런 식으로 해석되는 경우가 가장 흔했지만),[7] 오히려 좀 더 목적의식을 갖고서 성차 범주를 뒤섞는 일로 읽자고 제안하는 바이다. 이 애매성의 철학에서 뭔가 가능해지는 것이 있다. 그리고 엄밀히 말해 섹슈얼리티에 수반되는 애매성이, 남성male이나 여성female의 영역 바깥에서 몸, 삶, 특히 **관계성**을 이해하기 위한 수단이 될 수 있다.

메를로-퐁티는 성적 도식을 해설하면서 그러한 애매함을 서술한다. 몸 도식처럼 성적 도식은 시간과 연관된 문제다. 몸 도식과 마찬가지로 성적 도식의 현존성은 불가피하고, 항상 과거와 미래 양쪽 모두를 가리키면서 다른 시간성에 걸쳐 있다. 성적 도식의 이러한 시간성은, 욕망을 통해 내 몸을 활성화하는 것이 내가 이전에 경험했던 강렬하거나 고통스러운 감각들에 의존하는 한, 앞으로 뻗어나간다―내 역사가 내 욕망을 형성하는 것이다. 또한 성적 도식의 시간성은 뒤로도 뻗어나가는데, 내가 이전에 겪었던 그 경험들이 내게 인식할 수 있는 전체로 합쳐지고, 그다음 내가 거기에 서사를 부여하는 것이다. 그러므로 항상 이런 미래적 양상 안에 놓여 있는 나의 성적 욕망은 내 과거에 놓여 있는 나의 성적인 역사와 맞물려 성적인 자아를 창출한다. 성적 도식은 내 역사에 의존하는 동시에 내 과거로부터 하나의 역사를 만들어낸다.

　　섹슈얼리티와 정체성의 합일을 과장할 위험이 존재하는데, 이 위험은 특히 트랜스들과 관련해서 극심하다. 트랜스섹슈얼리티에 대한 제2물결 페미니즘의 반응,[8] 최근의 일부 생물학 이론,[9] 대중적 오해 모두가 젠더 표현과 성적인 표현을 이처럼 융합해버린다는 공통점이 있다.[10] 역사적으로 트랜스섹슈얼리티는 일종의 과잉성애화hypersexualization로 상상되는 경우가 많았고 따라서 그런 식으로 기술되곤 했다. 일부 트랜스 저술가들이 섹슈얼리티 영역에 관여하지 않으려 애쓰는 건 트랜스젠더리즘과 섹슈얼리티의 이런 역사적 융합으로 말미암은 것이다. 일례로 크리스틴 조겐슨Christine Jorgensen[11]의 자서전을 보면 자신은 성적인 기분을 전혀 느끼지 않는다고 주장하는데, 이는 트랜스섹슈얼리티가 진짜로는 젠더 표현이 아니라 성적 욕망'에 관한' 것이며 몸의 층위에서 젠더 변환은 오직 성적 만족감의 폐쇄회로를 목적으로 착수된 것일 뿐이라는 주장에 대한 반론으로 읽을 수 있다.[12] 저런 주장에선 트랜스 몸은 페티시 비슷한 게 되어버린다. 그리고 저런 모델에서는 일반적으로는 트랜스젠더 경험에서 또는 특수하게는 신체적 트랜지션에서 특정 종류의 성적 표현 대신 특정 종류의 젠더 표현을 향한 욕망으로 동기 부여되는 측면들은 모조리 누락된다.

그러나 페티시화의 위험을 피하려고 섹슈얼리티를 경시하면 일련의 다른 위험이 따라붙을 수도 있는데, 확실히 이는 주체성에 욕망이 있을 여지를 남길 수도 없는 한참 부족한 설명이기 때문이다. 그러니 우리는 트랜스 주체들이 불가피하게 자신의 섹슈얼리티를 억압하거나 부인해야 할 때 그 결과 어떤 유형의 왜곡이 발생하는지를 질문해볼 수 있을 것이다. 트랜스 주체들이 섹슈얼리티를 모조리 부인하지 않고서도 성적 페티시즘과 트랜스섹슈얼리티의 근거 없는 융합을 피할 방도가 있을까? 이런 상황에서 욕망이 들어올 자리가 있을까?

성적 도식

메를로-퐁티는 섹슈얼리티가 세계 안에 있는 사랑스러운 대상들을 향한 인과적인 추동력이라고 제안하면서 섹슈얼리티의 본성과 경험을, 그리고 체현에서 섹슈얼리티의 중요성을 탐구하는 여정을 시작한다. "어떤 사물이나 존재가 어떻게 욕망이나 사랑을 통해 우리에게 존재하기 시작하는지를 살펴보자."(154) 이는 체현된 주체로서의 우리가 다른 체현된 주체들을 주체로 인정할

때 겪는 어려움—**내 앞에 있는 이 타자가 나와 닮았지만 나인 것
은 아님을** 우리가 인정하려면 이성적으로도 정서적으로도 때로
놀라울 만한 노력이 필요하다는 점—을 시인하는 의미인 것만은
아니다. 그저 나는 "욕망이나 사랑"을 통해 이 타자에게 매이게
될 따름이고, 그런 욕망이나 사랑의 관계를 통해 타자는 어떤 사
물이나 존재로서 내게 존재하게 될 따름이다. 그러나 데카르트
를 다시 찾아가 관련된 경험주의의 문제를 돌아보는 여행을 통
해 메를로-퐁티는 자아라는 존재에 대해, 그리고 타자의 몸만이
아니라 **내** 몸의 존재론적 견고함에 대해 질문하게 된다. 결국 메
를로-퐁티의 결론은 나 또한 욕망이나 사랑을 통해 존재로서 구
현된다는 것이다. 사랑하는 타자는 그녀가 **나에게** 존재하게 되
는 한 나의 현상학적 장場 안에 존재하게 된다. 하지만 나 또한 이
시나리오에서 **나 자신을 위해** 존재하게 되는데, 이는 타자가 **나
에게** 존재하거나 아니면 내가 **타자에게** 존재하거나 아니면 아마
둘 다인 한에서만 그럴 것이다. 섹슈얼리티는 애매할지도 모른
다. 하지만 그것은 어마어마하게 생성적인 힘을, 즉 이성애 규범
적 생식이라는 익숙한 노선을 따라 유통되길 거부하는 힘을 갖
고 있다. 사실상 자아를 야기하는 이 힘은 한편으로 이성애 규범
적이거나 아니면 다른 한편으로는 자가번식일 그런 생식 노선들
을 거부하는 한 실현된다. 전자는 타자와 내가 어떤 의미에선 제
삼자를 **위해** 존재하길 요구하고, 후자는 나를 오직 **나 자신을 위
해서만** 소유하려 할 것이다.

　몸 자체가 욕망을 통해 존재하게 된다는 제안은 무엇을 의

미하는가? 이 주장은 우리의 체현이 상호주관적인 정도를, 즉 다른 체현된 존재들의 현존과 그 존재들에 대한 인정과 더불어서만 착수될 수 있는 기획이라는 점을 강조한다.[13] 따라서 메를로-퐁티의 기획은 데카르트적 전통을 급진적으로 뒤흔드는 일로 해석되어야 한다. 데카르트적 전통에선 내가 타자들과 뚜렷이 구별되고 분리되는 한에서만 나를 주체로 이해하며, 그러한 분리의 확실한 물리적 증거는 내 몸의 완벽한 유계성有界性, boundedness에서 찾아볼 수 있다. 메를로-퐁티라면 이런 경계들이 섹슈얼리티에 의해 녹아내린다고 말할 것이다. 이리하여 섹슈얼리티는 신체적 사건에 대한 그저 정서적 반응 그 이상이며, 이런 점에서 그는 정서에 관해서는 "굳이 말할 것이 없다"고 주장한다.(155) 이는 정신분석의 섹슈얼리티 모델의 어떤 측면에 대한 반발로 볼 수 있다. 메를로-퐁티가 이해하기에 문제는 이 모델이 확정적인 동시에(신체적 형태 구조가 심리 구조를 결정한다, 해부 구조는 운명이다, 또는 운명과 같다) 방침이 정해져 있다는 점이다(그 어떤 육체적 징후든 오직 성적 억압이라는 해석 하나에 맞춰진다). 여기는 메를로-퐁티가 특히 프로이트를 비판하며 쓴 것인데, 내 생각에 《지각의 현상학》의 이 대목은 프로이트의 섹슈얼리티 이론들에 대해 나올 법한 해석 중 가장 흥미롭지 않은 해석을 제시하고 있다. 정신분석과 벌인 모든 논쟁에서 사실 메를로-퐁티는 정신**이든 몸이든** 그에 관해 정신분석이 제공하는 이해를 모조리 거부하는 건 아니다. 단지 무의식의 역량을 정신의 영역에서 몸의 영역으로 옮기고 있는 것이며, 따라서 무의식을 완전히 폐지해서 주체의 역량을 약화하려는 게 아니라 주체의 상상적 지형도를 재편하는 것이다. 그러므로 "결코 현재인 적 없었던 과거"(242)로부터 온 합체되지 못한unincorporated[14] 트라우마적 사건들은 심리적이라기보다는 신체적인 무의식을 통해 잔류하는 동시에 표현된다.[15]

그럼에도, 고유감각이 우리에게 몸 외부의 가시화된 표면을 넘어 몸을 읽고 이해하는 한 가지 방법을 제공하는 것처럼 섹슈얼리티 또한 몸을, 그 내부성과 외부성이 한쪽이 다른 쪽의 주변에 어슷하게 포개지는 것으로 이해한다. 사실상 외부성과 내부성은 그 자체로 완벽하게 경계 그어지지 않으며, 메를로-퐁티는 정신분석학에서 나온 체현에 대한 고유감각 모델과 정확히 일치하는 언어로 섹슈얼리티를 서술한다. 메를로-퐁티가 제공하는 섹슈얼리티의 현상학은 온통 몸으로 가득하고, 여기서 몸은 그 성감대들이 거의 전적으로 가변적인 몸으로 변환되는데, 이런 현상학이 그리는 지도는 프로이트가 《성욕에 관한 세 편의 에세이》에서 배치한 섹슈얼리티의 지형도 위에 거의 정확하게 겹쳐진다.

섹슈얼리티는 보는 문제가 아니라 **감각하는** 문제로, 가시적인 것의 문턱 아래서 또 문턱 너머에서 일어난다. "가시적인 몸은 성적 도식에 기초해 있다.[16] 성적 도식은 엄격히 개별적인 것으로서, 성감대를 두드러지게 하고, 성적인 생김새를 개괄적으로 그려주고, 남성적 몸의 몸짓gesture을 이끌어내는데, 이 몸짓은 그 자체로 이런 감정적 총체에 통합된다."(156) 이 서술에서 섹스는 단순히 고유감각과 비교되거나 유사한 것만이 아니다. 섹슈얼리티가 **곧** 고유감각적인 것이다(그리고 이제 우리가 살펴보겠지만 섹스도 그렇다). 거기엔 가시적인 몸이 있다. 즉 타자들의 눈에 보이는 그 몸 자체, 성적 도식에 의해 활성화되고 성적 도식이 거주하는 육신의 물질적인 것들이 있다. 몸 도식이 주체에게 신체적 형태 구조를 전달해주는 것처럼, 그러한 성적 도식은 주체에게 성적인 생김새를 전달해준다. 심지어 우리는 이 지점에서 성적 도식이 신체적 도식보다 앞서 존재한다고 말할 수도 있을 것이다. 메를로-퐁티는 가시적이지만 모호하게 정의된 몸에서 시작해서, 몸의 성적 영역들의 생김새에 대한 묘사 다음에야 몸 아래에 있는 성적 도식에 대한 고찰로 옮겨간다. 욕망이 만들어낸 그런 묘사 이후에 비로소 젠더가 등장하는데, 이 젠더는 처음엔 신체적 사실로서("남성적 몸") 마지막으로는 감정적 사실로서 등장한다.

성적 도식이 가시적인 몸의 기저를 이룬다는 메를로-퐁티의 서술은 우리에게 두 가지 다른 갈래의 젠더를 제시한다. 소위 보편적 주체는 특별한 표식 없이 그저 남성성으로 추정되며, 메를로-퐁티의 저작에서도 전반적으로 그렇다. 하지만 여기엔 남성 몸에 대한 메를로-퐁티의 더 정통적인 설명의 기저에 깔린, 젠더에 대해 좀 더 미묘하면서 생산적인 설명도 있다. 남성성은 해부학적인 것이 아니라 **몸짓**에 관한 것으로 분명히 서술되며, 몸의 물질성의 목적은 결국 이 미완성이지만 표현력 있는 몸짓을 전달하려는 것이다. 여기엔 이중의 모방이 작동하는데, **성적 도식 자체가** 몸짓을 이끌어냄으로써 몸짓이 몸의 속성이 되는 것이다. 이 남성성 또한 모방적인데, 그 이유는 좀 멀리 다른 어딘가에 있지만 남성성 구축에 필요한 이상으로 기능하기에는 충분할 만큼 가깝게 놓여 있는 다른 남성적 몸을 인용하고 어쩌면 심지어 간구하기 때문이다. 이 설명에서 아마 가장 놀라운 점은 성적 도식이 **하나**(추정상 남성적인 것을 기술할 단 하나의 도식)인 것도 아니고 **두 개**(배제되었던 여성적인 것을 포함하고 그리하여 남성적인 것과 여성적인 것 또는 남성male과 여성female을 구분해서 분석할 수 있을 두 개의 도식)인 것도 아님을 강조한다는 점이다. 대신 메를로-퐁티는 성적 도식이 **엄격히 개별적**이라고 쓴다. 신체적 거주에 대한 이 이론화는 '개체'에 의존하고 따라서 특수성에 근거하는 동시에, 또한 관계를 강조하며, 그로써 신체성의 단일한 영역 하나에 귀속될 수 없고 심지어 하나의 단일한 존재 양식에 귀속될 수도 없다. 메를로-퐁티가 시사하는 바는 성감성에 대한 체계적이고 융통성 없는 통념으로는 안 된다는 것, 내 몸의 어느 영역이 내게 쾌락을 주며 어떻게 줄 것인지를 근본적으로 구성하는 건 나의 형태 구조가 아니라 오히려 나의 경험과 정신적 표상이라는 것이다.

섹슈얼리티에 대한 메를로-퐁티의 관점은 너무도 환상적으로 애매하기에, 성차와 성적 정체성에 대한 좀 더 정체성주의에 기반한 개념들에 비추어볼 때 섹슈얼리티에 대한 하나의 모델로 받아들여지지 않았다는 점이 그리 놀랄 일은 아니다.[17] 몸과 주체에 대한 현상학적 경험이 범주적이기보다는 개별적이라는 주장은 주체를 각기 다르게, 일시적으로 그리고 사회적으로 위치시킨다. 사회 조직화 측면에서 보자면 이처럼 특수성을 강조하는 주장은 범주로의 요약을 좌절시킨다. 이런 주장은 성적 체현이든 위치성이든 표현이든 간에 젠더나 섹스의 어떤 특정 범주에 속하는 성원권成員權, membership으로 예측될 수 없음을 의미하기 때문이다. 이러한 탈구가 갖는 함의는 섹스화된 정체성(남성male 또는 여성female)과 젠더화된 정체성(남자man 또는 여자woman, 펨, 부치, 트랜스 등)과 섹슈얼리티(레즈비언, 게이, 바이섹슈얼, 또는 이성애자)를 비교적 더 명확하게 분리하는 일보다 더욱 심오하다. 또한 이는 여성적 욕망이 그것의 본성상 소재가 불분명하고 분산되어 있고 애매하다는, 이제는 충분히 익숙해진 통념(여기서 다시금 이리가레를 떠올릴 수 있을 것이다)을 표명한 것도 아니다. 나는 욕망에 대한 체현된 반응이 그 급진적 특수성으로 인해 예측 불가능해지며 몸의 형태 구조와의 직접적 연결이 불가능하다는 주장에 관심이 있다. 한 여자의 섹슈얼리티에 대한 경험은 몸의 특정 지대에 단단하고 강렬하게 집중되어 있을 수도 있고, 몸 전체에 퍼져 있을 수도 있다. 남자도 마찬가지다. 즉, 우리에게 강렬하게 에로틱한 쾌락을 느끼는 지대들이 있어도, 어떤 신체 부위와 그것의 성감대 기능 또는 성적 기능 간 관계는 융통성 없이 속박되어 색인처럼 정리된 지도라기보다는 가볍게 엮여 어울리는 식의 관계일 것이다. 그리고 성감대들이 성적 생김새를 "개괄적으로 그려"줄 수는 있겠지만, 몸의 형태 구조는 성감대의 위치나 행동 습관에 결정적인 요소가 아니며 오히려 그 성감대들**에 의해** 몸의 형태 구조가 결정된다. 메를로-퐁티는 섹슈얼리티가 성기에 위치하는 것도 아니고, 특정한 성감대 한 군데에 위치하는 것도 아니며, 오히려 사람이 타자와 세계로 향하는 지향성 안에 위치한다고 주장하고 있는 것이다.

욕망과 전위

《지각의 현상학》에서 메를로-퐁티는 욕망이 항상 나를 세계와의 관계 속에 밀어넣는다고 주장한다. 욕망을 통해 내 몸은 또 다른 몸을 지향함으로써 활기를 띠게 되고, 나 자신도 그런 욕망을 통해 존재하게 된다는 것이다. 이 말은 내 욕망이 항상 충족된다는 뜻도 아니고, 내 욕망의 존재만으로 사랑하는 타자나 많은 타자들과의 특수한 관계, 또는 한 타자와 정말 어떤 식으로든 주고받는 관계를 확보하기 충분하다는 뜻도 아니다. 욕망은 좌절될 수도 있고, 만족스럽지 못할 수도 있고, 구조적으로든 다른 이유에서든 도달 불가능한 대상을 찾을 수도 있다─이걸 **선택**이라 부르긴 좀 어려운데, 왜냐하면 내가 내 욕망의 성향이나 표현을 자유로이 선택할 수 없는 경우가 많기 때문이다. 이런 순간에 욕망은 오직 나를 제약하거나 고립시키는 것으로 느껴질지도 모른다. 하지만 욕망에서 물러나거나 욕망을 죽이려 시도한다면, 이는 자신의 바깥에 존재할 수 있는 자신의 고유한 역량을 끊어내는 일을 불가피하게 수반한다. 욕망은 타자로 향하는 행위를 수반한다. 아니, 그러한 지향 **자체다.** 그리고 이는 필연적으로 나를 세계와 결합시키고 세계의 일부로 만든다.

　지금까지 보았듯, 서로 다른 시간적 양상을 가로질러 서사적 일관성 안으로 욕망이 조직화된 것이 섹슈얼리티다. 메를로-퐁티는 섹슈얼리티가 "사람이 역사를 갖게 하는 원인"이라고 쓴다.(158) 섹슈얼리티는 발굴되고 분석되는 것이 아니라 체현되고 살아지는 것이다. 섹슈얼리티는 삶을 가득 채울 뿐만 아니라, 섹슈얼리티 없이는 삶이 불가능하다.

　섹슈얼리티는 인간의 삶에서 초월되는 것도 아니고, 무의식의 표상들을 통해 인간 삶의 핵심에 나타나는 것도 아니다. 섹슈얼리티는 마치 대기처럼 항상 존재한다. …… 섹슈얼리티는 특별히 점거하고 있는 신체 부위로부터 냄새나 소리처럼 퍼져나간다. 여기서 우리는 암묵적인 **전위**轉位, transposition 의 일반적인 기능과 다시금 마주치게 되는데, 우리는 이미 몸 이미지를 조사하는 동안 몸에서 이를 인식한 바 있다.[18] 내가 어떤 사물을 향해 내 손을 움직일 때, 나는 내 팔이 뻗어나가는 것을 은연중에 알고 있다. 내가 내 눈을 움직일 때면 그 사실을 분명히 의식하지 않고서도 안구의 움직임을 고려하며, 그로써 내 시야에 일어난 격변이 그저 표면적인 것임을 자각하고 있다. 마찬가지로 섹슈얼리티는 의도적인 의식 행위의 대상이 없어도 내 경험의 특정 형식들의 기저를 이루고 그 형식들을 인도할 수 있다.[19] 이런 식으로 볼 때, 희미하여 분간하기 힘든 공기처럼, 섹슈얼리티는 삶과 동연同延 관계이다. 달리 말하자면 애매성은 인간 실존의 정수인

것이다.(168-169, 강조는 인용자)

이 구절에서 우리가 고찰해야 할 것은 섹슈얼리티가 정신분석학에서 논하듯 인간 **의미**의 한 조건도 아니고, 일부 레즈비언 게이 연구에서 그러하듯 **정체성**의 조건도 아니라, **삶 자체**의 조건으로 여겨진다는 것이다. 그리고 이 가장 단호하게 물리적인 의미에서 욕망은 체현되는 것이지만 어딘가에 위치해 있는 것은 아니다─이 점이 정말 중요하다. "섹슈얼리티는 특별히 점거하고 있는 신체 부위로부터 …… 퍼져나간다"고 메를로-퐁티가 쓸 때, 이는 팰러스 같은 것을 가리키는 게 아니라 그 부위에 이름을 붙이는 걸 어렵게 만드는 약간의 내숭으로 인해 베일에 가려진 다른 무언가를 가리키는 구절로도 읽을 수 있다. 여기엔 메를로-퐁티가 페니스를 섹슈얼리티의 본진으로 명명하길 거부함으로써 확보된 중요한 애매성이 있는데, 이는 신체적 쾌락과 신체 부위들을 떼어놓는 일을 수행한다. 욕망과 몸이 이어지는 곳이 섹슈얼리티가 위치하는 곳이다. 그리고 그런 연결 지점이 페니스일 수도 있고, 좀 다른 팰러스일 수도 있고, 다른 신체 부위일 수도 있고, 부위로 구별 지어지지 않는 몸의 영역일 수도 있고, 몸에 유기적으로 붙어 있지 않은 신체 보조기기일 수도 있다. 이 구절이 주장하는 바는 섹슈얼리티의 가장 중요한 측면이 어떤 특정 부위가 아니라─심지어 그 부위의 습성인 것도 아니라─그 부위의 활성화를 유발하는 "일반적인 기능"이라는 것, 즉 세계를 향해 손을 뻗음으로써 나 자신의 신체적 감각으로 끌어들이고

　1부 | 무엇이 몸인가?

자기 자신에 대한 이해 안으로 통합되게끔 하는 수단이라는 것이다. 메를로-퐁티는 그 기능을 **전위**라고 부른다.

섹슈얼리티의 엔진은 전위다. 전위는 섹슈얼리티가 무엇을 위한 것이고, 무엇과 관련이 있고, 내게 무엇을 가져와주는지를 이해하기 위한 하나의 모델로서 제시된다. 하지만 전위란 정확히 무엇인가? 처음에 메를로-퐁티는 전위를 몸의 정리·배치·사용인 육체적 도식과 유비하면서, 전위가 고유감각 기능에 맞먹거나 적어도 매우 유사함을 시사한다. 둘 다 의식적 사고의 층위 아래에서 일어난다는 의미에서 일반적이고, 둘 다 신체적 물질성과 의도를 잇는 도관導管으로 기능한다. 그러나 고유감각은 내 몸의 한 부위와 다른 부위의 관계, 즉 내가 내 몸을 전체로 느끼는 감각을 구성하는 집합체를 강조한다는 점에서 차이가 있다. 물론 이 감각은 내가 나를 둘러싼 세계와 접촉하면서 얻어지는 것이지만, 이 감각의 핵심에 있는 것은 내 몸에 대한, 그리고 내 몸 안에 있다는 의식이다. 전위가 기술하는 현상은 이와 좀 다르다. 전위는 자아의 감각이 추가되거나 축적되는 게 아니라, 존재 또는 신체적 거주의 한 양상에서 또 다른 양상으로의 변동을 강조하는 기능을 기술하며, 여기엔 대체substitution 비슷한 것이 뒤따른다.

이는 내 물질적 존재와 관련된 대체이고, 어떤 의미에선 내 물질적 존재를 위한 중재자 역할이지만, 그 자체로 물질성의 기능으로 환원될 수는 없다. 이는 확실히 언어적 대체는 아닌데, 메를로-퐁티가 이 전위를 "암묵적인"[20]이라고 부르고, 고유감각에 대해 논할 때 그랬던 것처럼 나와 성적 도식의 관계가 본디 생각지도 못하고 거의 반사적인 성질을 띤다는 점을 강조하기 때문이다. 인용된 구절에서 전위는 몸과 욕망이 각각 서로의 자리를 대신 채우게 되면서, 그런 전치displacement로 인해 상대편과 혼동된 나머지, 몸과 욕망 둘 다를 변환시키는 일종의 교차적 얽힘[21]을 그려낸다. 전위는 내 몸 안에 거주하는 욕망이 내 몸 자체가 **되는** 과정을 기술한다—사유에 가장 가까이 붙들리는 과정이 아니라, 몸을 통해 몸으로서 (그저 몸을 가리키기만 하는 것과는 대조적으로) 느끼고 경험하는 과정인 것이다. 만약 내가 욕망을 갖고 있다고 말할 수 있다면, 그건 오직 내가 그 욕망을 내 몸으로서 발견하는 한 그러하다. 동시에 내 몸은 그 욕망 속에서 욕망 자체가 **된다.** 내 몸의 육신은 활성화된 성향으로서만 느껴지는데, 그것을 활성화하는 욕망은 하나의 대상을 갖는다는 의미에서 지향적이다—욕망은 무엇**에 대한** 욕망인 한에서 욕망이다. 하지만 또한 그 욕망에 대한 나의 감각이 이 욕망하는 대상을 향하는 목적의식 있는 존재를 중심으로 합쳐진다는 점에서 지향적이다. 내 몸은 성향 또는 갈망이 된다. 즉 내 몸이, 내 몸을 견고하거나 흔들림 없이 잔잔하다고 느끼는 감각 또는 이 몸이 정말로 **내 것**이라 느끼는 감각을 모조리 무효로 만드는—내가 이런 감각을 소유하는 것 이상으로 이런 감각이 나를 소유한다는 점에서—추진력이 된다.

이 구절에서는 손과 눈이 예시되는데, 여기서 욕망은 종류는 하나지만 표현은 두 가지로 서술된다. 욕망하는 시선, 그리고 닿을 만한 범위에 손을 내뻗도록 동기 부여하는 욕망이 제시되는 것이다. 욕망하는 시선에서, 한 대상에 머물게 되는 눈은 거기서 정지 지점, 시각 자체에 기초가 되어줄 닻을 찾은 다음 그것을 변환시킨다. 그래서 사실대로 말하자면 시야가 흐려지는 대격변이라 할 것이 이런 전위 과정을 통해 눈에 띄지 않게 초점이 변동한 것으로 감지되는 것이다.[22] 내 시선은 대상을 갖고, 나는 내 시선을 정초한 그 대상을 믿으며, 따라서 세계 자체가 돌고 있는 건 아님을 안다. 즉 내가 내 머리를 돌려 무언가를 바라볼 때 일어나는 "대격변"은 내가 욕망하는 그 대상으로 인해 일어난 것인 동시에 그 대상에 의해 잠잠해진다는 것을 안다. 완전히 평범해서 특별히 눈에 띄지는 않긴 해도 이 경험은 자아의 탈중심화가 일어나는 경험이다. 왜냐하면 내가 또 다른 무언가를 향했음에도 그 타자는 내 시선이 집중되고 유지되는 대상으로 존속함으로써 마법처럼 내게 나 자신을 되찾아주기 때문이다. 손을 내뻗는 일 또한 뭔가 방향을 잃고, 현기증 나고, 중심을 잃는 일인 **동시에** 공고히 굳히고, 목적의식이 있고, 통합하는 일이기도 하다. 목마를 때 나는 식탁 위에 놓인 유리컵을 향해 움직인다. 내 팔을 뻗어, 유리컵을 쥐고, 그것을 내 입술로 가져와서, 마시는 것이다. 이는 인식의 문제가 아니라, 내 욕망의 대상을 포괄하고 그 대상과 상호작용하도록 내 행동거지, 내 체현, 내 신체적 존재를 변화시키는 문제다. 내 몸은 내 욕망이 지향하는 세계 속의 이런 대상들과 협력할 뿐 아니라 그 움직임 안에서 자신과 협력하게 된다―내 몸은 합목적성_{purposefulness}이 되는 것이다. 전위의 역설은 내가 유리컵을 쥘 수 있도록 해주는 내 팔이, 팔을 내뻗는 그 행위에서조차, 그리고 오직 그 행위를 통해서만 내 경험으로부터 점차 사라진다는 것이다. 팔을 뻗을 때, 팔 자체는 시야에서 서서히 멀어져 의식의 대상으로서도 현상학적 현존으로서도 사라지는 경향이 있다. 욕망의 대상이 자아를 대신해 중심에 자리하는 것이다.

만약 우리 몸이 우리를 대상이 아니라 또 다른 주체로 향하도록 몰아간다면 시나리오가 달라질까? 갈증으로 내가 한 잔의 물에 손을 뻗게 되는 것이 아니라 욕망으로 인해 또 다른 사람을 향해 손을 뻗게 된다면, 내 고유의 몸에 대한 나의 경험은 어떠할까? 대상인 그 **무엇**을 향해 손을 뻗는 대신에, 나는 또 다른 주체인 **누구**에게 손을 뻗고 있다. 그리고 이는 상황을 비슷하면서도 다르게 만든다. 내가 타자를 향해 뻗을 때, 나는 **내 팔**을 느끼는 게 아니라 내가 가닿고자 하는 그 사람의 근접성과 부재가 모두 강렬해지는 것을 느낀다. 내 감각은 어떤 의미에선 감각 자체가 그 타자 안에 위치한 것처럼 느껴질 수 있다. 그리고 펴서 내뻗은 내 팔은 더 이상 내 감각이 있는 위치가 아니라 오히려 내가 타자를 향하게끔 하는 몸짓이 된다. 팔은 욕망이 지나가는 도관일 뿐 감각이 머물 수 있는 자리는 아니다. 내 몸은 나를 이런 식으로 내 욕망의 대상에 어쩔 도리 없이, 때로 무모할 만큼 가까이 가도록 밀어붙이는 매개체다. 그리고 성적 욕망의 경우에 다른 누군가를 지향함으로써 내 몸은 활기를 띠게 된다.

그렇다면 이게 바로 전위의 실체로서, 메를로-퐁티에 따르

자면 내 몸을 욕망으로 활성화하는 것이다. 즉, 내 감각은 감각이
강렬해지는 바로 그 순간 더욱 애매해지고 흩어지는데, 그 이유
는 내가 감각하는 주체로서 갑자기 널리 퍼져나가서, 내 몸 안에
위치하는 동시에 내 몸이 휘어지는 방향에도 놓이기 때문이다.
내 감각의 중심지가 변동하는 것 같고, 내가 팔을 뻗을 때 내 팔
은 현상학적으로 **나의 팔**로서의 기능보다는 **당신을 향하는** 기능
으로 더 많이 경험된다. 이 분산과 전위를 해당 신체 부위나 감각
의 약화로 해석할 필요는 없다. 대신에 이는 섹슈얼리티에서 어
떻게 내가 내 몸을 빼앗기는 동시에 내 몸에 도달되는지를 이해
할 한 가지 길일 수도 있다. 또한 성적 전위는 의식적 사고의 일
관된 혼합물로서의 몸의 전치를 수반하며, 이는 따로 설명이 필
요 없을 만큼 명백한 일이다. 그러나 이 전위는 신체적 쾌락이 강
렬해지는 바로 그 순간, 물질적 토대이자 고유 세계의 현상학적
중심으로서의 몸이 사라지는 결과를 수반한다. 그 중심이 갑작
스레 공유되는 것이다. 그래서 자아와 타자는 내 정동적 삶에서
함께 묶여 하나의 단위를 이룰 뿐만 아니라 세계에 대한 감각적
이해의 현상학적 중심축을 이룬다.

　하지만 만약 내가 타자 안에서 발견된다면, 나는 거기서 상
실되기도 한다. 이런 식으로 세계와 결합되는 '나'는 이미 전치되
고 분해되어 있다. 현상학이라면 이렇게 말할 것이고 정신분석
학도 동의할 텐데, 욕망의 대상은 결코 온전하고 전체적인 한 사
람이 아니라 이 특정 부위나 저 특정 부위 ― 또는 잇따른 수많은
부위 ― 에 대한 집착이다. 내 몸의 다양한 영역이 내 욕망을 통해

차별화되어 불려나올 수도 있다는 점, 즉 내 성적 느낌의 강도가 다른 영역보다 일부 영역에 훨씬 강렬하게 나타나리라는 점에서, 섹슈얼리티의 심장부에는 욕망의 대상이자 내 욕망의 매개체로서의 몸에 관해 이미 분해된 무언가가 있다. 우리는 타자를 우리 욕망의 대상으로 창조하는 바로 그 순간에 무위로 돌린다.

이 전위라는 개념이 트랜스들에게 어떤 의의가 있을까? 이 전위 현상은 규범적으로 젠더화된 사람들과 마찬가지로 트랜스들에게도 참이다. 트랜스의 경우에 전위는 감각이 몸을 통해 활성화되고 몸이 감각에 의해 활성화되는 과정이기도 하다. 욕망은 일련의 대체나 재편성을 통해 신체적으로 경험된다. 규범적으로 젠더화된 사람들도 이런 과정을 겪지만 덜 두드러질 뿐이다.

만약 내가 그런 타자를 향해 손을 뻗는 트랜스라면 무슨 일이 일어날 것인가?

또는 만약 내가 손을 뻗는 타자가 트랜스라면?

섹스와 초월

실존은 본래 결정될 수 없는 것인데, 이는 실존의 근본적 구조 때문이다. 그리고 이는 실존이 지금까지 무의미했던 것이 의미를 떠맡게끔 하는 과정 자체인 한, 즉 그저 성적 의미만이 있던 것이 좀 더 일반적인 중요성을 갖게끔 하는 과정, 우연을 이유로 변환시키는 과정 자체인 한에서 그러하다. 또한 실존이 사실상의 상황을 다시 이어서 하는 행위인 한에서 그렇다.[23] 우리는 실존이 그런 상황을 자기 고유의 설명으로 이어나가고 또 변환시키는 이 운동[24]에 '초월'이란 이름을 부여할 것이다. 바로 그런 운동이 초월이기 때문에, 실존은 결코 그 무엇도 완전히 넘어서지 못한다. 그렇게 되면 실존을 규정하는 긴장이 사라져버릴 것이기 때문이다.(169)[25]

트랜스섹슈얼리티를 병리적인 것으로 보는 오해에서, 트랜스섹슈얼리티는 자신이 속하지 않은 성별/섹스sex의 성기를 갖고 있다는 환상에 빠진 사람의 정신착란으로 특징지어지는 경우가 가장 잦았다. 이런 환상을 바탕으로 어떤 사람이 자기 몸을 오인하는 건 현실 도피의 신호라고 이해하는 담론에서 트랜스섹슈얼리티는 신경증neurosis보다는 정신병psychosis으로 여겨지곤 했다. 이 논리에 따르면 몸의 물질성이 현실을 좌우한다. 즉, 만약 트랜스 남성이 '성기 수술'을 안 했고 그저 '대용품'을 갖고 있을 뿐이라면, 그에게 팰러스가 있다는 건 망상이라는 것이다.

하지만 우리가 보았듯이 현상학은 사람의 고유한 지각이 진리를 결정하는 하나의 수단으로서 가장 중요한 자리를 계속 차지하는 분야다. 신체적 편성이나 행동거지에 대한 나의 고유한 현상학적 체현 양상이 그 자체로 진리를 구성한다고 이해하는 것이다. 이는 내가 내 고유 경험의 외진 곳에서 진리를 전부 다

구성한다는 뜻도 아니고, 적법하다는 인장을 찍어서 망상을 공급한다는 뜻도 아니다. 이 말의 의미는, 내 몸에 대한 내 경험, 내 몸의 확장과 효능에 대한 내 감각, 내가 내 몸을 거주 가능하게 만들기 위해 애쓰는 방식들, 내가 내 몸을 활용하는 용법―또는 욕망으로 몸부림치는 가운데 아마도 몸이 나를 활용하는 용법― 이, 나라는 물질성이 무엇이든 간에 그 물질성과 내가 필수적으로 맺는 관계라는 뜻이다. 성적 도식이 내 몸이 다른 몸을 향하는 움직임을 통해 내게 내 고유의 몸을 전달한다는 점에서, 오히려 성적 도식은 몸 안에서 몸을 통해 외진 곳에서 풀려나게 되는 한 가지 방식이다. 따라서 욕망을 통해, 내 몸은 더 이상 '내면의 현 상들'을 표현하는 몸의 다양한 부위로 이뤄진 복합체가 아니라 불현듯 내가 세계와 관계 맺지 않을 수 없게 만드는 매개체다― 이 세계와의 관계는 결국은 내게 하나의 몸을 부여하는 유일한 관계다.

메를로-퐁티는 섹슈얼리티가 좀 더 "일반적"으로 중요한 무언가로 변환된다고 말하는데, 이는 그러므로 섹슈얼리티 자체 또는 섹슈얼리티가 점유하고 있을지도 모르는 더 기본적인 영역 은 초월되어 우리를 좀 더 고상한 영역으로 옮겨준다는 점을 시사하고 있는 것 같다. 그저 성적이기만 한 건 무의미하고, 성적인 것이 일단 좀 더 일반적인 중요성을 성취해야만 의미를 성취한다는 것이다. 하지만 메를로-퐁티가 섹슈얼리티를 초월의 전형으로 사용한 것도 참이다. 여기서 **초월**은 자아가 세계와 맺는 관계인 섹슈얼리티에 그가 부여한 이름이다. 그는 섹슈얼리티가 일단 그 자체보다 더 큰 무언가를 뜻하게 된 다음에야 섹슈얼리티도 뭔가 의미를 갖는다는 주장과, 섹슈얼리티가 그 자체로 실존과 동연 관계이므로 섹슈얼리티가 중요해지기 위해 굳이 실존에서 좀 더 중대한 측면을 가리킬 필요는 없다는 주장 둘 다를 동시에 하고 싶어 한다. "섹슈얼리티와 실존 사이에는 상호 침투가 있다. 이 말은 실존이 섹슈얼리티에 스며들고 섹슈얼리티도 실존에 스며든다는 뜻이며, 그래서 주어진 결정이나 행동에 동기를 부여한 요인 중 성적인 것이 다른 것과 비교해서 얼마나 지분을 차지하는지를 확정하기가 불가능하다는 뜻이다."(169) 이런 혼동은 부수적인 일이 아니다. 메를로-퐁티가 섹슈얼리티의 위상에 관해 내린 역설적인 결론들 — 그것은 중요한가? 아니면 중요하지 않은가? — 은 끊임없이 실존과 "상호 침투"되는 섹슈얼리티 자체의 위상을 거울처럼 반영한다.

섹슈얼리티는 자신을 관념성ideality에서 특수성으로의 변환을 가능케 하는 하나의 수단으로 제공한다. 심지어 우리는 이렇게도 말할 수 있을 것이다. 메를로-퐁티에게 섹슈얼리티는 몸과 세계에 대해 우리가 물려받은 데카르트식 가정을 가장 철저히 수정하기 위한 수단이라고 말이다. 섹슈얼리티를 통해 몸 — 그리고 따라서 **자아** — 는 자신과 관련된 것에서 타자들과 관련된 것으로 변환된다. 상호적 프로젝트로서 섹슈얼리티는 다른 사람의 몸을 나에게 욕망의 대상으로, 그것도 "그저 몸이 아니라 의식이 생기를 불어넣은 몸"(167)으로 제공하며, 그다음 차례로 내 몸이 이와 같은 식으로 타자에게 가시적이 되고 취약해진다. 따라서 섹슈얼리티는 관계가 된다. 이는 모든 관계의 핵심에 성적인 것이 자리한다는 의미가 아니고, 성적 관계가 무언가를 다른 무언가로 가장하는 일에 관한 것이라는 의미도 아니며(프로이트를 잘못 읽으면 이렇게 생각할 수도 있다), 섹슈얼리티가 항상 내 체현된 실존을 이처럼 피할 수도 없이 끈질기게 지속되는 역설에 붙들린 것으로서 제시하고 있다는 의미에서다. 그 역설이란, 나는 나를 위해 존재하고 또 타자를 위해 존재하며, 이런 존재 방식 각각이 내 몸 안에서 실현된다는 것이다. 섹슈얼리티는 내가 이런 존재 방식 둘 다를 동시에 경험할 수 있는 몇 안 되는 방법 중 하나이고, 나중에 초월이 될 혼동을 실행하면서 나 자신과 타인 간 구분을 녹여 없앨 수 있는 수단일 수 있다.

"육신 전체"

엄마, 내가 그의 육신 전체를 봤어요.[26] 내가 본 적 있어요. 그가 남자라는 걸 알아요. 문제 해결됐어요. 그러니 우리 이제 자러 가요.

—라나 티즈델, 〈소년은 울지 않는다〉

1999년 작 영화 〈소년은 울지 않는다〉는 네브래스카에 살던 한 청년 브랜던 티나_{Brandon Teena}의 실화를 바탕으로 만든 것으로, 그는 트랜스젠더로 밝혀지고 난 뒤 살해당했다.[27] 영화에서 브랜던 티나의 연인 라나 티즈델이 그녀의 친구 존 로터와 톰 니센에 맞서는 장면이 있다. 이 둘은 브랜던이 진짜 남자가 아니라 사실은 남자인 척할 뿐인 여자라는 소문을 듣고선 브랜던을 강제로 발가벗겨 그의 '진짜' 정체성을 까발릴 계획으로 브랜던을 찾다 라나의 집까지 왔다. 이 폭행은 브랜던을 처벌하고 굴욕감을 주고자 착수되었다. 여기서 처벌받아 마땅한 브랜던의 잘못은 본인의 젠더를 잘못 재현한 점만이 아니라 그걸 **라나에게** 그릇되게 전했다는 점이다. 브랜던의 옷을 강제로 벗기는 건 그들의 목표 중 일부일 뿐이다. 즉, 그들이 브랜던의 벗은 몸을 보는 것만으로는 충분치 않고, 그다음 그들이 원하는 건 라나가 그 벗은 몸을 보도록 하는 것이다. 그들은 브랜던이 페니스가 없을 것이고 따라서 그들 생각에 남성이 아니라는 의심을 그저 충족시키는 데서 끝나길 원치 않는다. 그들은 또한 그들이 보는 앞에서 라나가 브랜던의 벗은 몸을 보도록 강제하길 원한다. 이 폭행의 본질은 라나를 브랜던의 젠더를 심판하는 자로 세우려는 것이다.

그러므로 로터와 니센에게 이런 욕보이기는 브랜던과 그의 '잘못된' 젠더 표현에 기만당한 라나를 '보호'하는 방법으로 여겨진다. 이에 대한 라나의 반응은 브랜던을 보호하는 것이다. 그는 로터와 니센의 폭력을 멈추려 애쓰면서 그들에게 "내가 본 적 있다I seen it"고 말한다. "내가 그의 육신 전체를 봤어요. 내가 본 적 있어요. 그가 남자라는 걸 알아요. 문제 해결됐어요." "내가 본 적 있다"는 이 주장을 어떻게 해석해야 할까? 라나는 영화의 이 지점에서 브랜던을 위협하는 폭력이자 영화 말미에선 그를 살해하는 폭력을 브랜던이 피할 수 있게 도우려는 보호의 형식으로서 거짓말을 했을 뿐일까? 나는 라나의 이 말이 수단으로서의 거짓말 외에 다른 무언가로 이해될 수 있을지 묻고자 한다. 라나가 봤다는 "그것it"이 무엇인지는 명시되지 않는다. 로터와 니센은, 그리고 아마 관객들은 그녀가 페니스를 가리키는 거라고 이해하겠지만, 그녀는 그 부위에 그런 이름을 붙여 부르지 않을 것이다. "그가 남자인 걸 안다"고 선언하면서 라나는 브랜던 본인의 신념뿐 아니라, 그와 그의 젠더를 이해하는 바를 짚고 있다. 그녀의 발언은 브랜던의 남성성 그리고 브랜던이 자신을 남성으로 느끼는 감각을 공식화하는 역할을 맡는다. 심지어 폭력에 직면해서도 그녀가 그 감각을 공유하고 있다고 강하게 주장함으로써 말이다. 그의 남성성에 대한 그 지식은 애매한 동시에 단호히 체현되어 있다. 그가 남자인 것을 그녀가 아는 이유는 그녀가 "그의 육신 전체를 봤"기 때문이다. 이는 신체 부위를 명명하는 진술이 아니라 체현에 대한 진술이며, 브랜던의 젠더 동일시와 그 젠더에 대한 라나의 인정 둘 다를 가능케 하는 애매성이다.

라나의 진술에는 물질성과 육신의 관계 안에 놓여 있으면서 또한 지각 자체를 둘러싸고 있는 이중의 애매성이 포함되어 있다. "육신 전체full flesh"는 단순히 팰러스에 대한 언급을 가리는 얇은 장막의 기능보다 더 많은 일을 하며, '육신'은 많은 이론적 작업을 수행한다. 나는 라나의 발언에서 **육신**이란 단어의 용법이 무슨 일을 한 것인지에 관해 현상학의 전문 용어법에서 그 단어가 갖는 의미를 고려함으로써 해명될 수 있다고 제안하고자 한

　　　　1부 | 무엇이 몸인가?

다. 또한 육신에 대한 라나의 서술이 메를로-퐁티적 의미에서의 **육신**—그는 세계와 맺는 육체적 관계를 기술하기 위해 그 단어를 썼다—과 유용하게 어울린다고 제안하고자 한다. 그 단어는 완전히 몸은 아닌 체현의 측면, 또는 정확히 수량화할 수는 없는 세계의 차원에 붙을 수 있는 이름이다.

메를로-퐁티는 지각을 관계적 구조로서 고찰하는데, 여기서 그런 관계들은 주체와 대상 간 관계와 말끔하게 대응하지 않는다. 그는 이전에는 대상 자체에만 주어졌던 최우선순위를 관계에 부여함으로써 주체와 대상, 보는 자와 보이는 것, 안과 밖 사이의 이런 구분을 방해하려 시도한다. 그의 마지막 미완성 저작 《보이는 것과 보이지 않는 것》은 주체와 대상, 만지는 손과 만져지는 손, 우리 눈에 보이는 형체가 있는 존재와 눈에 보이지 않는 우리 자신의 측면들 사이의 익숙한 철학적 구분—그리고 경험적으로도 익숙한 구분—이 이런 범주 간 관계의 중요성에 의해 그 기반부터 깎여나가는 방식들을 보여주려는 시도로 읽을 수 있다. 만약 물리적 몸이 그 몸이 있는 세계인 토대와 뚜렷이 구별될 만큼 경계가 있는 별개의 실체로 여겨질 수 있다면, 이런 식별은 단절이나 차별화의 문제라기보다는 관계의 산물일 것이다. 몸은 자기 주변과의 상호작용으로 인해 그렇게 되는 것이지, 자신을 둘러싼 환경과 근본적으로 성질이 다른 것으로 이뤄져 있어서 그런 건 아니다.

몸과 세계의 관계, 그리고 이 관계들에 대한 우리의 지각을 어떻게 이해해야 할까? 우리는 우리가 세계를 확실히 지각하고 있고, 그 인식들이 우리에게 '속해 있'으며, 그것들이 우리에게 '있는 그대로의' 세계를 보여준다고 확신한다. 하지만 우리가 세계에 대해 확실하게 알고 있음을 확증하고자 지각에 의지한다면 그릇된 길로 빠질 수 있는데, 경험상으로는 맞아도 그 경험에 대한 객관적 평가와는 안 맞는 이름 없는 구조들을 지각이 항상 설명해주지는 못하기 때문이다. 만약 내가 길 한가운데에 서서 내 앞에 펼쳐진 길을 관찰한다면, 나는 지평선으로 다가갈수록 길의 폭이 달라지는 모습을 보게 될 것이다. 하지만 "가까운 쪽의 길이 '더 진실'인 건 아니다. 가까운 쪽, 먼 쪽, 지평선은 그 이루 말할 수 없는 대비 속에서 하나의 체계를 형성한다. 그리고 그것들이 전체 장場과 맺는 관계가 지각적 진실the perceptual truth이다".(22) 이런 식으로 지각은 관계들의 네트워크를 가리키는 것이지, 그런 네트워크나 체계 안의 어떤 단일한 요소의 물질적 '진실'을 확증하는 것이 아니다. 이렇게 지각을 고찰한다면, "진실과 거짓, 체계적 지식과 환상, 과학과 상상 간 모든 구분이 무너진다".(26)

이 결론은 처음엔 지지하기 어려워 보일 수도 있다. 왜냐하면 세계에 대한 우리의 지각이 불가피하게 관점주의적이라고 주장하는 것과, 이 지각이 진실과 거짓, 체계적 지식과 환상 간 구분을 붕괴시킨다고 주장하는 건 별개의 문제이기 때문이다. 몸의 경우에, 메를로-퐁티가 도전하고자 하는 구분은 몸을 경계가 한정되어 있고 또렷이 알아볼 수 있는 실체로 생각하게끔 하는 바로 그 구분인 듯하다. 결국 지각 행위는 몸과 몸이 놓여 있는 세계를 어떤 식으로든 깔끔하게 나누려는 시도를 무너뜨린다. 그리고 내 몸이 여전히 내 것으로 여겨질 수 있더라도, 내 몸은 그 몸이 움직이는 세계보다 나와 더 가까운 것으로 생각될 수는 없다. "나'인' 것, 나는 좀 떨어진, 저기 있는 이 몸, 이런 역할, 이런 생각들—내가 내 앞에 세우고 있고, 나와 가장 최소 거리를 두고 있을 뿐인—안에 존재할 뿐이다.[28] 그리고 반대로 나는 내가 아닌 이 세계에, 나 자신에게만큼이나 바싹 붙어 있다. 세계가 오로지 내 몸의 연장延長이라는 의미에서."(57)

어떻게 세계를 나와 나 자신과의 거리만큼 내게 가까이 있을 수 있는 것으로, 내 몸의 확장처럼 느껴지고 기능하는 것으로 이해할 수 있을까? 이는 존재론적 진실에 대한 설명으로, 세계에 대한 지각을 등록하는 지각하는 자perceiver, 아니면 세계에 대한 우리의 지각에 반反하는 물질적 사실로서의 세계, 둘 중 어느 한쪽을 우선시하길 거부하는 것이다. 존재의 진실은 이 두 개의 등록부 사이의 어딘가에, 즉 겉으로 드러나는 것(보이는 것)과 세계의 외양에 관한 단조롭고 사실적인 주장으로는 포착될 수 없는 것(보이지 않는 것)의 중간 어딘가에 존재한다. 메를로-퐁티가 환상적인 것이라는 범주를 제공하는 방식은 가시적인 것, 비가시적인 것, 신체적 존재 간 관계의 재구조화에 중요하다. 우리는 환상적인 것이 '물질성'과 짝을 이룬다고, 그래서 한편에는 환상적인 것과 비가시적인 것이, 반대편에는 가시적이고 물질적이고 실체를 갖춘 것이 자리하는 대립(비록 이 대립이 붕괴할지라도)을 보여준다고 기대할 수도 있을 것이다. 그러나 여기서는 그 대신 환상적인 것이 "체계적 지식"과 짝지어지면서, 환상적인 것과 우리가 볼 수 있는 것의 대립이라는 훨씬 익숙한 대립이 아니라 환상적인 것과 우리가 알 수 있는 것 간의 대립관계를 제시한다. 만약 환상적인 것이 그것을 파악하거나 조사하려는 우리의 시도에서 빠져나가는 무언가something로(또는 더 적절하게는, 무언가 아무것도 아닌 것some nonthing으로) 기술될 수 있다면, 환상적인 것의 측면 중 우리의 지각으로부터 물러서는 측면은 환상적인 것의 물질성의 견고함이 아니라, 그것에 대한 우리의 지식의 견고함인 듯하다. 메를로-퐁티는 환상적인 것을 물질성의 결핍으로 특징지어지는 등록부에서 파악 불가능성으로 특징지어지는 등록부로 변환시키는 식으로 환상적인 것을 재편한다. 환상적인 것은 물질적인 것일 수도 있고 아닐 수도 있다. 그것은 반드시 비가시적인 것이 아니라 정의 내릴 수 없는 것이다. 이는 환상적인 것을 지각으로 파악할 수 없는 것이라기보다 우리의 지식으로 망라할 수 없는 것으로 만든다. 환상적인 것에는 확실한 경계가 없다. 그리고 우리가 여느 평범한 대상을 대할 때처럼 환상적인 것을 체계적으로 조사하려는 시도는 항상 그것을 완전히 포괄하지 못하고 실패하며, 환상적인 것의 물질적 차원을 철저히 설명할 수도 없고 또는 그 물질적인 것을 의미로 번역해낼 수도 없다.

물론 지각이 이처럼 사물의 총체성을 설명하지 못하는 실패는 지각이 지향하게 될 수도 있는 세계 속 어느 대상에 대해서든 일어난다. 모든 대상은 그 어떤 단일한 지각 행위로도 포괄할 수 없고 일련의 지각들로도 샅샅이 다 다룰 수 없는 무한하게 가능한 모습으로 가득 차 있다. 우리가 모조리 믿고 있는 지각조차,

즉 대상에 대한 진실을 전달하는 듯 보이는 지각조차 그 대상의 실재를 포괄할 수 없는데, 그 이유는 "'현실'은 그 어떤 특정 지각에도 절대적으로 속하지 않으며 …… 이런 의미에서 **항상 훨씬 더 멀리** 있기"(40-41) 때문이다. 지각적 믿음은 우리가 대상의 현실이 놓인 정확한 위치를 찾도록 도와줄 수 없으며, 심지어 대상의 **고유한** 위치를 최종적으로 정할 수도 없다─이는 때로는 대상의 현존에서 나오는 듯 보이고 때로는 지각하는 자의 몸에 놓여 있는 듯 보이며, (내 지각이 사물 자체와 내 안 양쪽 다에 있을 수 없으므로) 이 두 자리가 양립 불가능하다는 점은 지각의 위치에 관한 문제를 결정할 수 없는 문제로 남겨놓는다. 그럼에도 지각이 그 어떤 대상이든 대상 전체를 전달할 능력이 없다고 해서 무력해지는 것은 아니다. 그리고 지각은 항상 우리에게 이 전체보다 작은 것을 제공하지만, 또한 지각하는 자와 지각되는 사물 사이에 만들어지는 무수히 많은 연결을 통해 더 많은 무언가를 제공하기도 한다. 메를로-퐁티에게 지각은 세계 안에 있는 그 어떤 특정 대상이든 그것의 퀼리아qualia[29]를 기록하고 측량함으로써 세계에 대한 수량화된 측정법을 포착하는 것을 목표로 하는 수동적 활동이 아니다. 지각은 우리가 다른 대상 및 주체들과 맺는 관계를 생산하는데, 이런 관계들은 결국엔 대상의 의미가 생기는 곳이다. 대상에 대한 지각적 진실은 그 대상의 의미를 창조하게 된다. 이 의미는 발견되는 게 아니라 생산되는 것이다.

이 지각적 진실 이론은 젠더 다양성에 대한 사유에 어떤 중요성을 가질 수 있을까? 우선 가장 명백한 것은, 이 이론이 우리의 지각에 의해 전달되는 대상과, 지각되는 사물의 '현실'—그 어떤 객관적 지각보다도 항상 "훨씬 더 멀리" 있는 현실—이 서로 부합하지 않음을 시사한다는 점이다. 사람이 몸의 윤곽으로부터 읽어낼 수 있을 만한 것은 그 몸의 성별/섹스sex에 대한 진실보다 작은 무언가이고, 이 진실은 몸을 외부에서 관찰하는 식으로는 그 위치를 찾아낼 수 없으며, 오히려 물질적인 것과 관념적인 것의 관계 속에, 지각하는 자와 지각되는 것의 관계 속에 존재한다. 또한 그 누구의 몸이든 몸의 물질적 특수성과, 그 몸의 물질적인 부분과 의미를 빚어내는 힘들과 맥락들의 네트워크 간 관계 속에 존재한다. 몸의 지각적 진실은 우리가 보는 것과 반드시 같지 않으며, 전통적인 성차 이분법은 몸의 살아 있는 현실을 이해하는 다른 방식들보다 몸의 진실을 붙드는 힘이 더 적을지도 모른다. 또는, 영화로 다시 돌아가자면, "클로즈업"된 브랜던의 섹스가 "멀리 떨어진" 브랜던의 섹스보다 더 진실인 건 아니다. "가까운 쪽의 길이 멀리 떨어진 길보다 더 진실인 건 아닌" 것처럼 말이다.

또한 '육신' 범주는 체현을 사유할 한 가지 방법을 제공하는데, 이 방법은 체현의 심리적 투자의 생산적 역량을 진지하게 다루면서 몸의 현상학적 경험을 몸의 육체성에 대한 객관적 평가만큼이나 필수적이라고 이해하는 것이다. 메를로-퐁티는 육신을 물질적인 것으로 환원될 수 없는, 나 자신과 타자와 세계 간 관계들의 산물로 이해하는 육신 이론을 제공한다. 물론, 이 용어는 그 지시 대상이 마치 명백하고 확실한 것처럼 쓰이는 경우가 많

　　　　1부 | 무엇이 몸인가?

다. **육신**이 신체적 실체bodily substance로 여겨지는 것이다.[30] 이는 특히 트랜스젠더화된 몸에 대한 논의들에서도 마찬가지였다. 예를 들어 제이 프로서는 몸의 "육신의 물질성"을 서술하면서 이 두 용어를 구분 없이 쓴다. 그건 단순하고, 가시적이고, 물질적이다. 그리고 이런 사례들에서 육신이란 용어는 몸에 대한 논의에 수반된다고 여겨지는 언어학적인 추상적 개념의 먹구름을 쫓아내기 위해 배치된다. 좀 더 구어체 용법에서 **육신**이란 용어는 가시성과 현존이 긴밀히 엮인 양상을 기술하는 데 쓰이는 경향이 있고, 그 존재에서 어떤 관계적 요소를 보여주는 경우가 많다. 사람이 '육신으로' 현존한다고 말할 때, 여기엔 다른 누군가─자아와 구별되는 다른 독립체로 그쪽에게 이쪽의 육신이 내보여지게 되는 관찰자, 이쪽의 인격personhood이 체현되어 현존함을 보증하는 역할을 맡는 그런 사람─를 위해 존재한다는 의미가 담겨 있다. ('**육신으로**in the flesh'와 '**몸소**in person', 이 두 표현은 사실상 교환 가능하다. 전자가 후자를 보증하는 역할을 하는 것이다.)

육신에 대한 메를로-퐁티의 정의는 구어체에서 이 용어를 일상적으로 관계와 관련된 개념으로 배치하는 용법을 공유하지만, 좀 더 제한적이고('내 육신'과 '내 사람person'은 똑같은 것이 아니다), 동시에 더 광범위하다(내 육신이 내 몸과 거의 동일할 필요는 없고 오히려 세계로 확장될 수 있으며, 세계도 그 자체로 육신을 갖는다). 그는 이렇게 묻는다. "우리는 몸을 가지고 있는가? 즉, 사유의 대상으로서 영원히 변하지 않는 것이 아닌, 상처 입으면 고통을 겪고, 손으로 만질 수 있는 육신을 갖고 있는가?"(137)

몸과 육신을 구분 짓는 작업을 하면서 메를로-퐁티는 둘을 대립시켜 한쪽에는 대상의 특성을, 다른 쪽에는 주체의 특성을 귀속시킨다. 육신을 몸과 구별해주는 첫 번째 속성은 **고통을 겪는다**는 점이다. 육신에 "만질 수 있는 손"이 있다는 건 부차적으로 중요할 뿐이다. 이는 수동성과 능동성의 구분과는 좀 다르다—고통을 겪는다는 것이 접촉하는 것만큼이나 타자에 능동적으로 관여하는 일일지도 모르기 때문이다. (몸이 '타자들에게 열려 있을' 때, 몸이 능동적이라는 점을 기억하자.[31] 여기엔 타자로부터 상처받을 가능성에도 자신을 열어놓는 일이 포함된다.) 그러나 이는 눈에 보이는 대상으로서의 몸과 현상학적으로 경험되고 느껴지는 몸을 구분 짓는다. 바로 여기에 메를로-퐁티의 육신에 대한 해석과 단지 몸의 물질적인 무언가로만 여겨지는 육신 사이의 가장 커다란 차이가 놓여 있다. 육신이 우리 몸을 형성하는 물질 같은 것이라기보다는, 심리적 투자와 세계에의 참여를 통해 우리가 우리 몸을 육신으로 형성하는 것이다.

육신이 된다는 건 세계로 들어간다는 것이고, 세계와 맞물린다는 것이다—한 사람의 몸과 세계를 구분하는 것이 더 이상 의미 없어질 만큼 충분하게 말이다. 육신이 된다는 건 한 사람의 몸에 거주한다는 것이고, "그 안에 존재하는 것이고, 그 안으로 이주해 들어가는 것이고, 환각에 홀리고 사로잡혀 소외되는 것이고, 그리하여 보는 이와 보이는 것이 상호 화답하여 어느 쪽이 보는 쪽이고 어느 쪽이 보이는 쪽인지를 우리가 더 이상 알 수 없게 되는 것이다."(139) 육신은 세계가 몸을 유혹하는 것이자, 몸이 자신 안으로 세계를 합체하는 것이다.

메를로-퐁티는 이어서 이렇게 쓴다.

> 이 **가시성**, 이 **감각적인 것** 자체의 일반성, 나 자신에 내재된
> 이 익명성이 우리가 이전에 육신이라 불러왔던 것이다. 그
> 리고 전통 철학에서는 그걸 가리킬 이름이 없다는 걸 우리
> 는 안다. …… 육신은 물질도 아니고, 정신도 아니고, 실체도
> 아니다. 이를 지칭하려면 아마도 옛 용어인 '원소element'가
> 필요할 것이다. 이 용어가 물, 공기, 흙, 불을 가리킬 때 쓰였
> 다는 의미에서, 즉 시공간적인 개체와 관념 사이 중간에 있
> 는 **일반적인 것**general thing이라는 의미에서 말이다. 이는 존재
> 의 파편이 있는 곳이면 어디든 그곳에 존재의 양식을 가져
> 오는 일종의 구현 원리인 것이다. …… 육신은 궁극적 개념
> 이다. …… 그것은 두 개의 실체가 조합 또는 합성된 것이 아
> 니라 그것 하나만 두고 사유할 수 있는 것이다. (139-140)

메를로-퐁티는 육신이 단일한 실체가 아니지만, 그렇다고
해서 "두 개의 실체가 조합 또는 합성된 것이 아니라 그것 하나
만 두고 사유할 수 있는 것"이라고 강조한다. 육신은 몸과 관련해
서 어떤 정확한 위치를 파악할 수 없는 특성을 나타내며, 이는 사
물의 실체도 아니고 순수한 관념성도 아니고 그 둘 사이 어딘가
에 구성되어 있다. 메를로-퐁티는 "내 몸은 사물인가, 관념인가?"
를 질문한 다음 이렇게 답한다. "둘 다 아니라, 사물들을 측정하

는 쪽이다. 그러므로 우리는 관념성이 육신에 이질적인 것이 아님을, 관념성이 육신에 축, 깊이, 차원을 부여한다는 점을 인정해야 할 것이다."(152) 결국 몸 자체는 실체와 이상이 섞이거나 결합된 혼합물이며, 이는 몸의 객관적으로 수량화된 물질성과, 몸이 환상적으로 세계 안으로 확장된 것 사이 어딘가에 놓여 있다. 메를로-퐁티는 우리가 우리 자신에게 몸의 환상적 측면에 유혹당하는 걸 허용하는 신체적 거주 양상을 제안한다. 즉 우리가 몸과 완전히 같지는 않은 육신을 긍정함으로써 세계에 깊숙이 관여하고, 그로써 타자와 세계에 더 깊이 뿌리내리고 더 확장된 관계 맺기를 찾아내리라고 제안하는 것이다.

그러므로 육신은 사유할 수 있지만 지금껏 사유되지 않았던 무언가이다. 육신은 물질이나 정신 그 어느 쪽도 아니지만 양쪽의 성질을 다 지니고 있으며, 그럼에도 둘의 혼합물로 설명될 수는 없다. 육신은 우리가 타자들과 맺는 관계를 통해 그 관계들의 모든 현상학적 특수성 속에서 구축되며, 그럼에도 그 자체로 "일반적인 것"이다. 그렇다면, 육신에 대한 이러한 이론화로부터 트랜스젠더화된 체현을 이해하는 데 도움이 될 무언가를 얻을 수 있을까? 육신에 대한 메를로-퐁티의 설명은 몇몇 결정적으로 중요한 측면에서 트랜스젠더리즘이나 트랜스섹슈얼리티에 대한 설명처럼 들린다. 즉, 주체가 완전히 일원화된 것도 아니고 완전히 다른 두 개가 조합된 것도 아닌 존재의 영역이라는 점. 정체성이 몸의 물질성과 관련된 특이성에 의해 보장되는 것도 아니고 특정한 정신적 특질에 의해 보장되지도 않지만, 둘 다를 포함하는 무언가라는 점. 그 자체만으로 사유될 수 있지만 그럼에도 지금껏 이름 붙일 수 없는 것이었다는 점. 단일한 실체도 아니고 실체 두 개의 연합도 아니라는 점. 또한 두 경우 모두에서, 관계의 문제가 가장 중요하다는 점. 한 사람의 고유한 육신을 느끼는 것, 또는 다른 이의 육신을 목격하고 증언하는 역할을 맡는 것은 좀 더 살 만한 체현에 도움이 되도록 주체와 타자의 문제를, 물질적인 것과 환상적인 것의 문제를 뒤흔드는 일이다.

1 [역주] 샐러먼이 참고한 영문판은 다음과 같다. Maurice Merleau-Ponty,
 Phenomenology of Perception, Trans. Colin Smith, London: Routledge,
 1962; Maurice Merleau-Ponty, *The Visible and the Invisible: Followed
 by Working Notes*, Ed. Claude Lefort, Trans. Alphonso Lingis, Evanston:
 Northwestern University Press, 1968. 두 인용문이 실린 텍스트의 제목은
 다음 한국어판을 따랐다. 모리스 메를로-퐁티,《지각의 현상학》, 류의근 옮김,
 문학과지성사, 2002;《보이는 것과 보이지 않는 것》, 남수인·최의영 옮김,
 동문선, 2004. 이 텍스트가 샐러먼 저서를 한국어로 번역하는 작업인 이상
 본문에 등장한 인용문은 샐러먼이 인용한 영문판에 기초해 번역하는 한편,
 프랑스어 원판과 한국어판도 참조했다. *Phenomenology of Perception*
 의 경우 샐러먼이 참고한 콜린 스미스_{Colin Smith} 영역 판본만으로 문장 해석이
 애매한 부분은 같은 출판사에서 나온 도널드 A. 랜더스_{Donald A. Landes}가 번역한
 2012년 판본도 비교했다. 현재까지 이 책의 영문 번역은 최초로 메를로-퐁티의
 이 저서를 번역한 스미스 판본과 현상학자인 랜더스가 새로이 번역한 판본 두
 종류로, 스미스 판본은 2002년 복간된 Routledge Classic 판본을 참고했다.
 The Visible and the Invisible 영문판은 1968년 판본 이래 아직 최신 번역이
 나오지 않았다. 한편, 이 원고의 출간이 늦어지는 동안《지각의 현상학》의 새로운
 번역본이 나왔다(주성호 옮김, 세창출판사, 2025). 교정 단계에서 이 책도 추가로
 참조하여 반영했다.

2 [역주] 이 책에서 나는 gender configuration 앞에 '규범적인', '전통적인'의
 수식어가 명시적으로 붙은 경우에는 '젠더 배치'로 번역했지만, 일반적으로는
 '젠더 편성'으로 번역했다. 시스젠더 중심적 관점에서 gender configuration은
 남/여 이분법을 절대적 인식틀로 상정한 후 다양한 실존을 '남성' 또는 '여성'으로
 읽어내어 한쪽으로 배치하는 문제인 반면, 이 책에서 샐러먼은 이 젠더 이분법을
 넘어서 다양한 퀴어들에게서 감각되고 체현되고 살아지는 다양한 종류의 연결,
 조합, 얽힘을 포착하는 용도로 이 개념을 사용하고 있다. 따라서 이미 있는
 요소들을 정해진 자리로 분배하는 의미가 강한 '배치'로는 이 역동을 담아내기에
 어렵겠다고 생각해서 고민 끝에 새로이 묶고 조직하는 구성적 의미를 담은 '편성'
 으로 잠정 번역했다.

3 성별이 마법처럼 융합되고 몸은 정확히 반반 쪼개진 모양새로 생성된다는 이
 판타지는, [로마의 시인] 오비디우스의《변신 이야기_{Metamorphosis}》에 양쪽
 성별을 다 가진 피조물이 나온 이래, 반음양과 트랜스섹슈얼리티를 포함하여
 비규범적인 성별에 관한 지배적인 판타지로 이해할 수 있을 것이다. 고대 그리스
 로마 시대에 이원론을 넘어 젠더화된 몸의 역사를 보려면 다음을 보라. Luc
 Brisson, *Sexual Ambivalence: Androgyny and Hermaphroditism in*

Graeco-Roman Antiquity, Berkeley: University of California Press, 2002. 성별이 몸을 이등분하는 이런 신체적 분할 판타지가 반음양에 대한 묘사에서 어떻게 지속되는지에 대한 서술은 다음을 보라. Elizabeth Grosz, "Intolerable Ambiguity: Freaks as/at the Limit", *Freakery: Cultural Spectacles of the Extraordinary Body*, Ed. Rosemarie Garland Thompson, pp. 55-68. NY: New York University Press, 1996. 그로츠가 《몸 페미니즘을 향해》의 말미에 제시한 트랜스섹슈얼리티에 대한 비판적 해석은 이 책 6장과 비교하라.

4　트랜스 관련 작업을 하는 저술가들은 현상학을 다양하게 활용해왔다. 다음을 보라. Henry S. Rubin, "Phenomenology as Method in Trans Studies", *GLQ: A Journal of Lesbian & Gay Studies* 4.2(1998): 263-281. 그의 가장 최근 저서는 메를로-퐁티의 《지각의 현상학》을 전유하여 트랜스 남성들을 사회학적으로 설명한다. 그는 주체가 관점에 따라 위치 지어진다는 점을 현상학이 강조하는 경향이, 말하는 '나' 그리고 그런 '나'에 대한 진리 주장 둘 다를 떠받치고 강화한다고 해석한다. 다음을 보라. Henry S. Rubin, *Self-Made Men: Identity and Embodiment among Transsexual Men*, Nashville: Vanderbilt University Press, 2003.

5　여기서 메를로-퐁티에 관해 가장 예리한 비평가는 아마 이리가레일 것이다. 이리가레가 메를로-퐁티의 《보이는 것과 보이지 않는 것》에 관여한 글로 다음을 보라. Luce Irigaray, "The Invisible of the Flesh", *An Ethics of Sexual Difference*, Trans. Carolyn Burke and Gillian C. Gill, Ithaca: Cornell University Press, 1984. 메를로-퐁티에 대한 이리가레의 비판적 개입에 대한 해석으로는 다음의 두 글을 보라. Tina Chanter, "Wild Meaning: Luce Irigaray's Reading of Merleau-Ponty", *Chiasms: Merleau-Ponty's Notion of Flesh*, Ed. Fred Evans and Leonard Lawlor, Albany: State University of New York Press, 2000, pp. 219-236; Penelope Deutscher, "Sexed Discourse and the Language of the Philosophers: To Be Two", *A Politics of Impossible Difference: The Later Work of Luce Irigaray*, Ithaca: Cornell University Press, 2002, pp. 142-163. 버틀러는 이리가레의 '두 입술로 말하기'라는 수사가 메를로-퐁티의 '두 입술*deux lèvres*'에서 영감을 얻은 것임을 시사한 바 있다. 다음을 보라. Judith Butler, "Merleau-Ponty and the Touch of Malebranche", *The Cambridge Companion to Merleau-Ponty*, edited by Taylor Carman and Mark B. N. Hansen, Cambridge: Cambridge University Press, 2005, pp. 181-205. 또한 버틀러는 다음의 글에서 현상학과 페미니즘의 교차에 대한 독특한 해석을 제공한다. Judith Butler, "Sexual Ideology and Phenomenological Description: a feminist critique of

Merleau-Ponty's Phenomenology of Perception", *The Thinking Muse,
Feminism and Modern French Philosophy*, Ed. J. Allen and I. Young,
Bloomington-Indianapolis: Indiana University Press, 1989. 또한 다음의
글도 보라. Linda Martín Alcoff, "Merleau-Ponty and feminist theory on
experience", *Chiasms: Merleau-Ponty's Notion of Flesh*, Ed. Fred Evans
and Leonard Lawlor, Albany: State University of New York Press, 2000,
pp. 251-271. 메를로-퐁티의 육신 이론화 작업에 대해 페미니즘 관점에서 좀
더 낙관적으로 고찰한 글로는 다음을 보라. Rosalyn Diprose, *Corporeal
Generosity: On Giving with Nietzsche, Merleau-Ponty, and Levinas*,
Albany: State University of New York Press, 2002. 여기서 로잘린 딥로즈
Rosalyn Diprose는 메를로-퐁티식 체현의 관계적 본성이, 완전히 달라진 윤리를
약속한다고 해석한다.

6   메를로-퐁티에서의 추정상 남성 몸에 대한 비판과, 특유의 여성 체현에 대한
긍정적인 현상학 둘 다를 보여주는 예로서 아직도 독보적 위상을 차지하는
아이리스 매리언 영Iris Marion Young의 다음 세 편의 글을 보라. Young, "Throwing
Like a Girl: A Phenomenology of Feminine Body Comportment,
Motility, and Spatiality", Eds. Jeffer Allen and Iris Marion Young, *The
Thinking Muse*, Bloomington: Indiana University Press, 1989; "Pregnant
Embodiment: Subjectivity and Alienation", *Throwing Like a Girl and
Other Essays in Feminist Philosophy and Social Theory*, Bloomington:
Indiana University Press, 1990; "Throwing Like a Girl, Twenty Years
Later", *Body and Flesh: A Philosophical Reader*, Ed. Donn Welton,
Malden, MA: Blackwell, 1998. 또한 퀴어 이론에 현상학을 사용하는 일에
새로이 관심이 생겨나고 있는 듯하다. 다음을 보라. Sarah Ahmed, *Queer
Phenomenology: Orientations, Objects*, Others, Durham & London:
Duke University Press, 2006.

7   이런 종류의 비판은 예를 들어 그로츠의 《몸 페미니즘을 향해》를 보라.

8   다음을 보라. Janice G. Raymond, *The Transsexual Empire: The Making of
the She-Male*, Boston, MA: Beacon Press, 1979. 이 책은 MTF 트랜지션의
동기를 성적 만족감으로, 특히 여성 '되기'에 대한 사디즘적인 성적 만족감,
레이먼드에 따르면 강간과 흡사한 사디즘적 만족감으로 해석한다.

9   J. M. 베일리J. M. Bailey의 《여왕이 되고 싶은 남자: 젠더-벤딩과
트랜스섹슈얼리즘의 과학The Man Who Would Be Queen: The Science of Gender-
Bending and Transsexualism》(Washington, DC: Joseph Henry Press, 2003)은
이런 흐름의 하나의 예다. 그는 재니스 G. 레이먼드Janice G. Raymond의 이론을

뒤집어서, "트랜스 남성들"(그는 이 표현을 MTF 트랜스 여성을 뜻하는 말로 쓴다)의 신체적 트랜지션은 그들이 되고 싶어 하는 여성들, 따라서 그 자리를 자신이 대신 차지하길 바라는 여성들에게 끌린 결과가 아니라, 여성으로 새로이 재해석된 자기 자신에게 끌린 결과라고 주장한다. 자기여성애自己女性愛, autogynophilla 이론—이 용어는 레이 블랜차드Ray Blanchard에게서 나왔다—은 성적 끌림의 이론을 그 자체로 다른 과학 장르로 재구성한다. ([역주] 이 이론은 1990년대 트랜스젠더를 '성별 정체성 장애'로 병리화하는 관점에서 나온 것으로, 미국계 캐나다인 성과학자 블랜차드는 MTF를 남성에게 끌리는 이들(동성애적 성향)과 여성에게 끌리는 이들(이성애적 성향)로 구분하고, 후자는 남성이 자신을 여성으로 상상함으로써 성적 흥분을 느끼는 성향에 기인한 것이라 주장하면서 이를 '자기여성애'로 정의했다.) 트랜스섹슈얼 발달을 설명하는 이런 태아단계의 안드로겐 목욕 이론fetal androgen bath theory은 자궁 안에 있을 때 잘못된 종류의 호르몬에 노출되는 바람에 트랜스로 "만들어졌다"고 제안한다. 그리고 트랜스들 대부분은 이 이론을 거부하지만, 앤 로런스Anne Lawrence 같은 일부 트랜스들은 이 이론을 긍정적으로 평가한다. ([역주] 미국의 심리학자인 앤 로런스는 1950년생으로 1949년생인 블랜차드와 같은 시기에 활동했으며, 스스로를 트랜스젠더 여성이자 자기여성애자로 정의한다. 로런스의 저서 《남자의 몸에 갇힌 남자들: 자기여성애적 트랜스섹슈얼리즘의 서사Men Trapped in Men's Bodies: Narratives of Autogynephilic Transsexualism》(New York: Springer, 2012)의 서문을 블랜차드가 썼다.) 이는 '게이 유전자'나 '게이 뇌' 연구가 일부 동성애자들에게 긍정적으로 받아들여진 것과 마찬가지다. 즉, '조건'에 대한 단 하나의 절대적으로 생물학적인 해석이 의미하는 바는 동성애나 트랜스섹슈얼리티가 생물학적인, 따라서 소위 반박 불가능한 '사실'이니 그런 것으로 고통받는 사람들을 도덕적으로 비난받을 만하다고 여겨서는 안 된다는 것이다. 트랜스의 존재에 생물학적 근거가 있음을 강조하는 동시에 그것이 근본적으로 스스로에 대한 성적 강박이라고 주장하는 최근 이론은 동성애에 관해 한때 지배적인 담론이었으며 성적 나르시시즘의 형식으로 이해되던 역전inversion 개념을 놀랍도록 충실하게 복제한 것이다. 이런 두 가지 오독의 구조적 유사성에 주목할 필요도 있겠지만, 나는 트랜스젠더가 이런 점에서 동성애를 대신해왔다고 말하고 싶지는 않다. 그런 주장은 오늘날에도 동성애에 대한 나르시시즘적 해석이 일부 집단에선 여전히 우위를 점하고 있다는 사실을 가릴 위험이 있기 때문이다.

10 머리글자를 따서 만든 용어 LGBT는 젠더가 아니라 섹슈얼리티를 가리키는 다른 범주들에 트랜스젠더를 집어넣는다는 점에서(그리고 LGBTI인 경우 가끔 인터섹슈얼리티를 집어넣는다는 점에서) 이런 융합 현상을 입증한다. 딘 스페이드Dean Spade가 "LGB fake T" 공동체라고 불렀던 것 내부의 때로는 쉽지

않은 관계에 관한 더 많은 논의는 다음을 보라. Susan Stryker, "Transgender Studies: Queer Theory's Evil Twin", *GLQ: A Journal of Lesbian and Gay Studies* 10.2(2004): 212-215.

11   [역주] 크리스틴 조겐슨은 미국의 배우, 가수, 예술가인 트랜스 여성으로, 미국 최초로 성전환 수술을 받은 것으로 알려져 언론과 대중의 엄청난 주목을 받았다. 이를 계기로 미국에서 섹스와 젠더, 트랜스 관련 논의와 논쟁이 대중적으로도 학계 안에서도 폭발했고, 조겐슨은 트랜스섹슈얼의 상징이자 롤모델이 되었다. 그녀는 트랜스를 선정적인 볼거리로만 소비하는 지배적 경향에 맞서 인식 개선과 트랜스 인권을 위한 대중 강연 및 집필 활동을 활발히 벌이는 한편, 트랜스 여성을 둘러싼 편견을 이용하고 교란하고 저항하면서 공연예술가로 생존하기 위해 고군분투했다. 본문에서 샐러먼이 설명하듯 트랜스섹슈얼을 과잉성애화하는 편견을 바꾸려는 시도 중 하나로 조겐슨은 '트랜스섹슈얼'보다는 '트랜스젠더'란 표현을 선호했다고 알려져 있다. 조겐슨을 둘러싼 역사적·사회문화적 맥락과 그 영향에 대한 자세한 논의는 다음을 참조하라. 수잔 스트라이커,《트랜스젠더의 역사: 현대 미국 트랜스젠더 운동의 이론, 역사, 정치》, 루인·제이 옮김, 이매진, 2016.

12   샌디 스톤Sandy Stone은 이처럼 관여하지 않으려는 태도에 공감하면서도 과연 그게 효력이 있을지 의심을 표한다. 다음의 글을 보라. Sandy Stone, "The Empire Strikes Back: A Posttranssexual Manifesto", *Body Guards: The Cultural Politics of Gender Ambiguity*, Ed. Julia Epstein and Kristina Straub, New York: Routledge, 1991, pp. 280-304. 또한 조앤 마이어로위츠 Joanne Meyerowitz는 초기 트랜스 자서전들에서 성적 욕망이란 주제를 점잖게 피하거나 전적으로 부정하는 설명 방식을 탐구한다. 다음을 보라. *How Sex Changed: A History of Transsexuality in the United States*, Cambridge: Harvard University Press, 2002.

13   철학에서 이 개념과 특히 여성들에게 이 개념이 갖는 특수한 함의에 대한 확장된 고찰은 Weiss, 1999를 보라.

14   [역주] incorporation은 "주체가 다소 환상적인 방식으로 대상을 자신의 육체 내부에 흡수시켜 간직하는 과정"(라플랑슈·퐁탈리스, 2024: 673)으로 정의되며, '체내화', '합일화', '함입' 등 다양한 번역어가 쓰였으나 최근 재출간된 라플랑슈와 퐁탈리스의《정신분석 사전》번역 개정판에서 역자 임진수는 '합체'란 번역어를 제시한다. 좀 더 자세한 설명은 다음을 보라. 장 라플랑슈·장 베르트랑 퐁탈리스, 《정신분석 사전》, 임진수 옮김, 다니엘 라가슈 감수, 열린책들, 2024, 673-674.

15   곧 나올 내 논문을 보라. 〈현상학적 무의식이 있는가? 메를로-퐁티에서 시간 그리고 체현된 기억Is There a Phenomenological Unconscious? Time and Embodied

Memory in Merleau-Ponty〉. [역주] 여기 소개된 주제는 〈믿음의 존엄성〉이란 제목의 논문으로 출간되었다. Gayle Salamon. "The dignity of belief", *The Undecidable Unconscious: A Journal of Deconstruction and Psychoanalysis* 1.1 (2014): 113-118.

16   [역주] 메를로-퐁티가 프랑스어로 쓴 원문에서 이 문장은 다음과 같다. "le corps visible est sous-tendu par un schéma sexuel,"(Maurice Merleau-Ponty, *Phénoménologie de la perception*, Paris: Gallimard, 1972[1945]: 182). 샐러먼이 인용한 스미스 번역 판본(1962)은 이 문장을 "The visible body is subtended by a sexual schema"로, 랜더스 번역 판본(2012)은 "the visible body is underpinned by a strictly individual sexual schema"로, 한국어판 구판은 "가시적 신체는 …… 성적 도식에 의해 기초지어진다"고 번역했고 신판은 "성적인 도식이 놓여 있다"로 풀어 번역했다. 프랑스어 sous-tendu는 sous-tendre의 과거분사로, sous-tendre는 기하학에서 도형의 꼭짓점을 사이에 둔 양변의 관계성을 나타내는 의미('대하다, 마주하다')와 비유법에서 '기반/기초가 되다'는 두 가지 의미가 있다. 메를로-퐁티의 이 저서를 영어로 처음 번역한 스미스는 이 두 가지 뜻을 다 담아낼 수 있게 subtend를 택한 듯하다. subtend 는 기하학에서의 의미가 더 자주 쓰이지만 "to underlie"(기저·기초·기반을 이루다)의 뜻으로도 쓰인다(*Colins Dictionary*, www.collinsdictionary.com/ko/dictionary/english/subtend). 이 책의 두 번째이자 가장 최신 영문판 번역자인 랜더스는 콜린스가 subtend로 번역한 문장마다 이 후자의 의미를 명확히 살린 번역어 'underpin'과 'sustain'으로 고쳐 썼다. 한편, 샐러먼은 이 책의 곳곳에서 subtend란 동사를 사용하는데(서론, 2장, 3장에서 총 6곳), 나는 이 표현이 샐러먼이 스미스의 번역을 바탕으로 메를로-퐁티를 이해한 맥락에서 나왔음을 반영하여 "to underlie"의 의미로 번역했다. 다만 subtend 가 이 책에서 핵심적인 개념어는 아니고 underlie, undergird, shore up 등의 유의어가 번갈아 사용되고 있기에 번역어를 고정하는 대신 문맥에 어울리도록 '떠받치다', '기초하다', '기저를 이루다' 등을 혼용했다.

17   메를로-퐁티가 몸에 대한 논의에서 애매성에 전념했다는 점은 그를 최소한으로나마 정체성주의에 기대 해석하려던 비평가들조차 좌절시켰다. 예를 들어 데리다가 메를로-퐁티와 언쟁한 주요 내용이 다음의 텍스트에 요약되어 있다. Jacques Derrida, *On Touching—Jean-Luc Nancy*, Trans. Christine Irazarry, Palo Alto: Stanford University Press, 2005.

18   [역주] 샐러먼이 참고하고 직접 인용한 스미스 영역 판본(1962; 2002)을 기준으로 메를로-퐁티의 인용문을 번역했지만, 더 최근에 나온 랜더스 영역 판본(2012)과 한국어판이 좀 더 원문을 잘 살린 번역인 듯할 때 독자들이

참조할 수 있도록 이렇게 따로 역주를 달았다. 프랑스판 원문의 이 문장은
다음과 같다. "Nous retrouvons ici la fonction générale de transposition
tacite que nos avons déjà reconnue au corps en étudiant le schéma
corporel."(Merleau-Ponty, 1972[1945]: 196). 샐러먼이 인용한 스미스 영역
판본(1962)은 "le schéma corporel"를 "the body image"(2002[1962]: 195),
즉 '몸 이미지'로 번역했으나 랜더스 영역 판본의 "the body schema"(2012:
172), 즉 '몸 도식'이 좀 더 적절한 번역으로 보인다. 앞 장에서 나는 이 개념을
'몸 도식'으로 번역했다. 한국어판 구판은 "신체 도식"으로 번역했고 신판은 "몸
도식"으로 번역했다. 한편, transposition은 구판에서는 "전위"로, 신판에서는
"변환"으로 번역했는데, 적어도 이 장의 샐러먼의 설명에 한해서는 '전위'로
번역하는 것이 더 적절해 보여 구판 번역을 따랐다.

19 [역주] 프랑스판 원문은 다음과 같다. "De même la sexualité, sans être l'obiet
    d'un acte de conscience exprês, peut motiver les formes privilégiées
    de mon expérience."(Merleau-Ponty, 1972[1945]:197) 이 문장의 해석도
    번역 판본에 따라 조금 다르다. 샐러먼이 인용한 스미스 영역 판본(1962)
    에서는 "Similarly sexuality, without being the object of any intended
    act of consciousness, can underlie and guide specified forms of my
    experience"(2002[1962]: 196)로, 랜더스 영역 판본에서는 "Similarly,
    sexuality can motivate privileged forms of my experience without being
    the object of an explicit act of consciousness"(2012: 172)로, 한국어판
    구판에서는 "마찬가지로, 성은 명백한 의식 행위의 대상이지 않고도 나의
    경험의 특전적 형태들을 동기화할 수 있다"(2002: 266)로, 신판에서는 "이와
    마찬가지로 성은 분명한 의식 작용의 대상이 되지 않으면서 내 경험의 특권적
    형태들을 부추길 수 있다"(2025: 327)로 번역되어 있으니 참조 바란다.

20 [역주] 프랑스판 원문에선 "tacite"(Merleau-Ponty, 1972[1945]: 196)로 표현된
    이 구절을 샐러먼이 참고한 스미스 영역 판본에선 "unspoken"(2002[1962]:
    196), 랜더스 영역 판본에선 "tacit"(2012: 172), 한국어판 중 구판은
    "침묵의"(2002: 265)로, 신판은 "암묵적인"(2025: 327)으로 번역했다.

21 [역주] 여기서 '교차적 얽힘'으로 옮긴, 샐러먼이 쓴 "chiasmic crossing"이란
    표현은 메를로-퐁티의 《보이는 것과 보이지 않는 것》에서 제시되는 개념인
    'la chiasme'과 관련이 있다. 메를로-퐁티 사후에 집필 중이던 원고와 메모를
    모아 출간한 이 책에서 이 용어를 제목으로 쓴 4장에 이 개념이 소개되어 있다.
    메를로-퐁티 연구자들은 이 4장이 미완성이긴 하나 그의 '몸 철학'의 핵심을 담고
    있다고 평가한다. 영문판은 이 4장 제목을 "The Intertwining—The Chiasm"
    로 번역했고, 한국어판은 〈얽힘—교차〉로 번역했다. 최근 한국 현상학계에서는

이 용어를 주체와 대상, 몸과 세계, 인간과 비인간을 위계적 구분 대신 근본적인 교차, 얽힘, 뒤섞임으로 논하는 메를로-퐁티 후기 철학을 담아내는 주요 개념으로 강조하고자 '키아즘'이라는 음차를 사용하는 경향이 있다. 다만 샐러먼의 이 책에선 이 개념이 이 구절에서 비유처럼 잠깐 쓰인 다음엔 더 이상 등장하지 않기에 잠정적으로 '교차적 얽힘'으로 번역했다. 이 개념에 대한 논의는 샐러먼이 참고한 다음 선집도 참조 바란다. Fred Evans and Leonard Lawlor, Ed. *Chiasms: Merleau-Ponty's Notion of Flesh*, SUNY Press, 2000.

22 눈, 시선, 그리고 이것들이 지각을 구조화하는 양상을 고찰할 뿐만 아니라 사르트르의 응시 이론에 도전하는 논의로는 다음을 보라, Maurice Merleau-Ponty, *The Primacy of Perception: And Other Essays on Phenomenological Psychology, the Philosophy of Art, History and Politics*, Trans. Arleen B. Dahery et al. Evanston, IL: Northwestern University Press, 1964.

23 [역주] 이 문장은 영문판 2개와 한국어판의 해석이 아래 밑줄 친 세 부분에서 서로 다르다. (1) it이 무엇을 가리키는가 (2) '우연을 이유로 변환시키는' 부분이 어디에 연결되는가 (3) 원본인 프랑스판에서 reprise가 품은 두 가지 의미 중 어느 쪽으로 해석했는가.
메를로-퐁티의 프랑스판에서 이 구절은 다음과 같다. "L'existence est indéterminée en soi, à cause de sa structure fondamentale, en tant qu'elle est l'opération même par laquelle ce qui n'avait pas de sens prend un sens, ce qui n'avait qu'un sens sexuel prend une signification plus générale, le hasard se fait raison, en tant qu'elle est la reprise d'une situation de fait."(1972[1945]: 197)
샐러먼이 인용한 스미스 번역 판본(1962)에서 이 구절은 다음과 같다.
"Existence is indeterminate in itself, by reason of its fundamental structure, and in so far as it is the very process whereby the hitherto meaningless takes on meaning, whereby what had merely a sexual significance assumes a more general one, chance is transformed into reason; in so far as it is the act of taking up a de facto situation."(2002[1962]: 196)
랜더스 번역 판본(2012)에서 이 구절은 다음과 같다. "Existence is indeterminate in itself because of its fundamental structure: insofar as existence is the very operation by which something that had no sense takes on sense, by which something that only had a sexual sense adopts a more general signification, by which chance is transformed into

reason, or in other words insofar as existence is the taking up of a de facto situation."(2012: 173)

한국어판 구판과 신판 번역은 다음과 같다. "실존은 실존의 근본 구조 때문에 그 자체로 미규정적인데, 그것은 실존의 근본 구조가, 의미를 갖지 않는 것에 의미를 실어주는 작용 자체인 한에서이고, 성적 의미만을 갖는 것에다 보다 일반적 의미를 실어주는 작용 자체인 한에서이다. 우연은 이유로 변하는데, 그것은 이유가 사실적 상황의 회수인 한에서이다."(2002: 266-267) "실존은 그 근본 구조상 그 자체로 미결정적이다. 그것은 실존이 의미가 있지 않던 것을 의미가 있게 하고, 성적 의미만 있던 것을 더 일반적 실질의미(의미표현)가 있게 하며, 우연이 합리성이 되게 하는, 그런 활동 자체인 한에서이다. 즉 그것은 실존이 사실적 상황을 다시 잡는 것reprise인 한에서이다."(2025: 328)
여기서 (1)과 (2) 부분에 대한 해석 차이는 프랑스판이 내용을 파악하기 쉽도록 명확하게 표시하지 않아서 발생한 문제로, 랜더스 번역 판본은 좀 더 적극적으로 해석에 개입하여 주어가 무엇이고 어느 부분이 어디를 수식하는지 명확하게 구분해놓았다. (3)에서 번역이 달라진 이유는 프랑스어 'reprise'에 '되찾음, 회수'와 '(중단되었던 일의) 재개'라는 두 가지 의미가 있는데, 한국어판 구판은 전자의 의미로 해석했고 신판과 두 영문판은 후자의 의미로 해석했기 때문이다. 여기서는 일단 영문판들의 해석을 따라 번역했다.

24 [역주] 이 구절은 샐러먼이 인용한 스미스 영역 판본에서는 "this act"(2002[1962]: 196)로 나오므로 '이 행위'로 번역하는 게 맞겠지만, 프랑스 원판에서는 "ce mouvement"(1972[1945]: 197)로 적혀 있고, 이를 따라 랜더스 영역 판본에서는 "this movement"(2012: 173), 한국어판은 구판과 신판 모두 "운동"으로 번역했다. 다른 판본들의 번역이 더 원문을 잘 살렸다는 판단 아래 '운동'으로 번역했다.

25 [역주] 이 마지막 문장에서 '실존'과 '긴장'의 관계에 대해서는 스미스 판본보다 랜더스 판본과 한국어판이 프랑스 원판을 더 잘 살린 듯하여 후자들을 따라 번역했다. 프랑스 원판에서는 "car alors la tension qui la définit disparaitrait."(1972[1945]: 197), 즉 '정의하다' 또는 '명확하게 표현/규정/규명하다'의 의미인 définir의 현재시제 3인칭 단수 형태 définit가 쓰였고, 이 구절을 스미스 영역 판본에선 "the tension which is essential to it"으로 (2002[1962]: 196), 랜더스 영역 판본에서는 "the tension that defines it"으로 (2012: 173), 한국어판 구판에서는 "실존을 규정하는 긴장"(2002: 267)으로, 신판에서는 "실존을 정의하는 긴장"(2025: 328) 번역했다. 물론 이 판본들의 해석 차이는 어느 쪽이 맞고 틀리는 문제라기보다는 어떻게 번역해야 뜻을 더 잘 전달할지를 각자 고민한 결과이다. 스미스 판본은 이 부분을 '규정하다'나

‘정의하다’로 번역하면 실존과 긴장의 관계를 단정적 인과관계로 묶어놓게 될
것을 우려하여, ‘본질적/필수적/핵심적’이라는 의미의 ‘essential’로 번역해서 이
관계에 대한 해석을 열어놓는 것이 좀 더 낫다고 판단한 듯하다.

26 [역주] 원문은 “I seen him in the full flesh”로, ‘그의 몸 전체를 직접 봤다’
는 식으로 번역하는 것이 좀 더 자연스럽겠지만, 여기서는 메를로-퐁티의 몸
철학의 핵심 개념인 ‘flesh’를 강조하기 위해 ‘육신’으로 번역했다. 사실 이
번역어는 한국의 메를로-퐁티 연구 동향과는 맞지 않는다. 한국의 연구자들은
메를로-퐁티 철학이 정신을 우위에 두는 데카르트적 철학 전통에 대항하여
몸을 중심에 두었다는 점을 부각하면서 그 이론화의 핵심에 놓여 있는 ‘flesh’
개념을 ‘살’로 번역해왔다(이 장에서 소개한 메를로-퐁티 한국어판뿐만 아니라,
예를 들어 다음을 보라. 심귀연,《몸과 살의 철학자 메를로-퐁티》, 필로소픽,
2019). 더욱이 영미권 연구자들이 ‘flesh’로 번역했던 메를로-퐁티 원전의
프랑스어 개념어는 ‘la chair’로, 이 단어가 사전적 의미로 ‘(사람, 동물의) 살,
근육조직; 살갗, 피부’를 뜻한다는 점에서 ‘살’은 적합한 번역어일 것이다. 다만
이 텍스트에서 메를로-퐁티의 이 개념을 트랜스 주체들의 실존을 지지해줄
개념으로 재정립하는 샐러먼의 논의는 기존의 시스젠더 중심적 현상학에서는
고민해보지 않았을 문제들을 끌어들인다. 이 절의 본문에서 보겠지만, 샐러먼은
‘생물학적으로 본질적인 진짜 몸’을 상정하고 그에 따라 몸, 물질성, 살, 육신 등을
이음동의어처럼 취급하는 시스젠더 중심적인 몸 이해에 대항할 길을 열어주는
대안적 개념으로서 메를로-퐁티의 ‘flesh’ 개념을 활용하고 있다. 여기서 ‘flesh’
는 주체/대상, 주체/세계, 주관/객관, 인식/환상, 눈에 보이는 것/보이지 않는
것의 구분을 와해하고 관계성과 연결성을 부각하면서, 우리가 남의 몸을 ‘보고’
‘안다’고 생각하는 그것이 그 몸과 그 몸을 살아내는 주체의 진실과 동일하지는
않다는 점, 그리고 당사자가 본인의 몸을 인식하고 감각하고 살아가는 그
경험이 ‘외부’에서 이 몸을 객관적으로 평가하고 수량화하는 접근법만큼이나
중요하고 존중받아야 하며 삶에 핵심적인 것임을 역설한다. 달리 말해 샐러먼은
메를로-퐁티의 ‘flesh’ 개념을 본인이 감각하는 몸과 외부에서 인식되는 몸의
괴리를 병리적이지 않은 방식으로 설명하여 트랜스 주체들의 디스포리아적
감각이 가짜가 아님을 입증하는 이론적 자원으로 활용하고 있다. 이런 맥락을
담아내기에는 ‘살’이라는 번역어가 불충분해 보여 고심하다 예전부터 ‘flesh’
의 번역어로 자주 사용되던 ‘육신’이란 문어적 표현을 잠정적으로 끌어왔다.
‘육신’이란 단어 또한 구체적인 몸(특히 뼈와 살로 이루어진 몸)을 의미하는 말로
쓰이지만, 다른 한편 종교적 의미에서 ‘영혼의 현신現身’과 관련되어 쓰이기도
했다는 점에서, 이처럼 전적으로 물리적인 것이라고도, 전적으로 영적이거나
정신적인 영역이라고도 말하기 어렵게 얽혀 있는 체현의 문제를 담아내는 데

있어 '살'이란 번역어보다는 좀 더 낫지 않을까 생각했다. 어쨌든 이런 다른 번역은 어느 쪽이 정확히 맞다 틀리다의 문제가 아니라 위치성과 맥락, 목적에 따라 메를로-퐁티 개념에 대한 해석과 활용이 달라지는 문제로 봐주면 좋겠다.

27 트랜스운동 내부에서 브랜던 티나의 상징적 위치에 대한 고찰은 다음을 보라. J. J. Haleberstam, *In a Queer Time and Place: Transgender Bodies, Subcultural Lives*, New York: New York University Press, 2005. 또한 슈 레아 창Shu Lea Cheang, 조디 존스Jordy Jones, 수잔 스트라이커, 팻 카디건Pat Cadigan 이 구겐하임 미술관의 의뢰를 받아 만든 멀티미디어 협업 프로젝트 〈브랜던 BRANDON〉(1998-1999)도 보라. http://brandon.guggenheim.org. 특히 "브랜던 티나라는 제대로 된 이름으로 알려진 트라우마적 사건"에 대한 뉘앙스 풍부한 해석으로 다음을 보라. Carla Freccero, *Queer/Early/Modern*, Durham: Duke University Press, 2006, 특히 5장 〈퀴어 환영Queer Spectrality〉 참조.

28 [역주] 영문판과 비교했을 때 프랑스판 원문에선 "What I 'am'"에 해당하는 "ce que je 'suis'" 바로 다음에 쉼표가 찍혀 있어서 이 쉼표를 번역에 반영했다. (영문판: "What I 'am' I am only at a distance, yonder, in this body, this personage, these thoughts, which I push before myself and which are only my least remote distances;"(1968: 57); 프랑스판: "ce que je 'suis', je ne le suis qu'à distance, làbas, dans ce corps, ce personnage, ces pensées, que je pousse devant moi, et qui ne sont que mes lointains les moins éloignés;"(2001(1979): 82))

29 [역주] 퀄리아qualia는 같은 사물 또는 사건을 접하더라도 개개인이 다르게 감각할 수 있는 주관적 경험으로, 완벽히 수량화·객관화하기 어려운 질적 측면을 가리킨다. 스탠포드 철학 백과사전에서는 "내면적 관찰 또는 성찰을 통해 접근할 수 있으며 함께 모여 경험의 현상적 특성을 이루는 것들"로 정의한다. 좀 더 자세한 논의는 qualia 항목 참조. https://plato.stanford.edu/entries/qualia/

30 《섹스 만들기: 고대 그리스부터 프로이트까지 몸과 젠더Making Sex: Body and Gender from the Greeks to Freud》(Cambridge: Harvard University Press, 1990)에서 토마스 W. 라쿼Thomas W. Laqueur는 심지어 몸을 역사적으로 우연한 구성으로 바라보며 접근할 때조차 어떻게 "육신이 그 단순함으로 항상 빛을 발하는 듯 보였는지"를 서술한다.(14)

31 [역주] 몸이 능동적이라는 점은 이어진 문장에서 설명되고 있지만 영어 문장에 그대로 나와 있기도 하다. 원문은 "when it 'opens itself to others'"로, 한국어 문맥에 맞게 '몸이 타자들에게 열려 있다'는 의미로 해석했지만, 영문 순서대로 읽으면 '몸이 타자들에게 스스로를 열어놓았다'는 능동적 의미로도 해석할 수 있음이 바로 드러난다.

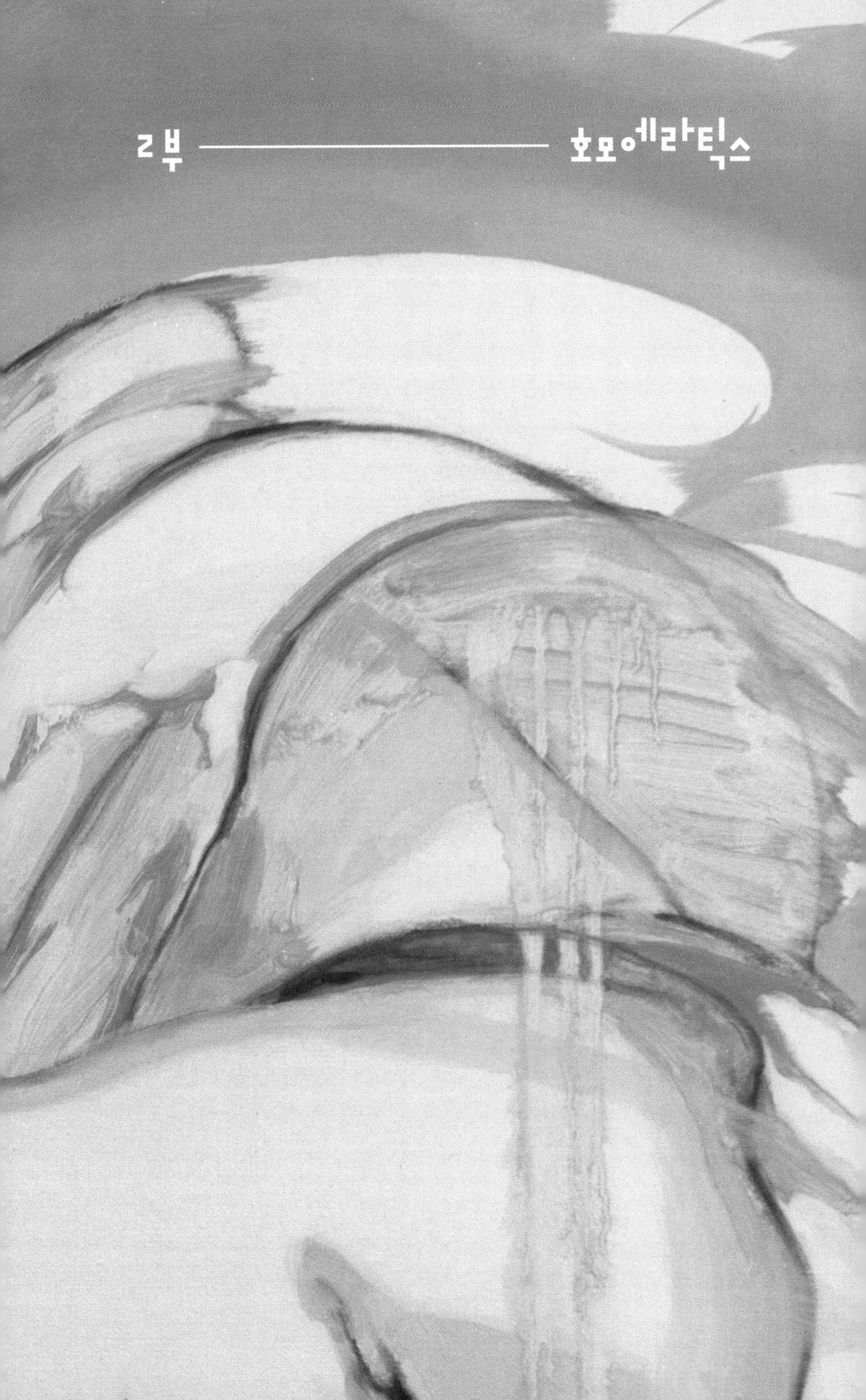
2부 ——————— 호모에라틱스

렉스클럽의 소년들
트랜스젠더와 사회적 구성

퀴어 문화의 호모에라틱에 대하여

역사적으로나 실질적으로나 북미 퀴어 문화의 진원지인 샌프란시스코에는 레즈비언 바가 딱 하나 있다.[1] 물론 레즈비언들이 만나고 어울려 놀 기회는 도시 곳곳에 널려 있고, '여성의 밤'을 여는 클럽이나 바를 거의 매일 밤 쉽게 찾을 수 있고, 그렇지 않은 경우에도 다른 레즈비언 친화적인 공간이 있다. 하지만 대놓고 일주일 내내 '다이크 바dyke bar'를 내걸고 영업하는 곳은 렉싱턴 클럽Lexington Club뿐이다. 클럽은 정기적으로 지역신문에 "매일 밤이 '숙녀들의 밤'인 완전 **게이** 클럽"이라는 광고를 낸다. 고객들이 '렉스'란 애칭으로 부르는 이 클럽은 2002년 "렉스의 '소년들'Boys' of the Lex"이란 제목의 달력을 판매했다. 이 달력은 클럽 직원들의 사진으로 이루어져 있으며, 바텐더, 바텐더 보조, 문지기, 경리 직원, 그리고 달력의 사진을 찍은 사진작가 에이스 모건 등

3.1. 릴라, 미스터 12월. © 에이스 모건.

이 각각의 "소년들"은 위반이라 할 만큼 남성적인 모습으로 읽힌다.

　모건이 찍은 '미스터 12월' 사진에는 이 바의 창업자이자 소유주인 릴라가 나온다.(사진 3.1) 사진에서 릴라는 한 남자 옆에 서 있는데, 아먼이라는 이름의 이 남자는 면도 거품을 뺨에 잔뜩 묻히고 앉아 있고, 릴라는 한 손으로는 그의 염소수염을 쥐고 다른 손으로는 면도칼을 잡고서 그의 얼굴에 조심스레 칼을 대고 있다. 사진은 렉싱턴클럽이 아니라 이 지역 레더맨 바leathermen's bar² 인 이글 터번Eagle Tavern에서 촬영되었다. 사진 속 배경에 건장한 대디들daddies이 모여 있고 이글의 바텐더인 아먼이 쓴 모자에 바 로고가 새겨져 있다는 점에서 이곳이 이글 터번이라는 걸 알 수 있다. 사진 속 남성성의 유통은 복잡하다. 릴라는 여성female으로 '읽히지만,' 남성 몸들이 뒷배경에 있는 것과 대조적으로 문자 그대로나 비유적으로나 전면에 놓여 있는 것은 그녀의 남성성이다. 아먼이 완전히 섭submissive[3]의 위치에 놓여 있는 건 아니지만—그는 능글맞은 미소를 띠며 카메라를 정면으로 바라보고 있다—그의 수염 난 남성적인 얼굴은 바짝 붙어 있는 면도칼에 상처 입을 듯 취약해 보인다. 릴라는 이 장면 전체를 담당하고 있다. 그녀가 면도시키려는 남자뿐 아니라 좀 더 넓은 의미에서 이 레더맨 바에서 펼쳐지는 남성성의 장면을 담당하는 것이다. 사진은 칼로 곧 찌를 듯 남성성을 위협하는, 거세시키는 여자라는 부치 레즈비언에 대한 고정관념을 인용한 것이다.[4] 하지만 배경 속 남자들의 자세는 느긋하고 친근하며, 전경에 놓인 두 인물의 정경에서 위험의 감각은 둘의 관계가 공격적이기보다는 다정하다는 것을 드러내는 두 몸의 자세로 인해 부드럽게 풀린다. 부치 레즈비언은 남성성을 공격하는 중이 아니라 호모에로틱하게 남성성과 교감하는 중인 것이다.

사진은 일종의 남성적인 호모에로틱을 재현한다. 하지만 호모에로티시즘homoeroticism 또는 동성애homosexuality를 '같은 성끼리의 사랑'으로 보는 일반적인 해석은 이 사진의 에로티시즘이 섹스·젠더·몸의 층위에서 차이와 근본적인 타자성alterity에 의존하는 방식을 이해하기에 부족하다. 왜냐하면 만약 이것이 유사성의 에로틱스erotics라면, 이 유사성은 결정적으로 차이를 통해 유통되는 유사성이기 때문이다. 사진 속의 모든 주체가 같은 젠더에 '속한다'고 추정해볼 수도 있겠지만(이 추정이 맞을 수도 있고 아닐 수도 있다), 그들은 분명 같은 섹스sex는 아니며, 사진의 에로틱한 힘은 동일성 안의 이 차이에 의해 생성된다. 차이와 정체성의 위치와 교차를 구분해서 분석하기 어려워진다. 달력은 렉싱턴클럽을 "매일 밤이 '숙녀들의 밤'인"(여기서 이 "숙녀들"은 모두 소년으로 정체화하고 있다) "완전 **게이** 클럽"(이 문구는 완전히 레즈비언인 것도 아니고 완전히 남성 동성애인 것도 아닌 게이성gayness[5]에 대한 농담조의 주장처럼 읽힌다)으로 홍보하기 위해 게이 레더맨 바의 이미지를 이용한다. 이 맥락에서 **호모에로틱**은 이 사진이 생산하는 리비도와 동일시의 굴절을 제대로 따라잡지 못할 만큼 납작해서 그다지 도움이 되지 않는 형용사이다. 사진이 드러내 보이는 것과 그 맥락적 용법을 **호모에라틱**homoerratic[6]으로 부르는 것이 더 나을 수 있다. 호모에라틱은 동일성의 리비도적 경제로, 그 경제에 참여하는 이들은 동일성에도 불구하고 그들의 관습적이거나 예상되던 경로로부터 예측 불가능한 놀라운 방식으로 벗어나거나 길을 잃으며, 그 경제의 에너지는 이 에로틱한 동일시와 교환이 고정 불가능하다는 특성 자체에 의존한다.

렉싱턴클럽이 여자들women이 있는 곳이라면 그곳은 또한 소년들이 있는 곳이고, 렉스의 소년들에게 이것은 하나이고 같은 범주인 듯하다. 달력의 표지 모델인 브리는 샌프란시스코의 미션 지구가 내려다보이는 옥상에 걸터앉아 레이어 케이크를 먹고 있는데, 그 위엔 "내 케이크"라는 글씨가 적혀 있다.(사진 3.2) 어떤 의미에선 "샌프란시스코 유일의 풀타임 레즈비언 바의 '소년들'"(사진 아래 적힌 문구) 중 하나가 되면 양쪽 다 거머쥘 수 있음을

사진 3.2 브리, "렉스의 소년들" 표지 모델, 2002. © 에이스 모건.

예시하는 것일까?[7] 섹스와 젠더, 몸과 관계를 어떻게 이해해야 그러한 동일시가 가능해지는가?

　나는 퀴어 성 문화의 산물인 이 달력이 젠더학에, 특히 트랜스젠더학에 끈질기게 반복해서 제기되는 비판 중 하나를 바로잡는다고 제안하고자 한다. 그 끈질긴 비판이란, 퀴어 이론이 유동성, 불안정성, 그리고 모든 포스트모던한 것들의 값어치를 높게 침으로써 '진짜 삶'에서 살아가는 것으로서의 젠더가 갖는 함의를 무시하거나 최소화한다는 주장이다. 그저 '이론화된 것'에 불과한 젠더와 정반대인 '진짜' 젠더로의 귀환을 요청하는 이런 주장은 개념화된 젠더와 실제 살아가는 젠더를 구분하는데, 여기서는 왜 그런지는 모르겠지만 후자를 통해 전자가 어림짐작으로 유토피아를 꿈꾸는 가망 없는 짓거리임이, 아니면 더 나쁘게는,

전자가 체현된 젠더의 실재를 없애버리려고 작정했다는 점이 폭로된다고 여겨진다. 이런 구분은 몸의 물질성을, 소위 탈체현되고 현실과 동떨어진 이론화가 마구잡이로 증식하는 현상에 맞서는 안정된 토대로 상정한다. 이는 '이론'을 과장된 캐리커처의 수준으로 납작하게 만들어버리는 효과를 낳는다.

젠더를 이론화한다는 것은 몸들이 다양한 섹스와 젠더에 거주하는 방식에 대해 질문하고 사회가 어떻게 구조화되어야 그러한 거주가 가능해지는지를 질문하는 것이지, 그런 범주들이 죄다 우연적이거나 무의미하다고 주장하는 것이 아니다. 우리가 젠더를 체현하는 방식은 **곧** 우리가 젠더를 이론화하는 방식**이고**, 이와 다른 제안을 하는 건 곧 이론화와 체현 둘 다를 잘못 이해하고 있다는 뜻이다. 이론적 젠더의 과잉이라고 여겨지는 것을 규율할 목적으로 진짜 젠더 범주를 제시한다면, 이는 살아가는 것으로서의 젠더를 길들이는 짓이고, 젠더를 설명하려는 우리의 언어를 자주 앞지르는 젠더의 상당한 복잡성을 부인하는 셈이다. 젠더를 퀴어하게 만들기_{queering gender}가 이론적 작업만은 아니라는 것은 부인할 수 없는 사실이다. 하지만 언뜻 보면 학계 담론과 동떨어진 듯 보일지 몰라도, 위반적 젠더를 체현하는 일상의 모든 사례는 우리가 이론화 작업을 불필요하게 복잡한 걸 더 복잡하게 꼬아대는 짓이자 일상적 사례와 단순히 대립하는 것으로만 이해한다면 결코 보지 못할 복잡성과 자기 인식으로 수행된다는 점 또한 분명한 사실이다. 렉스의 소년들은 체현되고 살아가는 것으로서의 젠더가 어떤 강력한 의미에선 항상 이미 이론화되어 있음을 입증한다. 젠더 표현을 이론화하기와 젠더 표현의 수행 사이에 구분이 만들어질 때, 우리는 그러한 구분이 무엇에 또는 누구에 기여하는가를 당연히 질문해야 한다.

'사회적 구성'과 그 불만

최근 떠오르는 트랜스젠더학 분야에 속한 여러 저술가들은 퀴어 이론의 가장 심오한 유산이 사회적 구성을 젠더와 체현을 이해하는 하나의 방법으로 발전시킨 것이라고 말해왔다. 일부 저술가들은 트랜스젠더리즘을 몸이 사회적으로 구성된다는 증거로 이해하지만, 반대로 트랜스젠더리즘이 사회 구성 이론에 대한 도전을 나타내며 트랜스젠더화된 몸의 물질성은 사회적 구성이 허구이자 위험한 것임을 드러낸다고 주장하는 사람들이 점점 늘어가고 있다.

이런 트랜스 저술가들은 적어도 세 가지 이유를 들어 사회적 구성을 반대해왔다. 젠더화된 체현이 복잡한 데 비해 사회적 구성은 단순하고, 사회적 구성은 몸의 물질성이라는 실재에 무관심하거나 이를 아예 하찮게 여기며, 신체적 재의미화나 저항이 들어설 여지를 주지 않는다는 것이다. 나는 이 각각의 반대 의견이 사회적 구성의 의미와 사회적 구성이 젠더 이론화에 사용되어온 방식에 대한 근본적인 오독에 기대고 있다고 주장하고자 한다.

레슬리 파인버그Leslie Feinberg는《트랜스 해방: 분홍이나 파랑을 넘어Trans Liberation: Beyond Pink or Blue》에서 젠더 차이를 혐오하는 문화로 인해 트랜스젠더화된 사람들은 역사적으로 비가시화되어 왔다고 주장한다. 파인버그는 이론이 "행동에 조언을 해줄" 수 있기에 사회 변화를 동원하는 데 도움이 되는 역할을 맡는다고 보면서도, 범주가 "실제 삶"과 동떨어진 방식으로 일반적이라고 의심하기도 한다. "역사는 과거 경험의 기록이다. 이론은 그러한 경험의 일반화이다. 그렇게 단순하다."[8] 만약 역사, 이론, 그리고 이 둘의 관계가 "단순한" 것이라면, 파인버그가 보기에 이론이 젠더를 설명하는 데 사용하는 관념은 사회적 구성이다. 파인버그는 이렇게 진술한다. "나는 젠더가 단순히 사회적 구성물, 즉 우리가 어릴 때부터 암기해서 배운 두 개의 언어 중 하나일 뿐이라는 견해를 붙들고 있는 게 아니다. 내게 젠더는 배운 언어로부터 우리 각자가 만들어내는 시다."[9] 이 관점에서 사회적 구성은 뭔가 **단순한** 것이며, '단순한'은 **사회적**과 **구성** 둘 다를 수식하고자 하는 형용사다. 여기서 젠더를 산출하는 사회적 영역은 가능한 선택지를 오직 두 개만 합법화함으로써 젠더를 과하게 단순화한다. 그리고 사회적 구성의 불만족스러운 단순함은 이론이 맡는 "경험의 일반화"라는 역할과 관련되어 있다. 그래서 '사회적'과 '구성' 둘 중 어느 쪽도 규범으로부터 크게 일탈하는 경험을 설명할 능력이 없다는 것이다. 이 불충분한 일반적 경험의 전달 또한 기계적인 암기를 통해 수동적인 주체들에게 전해지는 간단한 일로 여겨진다. 사회적 구성은 문법 수업 비슷한 것이

되어버리고, 젠더로 살아가기라는 능동적인 일은 어쨌든 위로부터 제정된 엄격한 젠더 문법에 대한 시적 반항처럼 여겨지는 것이다.

나중에 이 언어적 은유의 함의를 다시 검토하겠지만, 일단 여기서는 파인버그가 사회 구성주의를 반대하기 위해 사용한 언어 유비가 사회적 영역의 속박 바깥에 존재하면서 젠더를 체현하는 능동적인 주체를 상정한다는 점만 지적하겠다. 이와 비슷하지만 좀 더 강력하게 사회적 구성에 반대 의견을 낸 사람은 제미슨 그린Jamison Green으로, 그린은 이렇게 쓴다. "페미니즘 비평 덕분에 이제 우리는 '젠더는 사회적 구성이다'라고 말할 수 있게 되었다. 마치 우리가 모든 것의 우위에 있는 양 말이다."[10] 그린은 이것이 누구의 비판이고 누구의 페미니즘인지 구체적으로 명시하지 않은 채, 사회적 구성을 살아 있는 젠더와 무관한 것으로 보는 그림을 우리에게 제공한다. 즉 이른바 젠더는 단순화된 '구성'을 벗어나 주체와 몸을 위해 존재하는데, 사회적 구성이 이런 젠더의 이해관계들을 흐릿하게 가리거나 심지어 위협한다는 것이다. 트랜스젠더화된 주체의 젠더에 대한 경험은 젠더가 어떤 식으로 구성되든 간에 그런 구성에 속박되지 않지만, 사회적 구성은 트랜스젠더화된 주체의 위, 뒤, 또는 그 아래를 계속 맴돌면서 젠더를 그 젠더를 살아가는 몸과 떼어놓는다는 것이다.

이 저술가들은 사회적 구성은 단순한 것이고 살아 있는 젠더는 복잡한 것이라고 이해한다. 이의 반대편에서 접근해서 정반대의 주장을 하는 트랜스 저술가들도 있는데, 이들은 사회 구성주의가 언어적 추상과 복잡성으로 몸의 단순한 물질적 사실을 흐릿하게 가려버린다고 꾸짖는다. 제이 프로서의 설명에 따르면, 트랜스섹슈얼 몸의 물질성은 "사회적 구성이 거짓임을 밝혀"준다. 여기서 몸과의 디스포리아적 관계는 복잡한 젠더 이론들의 난해한 뒤엉킴을 넘어서 그리고 그런 뒤엉킴에 반대하여 진실―다시 강조하자면, 단순한 진실―을 단언하고 있다는 것이다.[11] FTM 정체성에 관한 글을 쓴 또 다른 저술가인 제이슨 크롬웰도 트랜스학에서 자주 신체적 디스포리아와 몸 그 자체의 확실성을 연결해놓는 경향에 의문을 제기한다. "만약 내가 잘못된 몸을 갖고 있다면, 내가 갖고 있는 몸은 누구의 몸이고 내 몸은 어디 있는 건데?"[12] 하지만 크롬웰이 보기에 신체적 디스포리아의 확실성이 몸에 관한 존재론적 확실성을 전달해줄 능력이 없다면, 전자의 확실성은 사회적 구성이 표지하지 못하는 몸을, 즉 몸에 관한 이론들에 반항하고 저항하여 존재하는 몸을 생산한다는 것이다. 그는 이렇게 쓴다. "현상학적 몸은, 트랜스들에게는 …… 섹스와 젠더 이데올로기들에 저항하는 장소다."[13] 두 경우 모두 사회적 구성이 거짓이라 여기는데, 그 이유는 규범적 젠더를 결정하는 명령이 '장악'에 실패하기 때문이다―즉 트랜스젠더화된 몸이 규범적인 젠더의 물질화에 저항한다는 점이 그러한 구성의 실패로 여겨진다. 결과적으로 사회적 구성은 오직 규범적으로 젠더화된 몸들을 생산할 역량만 있는 메커니즘으로 여겨지는 반면, 비규범적인 젠더 편성은 '젠더 이데올로기들'의 영역의 완전한 바깥에 존재할 것이다. 이런 관점에서 보면, 트랜스들은 다르게 젠더화된 그들 몸의 물질적 특이성 덕분에 젠더를 그 뿌리부터 완벽하게 침식시킨다.

트랜스젠더화된 몸의 물질성이 트랜스젠더화된 사람들을 젠더 바깥 또는 젠더 너머에 있게 해준다는 이 전제는 트랜스젠더리즘을 특징짓는 것이 특정 종류의 체현과 더불어 특정 종류의 **행위성**이라는 주장으로 이어지는데, 이 행위성 이슈에서 사회 구성주의에 대한 비판이 가장 단호하게 제기된다. 여기서 사회 구성주의는 트랜스들이 스스로를 정의할 능력 또는 '진정한' 체현에 대한 그들의 주장 또는 트랜스젠더리즘의 가능성 자체를 번갈아가며 제한할 목적으로 작용하는 힘으로 여겨진다. 그린은 사회적 구성이 트랜스젠더화된 사람들의 행위성을 비가시적으로 만든다고 주장한다. "나는 젠더가 각 개인에게 속하며 그 개인이 원하는 대로 할 수 있는 것이라고 믿는다. '객관적인' 관찰자가 다른 사람에게 젠더를 갖다 붙이는 것은 불가능하다."[14] 크롬웰은 이렇게 주장한다. "트랜스들은 …… 다른 사람들과 다르다. 자신이 누구이고 무엇인지 사회가 명령하도록 놔두는 대신에 그들은 스스로를 정의한다."[15] 케이트 본스타인_{Kate Bornstein}은 이렇게 말한다. "젠더에 의문을 제기하는 우리 같은 사람들은" 젠더를 결정하는 "골치 아픈 제도들과 거리를 두고 자신을 명명할 수 있어야 한다".[16] 사회적 구성은 자기-정의와 행위성에 대한 이러한 시도를 저해하는 강력한 힘으로 제시된다. 그린은 사회적 구성이 젠더 자체를 위험에 빠뜨린다면서, 우리가 "사회 구성주의의 장악력에서 해방되도록 젠더를 잡아 뜯어내는 시도를" 해야 한다고 주장한다.[17] 비비안 나마스테Viviane Namaste는 《보이지 않는 삶: 트랜스섹슈얼과 트랜스젠더의 삭제Invisible Lives: The Erasure of Transsexual and Transgendered People》에서 이보다 훨씬 더 나아가 "현재 실행되는 퀴어 이론은" 사회 구성주의에 전념하고 있기 때문에 "이론적 이유와 정치적 이유 둘 다에서 거부되어야 한다"고 주장한다.[18]

이런 식으로 사회적 구성은 너무도 단순한 나머지 트랜스젠더리즘과 그 어떤 관련성도 맺지 못하는 것으로 여겨지면서도, 또 너무도 강력한 나머지 트랜스들은 물론 젠더 자체를 위협하는 것으로 여겨진다. 이런 논의들에서 사회적 구성으로 통하는 것이 정확히 무엇인지 궁금해진다. 사회적 구성이 간단한 과정이라고 주장하거나, 그것의 효과가 보잘것없다고 주장하거나, 아니면 그린의 주장처럼 사회적 구성이 우리를—규범적으로 젠더화된 사람이든 트랜스젠더화된 사람이든 매한가지로—어쨌든 "모든 것의 우위에" 둔다고 주장하면서 사회적 구성을 지지한다는 사람을 찾아내기란 어려울 것이다. 아마도 바로 이것이, 사회적 구성이란 용어가 대중적인 글이든 학계 논문이든 트랜스젠더리즘에 대한 수많은 글에서 용법의 역사에 대한 언급도 없고 그 용어를 사용해온 개인 저자들이 누구인지에 대한 언급도 없이 유통되는 이유일 것이고, 사회적 구성을 공격하는 저술가들이 다양한 이론과 관념들을 많이 언급하는 듯 보여도 그 모두가 한 부류로 묶이는 이유일 것이다.

몇 가지 해명할 필요가 있을 것 같다. 사회적 구성은 사회적 속박과도, 사회적 역할과도, 사회적 통제와도, 문화적 기대와도 다르다. 사회적 구성은 그게 진짜가 아니라거나 중요하지 않다는 뜻도 아니다. 사회적 구성은 수행성이나 퀴어 이론과 중요하게 연결되어 있긴 해도 그 둘과 동의어인 건 아니다. 몸이 사회적으로 구성되었다는 주장은 몸이 진짜가 아니라거나, 몸이 육신으로 만들어지지 않았다거나, 몸의 물질성이 중요하지 않다는 주장이 아니다. 섹스가 사회적인 구성물이라는 주장은 섹스가 중요치 않거나, 불변이거나, 아니면 체현될 수도 없고 다시 고쳐질 수도 없다는 주장이 아니다. 섹스화되고 젠더화된 우리 몸에 대한 우리의 경험이 사회적으로 구성되었다는 주장은 우리의 경험이 허구라거나, 필수적이지 않다거나, 섹스화되고 젠더화된 몸을 이론화하는 일보다 덜 중요하다는 주장이 아니다.

그렇다면 우리가 몸은 사회적인 구성물이라고 말할 때 이는 무엇을 의미하는가? 항상 우리가 탈출할 수도 없이 그 안에 위치 지어지는 사회 세계에 의해 우리 몸이 형성된다는 뜻이다. 이런 문화적 형성은 개념적 층위에서 일어난다. 우리 몸이 무엇인지 또는 무엇이 될 수도 있을지에 관해 우리가 무엇을 상상할 수 있는가는—심지어 무엇이 몸으로 '여겨지고' 무엇이 그렇지 않은지를 정하는 문제도—몸들이 사회적으로 이해되어온 역사에 의해, 어떤 몸들이 그런 이해를 받아왔는가에 의해 구축되는 것이다. 하지만 그런 상상은 개념적 행위인 것만도 아니고, '그저' 이론적으로 착수하는 일인 것만도 아니다. 또한 몸을 문화적으로 알아보기 쉽게 또는 알아볼 수 없게 구성하는 사회적 힘들과 똑같은 그 힘들이, 체현이 가장 개인적이고 가장 개성적이며, 규제적 명령에 가장 영향을 받지 않는 것 같다는 느낌, 체현에 대한 바로 그 감각도 형성한다. 우리 몸에 대한 우리의 느낌은 몸에 대한 우리의 생각만큼이나 '구성된' 것이고, 체현을 이해하는 하나의 모델로서 사회적 구성이 갖는 힘은 그런 범주들이 분리되어 있지 않고 항상 서로 얽혀 있다는 점을 강조하는 데서 기인한다.

사회적 구성이 신체적 존재의 '느껴지는 감각'과 대립한다고 해석해서는 안 된다. 왜냐하면 몸이 사회적으로 구성되었다는 점과 그런 느껴지는 감각을 부인할 수 없다는 점 둘 다 주장하는 것이 가능하기 때문이다. 사회적 구성이 제공하는 것은 느껴지는 감각이 **어떻게** 발생하는가를, 그 감각의 역사적이고 문화적인 모든 변주 속에서, 그 감각의 모든 긴급성과 직접성과 더불어 이해할 방법, 그리고 결국 그 느껴지는 감각을 통해 전달되는 것은 무엇인가를 질문할 방법이다. 몸의 역사성과 몸의 느껴지는 감각의 직접성 사이의 이 긴장이 바로 신체적 존재가 자리하는 정확한 위치이고, 이 긴장을 지도로 만드는 일은 트랜스젠더학과 사회 구성 이론 둘 다의 과제이다. 크롬웰은 트랜스젠더리즘의 이론화에는 본질주의와 구성주의 사이의 중간 경로가 필요하다고 말하면서, 그 둘 중 어느 하나만으로는 "개개인의 경험을 설명할" 수 없다고 단언한다. "동전의 양면 모두가 전체에 기여한다. 몸, 섹스, 젠더, 섹슈얼리티들을 본질주의적인 것(자연) 아니면 구성주의적인 것(양육) 둘 중 하나로만 이해하는 대신에, 그리고 사람의 행동 습관을 설명하기 위해 주기적으로 동전 던지기를 하는 대신에, 양쪽 이론 모두 고려해야 한다. 사람들은 자기 존재의 그런 측면들이 본질적이라고(자연적이라고) 느끼지만, 그럼에도 그들이 느끼는 것이 또한 체현되고, 섹스화되고, 젠더화되고, 성적인 존재로서 존재하는 데 관련된다고 여겨지는 이데올로기들을 지배적인 사회가 구성하는 방식(양육)에 일부 기인한다는 사실을 알고 있다."[19] 크롬웰은 (그의 주장에 따르면) 본질주의에 의지해서만 보증될 수 있는 몸의 느껴지는 감각을 긍정함으로써 구성주의를 보완하는 중간 입장을 제공하려 애쓴다. 하지만 위의 인용문에서 마지막 문장은 본질주의와 구성주의 간 타협에 관한 서술이라기보다는 사실상 사회적 구성에 관한 서술이다. 몸이 자연스럽게 **느낀다**는 주장은, 몸**이 자연스럽다**는 주장과 같지 않다.

이 지형을 현상학보다 더 철저히 고찰한 학문 분야나 학파는 아마 없을 것이다. 특히 체현에 관한 메를로-퐁티의 현상학적 작업은 이런 긴장을 생산적으로 이용할 방법을 마련한다. 사실 사람들은 자기 존재의 그런 측면(이 경우엔 그들의 몸)을 자연스럽고 본질적인 것으로 느끼고, 그처럼 검토되지 않은 느낌이야말로 체현의 본질이라고 느낀다. 내가 현상학적으로 몸에 거주하기 위해 몸의 역사를, 하물며 내 개인사를 굳이 고찰할 필요는 없다. 먹고, 글 쓰고, 자고, 상점으로 걸어가는 등 체현된 주체로서 살아가는 일은, 내 몸을 형성해왔고 계속 형성하고 있는 힘들을 끊임없이 고려하고 가치 평가해야만 가능한 것은 아니다. 사실 그러한 자각이 필요한 시기는 육체적 삶이 서서히 멈추게 될 때일 것이다. 우리가 몸과 맺는 고유감각적 관계는 일상생활을 하는 동안에는 당연한 듯 탐구되지 않는다. 현상학적 몸은 단순히 **거기 있는** 것으로, 내가 아무런 문제 없이 입수할 수 있는 것으로 나타난다. 그러나 이 간단한 소여所與는 꼭 필요한 것이긴 해도 허구이다. 내가 내 몸으로 할 만한 그 어떤 일이든, 내가 내 몸으로 수행하는 그 어떤 행동이든, 내가 내 몸에 거주하는 그 어떤 방식이든, 그것들은 내 몸의 이전 행동, 위치, 존재 양식 모두의 맥락에서만 가독성을 얻게 된다.

내 몸의 사회적 측면들, 몸을 이루고 있는 퇴적된 역사는, 내 몸에 대한 고유감각적 소유의 편안함이 그런 사회적 측면을 비가시적으로 만든다 한들 사라지지는 않는다. 내가 소유한 몸의 확실성에 대해 내가 품은 확신의 힘은 역설적으로 사회적 영역을, 그리고 그 사회적 영역이 체현을 가독성 있게 만드는 데 맡는 형성적 역할을 흐릿하게 가려버린다. 사회적 영역은 사라지거나 서서히 자취를 감추는 듯 보일지라도 그것이 미치는 영향은 그렇지 않으며, 심지어 그 영향들이 주목받지 못할 때라도, 마치 자연스러운 양 '지나가는' 때조차도 사라지지 않는다. 몸은 항상 **몸의 역사에 기초해 있다.** 몸은 공간적인 '여기'와 시간적인 '지금'에 위치 지어진 직접적인 현실로 느껴지고, 우리에게 우리 몸의 현존성 ― 그리고 우리 몸이 우리에게 전달하는 것들 ― 은 절대적인 양 느껴진다. 그러나 인지되고 인지하는 실체로서 몸은 역사라는 토대에 의지한다. 그러한 역사가 좀 더 평범하게 흘러가는 일상생활에서는 비가시적일지라도 말이다. 에드문트 후설Edmund Husserl은 이렇게 썼다. "지각은 오직 **현재**와 관련이 있다. 그러나 이 **현재**는 항상 그 뒤에 끝없는 **과거**를 갖고 있고 그 앞에는 열린 **미래**를 갖고 있음을 의미한다."[20]

흐릿하게 가려진 역사와 그 역사에 기초한 몸의 관계를 어떻게 이해해야 할까? 미셸 푸코Michel Foucault는 《쾌락의 활용The Use of Pleasure》 서론에서, 자신이 《성의 역사The History of Sexuality》에서 세운 기획이 '진리의 역사'를 드러내고 글로 쓰는 것이었다고 진술한 바 있다. 그 진리는 권력과 저항의 현장으로 여겨지는 몸의 역사를 통해 발굴되고 읽힌다. 몸은 오로지 몸의 역사적으로 우연적인 특이성을 통해서만 이해될 수 있고 가독성을 갖추게 된다. 푸코에 따르면 몸은 자연스레 주어진 현상으로 존재하지 않는다. '자연적인' 몸은 주체화/종속화subjection를 통해 산출되는 것이자, 자연적인 실체로 위장한 사회적 구성물인 것이다.[21] 우리가 권력을 이해하고자 한다면 몸을 이해하는 것이 필수적인데, 그 이유는 한곳에 치우쳐 있지 않고 널리 흩어져 있는 권력에 의해 몸이 생산되며, 동시에 권력이 그렇게 분산되어 작동한다는 증거를 몸이 담고 있기 때문이다. 또한 권력은 권력의 효과들을 통해서만 인식될 수 있는데, 그 효과가 신체적인 효과인 경우가 많다. 우리가 권력을 이해하기 위해 몸을 이해해야 한다면, 반대로 우리가 몸을 이해하기 위해서는 권력을 이해해야 한다는 말도 참이다. 예를 들어 규율discipline은 일종의 권력으로, 제도나 장치를 통해 진행되나 그 제도나 장치로 축소될 수는 없다. 그래도 규율의 효과는 규율이 규제하는 몸의 안과 위에 드러날 수 있다. 몸을 섹스화되고 젠더화된 것으로 생산하는 규율 체제들은 특정 제도, 특수한 의료 테크놀로지, 또는 신체적 폭력의 사례에서 가시적으로 나타날는지 모르나, 규율 그 자체는 이 중 무엇과도 같지 않다. 푸코는 이렇게 쓴다. "'규율'은 제도와도 장치와도 동일하지 않을 것이다. 규율은 권력의 한 유형이자 권력의 행사를 위한 양식으로, 도구, 테크닉, 절차, 적용 단계, 목표물이 전체 한 세트를 이룬다. 규율은 권력의 '물리학' 또는 '해부학'이자 테크놀로지이다."[22]

규율 권력의 편재遍在하는 영향력을 보여주는 예를 한 가지 들자면, 특히 트랜스들이 공감하는 예를 들자면, 바로 젠더화된 화장실일 것이다.[23] 화장실은 젠더퀴어에게 위태로운 영역이다. 입구에서부터 어느 쪽으로 들어갈지 결정하는 일이 항상 쉽거나 명확하지 않고, 트랜지션 초기 단계의 FTM이나 부치들의 경우 특히 더 그렇다. 만약 어떤 부치가 자신이 속해 있다고 추정되는 섹스sex에 '적합'하게 선택해서 여자 화장실에 들어가기로 했으나 여자로 '패싱'[24]할 수 없다면, (실수로든 아니면 성폭력을 저지를 의도로 들어온 것이든 간에) '남자'가 들어왔다며 놀란 다른 여성들이 자신을 노려보고 적대적인 말을 쏟아내고 곧장 쫓아내는 일을 겪을 위험을 무릅쓰게 된다. 만약 이 부치가 남자 화장실에 들어갔는데 '패싱'에 실패했다면 더 나쁜 일을 겪을 수도 있다. 성별 구

 2부 | 호모에라틱스

분된 화장실은 이분법적 젠더 체계를 분명하게 보여주는 전형적 예시지만, 그 화장실이 체계 **그 자체**라고 말할 수는 없다. 젠더 이분법을 강요하고 집행하는 권력은 어느 특정 화장실에 놓여 있는 것도 아니고, 젠더퀴어를 적대시하며 그런 영역을 감시할지도 모르는 여자들이나 남자들에게 있는 것도 아니다. 대신 그 권력은 "도구, 테크닉, 절차, 적용 단계, 목표물"의 전체 매트릭스를 통해 분산되어 있다. 이 권력이 한곳에 국한될 수 없거나 확인될 수 없다고 해서 그 효과나 힘이 줄어들지는 않으며, 그런 권력의 전형적 예시 하나하나가 존재론적으로 당연시되는 정도에 비례하여 힘이 증가한다. 예를 들어 화장실 문에 붙어 있는, 머리는 둥글고 몸통은 직선으로 양식화된 인간 실루엣을 고려해보자. 그런 그림은 단지 젠더를 가리키는 것만이 아니라 그 자체로 완벽하게 추상화된 젠더**의** 아이콘으로, 이는 활동이나 행동을 묘사한 것이 아니라 존재론과 차별화, 또는 아마도 차별화를 통한 존재론을 묘사한 것이다.

따라서 개인의 행위성에만 배타적으로 초점을 맞춰 젠더를 해석한다면, 젠더가 그 안에서 형태를 갖추게 되는 권력의 이러한 전체 매트릭스를 놓치고 만다. 사회적으로 이해되는 젠더와 개개인이 살아가는 젠더 간 상호작용에 대한 크롬웰과 그린의 설명은 권력이 항상 체현과 연관되어 있지만 그러한 연관성이 분명하게 드러나는 정도는 다양하다는 사실을 간과하고 있다. 이 때문에 크롬웰이 사회성을 기술한 대목에서 한 가지 곤란한 문제가 발생한다.

수행 이론에 따르면, 젠더는 남성성이나 여성성을 표현하는 사회 구성원들에 의해 "일상적이고 체계적이고 되풀이되는 성취"이다. 사람들이 다른 사람들 앞에서 "젠더를 행한다"는 주장(West and Zimmerman, 1987: 126)은 어느 정도 일리가 있다. 그러나 홀로 있을 때조차 사람들은 하나의 젠더를 갖고 있으며 그것을 분명히 드러낸다. 만약 젠더가 오직 사회적 상황에서만 중요했다면, 트랜스들은 사회가 너희는 너희 몸을 따라야 한다고 명령한 것과 본인의 젠더가 다르다는 점을 알지 못했을 것이다. 트랜스들은 젠더를 마치 옷처럼 벗어버리지 않는다. "젠더 표현 뒤에 그 어떤 젠더 정체성도 없다"(25)는 버틀러의 말과 반대로, 젠더와 젠더화된 정체성은 존재성의 기초이고, 그렇게 느껴진다.[25]

젠더와 젠더화된 정체성이 "존재성의 기초"로 느껴진다는 이 마지막 의견은 매우 중요하게 보일 것이다. 그러나 여기서 사회 세계에 대한 크롬웰의 이해는 기이하다. 크롬웰에겐 사회적인 것의 '바깥'이 존재할 뿐만 아니라, 거기에 접근할 필요가 있는 사람은 누구든 자기 방의 문을 닫기만 하면 된다. 그러나 '사회적인 것'은 다른 사람들과 방 안에 함께 있다는 뜻이 당연히 아니며, 이 둘을 혼동한다면 사회적인 것을 너무도 편협하게 축소해서 범주를 아예 쓸모없게 만들어버리는 셈이다. 내가 문을 닫아 세계를 차단할 수 있을지는 몰라도 이 행위가 세계를 치워버리진 못하며, 내 초점을 좁힌다고 해서 세계가 미치는 영향이 덜 실제적이 되는 것도 아니다. 마찬가지로 버틀러의 수행성 이론에 대한 크롬웰의 평가도 문제가 많다. 크롬웰은 버틀러 이론에서 젠더가 자유로이 선택될 수 있으며 그만큼 쉽게 버릴 수도 있다고, 그저 장난 같은 연극성에 불과하다고 평가한다. 이런 오독이 흔하긴 하지만, 버틀러는 이런 해석이 본인의 입장을 근본적으로 오해한 것이라고 매우 분명히 밝힌 바 있다. "사람이 아침에 일어나 벽장이나 좀 더 열린 공간으로 가서 어떤 젠더를 선택할지 살펴본 다음 그날의 젠더를 골라 입고 밤이 되면 벗어 제자리에 도로 가져다 놓는다"는 생각은 "자신의 젠더를 **골라** 결정하는, 의도적이고 도구적인 주체"를 필요로 하는데, 이 주체는 "분명 처음부터 젠더가 자신의 소유물이 아니고, 자신의 실존이 이미 젠더**에 의해** 결정되어 있음을 깨닫지 못한다. 확실히, 그런 이론은 선택하는 주체 ─ 인본주의적 주체 ─ 라는 형상을, 그런 관념과 완전히 반대되는 듯 보이는 구성을 강조하는 기획의 한가운데에 도로 가져다 놓는 셈이다".[26]

여기가 바로 사회 구성주의와 트랜스 저술가들이 발전시킨 이론 사이에 다리를 놓기 어려운 분기점이다. 왜냐하면 많은 트랜스 저술가가 옹호하는 주체가 정확히 이처럼 선택하는 주체, 그린의 표현을 빌리자면 "본인이 바라는 대로 할 수 있는", 젠더가 본인에게 "귀속된" 주체이기 때문이다. 크롬웰의 주장대로 트랜스들은 "스스로를 정의"할 수 있다는 점에서 특별하다는 것이 참이라면, 여기서 제시되고 있는 건 어떤 종류의 주체성 이론인가? 그리고 자신의 행위성이 사회적 영역 자체를 능가할 만큼 한계 없는, 완전히 자율적인 주체의 탄생이 어떻게 해서 가능해지는가?

젠더의 문법

이런 논의들을 보면, 트랜스젠더화된 주체를 규범적으로 젠더화된 주체와 구별할 수 있게 해주는 것은 체현의 특이성, 그리고 젠더를 결정하는 억압적인 사회구조들로부터 거리를 두고 스스로를 정의할 수 있는 능력이다. 그러나 자신의 젠더를 자유로이 선택하는 자율적인 주체에 대한 이런 요청은 그 요청 내부에서 언어가 유통되는 방식에 의해 복잡해진다. 자신을 정의한다는 것은 언어적 행위이고, 그 자기-정의 행위가 어쨌든 위로부터 부과된다고 느껴지는 정체성의 명령들과 대립하면서 제공되는 것이라 할지라도, 이는 그러한 자기 정의 기획을 언어적 영역이나 사회적 영역의 바깥에 위치시키지는 않는다. 만약 본스타인이 말한 대로 젠더 이름표가 쉽게 퇴짜 놓거나 "떼어낼" 수 있는 것이라면, 그 이름표들의 권력이나 지속력을 설명할 길이 없을 것이다. 트랜스들의 자기-정의의 중요성을 단언하는 그 어떤 주장이든 간에, 이미 주체 형성 과정에서 언어의 힘과 명명의 힘을 인정해야 하는 것이다.

언어는 트랜스들에게 안정되고 일관된 정체성을 전해줄 수 있는 동시에 그 정체성을 덮어 가린다고 여겨진다. 그린은 이렇게 쓴다. "젠더학은 (추정상) 남성male 몸과 여성female 몸을 가진 사람들 간 사회적 차이에 초점을 맞춘다. 이는 진짜로 젠더에 관해 이야기하는 게 아니라, 사회학과 정치학에 관해 이야기하는 셈이다. …… 우리는 언제 진짜로 젠더에 관해 이야기하게 될 것인가? 우리가 젠더를 기술하는 데 전통적으로 사용해왔던 언어로부터 젠더를 분리하는 법을 배우기 전까진 그러지 못할 것이다."[27] 젠더학이 "진짜로 젠더에 관해 이야기"할 능력이 없다는 그린의 불만에서 핵심은 언어 그 자체에 대한 불만이다. 이 불만은 이해할 만한 것이긴 하다. 이런 관점에서 보면 젠더는 정치와도 사회학 및 이론과도 동떨어져 존재하는 무언가이고, 명확하게 이해되려면 언어와도 분리되어야 하는 무언가인데, 언어로부터 빠져나가는 무언가를 언어 그 자체를 통해 해명하는 노동은 사실 만만찮게 불만스럽고 좌절감을 느끼게 하는 과업이기 때문이다.

그린이 보기에 젠더는 신체적 층위에 놓이지만, 몸으로 축소될 수는 없다. 그린은 젠더를 겉보기엔 사회적 영역으로부터 아무런 간섭도 받지 않고 생산되는, 사람이 남성male 아니면 여성female이라고 믿는 내적 확신이라고 정의한다. 하지만 그 '남성'과 '여성'은 사회적 범주이다. 또한 사람이 어느 한쪽 범주에 소속되어 있거나 그 범주와 동떨어져 있다고 느끼는 개인적 감각에 대한 그토록 강력한 확실성을 내적 확신이 전달할 수 있다는 바로 그 사실이, 젠더에 대한 한 사람의 고유한 경험과, 젠더를 결정하는 더 큰 사회적 분류 체계가 분리 불가능함을 입증한다. 젠더는 신체적 현상이지만, 트랜스섹슈얼의 경우에 젠더는 그것과 상충되는 몸의 형태 구조에 얽매이지 않는다. 그린은 트랜스섹슈얼리티에 수반되는 디스포리아라는 내적 느낌을 강조하면서, 이 느낌이 트랜스섹슈얼의 자아감각에 중심이 된다고 제안한다. 디스포리아란 느낌을 주체성의 기초로 삼는 것의 영향이 마냥 괜찮은 것은 아니며, 이는 신체적 형태 구조와 관습적 젠더 범주 둘 다에 대립하는 절대적 부정성 안에서 그런 주체성을 구성하는 듯 보일 것이다.

이런 설명에서, 몸의 느껴지는 감각은 정체성에 대한 확실성을 전달한다. 그리고 비록 그 느껴지는 감각이 몸과 정신이 복잡하게 얽힌 결합체로부터 발생할지라도 그 느낌 자체는 사람이 남자man 아니면 여자woman라는 확신이라고 아주 단순하게 묘사되며, 일관된 정체성의 강력하고도 반박할 수 없는 증거로 기술된다. 그러나 이 느낌은 그 정확한 위치를 찾을 수도 없고(그건 몸의 형태 구조에서 나오는 것도 아니고 거기에 상응하는 것도 아니다), 반박할 수도 없는 것이다(그건 질문이나 의심의 대상이 아니라 '자연스러운' 사실로 나타난다). 그 위치를 정확히 찾을 수 없다는 특성 때문에 정체성의 느껴지는 감각은 **어딘가 다른 곳에서** 온다고들 한다. 그리고 체현된 주체는 그것을 통제할 수도 없고 개선할 수도 없다. 주체는 그 느낌의 기원을 명명할 수도 없고 그 느낌이 강력히 주장하는 바를 반박할 수도 없다. 주체는 오로지 그 느낌에 복종할 수 있을 뿐이다. 젠더 디스포리아의 경우, 정체성의 느껴지는 감각이 가장 내적인 현상으로 나타날 때조차 외계인이 된 것 같은 이

질감이 따라붙으며, 이 타자성이 정체성감각의 기원과 궤적을 결정한다. 만약 그러한 정체성에 대한 확신이 주체에게 어떤 종류의 지배력이든 부여해주기는커녕 오히려 전적으로 한 느낌에 매달려 있고, 그 느낌에 굴복하지 않을 수 없고 저항 따위 불가능하다면, 그런 주체가 자신의 젠더 정체성을 결정할 절대적 행위성을 소유하고 있다는 주장은 매우 문제가 있어 보인다.

주체의 젠더가 어떻게 편성되든 간에 신체적 느낌이 지극히 개인적이고 주체성의 핵심이라는 그린의 주장은 분명 맞다. 신체적 느낌이 몸에 대한 확실성이든 아니면 몸과 동떨어진 자아의 정체성이든 간에 전달할 수 있다면, 그런 전달이 가능한 건 오직 **신체적 느낌이 언어처럼 구축되었기 때문이다.** 젠더와 언어의 병렬 구조의 메커니즘과 그 결과는 7장에서 탐구할 것이다.

젠더의 실체

지금까지 우리가 보았듯, 일부 트랜스 저술가들은 트랜스젠더리즘을 사유함에 있어 몸의 '실재'로 귀환하자고 제안하는 동시에 트랜스젠더화된 주체성이 특정 종류의 언어적 행위성에 달려 있음을 시사한다. 트랜스 주체성을 사유하는 이런 접근 방식의 몇 가지 골치 아픈 결과를 트랜스젠더리즘을 비판하는 몇몇 사람들의 논의에서 볼 수 있는데, 그들은 트랜스젠더리즘 현상을 몸의 실재가 젠더 이데올로기들에 저항한다는 것을 보여주는 증거이자 트랜스젠더리즘이 일련의 언어적 행위에 의해 정의된다는 증거로서 바라본다.[28] 버니스 하우스먼 Bernice Hausman은 "호르몬 치료와 성기 성형 수술"의 형식을 취하는 "성전환 sex change 요구"를 "트랜스섹슈얼 주체성의 가장 중요한 지표"로 이해한다.[29] 하우스먼이 이런 주장을 내세울 수 있는 건 **트랜스섹슈얼**을 교묘하게 동어반복적으로 정의하기 때문이다. 즉, 본인 논의의 범위를 성 재지정 수술 sex reassignment surgeries[30]을 받은 사람들로 한정하고선, 대부분의 FTM 트랜스섹슈얼을 배제하고, 신체 일부만 수술했거나 아예 수술하지 않은 트랜스섹슈얼도 배제하고, 신체적 개입이 호르몬 투여뿐인 트랜스섹슈얼도 배제하고, 그리고 아마도 가장 중요하게는, 트랜스젠더들을 배제한 것이다. 따라서 성전환 수술에 대한 "요구"가 트랜스섹슈얼 주체성에 가장 중요한 지표가 되는 이유는 트랜스섹슈얼 범주가 오직 성전환을 요구하는 사람들만을 포함할 뿐이고, 자신을 자기 몸의 형태 구조가 표명하지 않는 섹스의 구성원이라 느끼는 모든 사람을 아우르지 않기 때문이다. 하우스먼은 자신이 쓴 책의 후기에서 트랜스젠더리즘을 간략히 언급하면서, "또한 (의료적) 진단 기준의 확장이 '젠더 디스포리아'를 경험하는 주체들에게 선택 가능한 위치로서의 '트랜스젠더리즘'의 발전을 장려해온 것일 수도 있다"고 지적한다.(130) 이 지적은 그 '고통받는 이들'이 신체적 수준에서 그 어떤 의료적 개입도 선택하지 않을지라도, 트랜스젠더리즘 또한 트랜스섹슈얼리티와 마찬가지로 의학적으로 창조된 상태라는 생각을 드러낸다. 이 설명에서 트랜스젠더리즘은 성 재지정 수술을 욕망하나 수술할 형편은 안 되는 사람들이 "선택 가능한" 위치로, 말하자면 이도 저도 아닌 어중간한 상태이다. 즉 트랜스젠더화된 사람들은 단지 트랜스섹슈얼이 되기 전 단계일 뿐이라는 것이다. 하우스먼은 어떤 트랜스들은 신체적 개입을 욕망하지 않을 수도 있다는 주장에 회의적이며, 그런 주장을 몸의 물질성에 권력이 가해진다는 증거로 받아들인다.

> 만약 부분적인 성전환(대개 수술은 하지 않고 호르몬 요법만)으로 기꺼이 살 의향이 있는 주체들이 있다면, 이는 성전환 시도의 테크니컬한 측면이 본인이 원했던 변화를 달성하지 못함을 나타내는 징후일 수도 있다. 엄밀히 말해 그 이유는 몸이 '성전환'의 모든 절차를 수용하지 못해서일 것이다. 달리 말하자면 몸이 '젠더'를 현실로 만드는 데 저항하는 것이다. …… 우리가 해야 하는 일은 몸을 성적 의미화 작용이 일어나는 현장으로 재사유하는 것이다. 몸을 이론화한다는 것은 몸을, 몸의 기능을 각인하는 언어의 권력을 초과하는 물질적 구조로서 진지하게 받아들인다는 뜻이다. (199-200)

그렇다면 하우스먼 버전의 트랜스섹슈얼리티에서 우리는 언어를 통해 "요구"를 하면 그 요구가 자신과 자신의 사회 세계를 탄생시키는 자율적인 주체와 만나게 된다. 이 자율적인 주체는 몸에 매여 있지만, 역설적이게도 이 몸은 언어의 권력에도 그 어떤 젠더 이데올로기에도 취약하지 않으며, 근본적으로 변경 불가능한 하나의 섹스를 고집스레 표명한다. 하우스먼은 의료 전문가들이 트랜스섹슈얼에게 성 재지정 수술을 합법화하기 위해 젠더라는 발상 자체를 창조했다고 본다. 하우스먼에 따르면 젠더는 트랜스섹슈얼이 자기 몸이 표명하지 않는 섹스의 구성원으로서 (잘못된) 정체성을 주장할 수 있게끔 하는 논리가 된다. 의료 전문가들은 트랜스섹슈얼들이 의학적 치료에의 접근권을 얻어 하나의 섹스로 '존재'하려면 반드시 따라야 하는 서사의 각본을 쓴다. 그리고 젠더라는 발상은 성적 정체성이 성차의 신체적 표식으로부터 풀려나올 수도 있다는 관념으로 이해되는데, 이 젠더가 '진정한' 섹스로부터 '가짜' 섹스로의 트랜지션을 가능케 해준다. 이런 의미에서 하우스먼은 트랜스섹슈얼이 "젠더에 잘 속는 얼간이"라고 쓴다.(140) 젠더 범주 때문에 트랜스섹슈얼은 섹스 범주가 가변적이라고 잘못 생각하게 되고, 그들 스스로 이 가변성의 추정적 증거가 되어버리는 것이다. 그러나 만약 트랜스섹슈얼이 젠더의 계략에 사로잡힌다면, 이는 트랜스섹슈얼 본인들의 요구에 대한 대응으로 의료제도가 내놓은 계략이다. 하우스먼이 제시하는 트랜스섹슈얼 주체성 모델은 "잘 속는 얼간이"인 동시에, 또 너무도 완전한 행위성을 소유한 나머지 그들의 욕망은 성차를 파괴하겠다고 위협하는 젠더 이데올로기를 법으로 제정할 정도다. 하우스먼은 젠더 수행성 개념을 진짜 섹스의 신체적 표식을 반대하고 그 위에 올라서서 섹스를 '갖고 장난치는' 짓으로 보고 고려할 가치도 없다고 내치지만, 트랜스섹슈얼 요구에 대한 그녀의 이론은 두드러지게 수행적이다.

그러므로 성전환 요구는 주체를 트랜스섹슈얼로 구성하는 것의 일부이다. 즉, 성전환 요구는 트랜스섹슈얼이 트랜스섹슈얼리즘이란 표지 아래 자신들을 식별하게 되고 자신들을 그것의 주체로 구성하게끔 하는 메커니즘이다. 이런 이유로 우리는 트랜스섹슈얼을 담당하는 의사들의 담론을 통해 그들의 행위성을 추적할 수 있는데, 이 담론에서는 성전환 요구가 트랜스섹슈얼의 주된 기본 증상(이자 징후)으로서 예시되었다. …… 성전환 요구는 트랜스섹슈얼리즘의 가장 중요한 증상이자 반박할 수 없는 징후가 되었다. (110-111)

'요구'가 트랜스섹슈얼리티를 구성한다고 보고 여기에 초점을 맞추는 이런 방식은 정신분석학자 캐서린 밀럿_{Catherine Millot}을 따른 것인데, 밀럿은 "트랜스섹슈얼리티는 대타자_{the Other}에게 보내는 호소와 특히 요구를 수반한다"고 주장한 바 있다.[31] 성전환 요구를 트랜스섹슈얼 정체성의 "반박할 수 없는 징후"로 읽고, 트랜스섹슈얼들이 의료 서비스에 접근하기 위해 의사들에게 제공하는 서사에 의해 그런 정체성이 형성된다고 이해하는 것은 그 정체성을 신체적 현상에서 언어적 현상으로 변환시키는 셈이다. 여기서 트랜스섹슈얼을 '만드는' 것은 수술이 아니라 요구 그 자체이다. 요구는 트랜스섹슈얼에게 마치 마법처럼 정체성과 주체성을 불어넣으며, 이는 결코 불발될 리 없는, 절대 실패하지 않는 언어적 행위이다. 트랜스섹슈얼 주체에 대한 하우스먼의 설명은 절대적 행위성을 주체성의 품질 보증 마크처럼 이해할 때의 위험을 보여준다. 이런 식으로 트랜스섹슈얼을 절대적 행위성의 형상으로 제시하는 것은, 선택하는 주체라는 발상을 가장 극한까지 확장하는 셈이다. 트랜스섹슈얼의 행위성은 너무도 완전해서 모든 욕망이 하나의 요구가 되고, 그녀가 젠더와 맺는 관계는 선택이라 부르기엔 적절치 않은데, 그 이유는 이 사람은 젠더 범주 자체를 탄생시킬 능력이 있기 때문이란다. 그러나 사실 하우스먼의 보고서와 정반대로, 트랜스섹슈얼들은 자신들이 의사에게 보고하는 의료적·사회적 역사가 특정 반응을 자아내기 위한 매우 잘 짜인 각본, 즉 트랜스섹슈얼로 인정받기 위해 자기 경험을 거기에 꿰맞추는 일련의 필수적인 소설임을 이해하고 있다. 그런데 하우스먼은 그 공식화를 뒤집어서 그런 담론들을 트랜스섹슈얼의 행위성의 증거로 해석해버린다. 그리고 공식적인 의료 담론을 트랜스섹슈얼 본인의 의지가 확장된 것으로 이해해버린다. 트랜스섹슈얼리티와 트랜스젠더리즘을 이해하기엔 고의적 행위자 모델이 부족함이 많다는 점이 전능한 주체에 대한 이런 과장된 묘사에서 여실히 드러나는데, 이런 전능한 주체는 섹스와 젠더를 정하는 권력관계들을 제멋대로 오독한 결과로 나온 것이다. 이 주체는 그 어떤 균열이나 불협화음에도 깨지지 않는 확고한 정체성감각을 소유하고 있고, 자신이 동일시할 젠더와 섹스의 배치를 만족할 만한 모습으로 자유롭게 선택하고, 그러지 못한다면 섹스와 젠더의 구조 자체를 재편한다. 이 주체의 모든 요구는 충족되고, 이 주체는 사회구조나 문화적 금기로부터 그 어떤 저항도 받지 않으면서 자신의 정체화와 주변 환경을 완전하고도 수월하게 통제한다. 그러한 주체는 사회 세계 속에 거주한다기보다는 전적으로 자신을 중심에 두고 형성되는 세계를 창조한다.

트랜스섹슈얼을 자신이 만나는 의사들, 자기 몸, 그리고 섹스와 젠더 범주들에 절대적인 통제력을 행사할 수 있는 사람들로 그리는 이런 식의 서술은, 성전환을 공식적으로 부여하는 의학 및 법률 체계들과 협상하려는 시도들이 얼마나 진 빠지고, 불만족스럽고, 성공하지 못하는 경우가 많은가에 대해 트랜스섹슈얼 당사자들이 서술한 내용과 명백히 대조된다.[32] 하우스먼은 책 서문에서 이 간극을 시인하면서 자신의 책은 정체성에 관한 것이지 "그러나 사람들에 관한 것은 아니"라고 명시한다. 이는 구성이 사회적으로 또 "문자 그대로" 실재를 삭제해버리는 방식들에 대해 그토록 고뇌를 토로한 텍스트치고는 놀라운 주장이다.[33] 하우스먼의 설명에서 몸의 실재는 트랜스섹슈얼 주체성의 괴물 같은 힘에 유일하게 제동을 걸어줄 브레이크다. 이 몸의 물질성은 이미 섹스화된 형태 구조의 실재에 몸이 종속되어 있다고 단언함으로써 자기 정체성을 재편하려는 트랜스섹슈얼들의 시도를 저지하는 동시에 '젠더 정체성'이라는 관념 자체에도 저항한다. 신체적 물질성에 대한 이런 설명이 가장 해로운 종류의 생물학적 결정론 말고 다른 무언가로 해석될 수 있을지는 모르겠다. 결국 하우스먼이 가장 관심을 보이는 것은 이 '실재real'다. 그리고 비록 정치적 목적은 근본적으로 반대되긴 하나 하우스먼은 일부 트랜스 이론가들과 이 관심사를 공유한다. 그 이론가들처럼 하우스먼은 이렇게 주장한다. "우리가 해야 하는 일은 몸을 성적 의미화 작용이 일어나는 현장으로 재사유하는 것이다. 몸을 이론화한다는 것은 몸을, 몸의 기능을 각인하는 언어의 권력을 초과하는 물질적 구조로서 진지하게 받아들인다는 뜻이다."(200) 이 주장은 물질적 몸을 "섹스와 젠더 이데올로기에 저항하는 현장"으로 이해한 크롬웰의 견해, 그리고 우리가 젠더에 관해 '진짜로really' 이야기하기 위해서는 언어를 떠나야 한다고 요구한 그린의 견해와 공명한다.

실재하는 것을 초월하기

우리가 따라야 한다는 명령은 너무도 여러 방면에서 나온다. 그러니 몸을 딱 이런 식으로 진지하게 받아들이면 어떤 결과가 나올지 검토해보자. 몸이 물질적 구조라는 걸 인정하기는 쉽고, 이 정도는 논란이 된 적도 없었다. 만약 우리가 진짜 몸the real body을 언어적 각인과 대립하는 것으로 이해하고자 한다면, 어떤 중요한 의미에서 이는 서술에 저항하는 셈인데, 그 이유는 서술은 항상 명명을 통해 식별하고자 하는 것을 새겨넣기 때문이다. 의미화 작용에 대한 이런 저항은 바깥으로 확장하면 참견하기 좋아하는 철학자와 이론가들의 사변思辨으로부터 몸을 보호하고, 안쪽으로 확장하면 우리가 몸 안에 위치지어진다는 것의 의미를 이해하려는 우리의 노력을 꺾는다. 이런 몸의 물질성은 구성이나 변환의 영향을 받지 않고, 몸의 그 자연스럽고 주어진 상태를 바꾸려는 시도들에도 면역력이 있다. 이런 몸이 담고 있는 진리란 어떤 종류의 진리인가? '진짜' 몸이 우리에게 말해주는 것―아니 정확히 표현하자면, 그 몸이 언어의 혜택 없이 침묵으로 드러내는 것―은 아무것도 없다. 그 어떤 심리적 투자와도 단절된 그저 둔한 물질성으로서만 여겨지기에, 그 몸은 아무런 의미도 갖지 않는 것이다. 이 몸은 말이 없고 불가해한 살덩이인 모나드monad[34]이고, 이는 'real'이라는 단어에 대한 라캉식 의미에서 언어·상징화·의미로부터 폐제된 '실재계'일 뿐이다. 이런 몸이 나타내는 것이 현상학적으로 체험된 몸으로는 인식될 수 없다는 의미에서, 그리고 인간으로 인식하기도 어렵다는 의미에서 이 몸은 그 누구에게도 속하지 않는다. 이런 몸을 숭배함으로써 무엇을 얻는지, 또는 숭배의 대가로 이런 몸이 제공하는 체현의 이상理想이 무엇인지는 불분명하다. 그 누구도 이런 몸의 소유권을 주장할 수 없다―그리고 누가 그러길 원하겠는가?

"몸을 조작할 수 있는 사물로 취급한다면, 이는 고찰을 필요로 하는 심리적 투자가 몸 안에 존재하지 않음을 시사한다"는 주장이 제기된 바 있다.[35] 이는 확실히 틀린 주장이다. 조작操作, manipulation은 심리적 투자를 신체적이고 체험적인 투자로 변환시키는 것이다. 조작이 **곧** 투자인 것이다. 우리가 몸 안에 보유하는 심리적 투자들은, 각인과 의미의 번잡한 얽힘으로 인해 흐트러지지는 않을 영역 안으로 몸의 물질성을 숭배하듯 모셔놓고 출입을 통제하는 차단선을 침으로써 안전하게 보호되거나 증대되는 것이 아니다.

　이 진짜 몸이 현상학적으로 체험된 몸과 별 관련이 없어 보일지라도, 우리가 그 진짜 몸에서 몸의 역사와 심리적 투자 둘 다를 제거하라는 요구를 받게 되는 과정은 현상학적 환원phenomenological reduction과 놀랍도록 유사하다. 후설은 사태를 그저 보이는 대로 이해하는 대신에 있는 그대로 이해할 방법으로 현상학을 숙고했다. 후설의 그 유명한 선언 "사태 그 자체로!Zu den Sachen selbst"는 실존에 대한 절대적 확실성을 수립하자는 요청이었다. 이 확실성은 그가 현상학적 환원 또는 **판단중지**epoché라 명명한 것을 통해 달성될 수 있다. 이는 세계를 대함에 있어 판단을 보류하는 태도로, 우리의 지식이 어떻게 생겨난 것인지를 밝히기 위해, 그리고 대상에 대한 우리의 지식과 그 대상 자체가 서로 부합함을 보증하기 위해 우리가 아는 바를 괄호 안에 넣는 것이다. 이 괄호 묶기 또는 환원은 "초월을 수반하는 모든 지식 주장을 엄격히 자제하고, 이에 따라 지식에 대한 비판을 내재성의 영역과 관련된 주장으로 한정하는 것"으로 특징지어진다.[36] 초월은 우리가 우리 의식이 향하는 대상에 대한 인상과 지각을 모으고, 그 대상이 우리의 지각 너머의 세계 속에 실존한다고 추정하는 추론 과정이다. 초월에서 '골치 아픈 문제'는 부합과 관련된 문제다. 대상에 대한 우리의 지각이 대상 자체에 부합하는지 우리가 알 길이 없으므로, 우리는 우리의 지각을 초월하는 대상을 경험하는 게 아니라 "추론한다".(59) 후설이 말하길, 우리는 세계를 대하는 우리의 "자연스러운" 태도—여기서는 세계 내부의 대상들을 알 가능성이 당연시되고, 세계와 세계의 대상들이 당연히 주어지는 것처럼 보인다—를 보류해야 하고, 이 태도를 "대상과 그 대상에 대한 우리 지식 간 관계에 관한 성찰"인 "철학적 태도"로 교체해야 한다.(16) 그러나 현상학적 환원은 목적이라기보다는 수단이고, 멈추는 지점이 아니라 지식의 가능성을 위한 토대를 수립하고자 하는 철학적 태도다. 이는 세계를 대하는 우리의 자연스러운 태도를 대신하려는 것이 아니라—'보류된' 채 세계를 헤쳐나갈 수는 없으므로—오히려 "존재의 새로운 영역, 개인 존재의 영역을 쟁취"하기 위한 것이다.[37] **판단중지**에 대해 모리스 나탄슨Maurice Natanson은 보완을 목적으로 하는 "심리학적 숨참기psychological breathholding"라고 기술한다. 즉 나탄슨이 보기에 후설은 세계를 대하는 자연스러운 태도를 뒷받침하는 신념을 보완해서 거기에 견고하고 확실한 토대를 제공하려는 시도 중인 것이다. 이렇게 보면 판단중지는 언어적 관념론보다 덜 급진적인 셈인데, 그 이유는 "판단중지를 수행한다고 해서 실제 세계가 어떤 식으로든 변하는 일은 없고, 현상학자도 변하지 않"기 때문이다.[38] 환원을 통해 세계는 **나를 위한 것**이 된다. "나는 내 안에 자족적이고 그 자체로 잘 결속된 본질적 개성을 소유하며, 모든 실제적이고 객관적으로 가능한 경험과 지식이 여기에 속해 있다."[39] 때로 '현상학적 관념론'으로 불리는 이런 존재 양식은 세계로부터의 격리를 체계적으로 시행함으로써 자신이 근본적 확신을 가진 존재가 되도록 스스로 제한하는 존재를 상정한다. 이 자아는 세계에 자아 자체만 담길 때까지 세계를 줄이는 것이다. 후설은 자아 바깥에서도 세계가 여전히 존재하리라고 강조한다. "나는 무슨 궤변가인 양 이 '세계'를 부인하는 것이 아니다. 회의론자인 양 세계가 거기 존재함을 의심하는 것도 아니다. 그러나 나는 시공간적 실존과 관련해서 그 어떤 판단도 내리지 못하게 완벽히 금지하는 현상학적 판단중지를 사용한다."[40] 나탄슨이 제시하듯, 우리가 자연스러운 태도에 머무르며 당연시하는 것은 우리가 거주하는 세계의 실존이 아니라, 그 세계가 타자들이 거주하는 세계와 똑같은 세계이고 우리 모두 똑같은 방식으로 세계를 지각한다는 생각이다. 자연스러운 태도에 단단히 박혀 있는 것은, 세계가 우리에게나 타자들에게나 동일하다는 가정인 것이다.[41]

그러므로 현상학적 환원은 세계를 대하는 우리의 자연스러운 태도가 어떻게 문제 많은 전제조건을 포함하고 있는지를 이해하기 위한 도구로 유용하며, 시야를 방해하는 그런 가정들로부터 떨어져 우리가 세계를 바라볼 수 있도록 해준다. 현상학적 접근은 내 고유의 관점과는 다른 관점들을 자아에서 퇴거시킴으로써 세계를 차이의 현장으로 확보하는데, 이 차이는 자연스러운 태도가 당연시하는 전제―'세계'는 그 어떤 주어진 주체에게도 똑같은 지시 대상을 갖는다는 전제―에 의해 금지된 차이다. "한 사람으로서 '나'는 나를 옭아매는 '우리'로부터 해방되어야 한다. 현상학적 환원은, 공동체에 기반을 둔 현실로서의 '나'에서, 후설의 언어를 빌리자면 궁극적으로는 개인의 **고유한**, 그의 '고유성'의 원천인 자아로 향하는 움직임이다."[42] 그러나 나탄슨의 지적에 따르면, 현상학적 환원은 상호주체성을 사유할 도구일 수는 없으며, 후설 본인도 "상호주체성의 문제" 때문에 좌절한 바 있다.(195) 타자들을 무관심한 태도로 관조할 것이 아니라 그들과 어떤 식으로든 소통이나 진심 어린 상호작용을 하고자 한다면, 철학적 태도로부터 물러나 존재의 자연스러운 양식으로 재진입할 필요가 있다. 이것이 바로 메를로-퐁티가 현상학적 환원을 비판한 요점이다. 퐁티의 주장은 세계를 향한 자연적이고 철학적인 태도가 (사실상 몸과 정신 또는 주체와 세계가) 결코 깔끔하게 분리될 수 없다는 것이고, 그래서 그는 다음과 같은 결론을 내린다. "환원이 우리에게 가르쳐주는 가장 중요한 교훈은, 완벽한 환원은 불가능하다는 것이다."[43] 사실, 메를로-퐁티가 "세계는 내가 생각하는 것이 아니라 내가 살면서 겪어가는 것이다"(xvi-xvii)라고 쓸 때, 이는 환원을 믿는 후설에게 점잖게 충고하는 듯 보인다.

현상학적 환원의 작용은 역사성과 단절되어 있고 사회 세계 내부에 위치지어지는 특성도 결핍되어 있다는 점에서 일부 트랜스 이론가들이 제안하는 '진짜' 몸과 놀랄 만큼 유사한 몸을 생산하지만, 그 몸은 두 가지 중요한 측면에서 서로 다르다. 첫 번째로 '실재'에 대한 견해가 다르다. 일부 트랜스 이론가들에게 '실재'는 실질적인 것, 물질적으로 소여된 것, 그래서 이론화에 저항하고 주체에게 그것의 실존이 의문의 여지가 없는 것과 마찬가지다. 현상학적 언어에서 '실재'는 이와는 상당히 다른 의미를 띤다. "적어도 세계나 실재하는 것들이 존재한다면, 그것들을 구성하는 경험적 동기는 내 경험에, 그리고 모든 개별적 자아 하나하나의 경험에까지 이를 수 있어야 한다."[44] 이 말은 대상이 많은 사람에게 단 한 가지로 존재하는 것이 아니라 많은 사람에게 여러 가지로 존재한다는 뜻이다. 실재하는 대상은 "그 대상에서 가능한 모든 외양의 복합체"로서, 그 누구의 관점으로 보더라도 고유한 존재의 가능성을 그 안에 담고 있다.(251) 이런 의미에서 무언가를 실재로서 구성하는 것은 그것의 물질성이 아니라 가능성의 지평, 즉 그 어떤 사람에게든 그것이 표상하는 모든 다양한 경험을 열어놓는 개방성이다.

겉보기에 이는 철학적 사변 중 최악의 유형, 즉 젠더에 대한 이론적·철학적 접근을 비판하는 이들이 우리에게 경고하던 대로 실제 세계를 내쫓는 딱 그런 짓처럼 보일지도 모른다. 하지만 그렇게만 본다면 이 사변적 노력의 목적을 놓치게 된다. 현상학적 기획은 실제 세계를 폐지하려는 시도가 아니라, 오히려 그 세계에 대해 우리가 추정하는 바를 의문시함으로써 우리가 실제 세계를 더욱 명확하고 철저하게 이해할 수 있도록 하려는 것이다. 바로 이것이 사회와 무관한 물질적인 것으로 여겨지는 진짜 몸과 현상학이 제시하는 실제 몸의 두 번째 차이점이다. 전자의 몸은 (물질성에 대해, 젠더에 대해, 몸 자체에 대해) 우리가 이미 알고 있는 것을 승인해주는 한에서 진짜인 것이고, 후자는 우리가 그 몸에 대해 추정하는 바를 넘어설 고유의 역량을 갖추고 있음을 시사하는 한에서 실제인 것이다. 이런 의미에서 실재한다는 것은 한 사람의 몸과 자아를, 그 사람이 알 **수 없거나** 사전에 예상하지 못하는 것의 여러 가능성에 계속 열어놓는다는 것이다. 이는 가능성과 관련해서 물질성의 문턱에 위치지어지는 것이다—근본적으로 제한적이고 옥죄고 확정하는 물질성 내부에 붙잡히는 것이 아니라.

우리는 아직 젠더에 대해 '진짜로' 이야기한 적이 없고, 이런 요청에 대해 오직 더 언어적인 추상적 개념과 사변을 제공하는 식으로 대응해왔을 뿐이라는 항의가 나올 수도 있다. 그리고 이런 반대 의견에 취할 점이 전혀 없는 건 아닐지도 모른다. 렉스의 소년들에게로 돌아가서, 우리를 실제 젠더로 되돌리는 데 그들이 도움을 줄 수 있을지 알아보면서 이 글을 마무리 지을까 한다. 이 장 초반에 나는 렉싱턴클럽의 소년으로의 정체화_{identification}를 가능하게 만들려면 젠더, 몸, 그리고 그것들의 관계를 어떻게 이해해야 할지 질문했다. 이 소년들 각자 실제 몸을 갖고 있다는 점, 그리고 각자 실제 젠더를 표명하고 있다는 점은 명백한 진실이다. 비록 이들 범주 중 어느 쪽도 다른 쪽 범주에 의해 간단하게 결정될 수 없다 할지라도 말이다. 소년이란 이름이 이들의 정체성을 포착하는 정도는 저마다 다르지만, 이들 모두가 어떤 면에서는 소년으로 정체화한다. 이들 소년 중 어떤 이들은 자신을 여자_{women}로 여기고, 또 어떤 이들은 그 범주와 자신을 아주 조금만 연관시키고, 또 어떤 이들은 자신을 아예 여자로 생각하지도 않는다. 진짜 신체적 성별_{real bodily sex}이라는 통념을 옹호하는 이들은 이렇게 대응할 수도 있을 것이다—'여자_{woman}'는 사회적 범주이고 따라서 재편성이나 재의미화에 적합할지도 모르겠지만, 여성_{female}이라는 범주는 확실히 생물학적인 것이고, 그래서 만약 이 소년들이 여자가 아니라 해도 그들의 신체적 형태 구조 때문에 틀림없이 여성으로 식별될 수 있다고 말이다. 그러나 우리는 이 소년들을 여성의 몸으로 이해할 수 있을까? 우리가 이들의 몸 사진을 살펴보려면 실제 젠더에서 벗어나 재현의 영역으로 옮겨가는 탈선의 위험을 무릅써야 할지도 모른다(그래도 어떤 의미에선 젠더는 항상 젠더에 대한 재현을 통해서 읽히지 않는가?). 달력의 사진에 나온 소년 중 일부는 관습적으로 여성을 의미화한다고 여겨지는 신체적 표지, 즉 불룩한 엉덩이나 완전히 평평하진 않은 가슴을 드러낸다. 그러나 그중 누구도 여성적이지 않고, 일부는 사실상 남성male 몸으로 읽힌다. 이 몸들이 '진짜' 여성이라고, 이 몸들이 당사자의 젠더 표현이나 동일시로도 결코 반박할 수 없는 이 소년들의 정체성에 관한 진실을 품고 있다고 고집스레 주장한다면 이는 무슨 의도를 품은 것일까? 이 몸들이 여성보다는 남성으로 더 코드화되어 있음에도—친구, 연인, 지나가는 사람 아무나, 또 본인들이 알아볼 수 있는 코드로—그들의 몸이 소년들을 여자로 만든다는 주장을 고집하는 건 섹스와 젠더로 마땅한 범주에 대한 가장 엄격히 결정론적이고 보수적인 통념 외에 무엇에 기여하겠는가? 이는 남성성에 오염되지 않을 만한 여자들의 공간이 있어야 한다는 견해가 아니다. 왜냐하면 렉싱턴클럽은 여자일 수도 있고 아닐 수도 있는 소년들로 가득할 뿐 아니라, 스스로는 여자로 정체화하면서 버틀러의 말대로 "내 소녀가 소년인 쪽을 선호하"거나 어쩌면 "소년이 소녀이길"[45] 바랄 펨도 가득하고,[46] 자신은 여자일 수도 아닐 수도 있으면서 자기 소녀가 소년이길

바라는 소년들도 점점 더 늘어나고 있기 때문이다—부치와 만나
는 부치, 트랜스와 만나는 트랜스, 호모에라틱한 이들이 점점 더
가시화되고 있다. 몸의 형태 구조에 의미가 없을 리 없다 해도,
그것은 이런 사례 중 그 어느 경우에서도 동일시와 욕망 어느 쪽
도 대본처럼 미리 정해놓지 않는다. 신체적 형태 구조가 젠더 이
데올로기들을 능가하는 진실의 본질적 요소라고 생각하는 이들
은 현재 사람들이 젠더를 살아가는 방식 일부를 진지하게 받아
들이는 편이 좋을 것이다.

1 물론 이는 쉬운 일반화이다. 다른 곳에서 다른 식으로 떠오르고 있는 퀴어 공동체 형성에 대한 설명은 다음을 보라. Haleberstam, *In a Queer Time and Place.*

2 [역주] 레더 바leather bar라고도 불리는 이곳은 주로 가죽 의상을 입으며 BDSM 성향이 있는 게이들이 모이는 술집이다. 게일 루빈의《일탈》한국어판(신혜수·임옥희·조혜영·허윤 옮김, 현실문화, 2015)에서는 이들을 '가죽족'으로 번역한 바 있다.

3 [역주] 속박bondage, 처벌을 통한 길들이기discipline, 사디즘sadism과 마조히즘masochism, 그리고 지배와 복종 행위domination and submission와 관련된 성적 성향이나 실천을 가리키는 BDSM 플레이에서 복종하는 역할을 맡는 사람submissive을 한국의 하위문화에서는 '섭sub'이라 줄여 부른다.

4 또한 이 사진은 허브 릿츠Herb Ritts가 찍은, 매우 여성적인 신디 크로퍼드Cindy Crawford가 양복 정장을 입은 k.d. 랭k.d. lang을 면도해주는 그 유명한 사진의 인용이자 역전으로도 읽을 수 있다. [역주] 허브 릿츠는 1980~1990년대 유명인들을 찍은 사진으로 잘 알려진 미국의 패션 사진작가 겸 감독이다. 신디 크로퍼드는 미국의 모델 겸 배우, k.d. 랭은 캐나다의 싱어송라이터다.

5 [역주] 한국 학계에서 'queerness'가 주로 '퀴어성性'으로 번역되는 경향이 있어 'gayness'도 '게이성'으로 번역을 맞추었다. 다만 이 용어들과 마주칠 때마다 수행적 의미의 '하다'를 줄인 '함'을 붙여 '퀴어함', '게이함'으로 번역하는 게 나을지 매번 고민한다. 'gayness'는 고정된 속성이라기보다는 특정 시대의 특정 문화에서 '게이'로 묶이는 특정 집단이 수행적으로 만들고 고쳐 만들고 덧붙이며 역사·사회·문화적으로 축적되어온 과정 중의 중간 결과물이라 할 수 있다. 'queerness'와 마찬가지로 'gayness'에는 성격, 말투, 표현(노골적이거나 위반적인 젠더 표현도 포함된다), 라이프 스타일, 행동양식, 향유 문화 등이 복잡다단하게 들어가 있고, 이것들은 명확히 '이것이야말로 게이다'라고 정의할 수 있다기보다는 '감'으로 알 수 있는 것들이다. 또한 이런 것들은 의식적으로 실천하는 것이기도 하지만 몸에 밴 것이기도 하고, 안에서 밖으로 흘러나오는 것이기도 하지만 공동체 및 하위문화와 어떤 식으로든 관계 맺으면서 습득해나가는 것이기도 하다. 게이 공동체 문화 또한 시공간을 초월해 누가 봐도 식별할 수 있는 본질적인 무언가로 구성되어 있다기보다는, 게이를 억압하고 탄압하는 이성애 규범적 사회에 영향받으면서 그런 사회 안에서 생존하며 자기들만의 무언가를 개척하고 만들어온 과정의 결과물이며, 시대에 따라 또 지역이나 국가 같은 공간에 따라 다양할 수 있다.

6 [역주]《퀴어 이론 산책하기》3장에서 이 개념을 설명한 바 있지만(255~258쪽 참조) 여기서 좀 더 풀어 쓰자면, 호모에라틱homoerratic은 '호모에로틱homoerotic'과 (불규칙한, 일정치 않은, 변덕스러운, 상궤를 벗어난 등의 의미를 가진) 'erratic'

을 합친 신조어다. 시스젠더 중심적인 젠더 이분법 체계에 기반하여 동성애와 이성애를 이해할 때는 '여성'과 '남성' 범주가 서로 확연히 구분되는 별개의 범주로서 차이의 관계를 맺고 있고, 각 범주 내부는 동질적으로 이뤄져 있다고 가정한다('homo-'라는 수식어는 동일성을 의미한다). 이런 틀에서는 '동성' 간 관계라 할지라도 그 안에 얼마나 다양하고 범주의 경계를 뒤흔들 만큼 강력한 차이들이 끓어넘치는지를 설명할 언어가 없다. 다음의 인터뷰에서 샐러먼은 본인의 연애 경험을 바탕으로 이 신조어를 만들었음을 설명한다.

> 말하자면 이런 거다. 어떤 의미에서, 내가 트랜스 남성적인 파트너와 맺는 성적인 관계가 '호모'일 수 있는가? 펨과 부치 혹은 펨과 트랜스 남성 간 관계가 젠더화된 동일성의 관계로 기술될 수 있다면 정확히 어떤 근거에서인가? 그리고 만약 내 여성적 젠더와 내 파트너들의 다양한 남성적 젠더 간 관계를 동일성의 관계로 설명하는 게 말이 안 된다면, 그 관계를 조금이라도 더 잘 기술하도록 날 도와줄 언어가 뭐가 있을까? …… 내가 이성애자가 아니라는 건 확실했지만 내가 '레즈비언'의 언어도 많이 받아들이지 못했다는 것도 분명하다. 내가 완전히 '여성을 사랑하는 여성'인 건 아니다. 그리고 '레즈비언'이란 이름은 문제가 많은 방식으로 여성화되어 있다. 왜냐하면 '레즈비언'이란 이름은 내 남성적 파트너들을 여성으로 묘사하는데 이런 묘사가 그들에게 잘 들어맞지 않기 때문이다. '이성애자'도 정확하지 않았다. 퀴어란 용어는 그 용어의 뜻이 고정되지 않는다는 점에서 유용했지만, 때로 사람은 젠더에 이름을 붙이는 단계에서 좀 더 정확한 이름을 원할 때가 있다. …… 따라서 호모에라틱은 퀴어 섹슈얼리티에 스며든 욕망, 차이, 동일성의 복잡한 회로 중 일부를 설명하려 노력한 한 가지 방법이었다. (Gayle Salamon and Ken Corbett, "Speaking the Body/Mind Juncture: An Interview With Gayle Salamon", *Psychoanalytic Dialogues* 21.2[2011]: 228; 전혜은, 《퀴어 이론 산책하기》, 여이연, 2021, 256쪽에서 재인용)

7   [역주] 원문의 "an instance of being able to have one's cake and eat it too" 이 구절은 "One cannot have one's cake and eat it"(사람은 케이크를 소유하는 동시에 그 케이크를 먹을 순 없다, 즉 모든 걸 얻을 순 없다)이라는 관용구를 비튼 것이다.

8   Leslie Feinberg, *Trans Liberation: Beyond Pink or Blue*, Boston: Beacon, 1998, p. 114.

9   Ibid., 10.

10   Jamison Green, "The Art and Nature of Gender", *Unseen Genders:*

Beyond the Binaries, Ed. Felicity Haynes and Tarquam McKenna, New York: Peter Lang, 2001, p. 59.

11 Prosser, *Second Skins*, p. 7. 프로서가 정신분석적 맥락에서 사회적 구성과 트랜스젠더리즘에 관한 논쟁들에 주요하게 개입한 작업에 대한 상세한 논의는 1장을 보라.

12 Jason Cromwell, *Transmen and FTMs: Identities, Bodies, Genders, and Sexualities*, Champaign: University of Illinois Press, 1999, p. 25.

13 Ibid., 42. 현상학적 몸을 이데올로기와 사회적 구성 둘 다에 대항할 독자적 역량을 가진 것으로 보는 관점을 제시할 뿐 아니라 트랜스 체현에 대한 현상학적 접근법과 푸코식 접근법을 비교하는 작업으로는 Rubin, *Self-Made Men*을 보라.

14 Green, "The Art and Nature of Gender", *Unseen Genders*, p. 62.

15 Cromwell, *Transmen and FTMs*, p. 43.

16 2000년 4월 27일 캘리포니아대학교 버클리 캠퍼스(UC 버클리)에서 케이트 본스타인과 나눈 대화.

17 Green, "The Art and Nature of Gender", *Unseen Genders*, p. 60.

18 Viviane K. Namaste, *Invisible Lives: The Erasure of Transsexual and Transgendered People*, Chicago: University of Chicago Press, 2000, p. 9.

19 Cromwell, *Transmen and FTMs*, p. 43.

20 Edmund Husserl, *The Crisis of European Science and Transcendental Phenomenology: An Introduction to Phenomenological Philosophy*, Trans. David Carr, Evanston, IL: Northwestern University Press, 1970, p. 160.

21 푸코는 규제와 통제의 몇 가지 각기 다른 양식을 통해 몸이 생산된다고 이해한다. 처벌도 이런 양식 중 하나이고 섹슈얼리티도 이 중 또 다른 양식이다. 다음을 보라. Michel Foucault, *Discipline and Punish: The Birth of the Prison*, Trans. Alan Sheridan. 2d ed. New York: Vintage, 1995, p. 155; *The History of Sexuality vol. 2: The Use of Pleasure*, Trans. Robert Hurley. New York: Vintage, 1990. [한국어판:《감시와 처벌: 감옥의 탄생》, 오생근 옮김, 나남출판, 2020;《성의 역사 2: 쾌락의 활용》, 신은영·문경자 옮김, 나남출판, 2018]

22 *Discipline and Punish*, p. 215.

23 젠더 위반과 공공 화장실에 대한 더 많은 논의는 다음을 보라. Sally Munt, "Orifices in Space", *Butch/Femme: Inside Lesbian Gender*, edited by Sally Munt and Cherry Smith, Washington, DC: Cassell, 1998, pp. 200-209. 또한 타라 마테익Tara Mateik과 실비아리베라법률프로젝트Sylvia Rivera Law

Project가 함께 만든 다큐멘터리 〈용변 교육: 화장실에서의 법과 질서Toilet Training: Law and Order in the Bathroom〉(2003)를 보라. [역주] 〈용변 교육〉은 유튜브에서 볼 수 있다. https://youtu.be/60yfBeARGuk?si=0bK65JIFjyS7LBxA

24 [역주] '패싱passing'은 구별을 통해 위계를 구축하는 다양한 분류 체계들(인종, 민족, 젠더, 섹슈얼리티, 계급, 장애 등)에서 어떤 한 범주로 자연스레 통과되는 상황 또는 통과를 위한 수행적 실천을 가리키는 용어. 범주마다 그 범주에 본질적인 특징이 반드시 가시화되어 있으며 그것을 통해 상대방의 범주를 첫눈에 알아볼 수 있다는 지배적 통념이 패싱의 역학을 구성한다. 소속감이나 생존의 문제 때문에 당사자가 적극적으로 패싱되고자 애쓰기도 하고(예를 들어 미국 소설가 넬라 라슨의 1929년 작 《패싱》에 나오는 흑백 혼혈인 주인공), 사회의 편견으로 인해 당사자의 의지와 상관없이 당사자가 동일시하지 않는 범주로 패싱되는 경우도 있다(비가시적인 장애가 있는 사람들이 장애인 주차 구역에서 '넌 장애인처럼 안 보이는데?'라는 시비가 걸리는 것처럼).

25 Cromwell, *Transmen and FTMs*, p. 42.

26 Butler, *Bodies That Matter*, p. x.

27 Green, "The Art and Nature of Gender", *Unseen Genders*, p. 60.

28 존 콜라핀토John Colapinto가 《자연이 그를 만든 그대로: 소녀로 길러진 소년As Nature Made Him: The Boy Who Was Raised as a Girl》(New York: HarperCollins, 2000)에서 존/조안 사례를 설명한 방식은 트랜스섹슈얼리티 그 자체에 대한 비판은 아니더라도 이런 경향을 특히나 보수적으로 드러내는 예이다. '자연'이 존을 소년으로 만들었는데 사회 구성주의자들이 그를 소녀로 바꾸려 들었다는 것이다. 콜라핀토는 그들의 실패야말로 성차의 본성이 반박 불가능한 것임을 보여준다고 강력히 주장한다.

29 Bernice Louise Hausman, *Changing Sex: Transsexualism, Technology, and the Idea of Gender*, Durham: Duke University Press, 1995, pp. 26, 3.

30 [역주] 여기서 샐러먼은 하우스먼이 "성전환 수술sex change surgery"이라 부른 것을 "성 재지정 수술sex reassignment surgeries"로 고쳐 쓰고 있는데, 이는 '트랜지션transition'—태어날 때 의료적·행정적으로 지정받은 성별(대개 의료진의 육안으로 확인한 외부 성기 모양에 따라 정해진다)에 본인의 젠더감각이 맞지 않아 고통을 겪는 사람들이 자신을 좀 더 온전히 담아낼 수 있다고 생각되는 성별에 맞춰 몸과 삶의 방식을 조정하는 이행 과정 전체를 부르는 이름—의 과정 중 외과적 개입 단계를 부르는 이름이 시대의 변화에 따라, 관점과 맥락에 따라 변화함을 보여준다. 현재는 이런 외과적 개입을 부르는 말로 'gender affirming surgery'가 쓰이는 추세이고 한국에선 '성 확정 수술'이란 번역어가 유통되고 있지만, 샐러먼이 이 책을 쓰던 시기에는 'sex reassignment surgery'란 용어가 'sex

change surgery'에 대한 대항 담론으로 쓰이던 때였다는 시대성을 반영하여 '성
재지정 수술'로 번역하였다.

이 책이 15년 전에 나온 것이니만큼, 당시에 진보적이었던 개념들이 2026
년 현재에는 다른 의미와 맥락을 갖는 경우가 종종 있다. 그러므로 본문의
내용과는 무관하나 이런 외과적 개입을 부르는 용어의 변천을 둘러싼 담론
지형을 좀 살펴볼 필요가 있을 것 같다. 이 한정된 지면에서 용어의 역사를
정확하게 추적하긴 어려우나 간단히 정리하자면, SRS란 줄임말로 통용되는 'sex
reassignment surgery'는 1990년대 퀴어 이론이 학계에 부상하기 시작하면서
'성전환'이란 개념의 편파성을 비판하며 그 대안으로 쓰이기 시작했으며,
세계트랜스젠더보건의료전문가협회에서 발간해온《건강관리 실무표준》의 제
7판(Version 7, 2012)까지는 공식 용어 중 하나로 수록되어 있었다(7판에선
'sex reassignment surgery'와 'gender affirmation surgery'란 용어가
나란히 쓰였다). 그러다 10년 뒤 출간된《건강관리 실무표준》제8판(2022)
에서는 'gender affirming surgery'가 공식 용어로 채택된다(https://wpath.
org/publications/soc8/). 그러면서 '성 재지정 수술'은 트랜스 당사자들에게
부적절한 용어이니(심지어 "경멸적"이고 "모욕적"이므로) 이제는 써서는 안
된다는 평가를 받게 된다. 흥미로운 점은 이런 식의 단언을 곳곳에서 찾아볼
수 있지만, 왜 이 용어가 언제부터 이렇게까지 부정적인 평가를 받게 되었는지
그 비판의 맥락과 근거를 명확하게 밝히는 곳이 없다는 점이다(출처로 보이는
문헌을 거슬러 찾아가도 대부분의 문헌이 용어의 실효성이 아니라 수술 자체의
실효성에 대해 논하고 있다).

그렇다면 '성 재지정 수술'이란 용어가 초기에 어떤 의미에서 '성전환 수술'의
대안으로 여겨졌는지, 그리고 이 용어가 의료·행정제도 안에 자리 잡으면서
어떤 문제들이 발생했는지를 짚어보면서 현재 이 용어가 사장된 맥락을
추정해볼 수밖에 없다. 1990년대 초반 이성애 규범성뿐만 아니라 시스젠더
중심성에 대항하는 '퀴어 이론'이 부상하던 시기에 '지정성별assigned sex' 개념이
부상하였는데, 이 개념은 (시스젠더가 정상이고 트랜스젠더만 예외인 것이
아니라) 모든 사람이 성별 이분법의 어느 한쪽 범주에 들어가도록 '지정'되고
이런 지정이 자연적·본질적 진리의 위상을 차지하여 모든 사람이 거기 맞추도록
강요당하는 구조적 폭력을 밝히는 퀴어 이론의 중요한 사유를 담고 있다.(Butler,
Bodies that Matter[1993] 참조) 성별이 '생물학적'으로 결정된 것이 아니라
이분법적 성별 체계 안에 '지정'되는 것이라면, '다시 지정하는 일re-assignment'
도 가능할 것이다. 이런 사유 전환은 이분법적 젠더에 맞지 않는 개인이 문제인
게 아니라, 이들을 병리화하여 억압·차별·폭력을 정당화하는 사회가 문제임을
밝혔다. 이 개념과 연결해서 'sex reassignment surgery'란 용어는 '성전환sex

change'에 담긴 시스젠더 중심적-젠더 이분법적 의미를 지양하고, 트랜스젠더가
의료적·행정적 권위 아래서 병리화·타자화되고 선정적으로 취급되는 문제에
대항하는 의미를 담을 수 있다.

그러나 여전히 시스젠더중심주의가 강력하고 젠더 이분법에 기반한 폭력이
만연한 사회에서, 이 용어가 퀴어 이론의 맥락 바깥에서 의료화·대중화되면서
행정 편의적인 방향으로, 또한 시스젠더 중심적 사회를 위협하지 않는 방향으로
변질되어 '재지정'에 담긴 전복적 의미가 가려지고 법적 성별 정정에 모든 의미와
목적이 맞춰지는 문제가 발생했을 것이다. 이 책의 7장에서 명징하게 다루고
있듯, 의료 체계와 관료제가 까다로운 절차를 통해 수술을 '허락'하고 성별을
'재지정'해주는 권력을 쥐고서 트랜지션을 원하는 당사자들을 관리하는 문제는
그대로 이어졌다. 성별 '재지정'에 대한 의미와 효과를 '재지정'할 힘을 여전히
국가가 틀어쥔 상태에서는 '성전환 수술'이란 용어와 마찬가지로 당사자가
배제되는 문제가 해결되지 않는다. 성별 '재지정'은 권한을 쥔 자들의 편의에 따라
'자연스러운 것'과 '인공적인 것'의 구분 자체를 임의로 또 모순적으로 재지정하는
문제가 되어버린다. 7장의 논의는 성별이 사회적 구성물이라는 의미를 가장
파격적이고 반동적으로 써먹고 있는 것이 국가임을 여실히 보여준다.

다른 한편, 해외 온라인 커뮤니티 등지에 남겨진 비공식적 텍스트들을 살펴보면,
당사자들의 삶과 경험을 잘 담아낼 대안적 용어를 찾는 입장에서 봤을 때는
'재지정 수술'이 개념적으로도 당사자가 실제 삶에서 겪는 경험, 자기 몸과
맺는 관계, 정체성을 만들어가는 기나긴 과정을 제대로 담아내지 못하고 마치
수술만으로 단번에 확실하게 성별이 '재지정'되는 듯한 인상을 주는 것 또한
문제로 지적받아온 듯하다. 따라서 이에 대한 또 다른 대안으로 트랜스젠더
당사자가 느끼고 살아온 성별로 확정한다는 당사자 중심적 의미를 담은 'gender
confirming surgery', 'gender affirmation surgery' 등 다양한 용어가
논의되다가, 최근에 'gender affirming surgery'로 자리 잡게 된 것으로 보인다.
특이한 점은, 한국에서는 'sex reassignment surgery'가 한 번도 퀴어
이론적 의미에서의 '재지정'으로 이해되고 유통된 적이 없다는 것이다. SRS
라는 줄임말은 통용되었으나 《건강관리 실무표준》 제7판을 번역한 2017년도
한국어판은 관련 의료 전문가들과 활동가들이 참여했음에도 'sex reassignment
surgery'를 '성전환 수술'로 번역했다. 물론 이는 계속 용어 변화가 일어났던
영미권과 달리 한국에서는 '성전환 수술'이란 용어가 오랫동안 통용되었기에
대중적인 언어로 수술을 설명하기 위해 택한 번역 전략일 수도 있다. 개념의
변천사를 설명하는 것은 《건강관리 실무표준》의 관심사가 아니며 그런 이름과
절차 아래 당사자들에게 차별적이지 않은 의료를 제공하도록 가이드를 제시하는
것이 목적이기 때문에 이름의 문제는 별로 중요하지 않았을 것이다. 하지만 이런

맥락에서, 의료 전문가 인터뷰에서조차 SRS가 당사자 배제적 또는 혐오적인
용어라는 단언이 나오는 가운데 'sex reassignment surgery'를 'sex change
surgery'와 동의어처럼 이해하는 모습이 포착된다. 한편 'sex reassignment
surgery'의 한계를 보완하여 대안적 용어로 부상한 'gender affirmation
surgery'가 《건강관리 실무표준》 제7판의 한국어판에서는 '성별 확정 수술'
로, 제8판의 한국어판(2023)에서는 유일한 공식 용어가 된 'gender affirming
surgery'가 '성 확정 수술'로 번역되었는데(한국성소수자의료연구회에서 전문을
다운받을 수 있다. https://kalm.kr/54/?bmode=view&idx=148725251),
'확정'이란 번역어는 사실상 영미권 커뮤니티에서 '재지정'의 개념적·실용적
한계로 비판받았던 문제들을 고스란히 안고 있다. 또한 이 번역어는 'affirming'
이 어째서 'reassignment'의 대안으로 이해되었는지를 담아내지 못하고 있다.
이와 연관해서 나는 'gender affirming care'의 'affirming'을 '확정' 대신 '긍정'
으로 번역하는 편이 당사자의 감각과 정체성을 존중하면서 젠더를 유동적으로
열어두는 데 도움이 되지 않을까 하는 의견을 낸 적이 있다(다음을 보라. 에반
T. 테일러·메리 K. 브라이슨, 〈암의 가장자리: 트랜스 및 젠더 비순응자의 지식
접근과 암 건강 경험, 의사결정〉, 전혜은 옮김, 《여/성이론》 36호, 2017, 65쪽
역주10). 사전적 의미에서 affirm은 '단언'이나 '확정'의 의미로 더 자주 쓰이고
'긍정'은 일상적으로 자주 쓰이는 의미는 아니지만, 적어도 트랜지션과 관련된
의료적 개입을 뜻하는 표현으로 'affirming'을 '긍정'으로 이해한다면 이 표현은
트랜지션의 전 과정에 당사자의 주체성을 좀 더 담아낼 수 있을 뿐 아니라,
의료적·행정적 절차를 거쳐 본인이 느끼고 살아온 성별과 외부에서 인식되는
성별을 일치시키는 과정을 마치고 나서도 젠더감각 및 정체성이 유동적으로
변화할 수 있다는 사실을 포용할 수 있다. 이 해석은 1990년대에 '젠더퀴어
genderqueer'라는 용어를 만든 퀴어 활동가·교육자 리키 윌친스Riki Wilchins
처럼 당대의 인식틀이 자신과 같은 사람을 읽어내고 규정하는 방식에 맞춰
트랜지션을 진행한 다음에 젠더퀴어나 논바이너리non-binary—남자와 여자 어느
한쪽 범주에도 맞지 않고 그 사이 어딘가에 자신이 존재한다는 감각을 반영한
이름들—로 재정체화하게 된 이들을 위한 자리도 열어놓는다. 또한 도무지
이분법의 어느 한 범주에 자신이 맞지 않는다고 감각하는 이들이 이 논바이너리
정체성을 표현하고 살아가려는 시도 중 하나로 트랜지션을 진행하는 경우도
포용할 수 있다.
　다만 이런 용어와 번역어에 대해 논의할 때 이것이 어느 한쪽만이 반드시
옳고 틀리고의 문제가 아님을 유념할 필요가 있다. 다양한 용어와 그에 대한
해석 및 번역들은 트랜지션을 고민하는 당사자들, 그리고 관련 의료 종사자 및
앨라이들의 다양한 위치와 맥락과 통찰에서 나온 것이다. 《건강관리 실무표준》

제8판에는 gender-affirming의 번역어를 정하는 문제를 고민한 내용이
수록되어 있는데, 이 개념이 "의료인이 당사자가 주장하는 성별정체성이 진실한
것임을 수용하여 해당 의료 조치를 한다는 의미로서 당사자 주체성을 강조하는
취지"를 갖고 있다는 점에서 "성별긍정수술"로 번역하는 방안도 고민했으나
의료·법·행정 체계 안에서 이 용어가 유통될 때 의미가 왜곡되어 당사자에게
불리하게 작용할 위험, 즉 "'성별긍정'의 어감이 가볍고 쉽게 바뀔 것 같은 인상을
주어 의료적 필요성이 약하게 느껴진다는 점, 그로 인해 이후 의료보험 적용이나
보호자를 설득할 때도 불리하게 작용할 것 같다는 점, 현재 성전환 수술 대신
성확정 수술, 성별확정 수술의 사용을 확산시키고 있는 단계인 한국에서 다시
새로운 용어의 등장은 수용도가 떨어지고 오히려 이해도에 대한 장벽으로
작용할 것이라는 점"을 중요시하여 '성별확정 수술'로 정하게 되었다고 밝히고
있다.(289쪽) 트랜스 여성 또는 트랜스 남성으로 감각하고 정체화하는 이들
중에는 '확정'이란 번역어가 자신을 더 잘 지지해준다고 느끼는 사람도 있을 수
있다. 젠더퀴어나 논바이너리로 감각하고 정체화하는 이들 중에는 '긍정'이란
번역어가 자신과 같은 사람들이 있을 여지를 열어준다고 느끼는 사람도 있을
수 있다. 그리고 《건강관리 실무표준》에서 보이듯, 미국뿐 아니라 한국에서도
수술이 트랜지션 과정의 필수 요소도 아니고 자신의 체현감각과 젠더 정체성에
맞게 살아가는 여러 가능한 방법 중 하나라는 견해가 점점 더 자리 잡고 있다.
그러므로 어떤 용어를 사용하든 가장 중요한 문제는 지정성별과 불화하는 이들이
수술이나 행정적 성별 정정 여부와 무관하게 자기 자신 그대로 차별받지 않고
안전하고 평등하게 살아갈 수 있는 세상을 만드는 일일 것이다.

31 Millot, *Horsexe*, p. 141.

32 이런 협상들에 대한 자서전적 설명은 다음을 보라. Holly Devor, *FTM: Female-
to-Male Transsexuals in Society*, Bloomington: Indiana University Press,
1997.

33 Hausman, *Changing Sex*, p. xi.

34 [역주] 모나드monad는 쪼갤 수 없는 가장 단일한 궁극적 본질, 가장 최소 단위의
입자를 뜻한다. 고대 그리스 철학에서는 태초에 홀로 존재하는 근원 또는 신을
뜻하는 단어로 쓰였고 17세기 독일의 수학자·과학자·철학자인 고트프리트
빌헬름 라이프니츠Gottfried Wilhelm Leibniz가 이를 끌어와 세계를 이루는 가장
기본 요소인 독립적이고 단일한 실체로서의 모나드 개념을 정립했다. 여기서는
라이프니츠 철학까지 깊게 들어갈 필요는 없고, 환원 불가능한 가장 근본적
단위에 대한 일반적 은유로 쓰인 듯하다.

35 Patricia Elliot and Katrina Roen, "Transgenderism and the Question of
Embodiment: Promising Queer Politics?", *GLQ: A Journal of Lesbian and*

Gay Studies 4, no. 2(1998): 231-261.

36 Edmund Husserl, *The Idea of Phenomenology*, Trans. William P. Alston and George Nakhnikian, Introduced by George Nakhnikian, Dordrecht: Kluwer Academic, 1964, p. 5. [한국어판:《현상학의 이념》, 박지영 옮김, 필로소픽, 2020]

37 Husserl, *Ideas I*, Trans. F. Kersten, The Hague: Nijhoff, 1964, p. 112. [한국어판:《순수현상학과 현상학적 철학의 이념들 1》, 이종훈 옮김, 한길사, 2021]

38 Maurice Natanson, *Edmund Husserl: Philosopher of Infinite Tasks*, Evanston, IL: Northwestern University Press, 1974, p. 58.

39 Edmund Husserl, *Ideas I*, p. 17.

40 Ibid., p. 110.

41 Maurice Natanson, *Edmund Husserl*, p. 26.

42 Ibid., p. 71.

43 Merleau-Ponty, *Phenomenology of Perception*, p. 79.

44 Husserl, *Ideas I*, p. 150.

45 Judith Butler, *Gender Trouble: Feminism and the Subversion of Identity*, *Thinking Gender*, New York: Routledge, 1990, p. 123. [한국어판:《젠더 트러블: 페미니즘과 정체성의 전복》, 조현준 옮김, 문학동네, 2024]

46 [역주] 여기서 '소녀girls'와 '소년boys'은 미성년자를 뜻하는 것이 아니라, 퀴어 하위문화에서 시스젠더-이성애 중심적 성별 규범 체계에 반드시 종속되지는 않는 방식으로 여성적 또는 남성적 젠더 표현을 체현/수행하는 이들을 느슨하게 가리키는 표현이다. 이와 유사하게 '펨femme'도 전통적으로는 레즈비언 하위문화에서 부치Butch와 한 쌍을 이뤄 좀 더 여성적인 스타일을 살아가는 이들을 가리키는 이름으로, 시스젠더 여성 동성애자만이 아니라 트랜스젠더, 논바이너리 젠더퀴어들 사이에서 관습적으로 '여성적으로 젠더화되었다' 고 표현할 만한 이들을 부르는 느슨한 이름으로 확장해서 사용되고 있다 (예를 들어 다음을 보라. 리아 락슈미 피엡즈나-사마라신하,《가장 느린 정의: 돌봄과 장애정의가 만드는 세계》, 전혜은·제이 옮김, 오월의봄, 2024). '소녀' 와 '소년'으로 번역하면 뜻이 제대로 전달되지 않아 '걸'과 '보이'로 음차할지 고민하였으나 'girls'는 이 책 전체에서 여기에만 등장하며, 다음 4장에서 boy와 연결되면서도 좀 다른 맥락에서 이분법적 젠더 체계를 교란하는 표현으로 boi가 등장하기에 후자를 '보이'로 음차하고자 일단 이 장의 girl과 boy를 '소녀'와 '소년' 으로 옮겼다. 다만 boy와 boi가 명확히 구별되는 관계는 아니며, 각각 시스젠더 중심적 젠더 이분법의 안과 밖에 자리한 이름인 것도 아니다. 그보다는 젠더와

섹슈얼리티를 이분법적으로 해석하는 틀이 규범적 힘을 발휘하는 사회에서 이런 이분법적 범주들과 퀴어 당사자들이 맺는 복잡한 관계성과 위치성을 어떻게 표현할 것인지에 대한 고민이 시대와 맥락에 따라 다양한 시도를 거쳤다고 보는 편이 적절할 것이다. 자세한 논의는 4장을 보라.

4장

트랜스페미니즘과
젠더의 미래

트랜스/젠더/여성학

여성학, 페미니즘, 그리고 트랜스젠더리즘 및 다른 비규범적 젠더들에 관한 연구는 서로 어떤 관계인가? 여성학이란 제목 안의 트랜스젠더학의 자리에 대해, 또는 그런 자리가 부족한 현상에 대해 질문하면서 나는 지금껏 페미니즘이 비규범적인 젠더들이 사유되고 체현되고 살아가게 되는 양상과 보조를 맞추지 못했다는 점을 짚고자 한다—제도화된 형식의 페미니즘에서 특히 이런 문제가 보이지만 제도 바깥도 마찬가지다. **트랜스젠더**라는 용어를 둘러싼 최근의 논쟁은 페미니즘 담론 안에서 **퀴어**와 **여성** woman이란 용어의 유통에서 표면화되었던 지시성과 정체성에 관한 우려 중 일부를 반복하고 있다.

이 장에서 내가 제안하고자 하는 것은, 만약 여성학이 생명력 넘치는 학문 분야로 다시 부상하고자 한다면 최근 부각되고 있는 젠더들에 더 관심을 보여야 한다는 것이다. 여성_{female}과 남성_{male}의 이분법을 넘어서는 젠더들은 허구도 아니고 미래에나 있을 법한 것들도 아니며, 바로 지금 체현되고 살아가는 젠더들이다. 그럼에도 여성학이란 학문 분야는 아직도 이 점을 고려하지 못하고 있다. 여성학이 트랜스학에 더 진지하게 관여할 것을 행동으로 보여주지 않는 한, 여성학은 사람들이 젠더를 살아가는 현재 상태를 제대로 가늠할 수도 없고 젠더의 미래로 가능한 수많은 것들을 상상할 수도 없을 것이다. 마찬가지로 트랜스학에 페미니즘이 필요하다는 것도 참이다. 현재의 트랜스학은 신생 단계로, 주체성에 대한 자유주의-개인주의적 통념에 자주 예속된다. 이런 통념에서는 포스트-젠더 주체가 절대적인 행위성을 소유하고서 자신의 젠더를 더할 나위 없는 상태로 만들어낼 수 있다고 여긴다. 하지만 여성학이 제공하는 젠더 구조들에 대한 체계적인 이해 없이는, 또한 그런 구조를 떠받치는 권력관계에 대한 체계적인 이해 없이는 트랜스학은 젠더를 역사적 범주로 이해할 수 없고, 젠더의 현재 상태가 어떻게 출현했는지에 대한 설명을 제공할 수 없다. 이는 특히 트랜스들이 겪는 폭력을 논할 때 필요한데, 젠더를 전적으로 개인적이고 의지주의적인 것으로 해석하는 이론으로는 도무지 그런 폭력 현상을 설명할 수 없기 때문이다.

이 광범위한 문제의식을 바탕으로, 나는 제도화된 형식과 대중적 형식 양쪽 다에서 트랜스 정체성과 페미니즘 간 관계를 특수화하고 복잡하게 만드는 세 장의 사진을 고찰해보고자 한다. 이 사진 중 하나는 우리에게 트랜스 주체성에 대한 하나의 이미지와 하나의 서사를 제공하는데, 여기서 제공되는 트랜스 주체성은 트랜스젠더 인구집단과 레즈비언 및 페미니스트 인구집단이, 그리고 더 나아가 트랜스젠더 이슈와 레즈비언 및 페미니스트들의 관심사가 서로 다를 뿐만 아니라 상호 배타적이라는 대중적 시각을 따른다. 이 대중적 시각은 트랜스 공동체와 레즈비언 페미니스트 공동체가 분열되어 있고 그런 분열을 트랜스들이 일으켰다고 본다. 이런 시각은 트랜스젠더리즘이 학계에서 주목을 받을 만한 방식 또는 그렇지 못한 방식을 강화하고 또 그런 학계 방식으로부터 힘을 얻는 상호적 관계를 맺고 있다. 트랜스들과 페미니즘의 조우가 학계 밖에서 점점 더 많이 발생하고 있는데, 거기서는 페미니즘의 대중적 목소리가 제도화된 여성학 프로그램의 직접적인 산물로 여겨진다.

트랜스학은 학계 안에 아직 안정된 발판이라 할 만한 것을 갖추지 못했다. 트랜스 이슈들에 관한 학술적 작업이 양적으로 증가 중이긴 하지만, 제도적 측면에서 말하자면 '트랜스젠더학'은 항상 또렷하게 알아볼 수 있는 범주는 아니다.[1] 그 이유는 트랜스젠더학이 좀 더 광범위하게 범주들에 저항하기 때문일 수 있다. 다만 범주에 대한 불복종이 트랜스젠더학만의 독자적 특성이라고 보기는 힘든데, 몇몇 다양한 종류의 지역학이라 불리는 연구들도 같은 특성을 보이기 때문이다. 또는, 대학 내에서 젠더 연구의 자리에 대해 아직 합의된 바가 별로 없고 섹슈얼리티의 자리에 대한 합의는 훨씬 더 없는데, 트랜스젠더리즘에서는 이 둘 다가 쟁점인 데다 관련 논쟁이 도발적인 방식으로 벌어지고 있다는 점을 수반하는 듯하기 때문이기도 할 것이다. 오늘날 생산되고 있는 트랜스학에 대한 작업 일부는 인류학, 사회학, 역사학 등 사회과학 분야에서 나온다. 하지만 최근 트랜스 이슈에 관한 많은 작업이 인문학에서 부상 중이며, 일부는 여성학 분과에 자리하고 있다. 어떤 면에선 이는 '자연스러운' 동맹처럼 보일 것이다. 즉 여성학은 젠더와 젠더의 생산·존속·위반을 탐구하는 일에, 또 이런 것들이 생산되면서 체현, 정체성, 사회구조들을 형성하는 방식을 탐구하는 일에 대해 제도권 안에 이미 준비된 도구 모음을 풍부하게 제공하는 듯 보인다. 또한 여성학은 몸과 차이에 관해 논할 수 있는 자리, 그리고 권력이 몸들을 다르게 형상화하고 또 훼손하는 방식에 대해 심문할 수 있는 자리를 학계 안에 마련해왔다.

그러나 트랜스 관련 수업과 학문이 항상 여성학 영역 안에서 따뜻한 환영을 받은 건 아니었다. 어떤 이는 제도적 변화의 속도만을 근거 삼아 이런 부재가 일시적으로만 사실일 뿐이라고 해석하면서 양쪽 다 학계와 커리큘럼의 층위에서 곧 서로를 포함하게 되리라는 결론을 내릴지도 모른다. 이런 견해가 시사하는 바는, 트랜스젠더리즘은 그저 여성학에, 그리고 여성학이 나름대로 보편주의적이라고 추정되는 다양한 순간에 도전장을 내민 수많은 정체성이 적힌 기나긴 목록 중 가장 최근 것일 뿐이고, 분과학문으로서의 여성학은 유색인 여성, 레즈비언, 성 급진주의자, 퀴어들을 대했을 때와 마찬가지로 트랜스들의 정체성과 관심사를 고려해주리라는 것이다. 이것이 실제로 달성되었는지, 즉 이 다른 주변적 정체성들이 실제 성공적으로 여성학의 의제로 다뤄지거나 그 안에 성공적으로 통합되었는지 아니면 거기서 동화되지 않는 자기만의 집을 찾은 건지에 대한 의문은 뒤로 미루더라도, 여성학의 성장이라는 이 발전 모델이 미래에 여성학과가 어떤 모양새일지를 예측할 수도 없고 학계 내 트랜스학의 궤적을 설명할 수도 없다고 믿을 만한 여러 이유가 있다.

여성학이 트랜스학에 반응하길 꺼리는 경향을 이해할 다른 길이 있다. 어떤 면에서 트랜스학이 여성학 같은 학과과정을 내놓기엔 독특한 난관이 있다. 트랜스학을 '여성woman' 범주 아래 포괄될 또 다른 주체 위치를 제공하고 있다고 이해하는 대신에 그 범주를 분해하는 것이 트랜스학의 과업이라고 이해한다면, 특히 그러한 분해가 섹스와 젠더의 관계, 남성male과 여성female의 관계를 새로이 절합하길articulation 요구한다면,[2] 이 난관이 명백해진다. 확실히, 젠더의 고정된 분류 체계에 도전을 제기하는 일에 독특하게 안성맞춤인 주체성의 일종으로서 트랜스의 특이성은, 그러한 고정된 분류 체계에 순응하는 젠더에 본질적으로 의지하는 분과학문이라는 여성학의 특이성 안에서 저항에 부딪힌다. '여성' 범주는, 그것이 교차적이고 역사적으로 우연적인 범주로 이해될 때조차, 그 범주가 연구의 대상뿐 아니라 분과학문의 토대로 있으려면 어떤 지속성과 일관성을 제공해야 한다. 그리고 저항을 가리키는 위치를 나타내는 주체 형성은 그런 도식 안으로 쉽게 통합되지 않을 수도 있다. 그러나 그러한 주체는, 그 주체가 지시적인 젠더 체계 **바깥에** 영원히 있는 위치를 체현하고 문자 그대로 재현하는 한에서 유용함이 입증될 것이다. 나는 트랜스 주체가 지금까지 여성학에 바로 그런 주체였다고 주장할 것이다. 즉 트랜스 주체는 여성학에 필연적으로 가까이 있지만 동화될 수 없는 주체이고, 그 주체를 추방하는 한에서만 젠더를 이분법 체계로 실행하고 보증할 수 있다. 트랜스젠더화된 주체는 이분법적 젠더의 구성적 외부다.[3]

웬디 브라운Wendy Brown은 모든 분과학문에 수반되는 정의定義의 불안정성이 특히 여성학에서 극심하며, 여성학의 제도적 특이성은 여성학의 과업이 특수한 도구나 방법론을 제공하는 게 아니라—여성학의 설립과 범위가 다학제적 성격을 띤다는 점을 고려하면 이는 불가능하다—오히려 특정 종류의 주체, 즉 여성women에 대한 설명을 기반으로 하나의 분과학문으로서 기능하는 것이라는 사실에 내재해 있다고 지적한다. 이는 "여성학에 속한 우리가 최근 직면하는 매우 큰 난제" 중 하나로 이어진다. 브라운은 이렇게 쓴다.

> 그러나 현대 제도로서의 여성학은 정치적으로도 이론적으로도 일관성이 없을 뿐만 아니라 암묵적으로 보수적일지도 모른다. 일관성이 없는 이유는 여성학의 정의 자체가 경계선을 그어 가둘 수 없는 '여성들'을 연구 대상으로 경계 설정하여 그 안에 가두기 때문이고, 보수적인 이유는 여성학이 여성학의 존재 이유로서 그러한 연구 대상을 유지하려면 그

렇게 경계 설정하는 방식에 대한 모든 반대 의견에 저항해야 하기 때문이다. 따라서 1980년대에는 이론 전쟁, 인종 전쟁, 섹스 전쟁이 끈덕지게 일어났으며 이런 논쟁들은 여성학을 파괴했다는 악명을 얻었다.[4]

브라운은 이 위기가 이 분야 자체의 존속에 필요할지도 모른다고 제안함으로써 여성학의 현재 위기에 하나의 맥락을 제공한다. 그녀의 지적에 따르면, 여성학은 여성학이 다루는 주제의 다양한 형용사적 치환[5]에 주목하는 일을 계속 확장해나가고 있지만, 하나의 분과학문으로서의 영속성은 그 학문이 다루는 주제에 항상 초점을 딱 맞추고 좁히는 데 달려 있다. 따라서 이는 지속 불가능한 역설로 이어진다.

그러나 여성학은, 그리고 아마 연구의 장르에 의해서가 아니라 사회적 정체성에 의해 조직되는 분야라면 어떤 분야든 간에, 연구 대상의 일관성이나 유계성이 도전받을 때 분야의 존재 이유를 잃을 위험에 특별히 취약한 측면이 있다. 따라서 역설적으로 젠더를 규범적인 범주나 명목상의 범주가 아니라 비판적으로 자기 성찰적인 범주로서 유지하는 일, 그리고 여성학을 규제적인 곳이 아니라 지적으로 급진적인 현장으로 유지하는 일—요약하자면, 젠더학과 여성학이 규율되길 거부하는 일—은 여성학을 일관된 학문 분야로서 확언하는 일과 불화하여 그런 확언을 우려하고 거부한다.

(23-24)

만약 여기에 방법론은 없고 오로지 주제들만 있다면, 분과 학문의 영향권을 확장할 유일한 방법은 그 학문이 대표하는 주제의 범위를 늘려가는 것뿐이고, 이러한 확장은 흔히 덧붙이는 방식으로 일어난다. 따라서 브라운의 이 비평에서 서술된 바에 의하면, 여성학의 변주로 작동하는 부가적 주체성 모델은 두 가지가 있다. 첫째, 인식/인정되지 못한(이들을 '새롭다'고 말하긴 어렵기 때문에) 주체 위치들을, 이전까진 그들을 포함하지 않았던 보편에 추가하는 모델(유색인 여성도 여성이다, 레즈비언 여성도 여성이다, 장애인 여성도 여성이다). 둘째, 주체성의 이런 다른 측면들이 인격personhood에도 필수적임을 시인하는 모델.[6] 브라운은 차이를 무시하지 않으려는 시도로 여성학이 옹호해온 주체성의 '부가적' 모델이 다음의 세 가지 방식에서 불충분하다고 주장한다. 첫째, 부가적 모델은 권력이 주로 예속시키는 힘으로 기능한다는 잘못된 가정 아래 작동한다. 그래서 권력의 생산적 역량, 즉 권력이 주체들을 억압할 뿐만 아니라 근본적으로는 그들을 만들어낸다는 사실을 무시한다. 더욱이 권력이 인종, 계급, 또는 섹슈얼리티를 만들 때 똑같은 방식으로 작동한다고 이해해서는 안 된다. 각기 다른 종류의 권력이 각기 다른 규범들을 따라 각기 다른 목표를 갖고 작동하면서 각각의 사례에 작용하는 것이다. 마지막으로, '교차적'으로 생각되는 주체, 즉 각각 분리된 호명의 여러 축을 따라 경계 설정된 정체성의 층 또는 칸막이들이 깔끔하게 합쳐진 것으로 상상되는 주체는 그 어떤 종류든 살아 있는 주체성과는 별 관련이 없다.

> 너무도 많은 페미니스트 이론가들, 포스트식민주의 이론가, 퀴어 이론가, 비판적 인종 이론가들이 최근 몇 년간 지적해왔듯 인종을 젠더로부터, 혹은 젠더를 섹슈얼리티로부터, 혹은 남성성을 식민주의로부터 뜯어내는 것은 불가능하다. 이런 용어들에 의해 제시되는 그 어떤 방식에서든 주체 형성의 다양한 양상을 부가적인 것으로 취급한다면, 그것은 주체들이 주체화하는 담론들을 통해 출현하게 되는 방식, 즉 역사적으로 복잡하고 우연적인 생산, 그리고 분석적으로 별개인 정체성 범주들을 존중하지 않는 형성을 통해 발생하는 생산을 생략하는 셈이다. (24)

만약 주류 여성학이 정체성의 부가적 모델에 역사적으로 또 지속적으로 전념해온 것이 참이라면, 그리고 이 분과학문이 정체성을 유지하려면 '경험'의 진실성을 페미니즘 인식론의 필연적으로 젠더화된 주춧돌로서 특권화해야 한다는 견고한 믿음 또한 갖고 있는 것이 참이라면, 여성학이 제공하는 주체성에 대한 설명은 트랜스 주체들을 이해하기엔 특히 심각하게 부적합해 보일 것이다.

만약 여성학이 분과학문으로서 지속되기 위해 정체성이 단단히 고정되어야만 한다면, 트랜스 작업을 위해 경계선이 덜 그

어진 보금자리가 학계 안에 아직 있을까? 그리고 트랜스 연구가 여성학의 좀 더 골치 아픈 난제 일부를, 예를 들면 규범성에 빠지지 않으면서도 어느 정도의 젠더 명목론을 감당할 수 있는 공간을 양성하는 문제 같은 것을 협상할 만한 방법이 있을까?

퀴어

리키 윌친스Riki Wilchins는 "트랜스-정체성은 자연스러운 사실이 아니다. 오히려 그건 우리가 우리 몸과 함께 어떤 무언가를 할 때 우리가 어쩔 수 없이 자기 자리로 삼을 수밖에 없는 정치적 범주"라고 말한 바 있다.[7] 이 통찰은 트랜스 정체성을 행위 비슷한 것으로, 뿐만 아니라 선택의 문제로 환원될 수 없는 것으로 제안한다. 더욱이 이 통찰은 트랜스젠더학이 여성학보다는 레즈비언 게이학lesbian and gay studies과 좀 더 가깝게 제휴하고 있음을 시사하는 듯하다. 사실 트랜스는 섹슈얼리티보다는 젠더에 기초한 정체성임에도 말이다. 그러나 트랜스학과 여성학의 합류 지점에 수반되는 난관 일부가 트랜스학과 게이 레즈비언학의 관계에서도 똑같이 나타난다. 수잔 스트라이커Susan Stryker는 레즈비언 게이학 및 정치와의 관계 속에서 트랜스학의 현재 상태를 논하는 와중에, 1990년대 중반에 퀴어 이론이 학계 안에서 젠더와 섹슈얼리티를 이해하는 모델로서 급진적으로 진보적이고 심지어 혁명적인 모델을 제공했었을 당시에 자신이 품었던 희망을 서술하면서 웬디 브라운과 비슷한 생각을 밝힌다. 스트라이커가 현재 느끼기엔, 이 희망은 결코 실현된 적이 없다는 것이다.

트랜스젠더 관련 작업을 착수하기에는 여전히 퀴어학이 가장 많이 환대해주는 곳이긴 하지만, **퀴어**가 '게이'나 '레즈비언'을 뜻하는 완곡한 표현으로 쓰이는 경우는 아직 너무도 많고, 이성애 규범성과의 차이를 나타내는 가장 주된 수단으로서 성적 지향과 성적 정체성에 특권을 부여하는 렌즈를 통해 트랜스젠더 현상이 잘못 이해되는 경우도 너무나 많다. 가장 근심스러운 점은 '트랜스젠더'가 점점 더 모든 젠더 트러블을 담는 장소로 기능하게 되고, 그로써 동성애와 이성애 둘 다를 안정되고 규범적인 인격 범주로 보장하는 데 기여한다는 점이다. 이는 정치적 고립을 초래하는 해로운 결과로 이어진다. 이는 동화주의에 반대하는 '퀴어' 정치를 좀 더 입맛에 맞는 LGBT 시민권운동으로 바꿔놓은 발전 논리와 똑같다. 이 논리에서 T는 성적 정체성의 그저 또 다른 (떼어놓기 쉬운) 장르로 환원될 뿐, 인종이나 계급처럼 기존의 섹슈얼리티들을 가로질러 영향을 미치면서 모든 정체성이 각자의 특이성을 성취하게끔 하는 수단을 종종 예기치 못한 방식으로 폭로하는 무언가로서 인지되지는 않는다.[8]

젠더란 용어가 **섹스**에 딸린 난관(결정론적이고, 이분법적이고, 자연적이고 등등) 일부를 불안정하게 흔들겠다고 약속하면서도 오로지 정확히 '섹스'만 의미하는 기술어로 기능하는 경우가 많은 것과 마찬가지로, 스트라이커가 생각하기에 **퀴어**는 지시성이 결여된 용어로서 이제 더 이상 정체성주의에 반대하는 정치의 표지로 기능하지도 않고, 젠더 **혹은** 섹슈얼리티 **어느 쪽이든** 규제할 규범으로부터의 일탈에 붙이는 이름으로 기능하지도 않으며, 오히려 지금은 '레즈비언이나 게이'를 가리키는 코드로 기능한다. 부가적 정체성의 정치에 대한 브라운의 비판과 스트라이커의 비판은 유사성이 있다. 그럼에도 스트라이커가 "기존의 섹슈얼리티들을 가로지르며 영향을 미칠" 벡터로 **젠더**를 사용할 수 있으리라는 희망을 품을 몇 가지 이유를 찾아낸다는 점은 주목할 만하다.

트랜스학을 지지하는 사람 모두가 트랜스학의 대상이나 목표를 젠더와 주체 생산의 익숙한 방식들을 급진적으로 붕괴시키기로 특징짓는 이런 견해에 동의하지는 않을 것이다. 그리고 트랜스학을 트랜스젠더화된 주체성의 부인으로 인지하는(또는 사실상 그렇게 **행하는**) 이런 방식을 이해하겠다는 사람 중에서도 일부는 상당히 많은 비판을 쏟아냈다.[9] 이런 면에서 트랜스학은 주체의 안정성에 대한 다른 도전들, 말하자면 포스트모더니즘과, 또한 섹슈얼리티 연구 안에서의 포스트모더니즘의 변주라 할 수 있는 퀴어 이론과 꽤 잘 어울리는 듯하다. 사실, 일부 트랜스 이론가들은 포스트모더니즘이 트랜스학에 특출나게 유용하다고 이해한다. 스티븐 위틀 Stephen Whittle은 엄밀히 말해 포스트모더니즘에서 주체의 탈중심화와 '목소리의 다중성'을 강조하는 성향 덕분에 트랜스들의 목소리가 젠더에 관한 담론들로 진입할 수 있었다고 말한다. 샌디 스톤Sandy Stone은 트랜스학의 토대를 다진 텍스트 〈'제국'의 역습: 포스트트랜스섹슈얼 선언The "Empire" Strikes Back: A Posttranssexual Manifesto〉[10]에서, 젠더에 대해 '이어적異語的, heteroglossic'[11] 설명이 필요하다는 데 동의한다. 그러면서 페미니즘과 제도화된 여성학을 뒷받침하는 '경험'에의 의존, 그리고 그런 경험이 부여한다고들 하는 명명법과 범주들에의 의존을 트랜스들이 철저히 파괴한다는 훨씬 더 급진적인 입장을 제시한다.[12]

이런 범주들은 변화하고 있으며, 이는 젠더 이원론 밖에서도 안에서도 참이다. 비록 젠더화된 동일시에서나 자신에 관해 서술하는 방식에서 일어나는 많은 변화를 우리가 알아채기 어려울지라도 말이다. 적어도 최근 20년간 자신을 페미니스트라 칭하지 않을 젊은 여성들의 숫자가 점점 더 증가하는 현상에 관해 많은 논의와 고뇌가 있었다. 그러나 젠더화된 자기-서술의 명부에서 이런 측면과는 또 다른 세대 변화가 약간 일어났다. 예를 들어, 내 수업을 듣는 학생 대다수는 그런 식으로 정체화하지 않는다. 즉, 감히 말하건대, 내가 진행했던 여성학 수업의 수강생 중 다소간 여성적이고 다소간 규범적으로 젠더화된 여성 중에서, 그들 중 상당수, 아마 거의 절반에 가까운 숫자가 자신을 woman으로 부르지도 않고 서로를 그런 용어로 기술하지도 않는다. 그들은 대신 *female*이란 단어를 사용한다.[13] 그 이유를 묻는 것은 이 장에서 다룰 범위를 벗어나지만, 상당히 흥미롭고 중요한 많은 질문이 여기서 나올 수 있을 것이다. 데니스 라일리Denise Riley의

말에 따르면 제도화된 여성학의 유산이 기꺼이 그 이름**이 되고
자** 하는 여성female 주체들의 수를 줄여왔다는데, 그게 가능할까?[14]
'woman'을 거부하는 건 해방이 일어났음을 보여주는 실례일까,
아니면 축하할 만한 일은 아닌 무언가가 일어나고 있다는 신호
일까? 'female'이란 범주가 'woman' 범주보다 더 편안하거나 다
루기 쉽다면 그 범주에 뭔가 반박 불가능해 보이는 것이 있어서
일까? 만약 'woman'이 문화적으로 달성되는 것이라 이해된다
면, 'female'이란 범주의 이 외관상의 반박 불가능성이 'woman'
의 문화적 달성이 실패할 가능성을 높이는 걸까? 그리고 이 실패
할 위험이 'woman'과의 비동일시disidentification를 불러내는 걸까?
이런 경향은 이원론의 안과 밖 둘 다에서, 여성학이 섹스와 젠더
둘 다에 관해 기술적 실증주의descriptive positivism의 꽤 낮은 허들조차
아직 충족시키지 못했음을 시사하는 듯하다.

"LGB와 가짜 T"

트랜스학의 가장 강한 동맹은 레즈비언 게이학이다. 이 연결은
때로는 유사한 용어와 투쟁들, 정치적 연합의 간판 아래 만들어
지지만, 때로는 트랜스젠더리즘이 과연 무엇이고 그것이 게이나
레즈비언 정체성과는 어떤 관계일지와 관련된 특정 혼란의 징후
를 드러낼 수 있다. 트랜스 저술가 딘 스페이드Dean Spade는 **LGB
와 가짜 T**LGB FAKE-T라는 신조어를 만들었는데, 이 용어는 트랜스

의 차이와 특이성이 전혀 주목받지 못한 채 트랜스가 레즈비언 게이학의 보호 아래 있다고 자주 가정되는 방식과 관련되어 있다.[15] 때로 이런 융합이 만들어지는 이유는 젠더가 곧 섹슈얼리티를 **의미한다**는 의혹 때문인데, 젠더는 섹스뿐 아니라 섹슈얼리티를 위한 단순한 겉 포장에 지나지 않는다는 것이다. 때로 젠더는 섹슈얼리티를 대신하게 되고, 때로 섹슈얼리티는 사실상 젠더를 대신하고 있다. 예를 들어 최근 혼인 논쟁에서 언론도 레즈비언 게이 옹호자들도 모두 **젠더** 이슈가 아니라 **게이** 이슈로 프레임을 짰다. 바워스 대 하드윅 사건Bowers v. Hardwick이나 로렌스 대 텍사스 사건Lawrence v. Texas[16]에서 보이듯 이 논쟁에서 성적 행실 sexual conduct은 명시적이라기보다 암묵적으로 다뤄졌음에도 말이다. 어쩌면 혼인 논쟁이 젠더 이슈와 젠더 해방을 중심으로 연합했으리라는 상상을 쉽게 떠올릴 수도 있을 것이다. 그리고 기독교 우익 쪽에서 동성혼에 반대했기 때문에 일이 그리되었다는 것도 확실히 참일 것이다. 물론 곳곳에 걸린 슬로건에는 퀴어 섹슈얼리티에 대한 증오와 소도미에 대한 '끔찍한 혐오'가 스며들어 있으나, 그중 여기저기 걸려 있는 "결혼은 남자랑 여자가 하는 거다"는 문구는 불량한 섹슈얼리티만큼이나 부적절한 **젠더화** gendering를 바로잡고 있다고 자처한다. 이와 유사하게, 일차적으로 **젠더** 이슈인 것들이 **게이** 이슈로 잘못 해석된다. 최근 트랜스 이슈를 보도한 신문의 머리기사는 이러한 융합을 반영하고 있다―"성적 지향 때문에 쉼터 샤워실에서 쫓겨난 트랜스섹슈얼", "새로운 언어에 반영된 게이 정체성의 뉘앙스: '보이Boi'의 삶에서 구식이 된 '동성애자'".[17] 이 중 후자의 제목은 기표로서의 **동성애자**가 최신 유행어 **보이**의 인기에 밀려 거꾸러지고 있다는 불안 또는 아마도 경멸감을 명확히 드러내고 있다. 이 주장은 **동성애자**가 **보이**와 같은 방식으로 젠더의 기표인 적은 결코 **없었다**는 사실, 그리고 **보이**라는 단어에 반영된 정체성의 '뉘앙스'가 엄밀히 말해 **게이**처럼 성적 정체성의 표지가 아니라 젠더의 뉘앙스라는 사실을 잠시 잊고 있다. 더욱이 보이들이 동성애자를 거꾸러뜨린다는 불안은, 우리 모두 알다시피 이 보이가 실은 다른 보이들을 좋아하는 동성애자 소년일 수도 있다는 소견으로 진정될지도 모른다. 우리는 추정만으로 보이를 이성애자로 만들고 동성애자를 젠더 규범적인 존재로 만들어버림으로써 이런 기술어끼리 상호 배타적이어야 한다고 가정하는 잘못을 저지르는 셈이다.[18]

첫 번째 머리기사에서 언급된 트랜스 여성은 본인의 성적 지향 때문이 아니라 젠더 표현 때문에 공중화장실에서 폭행당하고 끌려나온 것이었다. 그 화장실에서 성적 활동 따윈 없었다. 금지된 '활동'이란 그녀의 젠더 표현이었다. 공중화장실에서 트랜스들을 괴롭히거나 폭행하는 사람들 대부분(경찰 포함)이 그렇듯이 여자화장실 이용자들은 이 사람이 그 화장실에 들어올 권리를 주장하기엔 충분히 여성적이지 않다고 판결을 내린 것이다. 이 과도한 공격 반응은 이런 융합의 가장 해로운 결과 중 하나를 시사한다. 성적 정체성과 젠더 정체성의 혼란은 젠더 위반이 성적 위반에 관한 무언가, 즉 위협적이라 여겨지는 무언가를 은폐하는 동시에 드러낸다는 잘못된 전제를 토대로 한다.

여기서 보이는 위반과 폭력의 교차는 심각하게 대해야 하는 문제인 동시에 널리 퍼져 있는 현상이고, 자주 시끄럽게 언급되기도 하지만 동시에 완전히 덮이기도 한다. 예를 들어《셀룰로이드 벽장The Celluloid Closet》의 영화 버전[19]에선 헐리우드 영화에서 게이와 레즈비언 등장인물들이 폭력이나 죽음을 맞이하는 장면들을 몽타주[20]하면서, 게이 레즈비언들이 오랫동안 스크린 속 폭력의 주제였다는 주장으로 끝맺는다. 이 영화는 스스로를 영화 안에서의 동성애 혐오 폭력의 재현을 차례로 훑어보는 영화로 이해하지만, 자세히 살펴보면 이 영화에서 다루는 등장인물 상당수가 트랜스라는 점, 그리고 스크린 위에서 상연되고 반복되는 처벌들이 성적 규범이 아니라 젠더 규범을 위반하는 등장인물에 가해지고 있다는 점이 드러난다. 이런 식으로 섹스로부터 또 섹슈얼리티로부터 젠더를 분석해내는 작업은 분명 우려할 점이 많은 기획이다. 나는 섹스, 섹슈얼리티, 젠더 사이에 건널 수 없는 깊은 틈이 있다고 과장하고 싶지는 않다. 젠더와 섹슈얼리티는 예측할 수는 없지만 불가피하게 서로 얽매여 있다. 그러나 이 말이 젠더와 섹슈얼리티가 똑같다는 뜻은 아니다. 그리고 이 둘을 서로 바꿔 써도 상관없다는 주장은 트랜스들에게 대단히 끔찍한 결과를 낳는다.

이런 융합의 양상 중 하나는 현재 대중 언론에서 트랜스들을
두고 벌이는 골치 아픈 논쟁들에서 드러난다. 《뉴욕타임스》의
2006년 기사는 《뉴욕타임스》가 몇 년 동안 간간이 내놓았던
FTM 트랜스 남성들을 조명하는 시리즈 중 하나로, 앞서와 같
은 노선을 따라 젠더와 섹슈얼리티 간 융합을 제시하면서 시작
한다. 그러나 기사는 트랜스 공동체와 레즈비언 공동체의 경계
가 무너졌다고 상정하는 대신, 둘의 적대를 시사하면서 끝난다.[21]
레즈비언 공동체와 트랜스 공동체의 관계는 "일부 여대에서 극
렬했던" "갈등"이자 전면전으로 기술된다. 기사의 주장에 따르면
이 전쟁은 수습이 어려울 만큼 파벌이 쪼개져 있다. 기사는 이 갈
등이 특히 가시적으로 드러난 현장으로 미시간 여성 음악 축제
Michigan Women's Music Festival를 간략히 언급한다. 음악 축제의 설립자
이자 제작자인 리사 보겔Lisa Vogel은 1991년 이래 여성 전용 공간
에서 모든 트랜스(MTF와 FTM 둘 다)를 금하는 정책을 고수해왔
는데, 1991년은 낸시 진 벅홀더Nancy Jean Burkholder가 트랜스란 이유
로 축제에서 쫓겨났던 해다. 이 정책은 트랜스들과 앨라이들[22]의
항의를 받았다. 이들은 분리주의적 공간이란 생각 자체를 거부
해서가 아니라 트랜스 여성은 여성**이고** 따라서 여성들의 공간에
포함되어야 한다는 생각에 근거해서 금지 조치를 반대했다.[23] 이
기사는 금지 조치를 지지한 축제의 이전 제작자의 말을 인용했
다. "스스로 남자로 변신하면서 너희들이 반대편으로 넘어가는

중이란 걸 깨닫지 못한 거냐?”

스트라이커는 모든 젠더 트러블이 이제는 트랜스라는 기호 아래 굳어지게 되었으며 게이 레즈비언 공동체 구성원들은 제한적이긴 하나 일반 대중에게 본인들을 항상 이성애자와 더 비슷하게 재현할 수 있고 그래서 좀 더 안전할 수 있다고 논평한 바 있는데, 이 《뉴욕타임스》 기사의 전제와 결론이 이 점을 전형적으로 잘 보여준다. 이 기사는 자극적인 수사를 동원하면서 트랜스들이 직면하는 차별과 폭력이 레즈비언들에게서 나온 것이라고 단언하는 한편, 그다음엔 이 공격성을 그 실존을 위협받는 공동체의 방어적 반응으로 그려낸다. 기사는 〈쇼타임〉 방송의 레즈비언 TV 드라마 〈엘워드The L Word〉에 나오는 등장인물 중 한 명의 말을 인용하면서 시작한다. 그녀는 또 다른 등장인물이 트랜스로 커밍아웃하자 크게 실망한다. 그 인물은 맥스라는 이름을 쓰고 테스토스테론 투여를 막 시작했다. 그녀는 이 소식을 듣고 유감스럽다는 반응을 보인다. “우리의 강한 부치 여자들 중에 남자가 되겠다며 여자다움을 포기하는 사람이 너무 많아서 정말 슬프다.” 기사는 맥스의 트랜지션 이후 많은 레즈비언 블로그에서 분노가 폭발했다고 보고하면서 한 블로거의 말을 인용하는데, 그녀는 이 등장인물을 “테르토스테론 과다 복용”으로 살해해달라고 요청했다. 《뉴욕타임스》 기사가 가상의 트랜스 남성이 레즈비언들에 의해 가상으로 살해당했음을 시사하는 이야기로 서두를 연다는 점은 매우 스산하다. 이 이야기가 트랜스 남성들에 관한 이야기가 전혀 아니며 반대로 트랜스 남성들이 자기네 공동체에 끼칠 유해성에 분노하는 레즈비언들의 반응에 관한 이야기라는 점이 곧 분명해진다. 하지만 분노 그리고 그 뒤에 숨은 폭력의 망령은 일종의 선제공격 논리로 제시된다. 여기서 암시하는 바는, 온라인에서의 살의 표출로 이어진 레즈비언 분노는 어떤 면에선 트랜스 남성들이 여성·레즈비언·부치 범주에 가하는 위협에 대한 반응으로 공동체에 널리 퍼진, 정당한 자기방어 전략이라는 것이다.

이런 논의는 언뜻 보면 남자를 혐오하는 분노한 레즈비언이라는 가장 진부한 클리셰를 단순히 재활용한 것에 불과하다고 일축하고 싶게 만든다. 그러나 나는 여전히 더욱더 불안하게 만드는 두 가지 문제가 작동 중임을 지적하고자 한다. 트랜스 남성들에 대한 분노 뒤에 숨어 있는 것, 그리고 사설에 양념을 치는 전쟁과 자기-방어라는 수사 뒤에 숨어 있는 것은, 트랜스들은 위험 분자이고 특히 여성들을 침해하는 방식으로 위험하다는, 근거 없지만 널리 퍼져 있는 의혹이다. 이 의혹은 트랜스 포식자라는 판타지로 탈바꿈하게 되는데, 이 판타지에서는 트랜스를 강간범과 비교하거나, 때로는 구체적으로, 때로는 구체적 예시도 없이 모호하게, 트랜스가 비非-트랜스 여성들에 대한 위협을 체현하고 있다고 주장한다.

폭력과 침해의 문제들은 오랜 세월 트랜스젠더리즘에 대한 대중적 보도에서 때로 매우 강력한 방식으로 유포되어왔다.[24] 사실상 폭력이 트랜스 정체성의 본질적 특질로 제시되는 것이다. 《뉴욕타임스》 기사는 FTM 트랜스운동에 대해 다음과 같이 주장한다. "이 운동은 최근 10년 동안 탄력이 붙었다. 부분적으로 그 이유는 점차 정교해진 수술 옵션, 그리고 인터넷에서 즉각적인 지원 네트워크를 접할 수 있게 된 것 때문이고, 또한 남자로 살길 선택한 네브래스카주 지역의 한 젊은 여성 브랜던 티나가 살해된 실화를 바탕으로 만들어진 1999년 영화 〈소년은 울지 않는다〉가 불러일으킨 정서 때문이다." 이 연대기는 상대적으로 쉽게 논박될 수 있을 것이다 — 당연하게도 FTM 트랜스젠더리즘은 《뉴욕타임스》가 머리기사로 다루기 훨씬 전부터 레즈비언 공동체 안팎에서 중요한 사안이었으니 말이다. 그러나 이 연대기와 함께 제공되고 있는 건 일종의 기원 서사인데, 《뉴욕타임스》가 보기에 트랜스젠더리즘의 탄생은 특별한 수행적 발화 행위에 맞춰 어느 정도 정확하게 탄생일을 짚을 수 있다는 것이다. 케이트 본스타인이 1998년에 《뉴욕타임스》에 〈그녀의 아들/딸Her Son/ Daughter〉이란 제목의 사설을 기고했을 때 그녀는 "트랜스젠더운동"을 언급했다. 이때 편집자들은 이 문구를 꺼림칙하게 여겼다. 본스타인이 그 이유를 물었을 때 들었던 답변은, 만약 그들이 **트랜스젠더운동**이란 문구를 싣는다면 그런 게 **실제로 존재한다**는 뜻이 되어버린다는 것이었다.[25]

　　최근 몇 년 사이에 트랜스 남성들이 점점 더 언론의 주목을 받게 된 것은 분명한 사실이다. 그러나 이 연대기에서 가장 근심스러운 점은, 이 연대기가 운동의 탄생을 한 트랜스 남성이 죽은 순간과 그 죽음이 "불러일으킨 정서"에 위치시킨다는 점이다. 이렇게 하여 트랜스젠더운동의 기원 이야기는 스톤월 항쟁과 정반대의 모양새로 공들여 만들어진다. 이 기원 이야기에서 시발점이 되는 폭력의 순간은 차별과 괴롭힘에 맞서 공동체와 대중의 단결을 수립하는 것이 아니라, 그런 폭력으로 인한 죽음을 끝없이 되풀이하여 상연하는 사례의 연쇄 중 첫 번째 사례를 표시할 뿐이다. 기원 설화로서 스톤월 항쟁은 퀴어와 퀸들queens이 폭력에 맞서 싸웠다는 주장으로부터 그 힘을 얻는다.[26] 〈소년은 울지 않는다〉를 기원 설화로 끌어온다면 이와 정반대인 치명적 주장을 하는 셈이다. 즉 그때도 브랜든던 대항할 수 없었고, 지금도 브랜던과 같은 이들은 대항할 수 없다고 주장하는 것이며, 또한 장벽 반대편에 있는 이들이 이를테면 레즈비언들이라고 암시하는 것이다.[27]

레즈비어니즘에 대한 위협의 전형이라고 추정되는 트랜스 남성들에게 선제공격을 날리는 식의 폭력에 덧붙여, 여기에는 두 번째 종류의 폭력이 있다. 이 두 번째 폭력이란 부치 범주를 망가뜨리는 짓으로, 이 범주를 개념적으로 트랜스젠더리즘과 완전 별개로 만들기 위해 여성화 훈육을 겪게 하는 것이다. 예를 들어 트랜지션을 선택한 부치들은 "자신의 여자다움을 포기"한 것으로 묘사된다. 부치들이 자신의 고유한 '여자다움'과 모호함 따위 없는 명백한 소유관계를 맺는다는 주장은 터무니없지만, 이런 주장은 부치들이 트랜스 족속들과는 다르다는 주장에 꼭 필요하다. 부치와 트랜스 남성이 젠더의 견지에서 닮아 보일 수도 있기에, 그리고 둘 다 남성적인 젠더 표현을 한다는 점에서 마찬가지일 수도 있기에, 여자다움이 과연 뭔지 정의하기도 애매하고 그 어떤 가시적인 여성성에든 반드시 수반될 필요도 없는 것임에도 그 '여자다움에 대한 애착'이 부치와 트랜스 남성을 구별할 유일한 요소가 되는 셈이다. 여기서 발생하는 범주의 오류는 트랜스 남성들과 대조해서 부치 정체성의 한도를 정하기 위해 부치들이 결단코 여성이라고 고집하는 것이다. 말하자면, 트랜스 남성들은 자기 유방을 혐오하지만, 부치들은 그렇지 않다. 트랜스 남성들은 자기 몸을 공격하고 거부하지만, 부치들은 자기 몸을 찬미한다. 트랜스 남성들은 대중 앞에서 남자로 패싱되길 원하지만, 부치들은 여자로 인정받길 원한다. 트랜스 남성들은 자신을 남성적 견지에서 생각하고 남성 대명사를 선호하지만, 부치들은 남성 대명사, 남성 역할, 남성 자아 이상을 거부한다. 트랜스 남성들은 남성 특권을 원하지만, 부치들은 남성 특권을 거부한다. 트랜스 남성들은 스스로를 증오하지만, 부치들은 자신을 존중한다. 만약 이것이 매우 의욕적이면서도 동시에 믿기 어려울 정도로 부정확한 부치다움의 초상화처럼 보인다면 그건 우연의 일치가 아니다. 이 항의 노선은 수십 년 전 과거부터 너무도 익숙한, 부치/펨 정체성 및 성 역할에 반대하는 '페미니즘적' 반발과 동일하다. 정확히 똑같은 주장인 것이다. 이전에 부치들이 맡았던 악역에 지금은 트랜스 남성들이 캐스팅된다는 점만 빼면 말이다.

이는 그 자체로 부치의 죽음을 상연하는 셈인데, 정확히 그 목적은 주변을 오염시킬 정도로 디스포리아적인 트랜스 남성의 남성성으로부터 부치를 구하기 위해서이다. 트랜스들의 집 앞으로 몰려가서 부치다움의 죽음을 책임지라며 비난하기 전에 잠시 멈춰서, '진짜' 부치다움의 죽음에 대해 부들부들 떨며 절망하고 좋았던 시절의 종말을 애도하거나 부치들을 잃고 있다며 탄식하는 태도는 부치다움을 부르짖을 때마다 항상 곁들이던 술안주 같은 것임을 기억해내는 게 중요할 것 같다. 퀴어 남성성의 한 가지 스타일로서 부치다움은 어느 정도는 '그들은 전부 어디로 가버린 건지'라는 향수 어린 기근饑饉 모델에 의해 구성되는 셈이다.

《뉴욕타임스》 기사는 정확히 이런 태도로 트랜지션을 비판하며, 부치다움의 가치를 안정시킴으로써 트랜스 남성들의 가치를 깎아내리는 결과를 낳는다. 부치다움은 트랜스와 정반대되는 바람직한 이상으로 받들어진다. 반면에 현재의 트랜스 논쟁 이전에는, 허용치를 넘어설 만큼 남성성이나 남성다움에 너무도 가까이 갔다는 똑같은 이유로 책망을 들었던 건 부치다움과 부치들 자신이었다. 허용 범위의 경계선이 옮겨져서, 지금은 이상적인 레즈비언으로 받들어지는 부치와 반대로 트랜스 남성들이 현재 남성성의 새로운 한계 사례인 것으로 보인다. 이런 경향을 트랜스 이론에서 광범위하게 지적하고 비판해왔는데, 아마 그 대표주자는 주디스 핼버스탬Judith Halberstam일 것이다.[28] 핼버스탬은 젠더 위반을 트랜스 몸에 지정해 맡겨버리고 다른 모든 몸을 규범적인 것으로 표지하는(또는 당연한 듯 눈에 띄지 않게 만드는) 이런 문제가 트랜스 이론과 트랜스 혐오적 이론 둘 다에서 비슷비슷하게 일어난다고 지적한다. 핼버스탬은 스트라이커와 마찬가지로 "젠더 일탈을 오직 트랜스섹슈얼 몸에만 지정하고 모든 다른

몸에는 젠더 규범성을 지정하는 모델"을 더욱 복잡하게 만들길 원한다.(153)[29]

핼버스탬이 확인한 종류의 수사는 게일 루빈Gayle Rubin이 〈성을 사유하기: 급진적 섹슈얼리티 정치 이론을 위한 노트Thinking Sex: Notes for a Radical Theory of the Politics of Sexuality〉[30]에서 지적한 대로 레즈비언 공동체를 좀 더 이성애자들의 구미에 맞게 구성하는 효과를 낳는데, 이는 특히 대중 담론에서 분명하게 드러난다. 이 수사는 우선 레즈비언들을 젠더 규범적이라고 추정한 다음 트랜스젠더화된 사람들과 멀리 떨어뜨려놓는다. 더 나아가, 만약 젠더 규범적인 레즈비언들이 이성애자들만큼이나 젠더가 변화하는 낯선 유니버스를 불편하게 여긴다면 《뉴욕타임스》의 독자들도 자신에게 동성애 혐오나 트랜스 혐오가 있는지 숙고하는 데 너무 시간을 들일 필요는 없다는 제안을 건넨다.

트랜지션에 관한 논의들에서 유포되는 폭력은 여러 다른 각각의 영역에서, 심지어 폭력의 위험을 자각하고자 하는 페미니스트들의 대응에서도 계속 일어나고 있다. 트랜지션은 마치 그것이 거의 죽음과 같은 것인 양, 또는 트랜지션 이후의 주체가 자신의 출현과 더불어 트랜지션 이전 주체의 죽음을 실행할 것처럼 프레임이 짜인다. 트랜지션은 FTM 트랜지션 절차 관련 논의에선 더욱 살인적인 것으로 그려지는데, 때로는 자신을 훼손하는 짓으로, 또는 좀 더 과장되게 '여성을 겨냥한 폭력'으로 묘사되는 것이다. 하지만 '자신을 훼손하는 짓'에 관한 이 논의는 칼을 다른 방향으로 겨누면서 뭔가 매우 빠르게 결론을 내버린다.

버니스 하우스먼은 트랜지션의 신체적 개입이 자신을 향한 폭력이고, 이 자신을 향한 폭력이야말로 트랜스 이론과 페미니즘이 양립 불가능하다는 증거라고 주장해왔는데, 그 이유는 "페미니스트들은 디스포리아적인 섹스화된 체현의 문제가 발생한 근본 원인이 자기 몸이 아니라 사회 체계라고 보고 후자를 공격하면서 자신들의 젠더 투자를 정확히 이해하기" 때문이다.[31] 레즈비언 작가 알릭스 돕킨Alix Dobkin은 FTM을 "훼손된 여성"으로 자주 언급하는 사람인데, 그녀는 트랜스젠더리즘에 반대하는 글 중 하나를 "칼은 치우자"는 문장으로 마무리한다. 그녀가 보기에 지금 그 폭력이 겨냥하는 대상은 트랜스 남성 자신이 아니라 레즈비언이라는 점을 확실시하면서 말이다.[32]

이런 언쟁에서 레즈비어니즘은 이성애 규범적 관계들의 모양새에 맞게 개조된다. 레즈비어니즘은 가족에 관한 것이지만, 트랜스젠더리즘은 **가족을 깨부수는 짓**이다. 레즈비어니즘은 공동체에 관한 것―가상의 공동체(드라마 〈엘 워드〉의 시청자들), 온라인 공동체(블로거들), 교육 공동체(여자대학교), 정치 공동체(여성들의 공간)―인 반면 트랜스젠더리즘은 **공동체로부터의 추방**에 관한 것이다. 레즈비어니즘은 안전에 관한 것(가정적 성향, 분리주의)이지만 트랜스젠더리즘은 **위험**에 관한 것이다(트랜지션으로부터 스스로를 향하는 위험, 또는 여성들의 공간을 **침범**함으로써 타자를 향하는 위험). 트랜스 남성들이 레즈비언 공동체를 떠난다면 합류할 트랜스 공동체에 대한 언급은 거의 없다는 점에 주목하자. 또는 정말로, 트랜스 구성원을 보호하고 그들과의 친족관계와 교류를 유지하기 위해 공동체를 긍정적인 방식으로 고쳐나가는 레즈비언 및 퀴어 공동체들에 대한 언급도 거의 없다는 점에 주목하자. 레즈비언 공동체 바깥 공간은 철저한 고립과 단절의 공간으로 그려진다.《뉴욕타임스》기사는 트랜스 남성들을 위한 수많은 선택지를 훑어가는데, 블로그 공간에서의 살해 제안에서 출발해서, 그보다는 덜 치명적이지만 아마 그에 못지않게 결정적 해결책인 추방으로 옮겨간다. 밀스대학교에 다니는 한 졸업생(전문적으로 교육받은 페미니스트라고 한다)의 말을 인용한 부분은 이런 식으로 수사적 질문의 틀을 짠다. "우리가 당신을 언제 내쫓을까요? 이름을 밥으로 바꾸면요? 호르몬 처치를 시작하면? 콧수염을 기르면? 유방절제술을 양쪽 다 하고 나면?" 이 논리에 따르면, 레즈비언 공동체는 트랜스를 거부할 수 있고 거부해야 한다. 즉 트랜스 남성들이 레즈비언 공동체로부터 추방**되느냐 마느냐**의 문제가 아니라, **언제** 그리고 **어떻게** 추방되느냐의 문제일 뿐이라는 것이다.

휘손의 물결?

《뉴욕타임스》기사는 기사에서 논하고 있는 트랜스 남성인 쉐인 카야_{Shane Caya}의 사진 두 장을 게재했다. 첫 번째 사진은 쉐인이 전 파트너인 나타샤와 그들의 세 살 먹은 아이와 함께 찍은 사진이다. 쉐인은 아이를 하늘로 들어 올리고 있고 세 사람 모두 웃고 있다. 두 번째 사진은 셔츠를 입지 않은 쉐인을 허리 위쪽까지 찍은 사진이다. 그는 짧게 깎은 희끗희끗한 머리, 문신으로 뒤덮인 팔뚝, 잘 만든 조각 같은 근육질의 남성 가슴을 자랑스럽게 내보이고 있다. 사진에 붙은 설명은 이러하다.

쉐인 카야는 그가 받은 유방절제술 흉터를 드러내고 있다.

사진에 붙은 이 설명은 충격적인데, 이 문구의 어조 때문이 아니라(사실에 근거하긴 했으니), 여기서 보고하는 바와 독자가 가장 먼저 보게 된 것이 서로 맞지 않기 때문이다. 독자의 눈에 처음 들어오는 이미지는 그저 남성의 몸_{male body}이다. 그러나 이 설명을 따르자면, 쉐인의 가슴이 얼마나 정상적으로 보이든 간에 상관없이 독자의 눈에 보여야만 하는 것은 그의 남성성이 아니라 그 남성성을 달성하기 위해 여성성에 가해진 폭력이다. 사진에 붙은 설명은 남성의 가슴이 아니라 사라진 유방을 바라보고 있고, 독자인 우리에게 그의 몸을 읽어서 증거를 찾으라고, 사진을 샅샅이 훑어서 쉐인의 가슴팍 아래쪽 윤곽에 흔적이 남은 수술 흉터를 찾으라고 — 그 남자다움이 표면상 거짓임을 밝혀줄 '실마리'를 찾으라고 — 요청한다. 이는 이제 트랜스들에 대한 언론 보도에 수반되는 사진들에서 익숙하게 보이는 양식이다. '정상으로 보이는데' 트랜스인 사람의 사진 다음에는 그 사람의 신분을 트랜스로 표기하거나 수술 현황을 공표하는, 사진 아래 짤막하게 붙는 설명글이나 관련 기사가 이어질 것이다. 이것들은 '잃어버린 젠더를 찾아내는' 게임으로서 트랜스에 대한 상세한 묘사를 제공하는 '폭로'의 기능을 한다. 쉐인의 경우에 두 번째 사진은 첫 번째 사진의 바로 아래 위치하는데, 이런 배치는 마치 두 번째 사진이 바로 위의 가족적 행복을 그린 듯한 모습을 부인하거나 그런 행복의 토대를 침식시키는 것처럼 보이게 한다. 이런 묘사에는 수치심을 느끼게 하는 공격이 삼중으로 깔려 있다. 왜냐하면 이전에 그에게 있었던 유방이 거론되고, 그로써 여성성으로 소환되며, 동시에 스스로 거세한 행위자라는 딱지가 붙여지는 일을 당하기 때문이다. 트랜지션을 가족의 행복을 끝장내는 짓거리로 틀 짓는 사진의 전략은 서사의 층위에서도 실행된다. 쉐인과 그의 파트너가 헤어진 이유는 그가 트랜지션을 했기 때문이라는 이야기를 흘리는 것이다.

　이런 종류의 사진 전략들은 결국은 트랜스들의 **차이**를 다시 표명하는 일, 즉 그들이 한때는 속했다고 여겨지던 레즈비언하고도, 지금 그들이 되길 원하고 있는 남자들하고도 결코 어떻게도 좁힐 수 없을 만큼 차이가 난다는 것을 재차 표명하는 일에 복무한다. 이 기사는 트랜스섹슈얼들이 우리 사이를 돌아다녀도 우리는 항상 그들을 가려낼 수 있으리라며 우리를 안심시키기 위해 약간의 수고를 들이는 듯하다. 그런 수사법修辭法은 다른 부류의 전쟁, 즉 잠재적 테러리스트들이 우리 사이에 숨어 있을 수 있으니 늘 경계해야 한다면서 테러와의 전쟁을 부채질하도록 차이에 대한 문화적 불안을 동원하는 전쟁을 따라 하고 있다. 이 두 부류의 전쟁 각각에서 위험은 동일성으로 변장한 차이로 구현된다—이는 엄밀히 따지자면 이 기사에서 레즈비언들이 트랜스 남성들의 몸에 가하는 모욕이다. 또한 이 전쟁들에선 선제적 폭력이 그러한 적에게 효과적인 유일한 무기로 제시된다.

이것이 쉐인의 **흉근**이 아니라 **흉터**를 담은 사진이라는 주장은 그의 가슴을 "아무것도 보이지 않는 공포"로서 제시한다. 물론 이 마지막 표현은 프로이트가 아이가 여성의 성기를 이런 식으로 판단한다고 평가한 내용이었다. 이런 평가는 여성 성기를 페니스와 비교했을 때 단순히 아무것도 없는 게 아니라 소름 끼치도록 아무것도 없는 것으로 만들어버린다. 확실히 FTM 트랜지션에 대한 대중적 논쟁과 학계 논쟁 둘 다에서 불안과 분노의 상당수는 탑 수술로 인한 유방의 상실을 중심으로 돌아간다. 그 정도가 너무 심해서, 트랜지션 동안 유방 그리고 유방에게 닥칠 운명에 초점이 쏠리는 수준은 트랜스 여성들에 대한 대중적 논쟁에서의 페니스 중심성에 맞먹을 정도다. 트랜스 남성들의 몸에 대한 집착은 탑 수술이 남긴 흉터의 물리적 현존을 넘어 그 흉터가 정확히 무엇을 의미하는가 하는 질문으로 확장된다. 유방에 대한 과도한 관심, 유방을 '보존'하려는 욕망, 또는 탑 수술을 고려하고 있는 '젊은 여성들'을 그들의 유방과 그들 자신을 이런 식으로 '훼손하는 짓거리'로부터 구하려는 욕망은, 트랜지션을 트랜스 남성이 유방이라는 물질적 육신을 대가로 바쳐 팰러스의 비물질적 특권을 매입하는 거래로 이해한다. 따라서 소위 페미니즘적인 우려는, 제거된 유방을 트랜스 남성이 포기한 여성성의 상징으로 애통해하는 표리부동한 애도를 내놓는다. 하지만 감히 내가 한마디하자면, 유방이 아직 트랜스 남성 몸의 일부였을 때조차 유방이 긍정되거나 공공연히 인정된 적은 드물었다.

만약 트랜스들에 대한 대중적인 매혹이 흔히 '그' 수술―이때 MTF의 수술은 거세로 오해받는다―에 대한 집착을 통해 공고해지는 것이라면, FTM에 대한 대중적 논쟁에서 초점은 탑 수술에 맞춰지며, 이것 또한 일종의 거세로, 또는 거세를 역전시킨 것으로 오해받는다. 유방은 여성성의 절대적 기표가 된다. 심지어 옷을 입었거나 가려졌을 때조차, 유방은 여성 성기는 하지 못하는 방식으로 섹스에 대한 실증적 확인을 제공해준다는 것이다. 《뉴욕타임스》 기사에서 드러난 유방에 대한 집착을 보라. 기사에선 오직 "모조 페니스"를 한 번 언급할 뿐 바텀 수술에 대해선 거의 아무 말도 하지 않는다. 그리고 이것이 젠더와 섹슈얼리티를 성기의 형태학으로 환원하지 않는 신선한 효과를 가져올지도 모르지만, 대중매체에 트랜스가 등장할 때면 매혹이 줄어들기는커녕 새로운 부위에 들러붙었음을 발견하게 되는 경우가 너무도 많다. 리키 윌친스는 자신의 페니스와 **그** 수술에 대한 대중의 매혹에 대해 논평하면서, 그녀의 트랜스 특이성**과** 그녀의 페미니즘 둘 다를 특색 있게 강조하는 발언을 한다. "트랜스섹슈얼 여성들은 한 글자도 틀리지 않고 '그들의 고추를 잘랐다'는 말로 서술된다. 이 행위를 보지를 얻는 행위로 공식화하는 사람은 아무도 없다. 레즈비언도, 페미니스트들도, 또는 트랜스젠더 여성들조차도."(193)

이 장 서두에 나왔던 사진과 비교해보기 위해, 자나 마커스Jana Marcus가 촬영하여 〈변신: 남자 만들기Transfiguration: The Making of a Man〉란 제목의 전시회에서 선보인 사진 시리즈를 살펴보자. 여기서 '만들기'를 강조하는 제목은, 주디스 버틀러가 페미니즘 내 특정 계보의 유산이자 이제는 트랜스 이론가들이 이어가고 있다고 본 '되기becoming'의 언어와 공명한다. "어떤 면에선, 지금 시몬 드 보부아르Simone de Beauvoir의 유산을 잇고 있는 사람은 케이트 본스타인이다. 만약 사람이 여자로 태어나는 것이 아니라 여자가 되는 것이라면, 되기는 젠더 자체의 전달 수단이다."[33] 나는 이 사진들이 트랜지션 중인 주체를 《뉴욕타임스》 사진들과는 전혀 다르게 묘사함으로써 젠더 만들기에 대해 전혀 다른 서사를 우리에게 제공한다고 제안하고자 한다.

이 사진 시리즈는 에이단Aidan이란 이름의 젊은 트랜스 남성을 찍은 흑백 사진 세 장으로 구성되어 있다. 첫 번째 사진은 에이단이 느긋해 보이면서도 약간 수심 어린 표정으로 앉아 있는 모습을 보여준다. 그의 팔은 가슴 위에 느슨하게 포개져 있다. 그는 티셔츠를 입고 있는데 티셔츠에 적힌 문구 중 유일하게 식별할 수 있는 문자는 '모호한AMBIGUOUS'이다. 두 번째 사진은 에이단이 셔츠를 벗고 가슴을 붕대로 감은 모습을 보여준다. 세 번째 사진에서 에이단은 가슴 아래로 붕대를 풀어내리고 있는데, 가슴에 새겨진 것은 가장 최근 받은 탑 수술의 결과이다. 이 시리즈와

《뉴욕타임스》에 실린 사진은 각각 셔츠를 벗은 트랜스 남성을 묘사하지만, 그 사진의 내용, 구성, 그리고 사진의 주체와 사진을 보는 관객들 양쪽에 대한 태도는 전혀 다르다.

에이단 시리즈가 인상 깊은 이유는 정말 많지만, 특히 흥미로운 점은 이 시리즈가 젠더를 안과 밖의 관계, 자아와 관객의 관계, 보이는 것과 보이지 않는 것의 관계의 문제로 그려내고 있는 그대로 해석하는 방식이다. 에이단의 가슴을 다룬 3부작—옷을 입은 가슴, 붕대로 감은 가슴, 벗은 가슴—은 완전한 은폐로부터 적나라한 드러냄으로 가는 진전을 우리에게 제공한다. 안과 밖 사이의 이런 대조는 트랜스 저작 곳곳에 등장하는 주제로, 많은 트랜스 저작에서 안은 젠더의 어떤 비물질적 진실을, 밖은 그릇되고 원치 않은 육신의 덮개를 대신한다. 제이 프로서의《두 번째 피부》는 물론이고 제미슨 그린의《명백한 남자 되기Becoming a Visible Man》[2004], 막스 울프 발레리오Max Wolf Valerio의《테스토스테론 파일The Testosterone Files》[2006]까지, 트랜스 남성들의 트랜지션은 몸의 가시적인 젠더 기표들이 내면의 비가시적인 젠더감각과 부합하는 상태가 되도록 몸을 변환시키는 과정으로 서술되어왔다. 트랜지션이 절벽을 가로질러 완전히 미지의 젠더로 갑작스레 도약하는 일이 아니라는 것을 생각하면, 이 모델은 트랜스들의 삶을 좀 더 일반적으로 반영한다. 에이단이 수술 전에 단연코 여성female이었다는 주장은, 좋게 봐줘야 부정확한 것이고 가장 나쁘게 보자면 해석적 폭력일 것이다. 여기서 외면의 신체 변화는 내면의 연속성과 지속성을 나타내는 기호가 된다.

이 이미지의 경우, 사진은 셔츠를 입지 않고 가슴을 붕대로 묶은 에이단을 보여준다. 팔은 머리 위로 들어 올리고, 머리는 살짝 왼쪽을 향하고, 눈은 감겨 있다. 그렇게 붕대로 감아놓으면 양쪽 유방의 곡선이 꾹 눌려서 거의 완벽하게 평평한 윤곽이 만들어진다. 하지만 붕대가 비닐랩이나 그 비슷한 소재로 만들어진 것인 양, 우리는 이 붕대를 **뚫고 그 안을 볼** 수 있다. 그 결과는 신체적 변경의 표현이 덮여 가려졌거나 숨겨진 젠더 변경의 역할만을 할 수 있도록 하는 것이고, 그럼에도 이 덮음과 숨김을 관객의 눈에는 거의 마법처럼 투명하게 들여다보이게 만드는 것이다. 그러므로 사진은 서로 뒤얽히게 된 안과 밖의 관계들을 놀랍도록 역전시킨다. 자기 가슴을 평평한 남성적 평면으로 보는 에이단의 내면적 자아-이미지는 붕대로 동여맴을 통해 외면화되고 남성적 가슴을 가능케 만드는데, 이 붕대는 오직 그런 효과만 뒤에 남겨두고 그 자체는 사라진다. 이렇게 바라보는 행위 속에서 우리는 에이단과의 특정한 동일시를 제공받는다. 아마도 이 동일시는 사진에 딸린 인용문으로 인해 강렬해지는 것 같다. 인용문에서 그는 가슴을 동여맬 때의 고통과 그가 직면한 신체적 딜레마를 서술한다.

무슨 옷을 입는지에 따라 나는 사내처럼 보일 수 있다. 나는 몸을 가리려고 커다란 옷을 입지만 자신감이 넘치지는 않는다. 재킷을 입으면 가슴이 가려져서 더 잘 패싱되는 경향이 있지만, 여름에 나는 주로 티셔츠를 입는다. 그래서 유방을

　　　2부 | 호모에라틱스

붕대로 동여매야 한다. 가슴이 평평하게 보이려면 꽉 묶어
야 하는데 꽤 괴롭고 심하게 아프다. 사람들은 탄력 붕대, 비
닐랩 또는 꽉 동여맬 수 있는 건 뭐든 이용한다. 너무 꽉 묶
으면 숨을 쉴 수가 없다. 지금은 스포츠 브라를 입는데 더 이
상 기꺼이 고통을 감수하고 싶지 않아서다. 무수한 세월 동
안 나는 이 문제와 씨름해왔는데 이제는 더 나빠지기만 한
다. 그저 내가 바라는 건 내 몸이 편했으면 하는 거다. 나는
곧 가슴 수술을 받을 거다.

우리가 앞서 본 분류법은 트랜스 남성과 부치들을 서로 다
른 종류의 존재로 구분하고선, 전자는 몸에서 도망치고 후자는
몸을 집으로 여긴다고 해석한다. 그럼에도 에이단의 서술은 부
치에서도 트랜스 남성에서도 똑같이 나올 수 있다.

수술 후 에이단은 자신의 새로운 가슴에 대해 이렇게 말한다.

확신하건대 수술은 내게 잘 맞았다. 나는 그저 한 번에 한 단
계씩 트랜지션을 밟아가길 바랐다. …… 유방 그것이 그저
점점 더 나빠지고 더 나빠져서 가슴 수술은 내게 즉각 필요
한 일이 되었던 거다. 이런 기분이 들었다. 가슴 수술만 했더
라면 나 자신이 훨씬 좋게 느껴졌을 텐데. 딱 맞는 셔츠를 입
을 수 있게 될 거고 그런 옷들을 입으면서 원했던 방식으로
보이게 될 텐데. 내 가슴은 유방이 있었던 자리가 엄청 옴폭
들어갔지만, 평평해진 건 마음에 든다. 역기 같은 걸 들어 올

리려면 두어 달은 더 기다려야 한다. 그래서 내 가슴이 내가 원하는 모양대로 보이려면 아직 멀었다. 하지만 내 신체적 트랜지션은 시작되었고, 나는 곧 테스토스테론을 투여할 거다. 어제는 밖에 바람이 많이 불어서 내 셔츠가 가슴에 찰싹 붙었는데 처음으로 내 유방을 의식하지 못했다. …… 정말 놀라웠다!

마지막 사진은 사실상 **에이단이 자신의 유방절제술 흔적을 보여주는** 사진이다. 하지만 그 서술이 《뉴욕타임스》 사진에서보다 여기서 훨씬 더 적절해 보이고, 그 효과도 정확히 반대이다. 에이단은 앞의 사진들과 마찬가지로 셔츠를 입지 않고, 허리 위 상체를 내보이면서 카메라를 정면으로 향하고 있다. 하지만 첫 번째 사진에서 그의 눈이 우리 눈과 마주치는 반면, 두 번째 사진에선 눈을 감고 고개를 돌리고 있으며, 세 번째 사진에선 그는 자기 가슴을 내려다보고 있다. 그의 손은 가슴에 두른 커다란 천 조각을 열어젖히지만, 이번에는 그 천의 소재가 불투명하다. 아마 거즈로 만들어진 것 같고 복대와 붕대 둘 다를 참고한 듯 보인다. 그는 자기 가슴을 내려다보는데, 거기엔 생긴 지 얼마 안 되었는지 아직 아물지 않아 꽤 눈에 잘 띄는 수술 흉터가 남아 있다. 이전 사진에서 에이단은 자기 가슴으로부터 눈을 돌리고 있고 카메라가 가슴에 시선을 준 반면, 이 마지막 사진에서는 카메라, 에이단, 관객 모두가 그의 가슴의 새로운 지형도에 초점을 맞춘다. 우리는 그를 보는 대신에 **그와 함께** 보자고 초대받은 것이다.

아직 에이단은 자기 가슴이나 자기 몸을 완전히 집처럼 편안하게 느낀다고 보고하지는 않는다. 그는 자신이 새로운 가슴을 남성 체현의 **시작**으로 바라보고 있음을 내비친다―"내 신체적 트랜지션은 시작되었다." "내 가슴이 내가 원하는 모양대로 보이려면 아직 멀었다."―탑 수술은 이 과정의 시작이지 정점이 아니다. 다시금, 트랜지션은 한 번의 수술로 끝나는 일회성 행위가 아니라, 체현의 과정이자 계속되는 되기의 과정으로 그려진다. 그리고 존재하기와 되기의 이 구조는 안과 밖의 단순 이분법을 넘어선다. 에이단은 수술 후 바깥에 있을 때의 들뜬 기분을 보고하는데, 바람이 불 때 셔츠가 그의 가슴에 판판하게 붙어 있는 느낌을 받았고, 유방을 의식할 필요가 없었기 때문이다. 이게 순수하게 내면의 자아의식이 아니라는 점이 중요하다. 자기 유방이 불편하다는 자각과 유방에 대한 거부감은 패싱에 실패한 결과로서 시간이 지날수록 점점 더 강해진다―아마도 그의 젠더가 모호하다고 읽은 다른 사람들이 에이단의 수술 전 가슴을 조사하고, 여성이라는 확실한 증거로 셔츠 아래 유방이 보이는지 읽어내려 함에 따라 이 불편함과 거부감은 더 커졌을 것이다. 이 외적인 오인misrecognition은 특정 부위를 극도로 의식하게 되는 느낌과, 그 부위가 표현되는 방식에 대한 자의식으로 이어지고, 이는 자신에 관한 에이단의 의식과 분리 불가능하게 되고 만다. 따라서 외부로 드러나는 자신의 외양에 대해 불편해하는 내면의 감각은 단순히 배치 상태가 어긋났거나 그저 잘 어울리지 않는 정도가 아니라, 디스포리아에 대한 내면적 감각이다. 이 감각이 그의 몸에서부터, 그의 젠더화된 자아감각의 일부로 내면화되고 통합된 젠더 모호성에 끔찍하게 적대적인 외부 세계의 응시에 이르기까지 순환하면서 디스포리아가 증폭되게 된다.

트랜스젠더 남성성

레즈비언 페미니스트 평론가들의 글에서 트랜스의 위치는 젠더 규범성에 대한 조건부 항복으로서 레즈비언 자매애를 저버린 동시에 팔아버린 짓으로 기술되는 경우가 많다. 이런 비판은 '여성'의 연대를 저버리는 짓에 레즈비언 '자매들'과의 엄청나게 비윤리적 관계가 들어가 있음을 우리에게 이해시키고자 했으리라. 하지만 트랜스 남성에게 레즈비어니즘이나 페미니즘을 배반하지 않는 유일한 태도란 자기 유방을 제거할지를 숙고하는 대신 스스로 고통과 불편함을 참아내는 것뿐이라고 누군가가 주장할 때, 그런 주장이 취하는 윤리적 태도란 과연 무엇인지를 숙고하는 일이 매우 중요할 것 같다. 만약 그의 패싱이 일종의 배신으로 여겨진다면, 정확히 뭘 배신한 건가? 패싱에 실패하면 폭력의 표적이 되거나 다른 위험에 빠지게 된다면 우리는 어떻게 대응해야 할까? 에이단이 그가 전혀 동일시하지도 않는 '여자다움'의 가시적 표지를 지녀야 하며 그러기 위해 본인 몸을 변경하지 말아야 한다는 주장은 도대체 무엇을 의미하는가? 트랜스 남성에게 트랜지션을 하지 말고 자신의 여성성을 긍정하면서 자기 몸을 참고 견디라고 요구하는 레즈비언 페미니스트들의 주장을 고찰해보자. 예를 들어 만약 자기 몸을 편안하게 느끼고픈 트랜스 남성의 욕망이 레즈비언 연대를 근거로 반대에 부딪힌다면, 왜 특별히 동원되어야 하는 게 트랜스 남성들의 몸인지, 우리 중 젠더를 위반하는 몸들은 왜 그런 연대의 무게와 책임을 별도로 견디도록 강요당하는지 우리가 질문하면 안 되는 걸까? 남성성을 향한 레즈비언 욕망, 즉 남성male이 아닌 누군가에게서 체현된 남성성에 대해 레즈비언이 품는 성적인 갈망이 아직도 레즈비언 공동체 안에 위기를 조장할 수도 있다는 건가?[34] 그리고 이 욕망이 그들을 이성애자로 만들진 않는다는 레즈비언식 재보증─그들의 고유한 **레즈비어니즘**에 재차 확신과 안심을 줄 필요─은 트랜스 남성들 그리고 부치 및 다른 남성적 여성들의 안전과 신체적 거주 가능성을 대가로 치르고 구매한 것일까?

따라서 동일성sameness은 일부 레즈비언들이 자기네 공동체에서 트랜스로 정체화하는 사람들을 거부하도록 자극하는 요인이 된다. 내가 제안하고자 하는 것은, 트랜스 남성들이 젠더화에 있어 공통된 속성을 공유하는 공동체를 통해 자신을 또 서로를 찾을 때는 이와 다른 종류의 동일성이 작동한다는 것이다. 그리핀 한스베리Griffin Hansbury가 설득력 있게 주장한 바, 트랜스 남성성transmasculinity[35]은 체현에 관한 그 어떤 단일한 이상을 향한 충성 또는 획일적인 남성male 몸이라는 단일한 환상에 대한 순응이 아니라, 남성적인 신체적 표현 및 느낌의 다양한 범위로 가장 잘 이해될 수 있다.[36] 그는 공동체라는 총체화하는 개념을 스펙트럼의 언어로 수정하는 작업을 하는데, 이는 남성성을 존재의 한 **종류**(트랜스 남성 대 비-트랜스 남성nontransmen)가 아니라 존재의 **방식** 중 하나(더 남성적이거나 덜 남성적인)로 이해할 수 있게 해준다. 트랜스젠더리즘을 고정된 존재론으로 이해하기보다 좀 더 수행적으로 이해하는 설명을 제공하는 것이다. 즉, 한스베리는 트랜스 남성성이 그 어떤 단일하거나 단순한 한 종류의 주체로 존재하라는 명령이 아니란 것을, 하나의 자기-동일적 범주 안에 딱 맞게 들어가라는 명령이 아니란 것을 우리가 이해할 수 있게 도와준다. 그리고 하나의 단일한 트랜스 정체성이란 통념으로부터 멀리 떠나서 트랜스의 기호를 달고 여행하는 경험의 다양성이 증대되고 있는 현상을 우리에게 소개해준다.

한스베리의 설명은 《뉴욕타임스》가 트랜스 남성들과 그들의 파트너를 묘사한 방식에 맞설 유용한 대항 지점을 두 가지 측면에서 제공한다. 첫째, 이 설명은 트랜스들이 정말로 공동체를 이루고 있음을 분명하고도 강력하게 보여준다. 트랜스들은 《뉴욕타임스》에서 묘사한 비참하게 고립된 꼴이긴커녕, 서로의 삶을 공유하고 자주 함께 어울리는 사람들이다. 둘째, 《뉴욕타임스》 기사는 트랜스 남성들을 트랜스가 되기 위해 친밀한 관계를 망가뜨리거나 방해하는 행위자로 이해하는 반면, 한스베리는 관계의 종결을 선택하는 건 트랜스 남성들이 아니라 그들의 레즈비언 파트너라는 다른 관점을 우리에게 건넨다. 확실히 두 시나리오 모두 가능한 것이 맞다. 관계를 떠나는 사람이 트랜스 남성일 때도 있고 레즈비언 파트너일 때도 있는 것이다. 또한 그 관계가 계속 이어질 수 있고 반드시 끝날 필요는 없다는 것도 맞다. 하지만 한스베리는 그런 커플이 헤어졌을 때 그 헤어짐의 동인이 항상 트랜스인 건 아님을, 그들의 경험이 《뉴욕타임스》가 서술하는 것처럼 정체성을 선호하느라 관계를 비교적 무신경하게 끊어버리는 짓이 아니라 극도로 상처받기 쉽고 자포자기한 결과일 수 있음을 우리가 떠올려보도록 도와준다.

동일성의 강화, 어떤 균일성을 향한 욕동drive은 한스베리의 담론에서 완전히 떨어져나간 것이 아니라 다른 명부로 옮겨갈 가능성이 있어 보인다. 나는 이 문제의 중요한 정치적 이해관계에 관심이 있는데, 이는 현재 트랜스 이슈 논쟁에서 무수히 많은 다양한 형식으로 모습을 드러내고 있는 것 같다. '동일성'이 정체성을 지배하는 규범적인 이상으로서는 버려지는 순간에 **관계**를 지배하는 규범적 이상으로 다시 떠오르는 것이 가능할까? 트랜스 남성적 공동체가 견고한 통일체보다는 뭔가 좀 더 포용력 있다는 점은 부정할 수 없는 진실이겠지만, 만약 정체성이 관계에서 자아를 떼어내고 또 자아에서 차이를 내보냄으로써 달성되는 무언가라면, 트랜스 남성성의 이런 표현의 다양성이 좀 더 미묘하고 근본적인 형식의 동일성을 덮어두는 것은 아닐지 의구심이 든다. 즉, 만약 우리가 트랜스 남성을 (FTM 정체성에 관한 헨리 루빈 Henry Rubin의 책 제목을 따와서) "스스로 이룬self-made" 사람으로 이해하고자 한다면, 정체성을 동일성의 산물로, 즉 전적으로 내적인 과정의 자생적 침전물로 이해하게 될 여지가 있을까? 그리고 트랜스 남성적 정체성이 관계 속에서 형성되는 한, 그 정체성은 오직 다른 남성성들과의 유사성, 겉보기에 닮은 모습을 내보이는 경우에만 드러나는 걸까?

한스베리의 논문에서는 정체성이 마치 개인의 속성이나 소유물인 양 기술될 때가 몇 번 있는데 이는 트랜스 저작들에서는 약간 익숙한 패러다임으로, 트랜스들이 직면하는 삭제와 비가시성에 맞서기 위해 "이게 바로 나야"의 사회적 힘을 불러내는 것이다. 또 다른 때에는, 한스베리는 젠더 정체성을 관계의 성취로 이해하는 모델, 즉 공동체에 호소하고 공동체와 상호작용함으로써 형성되는 무언가로 이해하는 모델을 가져와서 앞의 모델을 유용하게 보완한다. 한스베리의 논문 안에서, 그리고 그가 기술하는 트랜스 남성적 공동체 안에서, 이 트랜스 남성적 정체성 각각—목수, 트랜스 남성, 젠더퀴어, 남성—은 오직 **서로와의** 관계 속에서만 출현하고 알아볼 수 있게 된다.[37] 그리고 이 정체성들의 의미와 일관성은 이들 각자가 남성성의 스펙트럼 위에서 유사하면서도 똑같지는 않은 위치들과 맺는 정돈된 관계로부터 획득된다. 사실상 스펙트럼이라는 개념 자체가 이러한 관계에 의존하며, 어떤 의미에서 스펙트럼 자체는 서로 근접해 있으면서도 경계가 있는 젠더 범주들 사이의 유대가 눈에 보이는 자취로 남은 것에 지나지 않는다. 한스베리는 정체성의 표현 및 발견은 다른 트랜스 남성적인 사람들과 관계 맺고, 이들과 함께 어울리고, 이들과 연대하면서 그 속에서 생겨나는 무언가라는 점을 긍정하고 확인하는 장면들을 우리에게 제공한다—'진정한 영혼' 대회의

True Spirit conference[38]에서, 각종 테라피와 모임에서, 대화에서, 많은 사람이 모인 행복한 난장판에서 나온 장면들. 젠더 정체성을 다른 이들과 함께 어울리고 연대하면서 시작되는 기획으로 보는 이런 견해는 페미니즘에서 나온 익숙한 유산이다. 하지만 트랜스 남성적 공동체 안에서 페미니즘의 유산을 읽을 수 있다면, 여기서 여성적인 것의 위상을 읽어내기란 더 어렵다.

나는 남성들, 트랜스 남성들, 젠더퀴어들 사이의 이런 관계들을 동일성의 회로로 읽고픈 유혹을 받는데, 이는 트랜스 서클 안에서 남성성의 가장 가치 있고 이상화된 형식이 이성애자 생물학적 남성이라는 통상적인 이해를 복잡하고도 퀴어하게 만든다. 그리고 트랜스 남성성의 심장부에 이미 퀴어한 남성성이 놓여 있을 가능성이 있으며, 이 가능성은 트랜스 남성적 공동체들 내부에서 남성성의 호모에로틱하거나 동성사회적인homosocial 유대[39]를 급진적으로 뒤흔들어놓을 잠재력을 가진 듯하다. 더욱이 나는 이런 해석들 안에서의 여성적인 것, 여성female, 레즈비언의 위상을 살펴보면서, 이런 동성사회적 유대들이 차이와 관계 맺는 대신에 차이를 생략하거나 회피할 위험을 감수하는 폐쇄적인 정체성 회로를 형성하는 것은 아닐지 질문하고 싶다.

한스베리는 트랜스 남성적 주체의 형성에 대한 이런 설명을 제공하면서, 외부의 시선에선 트랜스가이transguys와 부치들이 구별되지 않을 수 있다는, 너무 자주 간과되었던 사실을 강조한다.

{젠더퀴어는} 각자의 욕망을 행사하는 수많은 목소리의 볼륨

을 줄일 방법을 찾아야 한다. 자기만의 내면의 자아-인식에 채널을 맞춰야 한다. 젠더퀴어 보이genderqueer boi를 부치 다이크butch dyke와 다르게 만들어주는 건 무엇인가? 물리적으로는 별 차이가 없는 경우가 많다. 다시 말하지만, 이건 죄다 자아-해석에 관한 것이다. 보이boi, 또는 가이guy. 스스로를 트랜스매스큘린 보이transmasculine boi로 여기고, 그렇게 여겨지길 바란다. 그건 자신을 남자로 보라고 요청하는 목수나 트랜스 남성보다 훨씬 더 어려운 주문이다. (259)

한스베리는 우리가 젠더의 이런 측면들, 관찰될 수 있다기보다는 내면적인 것, 우리의 젠더화된 자아감각을 확실시하는 **느껴지는 감각**에 주목하게 한다. 이런 설명 안에서 젠더퀴어의 과업은 "각자의 욕망을 행사하는 수많은 목소리의 볼륨을 줄일" 방법을 찾는 것이고, "자기만의 내면의 자아-인식에 채널을 맞추는" 것이다. 이런 목소리들은 여러 곳에서 다양하게 나온다―트랜스 남성적 공동체로부터(젠더퀴어가 트랜지션하길 원하는 목소리), 레즈비언 공동체로부터(젠더퀴어가 '여성female'으로 남길 원하는 목소리), '비-트랜스 세상'으로부터(만약 전멸시킬 수 없다면 분명히 드러나지는 않되 적대시해도 무방할 모양새로는 남아 있길 바라는 목소리). 이런 목소리들이 달갑지 않다는 사실에 더하여 이 목소리들을 특징짓는 다른 유일한 요소가 이 목소리들의 욕망이라는 점이 중요해 보인다. 이 욕망은 수동적으로 자리할 뿐 아니라, 능동적으로 젠더퀴어 보이에게 영향력을 행사한다―당사자가 적극적으로 저항해야만 하는 압박이 되는 것이다.

이런 각본들이 놓여 있는 위치 또한 불확실하다. 그것들은 외부적이고 사회적인 것으로, 즉 어쨌든 트랜스 남성 본인의 생각·느낌·욕망·정체성과는 분리되어 있거나 분리될 수 있는 것으로 여겨진다. 하지만 젠더퀴어가 그런 목소리들의 "볼륨을 줄일" 수 있다는 제안은, 적어도 젠더퀴어가 그 목소리들을 조용히 시키거나 억누를 수 있을 정도로 그 목소리들이 내면화되었음을 시사하는 듯하다. 또는 내면화와 외면화가 동시에 일어남을 암시하는 듯하다. 즉, 공고히 굳어진 정체성감각을 부정하거나 위협하는 욕망의 압박은 그것이 다른 어딘가에서 온 것으로, 다른 이들과 다른 공동체의 목소리를 통해 나온 것으로 여겨지는 한 외면화된다. 하지만 이런 위협하는 욕망들이 마치 자아의 외부에서 온 것인 양 외면화되고 그렇게 해석되고 그런 대응을 받자마자 동시에 내면화되어, 그것들의 볼륨을 마음대로 줄일 수 있는 자아의 통제 아래 놓이게 된다. 젠더퀴어의 과업을, 또는 마찬가지로 트랜스 남성의 과업을, 자신을 향해 세상이 보내는 여러 언어가 섞인 목소리들의 볼륨을 줄이거나 꺼버리는 것으로 이해한다는 것은 무엇을 의미할까?

만연해 있는 동성애 혐오와 트랜스 혐오에 저항할 한 가지 방법으로서 이는 전략상 중요할 뿐만 아니라 어느 정도는 불가피한 일인 것 같다. 그러나 이런 질문을 해볼 수도 있겠다. 이처럼 내면으로 향하고 세계를 차단해버리면 정체성의 공고화에 든 또는 관계의 가능성에든 예상치 못한 결과를 가져오지는 않을까? 우리가 욕망과 정체성을, 내부와 외부를, 자아와 타자를, 굳이 상호 위협적인 방식으로 이해해야 할 필요가 있을까? 만약 트랜스 남성적 주체에게 목표가 안정되고 지속적인 자아-정체성 감각을 달성하는 것이라면, 타자의 욕망과 마주할 여지가 남아 있을까? 타자의 욕망을 쫓아내거나 모조리 없애버리지 않으면서, 또는 타자의 욕망에 의해 자신이 완전히 쫓겨나거나 말살된다고 느끼지 않으면서 말이다. 사실, 트랜스 남성적 욕망이 들어갈 자리가 있을까? 또는 안정되고 가동성 있는 정체성을 위해 그 대가로 그 욕망에 대한 그 어떤 권리 주장도 포기해야 하는 걸까?

이 텍스트에서 여성적인 것이 점유하는 구조적 위치들이 상당히 제한되어 있다는 점에 주목할 필요가 있다. 여기 등장하는 여성적 타자들은 부치의 트랜지션을 용납하지 않는 레즈비언 파트너, 그리고 목수의 파트너이면서 자신은 이성애자로 정체화했고 동성애와 트랜스를 혐오하는 사람들로, 이들은 부인과 부정의 형상이다. 여기에는 차이에 반발하는 대신 차이와 함께 가면서 정체성을 공들여 만들 공간이 거의 없다. 타자의 목소리, 특히 여성적 타자의 목소리는 항상 오로지 '안 돼'뿐인가? 진정한 정체성을 거짓된 정체성으로 여겨 금지하고 배척하고, 트랜지션을 방해하거나 트랜지션을 이유로 헤어지겠다고 위협하는 목소리뿐인가? "트랜지션이야, 나야"라는 최후통첩을 날리는 레즈비언 파트너라는 인물은 정확히 이 선택을 완벽히 형상화한 것이다. 이런 선택에서 차이를 가로지르는 상호작용은 '진정한' 정체성을 희생해야 오는 것이고, 여기서 **존재하기**와 **소유하기**는 서로를 폐제하고foreclosure, 정체성은 욕망을 대가로 치러야만 구매되는 것이다. 금지하는 여성적 파트너라는 형상은 트랜스 남성적 주체를 존재(트랜스 남성적 주체로) 아니면 소유(파트너를) 둘 중 하나의 위치에 몰아넣는다. 둘 다 차지하는 것은 안 된다.

그러나 한스베리는 정체성과 욕망의 이 제로섬 게임을 계속해서 더 복잡하게 만든다. "다시 말하지만, 이건 죄다 자아-해석에 관한 것이다. 보이, 또는 가이. 스스로를 트랜스매스큘린 보이로 여기고, 그렇게 여겨지길 바란다. 그건 자신을 남자로 보라고 요청하는 목수나 트랜스 남성보다 훨씬 더 어려운 주문이다." 이는 겉보기엔 모순처럼 보인다. 어떻게 정체성이 "죄다 자아-해석에 관한 것"일 수 있는가? 그러면서도 어떻게 이름도 모르고 알지도 못하는 타자들에게 자신을 이렇게 봐달라는 청원을 해야한단 말인가? 하지만 내가 제안하고 싶은 것은, 목수나 트랜스남성이 자신을 남자로 "보라고 요청하는" 순간에, 이 요청으로인해 많은 일들이 이뤄지고 있다는 것이다.

여기서 한스베리의 서술은 루이 알튀세르Louis Althusser가 〈이데올로기와 이데올로기적 국가 장치Ideology and Ideological State Apparatuses〉[40]에서 설명했고 그다음 버틀러가 젠더화gendering 과정을 기술하기위해 채택했던 호명interpellation 이론을 정확히 반대로 뒤집은 것이다. 호명은 세계가 일련의 이름과 범주들을 반포하는, 즉 내가 주체로 출현하기 위해선 응답해야 하는 부름을 내리는 정체성 형성에 관한 설명이다. 이 논의에서 호명 개념의 유용성은, 호명이 명명과 정체성에 관한 우리의 범주들이 중개하고자 하는 자아와 세계, 자아와 타자의 관계들과 명명의 복잡한 작용을 이해할 한 가지 방법을 제공한다는 점 같다. 호명은 우리 쪽에서 어떤 결정이든 내리기 전에 우리에게 이름표가 붙고 명명되고 정체성이 식별된다는 것을 어떻게 발견하게 되는지, 그리고 그런 이름표들이 우리 나름의 교정 및 만회 전략들, 트랜스인 사람들 대부분이 증명할 수 있을 법한 사실에 어째서 그토록 심하게 반내할 수 있는지를 우리가 설명할 수 있게 도와준다. 나는 내 이름을 주장하는 동시에 그 이름에 의해 주장된다. 또는 정체성 범주들에 의해 주장된다. 그다음엔 이 정체성 범주들이, 내가 사회 세계에서 어떻게 인식되고 받아들여질지를 결정한다. 그리고 이러한 명명 과정, 즉 범주화 과정 전체에서, 젠더의 작동은 단순히 내 주체성에 덧붙인 형용사적 부속물이 아니라 주체성을 달성하기 위한 전제조건이다. 호명은 내 정체성이 내 고유한 삶을 초과하는 사회적 삶을 갖는 방식들을 설명해준다. 즉 내 '고유한' 정체성조차, 그 모든 특수성을 고려하더라도, 타자들이 나를 부르는 이름, 타자들에 의해 내가 인정되는 방식들에 의존한다는 점을 설명해준다.

한스베리의 설명에서 사회적 인식 가능성의 장면은 뒤집힌다. 세계가 나를 겨냥해서 하나의 이름을 내던지고, 그 이름이 내가 누구인지를 완전히 포착하지 못하고, 그럼에도 내가 그 이름에 응답해야 할 의무를 지는 그런 식이 아니다. 한스베리의 보고에서 '나'는 그런 명명의 바깥에서 출현한다—그 명명의 조건을 지시하기 위해, 내가 짊어진 범주가 나라는 특수성과 이음매 없이 매끄럽게 맞물림을 보장하기 위해. 세계가 나를 불러 존재케 하는 것이 아니라, 오히려 내가, 내가 놓여 있는 더 넓은 세계에 내가 존재하기 위한 조건들을 받아쓰게 하는 것이다. 자신을 "~로 보라"는 이 요청은, 사람이 거주지로 정해 살거나 우리 안에 거주하는 범주들과 이름표들의 바로 밑이나 너머에서는 항상 진정으로 깊이 인식 또는 인정받는 존재가 되기엔 불가능하거나 비가시적이라는 점을 애통해하는 태도와는 뭔가 좀 다른 것이다. 무언가**로** 보이길 요청한다는 것은, 가치가 동등함을 주장하는 동시에 같은 척도로 잴 수 없음을 둘 다 주장하는 것이지, 하나를 대가로 희생해서 다른 하나를 주장하는 것이 아니다. 버틀러는 이 구조를 우리에게 상기시켜주는데, 아레사 프랭클린_{Aretha Franklin}이 "당신은 나를 천생 여자로 느끼게 만들어요_{You make me feel like a natural woman}"라고 노래 부를 때 프랭클린이 그녀의 특수성, 범주의 추정된 자연스러움과, 그 둘이 환원 가능하다는 주장 사이의 틈과 거리에 호소한다는 점을 짚는 것이다.[41] 버틀러의 설명에서, 이들 사이를 중재하는 것, 이 간극에 다리를 놓는 것은 바로 욕망이다.

이런 식으로 한스베리는 우리를 주체성에서 이 중요하고 당혹스러운 국면에 놓이게 한다. 여기서 범주화의 언어는 내가 나라고 느끼는 사람과 내게 이름을 붙이는 범주 사이의 간극을 불가피하게 설치한다. "난 내게 그냥 남자라는 이름표를 붙이는 건 불편해. 그건 내겐 너무 제한적이야"라고 단언하면서 그는 정확히 이 간극을 지적하는 것이다. 그는 그가 바로 자기 자신이라고 알고 있는 남자의 확실성과, 그 확실성을 확정해주거나 보류해버릴 수 있는 사회적 인정 사이의 긴장을 서술하는 중이다. **무언가로 봐달라는** 요청은 시간적 역전을 수반한다. 즉, 먼저 나는 내가 남자인 걸 안다. 따라서 당신에게 나를 그렇게 봐달라고 요청한다. 하지만 그런 인정의 힘들은 순수하게 내면에서 느껴지는 감각만큼이나 우리 자신에 대한 우리의 인식을 형성하는 데 결정적으로 중요하다. 나아가 내가 제안하고픈 것은, 젠더에 대해 느껴지는 감각을 **순수하게 내면적인 것**으로 생각하기란 불가능하다는 것이다. 왜냐하면 항상 젠더의 사회적 구조가 그런 느껴지는 감각에 들어가 있고 영향을 미치기 때문이다.

젠더에 관한 우리의 가장 내밀하고 개인적인 이해마저도 불가피하게 사회적 구조에 속한다는 점은, 내면의 가장 안쪽에서 느껴지는 젠더감각조차 젠더를 알아볼 수 있게 하는 사회적 이분법을 확증하는 듯 보인다는 사실에 의해 확인될 것 같다. 즉, 한스베리는 자신을 이름이 없거나 참조할 만한 공통된 문화적 요소가 없는 좀 모호하고 사적인 젠더로 느끼는 것이 아니라 **남자**처럼 느낀다. 그리고 트랜스 남성들의 경우처럼, 사회 세계의 규범적 젠더 편성이 내면에 느껴지는 그 감각을 거짓으로 몰기로 공모하는 것이 사실이라면, 세계가 겉모습에 기초해서 "너는 남자다"라고 말할 때—또는 그런 공식적 결정을 보류하며 그 이름을 허락하지 않을 때—나의 자아를 범주의 규범적 속박을 넘어서 이해하는 일에 나의 생존이 달려 있다는 점은 참일 것이다.

또한 이처럼 더 포용력 있게 자아를 이해하더라도 그런 이해만으로 인정을 보장하기엔 충분치 않다는 점도 참일 것이다. 트랜스 남성성이 자아-해석, 즉 개인적이고 자기 성찰적인 정체화 행위들에 달려 있다는 주장은, 이런 정체화가 어떻게 물질화될 수 있을지 또는 세계 속에서 어떻게 가시화될 수 있을지, 또는 관계들의 어떠한 연계 및 결합이 그런 물질화와 가시성의 기저를 이루는지, 이런 문제들을 아직 다루지 못하고 있다.

그렇다면, 정체성의 이런 모순된 두 가지 양상을 함께 사유하려면 어떻게 해야 할까? 즉 한편으로 내면에서 느껴지는 자아감각으로부터 온전히 솟아난, 젠더를 소유하는 완전히 자율적인 주체와, 다른 한편으로 적절하게 젠더화된 이름―그러나 사회 세계의 규범적 젠더 배치가 그 이름을 허락하지 않으려고 음모를 꾸미며 보류 중인―을 부여받길 바라면서 타자에게 요청하는 주체를 함께 사유하려면 어떻게 해야 할까? 그리고 그것들은 공존할 수 있는 응대 양상인가? 즉 "나는 ~다"라는 단언을 가능케 하는 자신감 있는 행위성과, "~로 봐달라고" 요청하는 가운데 체현된 취약성은 공존할 수 있는가? 남자**로 봐달라고** 요청한다는 것, 심지어 그렇게 보라고 요구한다는 것은 젠더화된 정체성을 완전히 자율적인 주체가 자발적이고 의도적으로 만든 창조물로 이해하는 패러다임과는 상당히 다른 방식으로 그런 정체성의 창조와 배치를 이해하고 작동시키는 듯하다. 전자의 범주는 젠더가 내면적으로 느껴지는 자아감각으로부터 전부 솟아난다는 환상에 어느 정도까지 의존하는가? 그리고 그러한 요청을 받아들이는 쪽으로 상상되는 건 누구인가? 자신을 어떤 사람으로 봐달라는 요청은 취약성으로부터만 나올 수 있고 트랜스 남성적인 또 다른 사람이 깊이 인정하는 자리에서만 대답을 들을 수 있는 것일까? 요청과 인정의 부름과 응답은 오직 다른 남성적 주체들과의 "깊은 수평적 동료관계"(베네딕트 앤더슨Benedict Anderson이 쓴 표현)의 장면 안에서만 풀릴 수 있는 걸까? 다른 남자에게서 나온 그런 요청에 가장 만족스럽게 대답하려면 어떤 식이어야 할까? 그 질문은 여성적 타자의 부정 또는 이중부정을 요구하는가? 그리고 인정과 상호호혜성의 유대가 한 남성성과 또 다른 남성성 사이에서 형성될 뿐 아니라 남성적인 것과 여성적인 것 사이에서도 형성되는 방식을 우리가 이해하는 데 욕망이 어떤 도움이 될 수 있을까?

관계 속에서의 동일성과 차이의 형상으로 한스베리가 우리에게 제공한 한 쌍인 젠더퀴어 보이와 부치 다이크로 돌아가보자. 한스베리는 이 두 범주의 차이를 신체적 차이와 연관 짓는 것을 단호히 거부한다. 남성으로 '패싱'이 완벽하게 되지는 않을 남성적 몸에 직면해서, 우리가 오직 신체적 단서만 가지고서 이 사람이 부치 다이크인지 아니면 젠더퀴어 보이인지 판정할 수는 없을 것이다. 한스베리는 젠더화된 주체성을 수립하는 데 있어 몸의 중요성이 몸의 형태 구조적 편성과는 별 관련이 없고 육신이 의미화되고 재의미화될 수 있을 방식—여기서 이러한 재의미화는 때로는 몸의 가시적 변화를 수반할 것이고 때로는 그렇지 않을 것이다—과 더 많은 관련이 있음을 논증한다. 몸, 행동거지,

혹은 심지어 남성성의 정도조차 트랜스 남성적 스펙트럼 위 어디에 있는 정체성이라고 확정하기엔 불충분하다. 그리고 여기서 몸의 해부학적 구조는 몸이 현상학적으로 거주하는 방식보다는 덜 중요하다.

그럼에도, 부치 다이크와 젠더퀴어 보이의 경우에, 그들을 구분하는 게 정말로 오직 자기-동일시의 문제뿐일까? 한스베리는 "이건 죄다 자아-해석에 관한 것이다"라고 주장하는데, 나는 이 결론에 대해 조금 더 이야기해보고 싶다. 만약 부치 다이크와 트랜스매스큘린 보이의 차이가 몸에 놓여 있는 게 아니라면, 끌어올 만한 또 다른 중요한 구별 지점이 있는가? 언어의 층위만 놓고 보자면, 우리에겐 성적 지향과 젠더 정체성의 구분이 제공되는 것 같다. 즉 우리가 누군가를 다이크로 서술하거나 우리 자신을 그런 식으로 정체화할 때, 우리는 도착倒錯, perversion과 욕망에 관한 무언가를 공표하고 있는 셈이다. 다이크에 관해 우리가 알고 있는 듯한 첫 번째 사항은, 그녀가 욕망한다는 것이다. 그녀가 누구 혹은 무엇을 욕망한다고 말할 수 있을 만큼 우리가 그녀를 충분히 알기 전에도, 또는 심지어 그녀가 자신이나 타자들을 '그녀'로 인식/인정할 수 있는지조차 우리가 알기 전에도 말이다. 트랜스매스큘린 보이에 관해 우리가 아는 첫 번째 사항은 그의 젠더이다 — '보이'라는 것. 그 젠더를 야기한 복잡하게 얽힌 일련의 고백과 부정을 우리가 알기 전부터 말이다. 주체 위치로서, **다이크**는 욕망의 습관을 기술하는 듯하고, **보이**는 체현의 습관을 기술하는 듯하다. 그럼에도, **다이크**와 **보이**를 존재하기와 소유하기의 분리된 양상으로 경계 설정해버린다면 양쪽의 뉘앙스를 모두 놓치는 셈이다. '다이크'라고 말한다는 건 이미 젠더에 대해 무언가를 말하고 있는 셈이고, '보이' 안에 꽉꽉 눌려 있는 도착적 욕망(들)은 무수히 많은 다른 방향으로 읽힐 수도 있을 것이다.

확실히 중요한 것은, 동성애 모델이 트랜스젠더 이슈를 이해하기에는 충분치 않을 수 있고 실제로도 그러했다는 점을 시인하는 일, 그리고 한스베리가 그랬듯 젠더 정체성과 성적 지향의 구분을 우리가 고집할 때 거기서 얻을 수 있는 게 무엇인지를 질문하는 일인 것 같다. 나는 욕망의 도착적 형식들과 젠더의 도착적 표현들을 그렇게 구분함으로써 무엇이 상실되거나 스러지는지를 우리가 생각해보는 일이 똑같이 중요하다고 믿는다. 한편으로, 여러 논평가가 지적했듯, 게이 배싱gay bashing을 포함한 다양한 형식의 동성애 혐오 폭력이 엄밀히 말해 **젠더** 경계를 감찰하는 데 이용되고 있다는 것이 매우 분명해 보인다. 성적 지향과 젠더 정체성이 근본적으로 분리될 수 있고 분리되어 있다는 주장은 이 두 범주가 서로를 구성하고 있지 않을 때조차도 서로 복잡하게 얽혀 있는 방식을 간과한다. 즉, 사람의 욕망의 궤적이 그 사람의 젠더**에 의해** 예측될 수 없을 때조차도, 내 욕망이 내 젠더를 **통해** 경험된다는 점, 그리고 이를 부분 부분 다 떼어내서 분석하면 두 범주 모두를 황폐하게 만들 위험이 있다는 점은 분명하다.

4.1. 〈진흙탕〉, 2005. ⓒ 릴리 로드리게즈.

진흙탕

나는 릴리 로드리게즈^{Lily Rodgriguez}[42]의 2005년 사진 〈진흙탕^{Mud}〉을 한스베리가 기술한 퀴어 그리고/또는 트랜스 남성성 사이의 복잡하고도 사실상 큰 기쁨을 주는 역동 일부를 포착하여 트랜스 몸과 주체성을 재현하는 작업으로 고찰하면서 이 글을 마무리하고자 한다. 〈진흙탕〉은 여러모로 인물 사진 기법의 정적이고 차분한 틀을 깨는데, 이를 가장 분명하게 보여주는 것은 프레임 안에 하나가 아니라 두 개의 피사체가 있다는 점이다. 이는 우리가 인물 사진의 관습으로 대표되는 단독적 정체성이라는 단항^{單項}의 범위 안에 한정되는 것이 아니라 이미 타자와의 관계·차이·참여라는 영역 안에 있음을 시사한다. 사실 관객성은 사진에서 쟁

점이 되지만, 이 관객성은 앉아 있는 피사체와 보이지 않는 카메라 간 고정된 응시보다 좀 더 간접적으로 표현된다. 사진의 프레임 안에는 배경 한구석에 흐릿하게 알아볼 수 있는 신발 한 쌍이 놓여 있는데, 이는 여기서 관계들이 단순히 이자 관계가 아니라 적어도 삼자 관계라는 걸 보여준다. 이 장면에서 관객성은 동일시에 매여 있고, 욕망에도 매여 있고, 프로이트를 끌어오자면 아마도 어떤 '나'가 이를 지켜보고 있을 것이다. 이 두 사람의 몸은 수평으로 펼쳐져 뒤엉켜 있으며, 시간적으로도 잘 포착되지 않고(이 인물들은 움직임으로 인해 흐릿해 보인다) 공간적으로도 제대로 포착되지 않는다(이들 각자의 몸은 프레임을 초과해 펼쳐진다). 두 사람의 몸이 맞닿는 지점이 사진의 중심에 놓여 있으며, 이들의 몸은 운동경기로도, 장난으로도, 관능적인 얽힘으로도 골고루 해석되는 투쟁에 참여하고 있다. 두 인물이 서로를 밀쳐내고 있는 것인지 아니면 가까이 끌어당기고 있는 것인지 아니면 그 둘 다를 한꺼번에 시도하는 중인 것인지 분간하기란 쉽지 않다. 우리는 동일성으로 환원되길 거부하는 남성성과 남성성의 관여를 목격한다. 둘 중 한 명은 벌거벗은 가슴팍에 흉터가 있고, 다른 한 명은 스포츠 브라로 가슴을 싸매고 있다. 두 사람에겐 확실히 신체적 차이가 있다. 하지만 그 차이가 전달해준다고 우리가 믿는 지식은 어떤 종류의 지식인가? 그것이 알려주는 것은 젠더 정체성의 차이인가? 성적 정체성의 차이? 계급의 차이? 수술에의 접근성의 차이? 나이 차이? 정치 차이? 우리는 아마도 이 질문의 답을 알 수 없을 것이다. 그리고 내가 제안하고자 하는 바는, 남성성의 신체적 표지로부터 우리가 끌어낼 수 있는 결론과 끌어낼 수 없는 결론은 무엇인지, 끌어내야 하는 결론과 끌어내서는 안 되는 결론은 무엇인지가 이처럼 결정될 수 없다는 점이, 우리가 상호 소멸의 공포 없이 타자성에 윤리적으로 관여할 수 있을지도 모르는 공간을 열어젖히는 데 도움이 될 수 있다는 것이다. 페미니스트들은 인종, 계급, 섹슈얼리티, 비장애의 영역에서 이런 것들을 구분하는 법을 배워왔고, 구별을 옹호해왔다. 그렇다면 왜, 이런 아포리아[43]가 놀랍게도 젠더의 영역에는 고집스럽게 남아 있는 걸까?

1   이런 점에서 스트라이커와 스티븐 위틀이 편집한 다음의 선집은 중요한
     이정표다. *The Transgender Studies Reader*, Ed. Susan Stryker and
     Stephen Whittle, New York: Routledge, 2006.

2   [역주] 절합articulation은 주디스 버틀러가 초기 저작에서 사용했던 분석적
     개념으로, 간단히 말하면 지금까지 당연한 듯 맞물려 있던 요소들을 해체하고
     새로이 재조립하여 이전의 그 자연스러움과 당연함의 위상을 근본적으로 낯설게
     만들고 이전의 의미와 이해관계를 전복시킬 가능성이 있는 다른 의미와 효과를
     생성하는 작업을 뜻한다. 좀 더 자세한 설명은 전혜은,《퀴어 이론 산책하기》
     242쪽 주99를 보라. 다만 여기를 제외하면 샐러먼의 이 책 다른 곳에 등장하는
     동사형 articulate는 주로 무언가를 명확하게 표현 또는 표시한다는 일반적
     의미로 쓰였기에 '표명'으로 번역하거나 문장에 자연스레 섞어 번역했다.

3   [역주] '구성적 외부the constitutive outside'는 버틀러가《중요한 몸》에서 주체와
     비체의 관계를 설명할 때 사용한 표현이다. 간단히 말해 비체abject는 주체가
     주체의 위상을 지키기 위해서 반드시 폐제해야 하는 것으로, 따라서 달리 보자면
     비체는 어디까지가 주체 위치인지 그 범위를 한정해주는, 주체를 구성해주는
     '외부'가 된다. 여기서 샐러먼은 버틀러의 이 논의를 끌어와서 '남성'과 '여성'을
     절대적인 한 쌍으로 수호하기 위해서는 이 이분법적 젠더 체계 바깥, 그 무엇도
     살지 않는/살 수 없는('그런 사람이 세상에 어디 있어?') 영역으로 처음부터
     추방됨으로써 그 체계의 범위를 경계 짓는 구성적 외부의 역할을 트랜스 주체가
     하게 된다고 설명하고 있다. 좀 더 자세한 논의는 버틀러의 젠더 이론을 정리한
     《퀴어 이론 산책하기》 2장을 참조하라.

4   Wendy Brown, "The Impossibility of Women's Studies", *Edgework:
     Critical Essays on Knowledge and Politics*, Princeton: Princeton
     University Press, 2005, p. 21.

5   [역주] 이 표현은 '흑인' 여성, '레즈비언' 여성, '장애' 여성, '노동계급' 여성,
     '난민' 여성 등등 '여성'의 앞에 붙는 형용사가 달라지고 늘어나는 상황, 그리하여
     주목해야 하는 '여성' 이슈가 확장·증식해온 여성학(과 운동)의 발전사를 뜻한다.

6   이런 모델들이 획일적이진 않으며 여성 연구를 조직하는 다른 방법들도 있다.
     이는 최근에 '젠더와 여성학Gender and Women's Studies' 또는 심지어 '여성, 젠더,
     섹슈얼리티학Women, Gender, and Sexuality Studies'으로 자신들을 부르는 분과학문
     및 프로그램이 유행하는 현상에서 드러나는 사실이다.

7   Riki Anne Wilchins, *Read My Lips: Sexual Subversion and the End of
     Gender*, Ithaca: Firebrand, 1997, p. 25.

8   Stryker, "Transgender Studies", *GLQ: A Journal of Lesbian and Gay
     Studies* 10.2.

    2부 | 호모에라틱스

9   다음을 보라. Prosser, *Second Skins*; Namaste, *Invisible Lives*.

10   [역주] 〈'제국'의 역습: 포스트 트랜스섹슈얼 선언The Empire Strikes Back: A
     Posttranssexual Manifesto〉은 미국의 언론학자, 작가, 공연예술가이자 트랜스젠더로
     트랜스학의 창시자 중 한 명으로 인정받는 샌디 스톤이 1987년에 쓴 글이다.
     이 글은 래디컬 페미니즘을 표방하는 이들이 트랜스섹슈얼과 트랜스젠더들을
     페미니즘과 여성의 적으로 배척하고 공격하던 당대의 흐름에 맞서, 특히 제니스
     레이먼드Janice Raymond의 저서 《트랜스섹슈얼 제국: 쉬메일의 탄생The Transsexual
     Empire: The Making of the She-Male》(1979)에 맞서 대항 담론으로 나왔다.

11   [역주] heteroglossia는 러시아 언어학자 미하일 바흐친Mikhail Bakhtin의
     개념으로, '헤테로글로시아' 또는 '이어성異語性', '이질언어성異質言語性' 등으로
     번역된다. 소설 안에서 작가, 화자, 등장인물의 서로 다른 목소리가 공존하는
     양상을 설명하는 개념으로 1934년에 처음 제시되었다.(Mikhail Mikhaĭlovich
     Bakhtin, "Discourse in the Novel", *The dialogic imagination: Four
     essays*, Ed. Michael Holquist, Trans. Michael Holquist & Caryl Emerson,
     University of Texas Press, 2010[1981]) 이후 다양한 학자들에 의해 단일언어
     공동체 안에서도 한 언어 안에 다양성이 공존하는 양상, 또는 단일언어 사회처럼
     보이는 곳에서도 사실상 다양한 언어와 문화가 이질적인 차이를 드러내며 때로는
     갈등하고 때로는 잠정적인 조화를 이루어 뒤섞여 있는 양상을 설명할 때도
     활용되어왔다.

12   Sandy Stone, "The Empire Strikes Back: A Posttranssexual Manifesto",
     Body Guards: The Cultural Politics of Gender Ambiguity, Ed. Julia
     Epstein and Kristina Straub, New York: Routledge, 1991, pp. 280-304.

13   [역주] 한국에서는 이와 유사한 맥락에서 '생물학적 여성'이란 표현을 사용하는
     사람들이 있다.

14   Denise Riley, *'Am I That Name?': Feminism and the Category of 'Women'
     in History*, Minneapolis: University of Minnesota Press, 1988.

15   Dean Spade, "Remarks at Transecting the Academy Conference", http://
     www.makezine.org/transecting.html [역주] 이 텍스트는 스페이드가 인종과
     민족연구Race and Ethnic Studies 학술대회 패널로 참가했을 때의 토론문으로 현재
     이 주소는 접근 불가능하지만, 이와 관련된 논문이 따로 출간되어 있다. 다음을
     보라. Dean Spade and Sel Wahng. "Transecting the Academy", *GLQ: A
     Journal of Lesbian and Gay Studies* 10.2(2004): 240-253.

16   [역주] 바워스 대 하드윅 사건Bowers v. Hardwick은 1986년 미국 대법원의
     소도미법sodomy law 합헌 판결을 가리킨다. 1982년 조지아주에서 가택 침입한
     경찰에 의해 소도미법(구강성교와 항문성교를 범죄화하는 법으로 주로 동성애자

탄압에 활용되었다)에 따른 남색 혐의로 체포되었던 마이클 하드윅_{Michael} Hardwick이 연방법원에 조지아주의 소도미법에 대한 위헌법률심판을 제청했고, 1986년 대법원은 5대 4로 소도미법을 합헌 판결했다(당시 미국 법무부 장관 이름이 마이클 바워스Michael Bowers). 이후 소도미법에 반대하는 운동이 전국 규모로 본격화되었고 많은 주 법원에서 소도미법을 무효화하는 움직임을 보이다가 2003년 로렌스 대 텍사스 사건Lawrence v. Texas에서 드디어 미국 대법원이 텍사스주의 소도미법을 위헌으로 판결함으로써 아직 그 법이 살아 있던 나머지 13개 주에서도 효력을 잃게 되었다. 이 판결은 미국의 동성애자 인권 증진과 동성혼 법제화의 초석이 되었다. 이 소송들을 포함해서 미국 소도미법과 동성애 탄압의 역사를 법 관점에서 상세히 다룬 텍스트로는 다음을 보라. 마사 C. 누스바움,《혐오에서 인류애로: 성적 지향과 헌법》, 강동혁 옮김, 게이법조회 해제, 뿌리와이파리, 2016(Martha C. Nussbaum, *From Disgust to Humanity: Sexual Orientation and Constitutional Law*, Oxford University Press, 2010[original 2004]). 두 판결을 둘러싼 논쟁 지형에 대한 다른 퀴어 이론가들의 비평과 관련해서는 전혜은,《퀴어 이론 산책하기》4장 참조.

17 다음을 보라. Rona Marech, "Nuances of Gay Identities Reflected in New Language: 'Homosexual' Is Passe in a 'Boi's' Life", *San Francisco Chronicle*, February 8, 2004; Adriel Hampton, "Transsexual Ousted from Shelter Shower for Sexual Orientation", *San Francisco Independent*, February 10, 2004.

18 [역주] 3장 〈렉스클럽의 소년들〉에서는 렉스클럽 종사자들이 홍보 달력에서 본인들을 표현한 용어가 'boy'였기에 이 표현만 등장하지만, 이 4장에서는 boi 와 boy가 좀 더 적극적으로 섞여 쓰이고 있다. 번역상의 구분이 약간은 필요할 것 같아서 boy는 '소년', boi는 '보이'로 옮겼지만, 이 두 개념이 완전히 구별되어 쓰이는 것은 아니다. 게이 레즈비언 공동체 안에서도 자신의 젠더 정체성을 좀 더 남성적인 쪽으로 감각하고 표현하고자 하는 이들, 이 장에서 언급되는 '젠더퀴어 보이'나 '트랜스매스큘린 보이'처럼 남/여 이분법의 안-사이에서 자신을 좀 더 구체적으로 언어화할 방법을 모색하는 이들이 사용하는 용어로 보인다. 콜린스 영어 사전에서는 '[비공식] 보이시한 외양이나 태도를 취하는 레즈비언' 으로 정의하고(https://www.collinsdictionary.com/dictionary/english/ boi), 글로벌 영어 온라인 사전인 딕셔너리 닷컴에서는 '보이'에 얽힌 각종 밈과 비공식적 표현을 정리해서 보여주는 가운데, 1990년대 초반 흑인 하위문화에서 쓰이던 표현이 2000년대 들어 주로 젠더퀴어와 트랜스 공동체에서, 특히 청년층 사이에서 남성성과 관련된 자기 정의적 이름으로 쓰인 흐름을 간략히 소개한다 (https://www.dictionary.com/e/slang/boi/).

19 [역주] 영화사학자이자 성소수자 활동가인 비토 루소Vito Russo가 1981년에
출간한 연구서《셀룰로이드 벽장: 영화 속 동성애The Celluloid Closet: Homosexuality
in the Movies》(New York: Harper & Row, 1981)를 바탕으로 동료 활동가이자
영화감독·프로듀서·작가인 롭 엡스타인Rob Epstein과 제프리 프리드먼Jeffrey
M. Friedman이 1995년 같은 제목의 다큐멘터리영화를 제작했다. '셀룰로이드'는
영화필름 재료다.

20 [역주] 몽타주montage는 각각 따로 촬영한 장면들을 살라낸 뒤 이어 붙여서
새로운 의미와 내용을 담아내도록 만드는 영화 편집 기법이다.

21 Paul Vitello, "The Trouble When Jane Becomes Jack", *New York
Times*, August 20, 2006. https://www.nytimes.com/2006/08/20/
fashion/20gender.html

22 [역주] '앨라이ally'(복수형은 allies)는 반드시 당사자가 아니더라도
대의를 함께하며 연대하는 동맹 또는 지지자를 뜻하는 말로, 이 번역은
한국에서 비온뒤무지개재단이 진행하고 있는 '앨라이 캠페인'을 따랐다.
(rainbowfoundation.co.kr/allymodel)

23 금지에 항거하는 대안적인 연례 회합인 '캠프 트랜스Camp Trans'에 대해선
다음을 보라. Michelle Tea, "Transmissions from Camp Trans", *Believer*,
November 2003, pp. 61-81.

24 다음을 보라. David Valentine, "'The Calculus of Pain': Violence,
Anthropological Ethics, and the Category Transgender", *Ethnos: Journal
of Anthopology* 68. 1(2009): 27-48. 이 글에서 그는 트랜스 자체를 폭력
및 죽음과 동의어로 만들지 않고서 트랜스젠더들을 겨냥한 폭력을 논하거나
재현하려면 어떻게 해야 할지 질문한다.

25 캘리포니아대학교 버클리 캠퍼스에서 2000년 4월 27일에 케이트 본스타인과
나눴던 대화. 다음의 글도 보라. Kate Bornstein, "Her Son/Daughter", *New
York Times Magazine*, January 19, 1998, p. 70.

26 트랜스 공동체를 위한 대안적인 기원 서사는 수잔 스트라이커가 빅터 실버만
Victor Silberman과 공동으로 만든 다큐멘터리영화 〈소리치는 여왕들: 컴튼스
카페테리아 항쟁Screaming Queens: The Riot at Compton's Cafeteria〉(2005)을 보라.
이 영화는 스톤월 항쟁보다 3년 일찍 일어났으나 거의 알려지지 않았던 사건을
자세히 다룬다. [역주] 1996년 8월 샌프란시스코의 컴튼스 카페테리아에서
트랜스 주체들이 공권력의 폭력적 검문검색과 상습적 체포에 저항한
항쟁을 조명한 이 다큐멘터리는 유튜브에서 볼 수 있다. https://youtu.be/
G-WASW9dRBU?si=cyG5MeHAkW8I_O9W. 이 항쟁과 스톤월 항쟁에 대한
설명은 스트라이커, 《트랜스젠더의 역사》를 보라.

27 퀴어 공동체 안팎에서 동시에 일어났던 "경계 전쟁"에 대한 논의, 특히 브랜던 티나의 죽음의 여파로 일어난 이 전쟁에 대한 논의는 다음을 보라. J. J. Halberstam and C. Jacob Hale, "Butch/FTM Border Wars: A Note on Collaboration", *GLQ: A Journal of Lesbian and Gay Studies* 4.2.(1998): 283-285.

28 [역주] 엄밀히 짚자면 잭 핼버스탬Jack Halberstam으로 표기하는 쪽이 적절하다. 핼버스탬은 여성의 남성성, 부치와 트랜스의 경계, 트랜스 재현의 정치, 젠더퀴어 동일시와 욕망 등을 탐구해온 퀴어 페미니스트 이론가로《스킨 쇼: 고딕 호러와 괴물의 테크놀로지Skin Shows: Gothic Horror and the Technology of Monsters》(1995), 《여성의 남성성》(1998),《드랙킹 북The Drag King Book》(1999),《퀴어 시간과 공간에서: 트랜스젠더 몸, 하위문화적 삶In a Queer Time and Place: Transgender Bodies, Subcultural Lives》(2005),《실패의 기술과 퀴어 예술》(2011),《가가 페미니즘: 섹스, 젠더, 그리고 정상성의 종말》(2013),《트랜스*: 젠더 다양성에 관한 빠르고 기발한 설명Trans*: A Quick and Quirky Account of Gender Variability》 (2018) 등을 출간해왔다. 초기 저작은 가족에게 받은 이름인 '주디스 핼버스탬'을 썼으나, 1990년대 말《드랙킹 북》을 집필할 때부터 '잭'이란 이름으로 활동하기 시작했으며, 2005년 저서부터는 공식적으로 J. 잭 핼버스탬이란 이름을 사용했다. 이름과 젠더퀴어 정체성에 관한 설명이 실린 인터뷰로는 다음을 보라. Jeffrey J. Williams, "The drag of masculinity: an interview with Judith 'Jack' Halberstam", *symplokē* 19.1-2(2011): 361-380; Sinclair Sexsmith, "Jack Halberstam: Queers Create Better Models of Success", *Lambda Literary*, 2012.1.1. https://lambdaliterary.org/2012/02/jack-halberstam-queers-create-better-models-of-success/

29 J. J. Halberstam, *Female Masculinity*, Durham: Duke University Press, 1998.

30 [역주] 이 글은 *Deviations: A Gayle Rubin Reader*(Duke University Press, 2011)에 수록되어 있으며 한국어판《일탈: 게일 루빈 선집》(임옥희·조혜영· 신혜수·허윤 옮김, 현실문화, 2015)이 출간되어 있다. 한국어판의 제목을 따랐다.

31 Bernice Louise Hausman, "Recent Transgender Theory", *Feminist Studies* 27.2(2001): 476-77.

32 Alix Dobkin, "The Emperor's New Gender", *off our backs* 30.4(2000): 14.

33 Judith Butler, *Undoing Gender*, New York: Routledge, 2004, p. 65.

34 이 입장에 대한 한 가지 예이자 남성성을 향한 욕망과 관련된 레즈비언 양가감정에 대한 세련된 해설은 다음을 보라. Heather Findlay, "Losing Sue", *Butch/Femme: Inside Lesbian Gender*, Ed. Sally Munt, London: Cassell,

1998, pp. 133-145.

35 [역주] 이 절에 등장하는 transman, transmasculinity, transmasculine
은 일단 '트랜스 남성', '트랜스 남성성', '트랜스 남성적'으로 옮겼다. 한국의
퀴어 문화에서 'transman'의 번역어로 '트랜스 남성'이 자리 잡았기에 이에
맞춰 나머지 두 용어의 번역어를 정했지만, 사실 transmasculine은 가끔
등장할 때면 '트랜스매스큘린'의 음차로 쓰이는 경향이 있긴 하다. 이 절에서도
'트랜스매스큘린 보이'처럼 중간 단어만 한글 번역하기 애매한 경우는 음차를
사용했다.

36 Griffin Hansbury, "The Middle Men: An Introduction to the
Transmasculine Identities", *Studies in Gender and Sexuality* 6.3(2005):
241-264.

37 [역주] 여기서 검토하는 한스베리의 논문 〈중간의 남자들: 트랜스 남성적
정체성들에 대한 서설The middle men: An introduction to the transmasculine identities〉
은 잘 알려지지 않은 FTM 공동체 안에서도 상대적으로 더 비가시적인
정체성들을 소개하겠다는 목표를 가지고, 참여관찰을 통해 트랜스 남성적
공동체 안의 다양한 정체화 양상을 잠정적으로 크게 세 가지 범주로 정리한다.
한스베리는 이런 범주 구분이 내적으로 동일성·일관성·통일성·지속성을 갖춘
'정체성'이란 것이 있다는 전제에 의존한다는 점에서 위험할 수 있다는 문제를
시인하면서도, 이 분류의 목적이 트랜스를 긍정하는 임상의학적 관점에서
트랜스 남성적 스펙트럼에 속한 개인들의 다양한 경험을 알림으로써 의사들이
이들의 다양한 의료적 필요에 잘 대응하도록 하기 위함이라고 밝힌다(한스베리
본인이 트랜지션한 FTM 당사자이자 임상심리학 및 사회복지학 관련 종사자다).
한스베리가 범주를 나눈 기준은 "자아에 대한 본질주의적 이해"와 "구성주의적
이해"다.(242) 전자는 자신을 남성 아니면 여성으로 이해하는 경우이고,
후자는 자신을 남성과 여성 둘 다에 걸친 존재로 이해하거나 남성도 여성도
아니라고 이해하는 경우다. 이에 따라 스펙트럼의 양 끝을 본질주의적 이해와
구성주의적 이해로 잡아 그런 위치를 부르는 이름 두 개를 자신이 인터뷰하고
참여관찰한 이들의 공동체 문화 안에서 추출하고("목수", "젠더퀴어"), 스펙트럼
중간에 속하는 이들을 아우를 이름을 하나 추출하여("트랜스 남성") 총 세 개의
임시적인 범주를 제시한다. 한스베리는 이 이름들이 2000년대 초반 당시 당사자
공동체에서 쓰이던 것들이라고 말하면서 이외에도 어떤 명확한 구분 기준을
세우기 어려운 엄청나게 다양한 당사자 이름들이 있음을 예시한다.(245-246)
이 중 첫 번째 범주이자 독자들에게 제일 낯설 범주일 '목수woodworker'에 대한
설명만 정리하자면, 이들은 대개 30대 후반 이상, 대학 교육에 접근하지 못한
노동계급이고, 자신을 철저히 '남성'으로 정체화하고 식스팩 근육의 건장한

남성의 외양을 가꾸며 지정성별 여성으로서의 과거를 숨기는 경향의 사람들이다.
트랜스 공동체에서 이런 성향의 사람들을 자주 '목수'로 부르는 이유는 이들이
"목공예와 어우러지는 경향"을 보이기 때문이라고 한다.(246) 이들은 자신들이
여성에서 남성으로 성전환한 것이 아니라 처음부터 자신이 남성이었음을
강조하기 위해 MTMmale-to-male이란 당사자 이름을 사용하며, 남/여 이분법적
젠더 체계에 기초해 자신을 이해하고, 대부분 (트랜지션 후) 이성애자로 산다. 이
범주에 속한 사람들은 퀴어 이론에 관심이 없고 다음 역주에서 소개할 '진정한
영혼' 대회의 같은 트랜스 당사자 공동체 활동에도 참여하지 않는 경향을 보인다.
이때 한스베리는 이 세 범주에 어떤 인식론적 특권이나 정치적 정당성을 부여해
위계를 만드는 대신, 각 범주의 맥락과 경험을 공정하게 서술한다. 한스베리는
'목수'들을 트랜스 혐오나 자기혐오에 갇힌 사람들로만 보는 해석에 문제
제기하면서, "우리는 왜 모든 트랜스섹슈얼이 '지배적 젠더 도식의 제한적
이원론'에 공개적으로 도전해야만 하는가 …… 를 질문해야 한다"고 되묻는다.
(248) 이들은 '남성'에 동일시하지 '트랜스섹슈얼'에 동일시하지 않으며
"자신들이 성취한 남성 몸과 정체성에 대단한 자긍심"을 갖고 있기에 "이들에게
트랜스로 커밍아웃하라는 것은 이들이 힘들게 얻은 정체성을 부정하고 자신을
삭제하는 짓"이 될 수 있다는 점을 지적한다.(248) 또한 한스베리는 이들이
고립과 소외의 문제를 겪고 있긴 하지만 이것은 이들이 트랜스로 커밍아웃하길
거부했기 때문이 아니며, 오랜 세월 의료적·행정적 제도의 편협한 트랜지션
허가 기준을 통과하려면 이런 정체성 인식이 불가피했던 맥락을 짚으면서
문제를 개인화하지 않는 관점을 제시한다.(249-251) 한스베리는 이처럼
FTM 공동체 안에서 정체성에 대한 이해가 변화하는 동시에 서로 다른 이해가
동시대에 공존하는 요인에는 세대, 교육, 계급 차이뿐 아니라 "시간이 흐름에
따라 트랜스섹슈얼리티를 바라보는 사회의 시각이 변화한 점, 혁명적이라 할
만큼 주변화된 집단들이 인터넷으로 연결된 점, 청년층은 즐거운 무질서 상태를
사랑하고 장년층은 안정성을 바라는 좀 더 보수적 욕망을 보인다는 점" 등의
다양한 이유가 있으리라고 진단한다.(246)

38 [역주] True Spirit conference는 FTM, 트랜스 남성적 스펙트럼 안에서
다양한 젠더로 살아가는 사람들, 또 이런 사람들의 친구·가족·앨라이들이
모였던 연례행사로, 1997년에 처음 개최되었고 2003년 행사를 마지막으로
중단된 상태다. 첫해에는 샌프란시스코, 다음 해에는 워싱턴D.C. 등 매년 다른
도시에서 개최되었다. 많은 풀뿌리운동이 그렇듯 이 행사에 대한 공식적 기록이
체계적으로 남아 있지 않다. 다만 여기저기 산재해 있는 인터넷 기록을 모아보면,
이 행사는 FTM들이 '나와 같은 사람'이 이렇게나 많이 있음을 느끼면서 유대감과
연대감을 나누고, 서로의 수술 경험과 의료 정보를 공유할 수 있는 자리였다.

트랜스를 긍정하는 관점에서 수술을 시행하는 의사들도 참여해 세부 행사로 설명회를 여는 등 FTM들에게 필요한 전문 지식을 제공했다. 또한 수술에만 초점을 맞춘 것이 아니라 남/여 이분법의 경계 지대를 살아가면서 자신들을 설명할 언어를 모색하고 이 경계적 젠더퀴어들의 다양한 주제와 관심사를 당사자 관점에서 풀어내면서 중요한 퀴어 담론들을 생산했다. 예를 들어 2000년에 버지니아주 알렉산드리아에서 개최되었을 때는 세부 행사로 15개의 워크숍이 포함되었는데, 부치에서 FTM으로의 변화와 레즈비언 공동체와의 관계에 대한 고찰, 가족들에게 커밍아웃할 때의 대처 전략, 이성애자로 살았던 FTM들의 경험과 고민, 트랜스로서 부모 되기 또는 트랜스가 되면서 기존의 이성혼 관계에서 낳았던 아이들과의 관계 재설정 문제, 오래 사귄 파트너가 있는 상태에서 트랜지션을 진행하는 문제 등 다양한 주제가 활발히 논의되었다(다음을 보라. FTM International, *FTM News Letter*, Issue 47. https://www.digitaltransgenderarchive.net/downloads/9z902z939). 행사 참여를 위해 미국을 가로질러 여행하려면 시간과 돈이 많이 들기에 인구집단의 상당수가 빈곤 계급인 트랜스 당사자들에게 진입 장벽이 높다는 한계가 있었지만(Hansbery, 2005: 243), 그럼에도 이 연례행사는 FTM 지식 생산과 연대 활동의 중요한 현장이었다. 위스콘신-밀워키대학교의 〈밀워키 트랜스젠더 구술사 프로젝트 Milwaukee Transgender Oral History Project〉에서 정리한 다른 트랜스 활동가들의 인터뷰에서도 이 행사에 대한 단편적인 설명을 찾아볼 수 있다(https://collections.lib.uwm.edu/digital/collection/transhist/search). 특히 5년간 행사 운영위원으로 일했던 마이클 먼슨 Michael Munson의 인터뷰를 보라. "Oral History Interview with michael munson, April 25, 2011"(https://collections.lib.uwm.edu/digital/collection/transhist/id/27)

39 [역주] 남성 간 '동성사회적 유대 homosocial bond'는 간단히 정리하면 "'재화, 사람, 의미의 생산과 재생산과 교환을 관장하는 남성 권력의 복잡한 그물망' 에 참여할 자격을 얻기 위해 요구되는 '강렬한 남성 유대'를 가리킨다".(전혜은, 《퀴어 이론 산책하기》 351쪽. 좀 더 자세한 설명은 이 책 375~376쪽 미주81을 참조하라). 20세기 중후반 구조주의 인류학, 사회학, 여성학 분야에서는 남성 우월주의적 사회에서 여성들을 상품으로 교환하여 남성들만의 소위 '카르텔' 을 구축하고 그 카르텔이 정치·경제·사회·문화 등을 구조화하는 양상을 드러내고자 이 개념을 사용하였고, 퀴어 이론가 이브 코소프스키 세즈윅은 서구 근대사회에서 남성 동성사회적 유대의 구축에 남성 동성애에 대한 강렬한 혐오와 배척이 또 다른 핵심 축으로 작동하는 양상을 분석했다(다음을 보라. Eve Kosofsky Sedgwick, *Between Men: English Literature and Male Homosocial Desire*, NY: Columbia University Press, 1985; *Epistemology*

of the Closet, Berkeley and Los Angeles: University of California Press, 1990[2nd Edition(Updated with a New Preface), Berkeley, Los Angeles and London: University of California Press, 2008]). 다만 샐러먼이 지금 주목하는 트랜스 남성적 공동체의 "호모에로틱하거나 동성사회적인 유대" 는 남성 동성애의 배척을 필수 조건으로 삼는 이성애 규범적 사회 내 남성 동성사회적 유대와는 다르다. 샐러먼은 한스베리의 논의에서 트랜스 남성적 정체성과 트랜스 남성적 공동체가 '남성성'이란 기표를 둘러싸고 펼쳐지고 연결되는 닮음의 유대를 바탕으로 하고 있다는 점, 그리고 (이어지는 본문의 내용에서 구체적으로 다루지만) 이런 닮음의 유대를 바탕으로 트랜스 남성적 정체성을 위해 여성성과의 단절 또는 이전의 여성 파트너 및 공동체와의 단절이 꼭 필요한 것처럼 배타적 구도가 짜이는 문제를 숙고하기 위해 이 표현을 사용하고 있는 것으로 보인다.

40 Louis Althusser, "Ideology and Ideological State Apparatuses", *Lenin and Philosophy and Other Essays*, Trans. Ben Brewster, New York: Monthly Review Press, 1972, pp. 127-136.

41 Butler, *Gender Trouble*, p. 22.

42 [역주] 릴리 로드리게즈는 쿠바 출신으로 미국 로스앤젤레스에서 활동하는 사진작가이자 설치미술가다. 기억과 망각, 이주와 망명, 가족과 공동체 실천의 재구성 등을 주제로 퀴어와 라틴계 정체성을 다루는 작품을 만든다. 공식 홈페이지는 다음과 같다. lilyrodriguezphotography.com

43 [역주] 그리스어로 아포리아aporia는 '난제', '막다른 골목'을 뜻하며, 철학에서는 문제 탐구 도중에 맞닥뜨리는 해결이 어려운 문제인 동시에 새로운 관점이나 방법론을 찾아갈 시작점으로 이해된다.

3부 ——————————— 성차를 초월하기

트랜스 성차의 윤리
뤼스 이리가레와 성적 결정 불가능성의 자리

성적 질료형상론에 맞서

뤼스 이리가레는 〈자리, 간격〉에서 자리, 성차, 그리고 관계를 통해 주어지는 몸에 대해 여러 질문을 제기한다.[1] 나는 이리가레의 《성차의 윤리An Ethics of Sexual Difference》의 논리 안에서 몸 그리고 관계에 대해 이성애 규범적이지 않은 해석이 가능할지 묻고자 한다. 그리고 만약 가능하다면, 엄격히 이성애적인 것의 범위에 포함되지 않는 성적 관계, 또는 엄격히 남성male 아니면 여성female으로 이해될 수 없는 신체적 편성 및 동일시적 편성을 위한 자리가 만들어질 수 있을지 묻고자 한다. 먼저 나는 이리가레를 따라 이런 질문들에 관계와 자리 이론이 중요하다는 점을 강조하고자 한다. 그다음 이리가레에서 벗어나 이러한 개입이 시작될 만한 여러 지점을 향해 나아감으로써, 성차의 몸·경계·관계들이 성적으로 다른 존재 또는 다르게 섹스화된 존재들을 배제할 필요가 없는, 이리가레를 퀴어하게 읽기를 시도하고자 한다.

〈자리, 간격〉에서 아리스토텔레스에 대한 이리가레의 해석은 그녀가 다른 철학자들을 해석한 작업과 마찬가지로 주로 자아와 타자의 관계에 관심이 있는데, 거기서 **자아**는 철학의 남성적 주체로, **타자**는 거기서 생략된 여성적인 것으로 형상화된다. 그녀의 아리스토텔레스 해석에서 중심이 되는 건 그러한 자아와 타자 간 관계의 자리place에 대한 탐구다. 이리가레라면 여성이 형식의 남성성에 맞서 물질과 제휴하는 것과 같은 식으로 자리와 제휴하고 있으며, 몇몇 중요한 측면에서 자리는 형식과 닮았으나 형식으로 환원될 수는 없다고 주장하리라 짐작할 수 있다. 이는 역사적으로 물질이 여성적인 것과 제휴하고 형식이 남성적인 것과 제휴를 맺어온 방식들을 뒤집는다는 점에서 이것만 해도 언뜻 보기엔 놀라운 전략이다. 그런데 여기서 이리가레는 상당히 다른 방향으로 논의를 진행한다. 그녀는 물질이 아니라 형식과 유계성을 여성적인 것으로 해석하며, 더욱이 그럼에도 이 여성적인 것은 몸의 성적 특이성에 정박해 있다. 이리가레의 이 해석은 아리스토텔레스의 설명에서 물질이 밀도이자 **불확정성**이라는 사실에, 그리고 《자연학》 4권에서 물질을 근본적으로는 형식이나 모양이 없는 것으로 이해하는 관점에 의지한다. 〈자리, 간격〉에서 이리가레는 아리스토텔레스에서의 형식을 여성적인 것에 관한 서술로, 자리에 관한 서술로 해석한다.

앞으로 보겠지만, 아리스토텔레스의 논의에서는 여성적인 것을 위한 자리란 불가능하다. 즉 자리란 남성적인 것을 위해 여성적인 것이 존재하는 곳이지만, 여성적인 것을 위해 남성적인 것이 존재하는 곳은 결코 될 수 없으며, 또는 사실상 여성적인 것이 자신을 위해 존재하는 곳도 결코 될 수 없다. 이리가레는 기발하게 이를 뒤집어서 여성적인 것을 그릇container으로 해석한다. 이 그릇은 남성적인 것을 담아주고 그의 움직이는 중심을 위한 고정된 외부 경계의 역할을 한다. 이리가레가 제기하듯 여기서 어려운 문제는 여성적인 것이 자신을 위한 자리를 찾거나 그런 자리가 되어 그로써 스스로 제자리를 잡는 일이다. 게다가 이 일을 완수하더라도 그로 인해 여성적인 것이 남성적인 것을 위한 자리가 될 수도 있다는 점도 골치 아픈 문제다. 여성적인 것이 이 일을 달성하게 해주는 수단인 피부 되찾기는 언뜻 보기엔 여성적인 것에게만큼이나 남성적인 것에게도 몸과 자리를 찾아내는 수단으로 잘 활용될 만한 전략으로 읽힌다. 그러나 거기에는 몸의 가장 바깥층인 피부에 대한 — 또는 확실히, 피부에 의해 경계가 한정되는 **것으로서의** 몸에 대한 — "육체적 조사corporeal surveying" 가 여기서 표명되는 남성적인 것과 여성적인 것의 익숙한 구별을 당혹스럽게 만들 수도 있는 중요한 방식들이 담겨 있다.

이리가레의 아리스토텔레스 해석을 독해하면서, 나는 자리에 대해 두 가지 주장을 개진하고자 한다. 첫 번째는 이리가레를 따라 자아의 자리와 관련된 주장이고, 두 번째는 그녀에게서 벗어나서, 관계의 자리와 관련된 주장을 하고자 한다. 이리가레가 우리는 "피부"와 함께 한다고 제안했듯, 신체적 경계의 외부 윤곽에 대해 진지하게 사유하는 일은 몸, 특히 여성의 몸이 어떻게 자기 고유의 자리를 찾아낼지, 그래서 자신의 그 고유한 자리로부터 타자들과의 관계를 향해 어떻게 움직여갈 수 있을지를 우리가 이해하도록 도와줄 수 있다.[2] 내가 개진하고자 하는 두 번째 주장은 타자들과의 그 관계에 대한 것이다. 이리가레는 성차를 "우리 시대의 주요 철학적 쟁점"[3]으로 제시해왔고, 그다음 신체적이고 성적인 관계들이 어떻게 성차의 간격에 다리를 놓을 수 있을지를 질문하면서 성차를 가로지르는 관계들을 이론화하기 위해 아리스토텔레스로 향한다. 여기서 내가 드러내고자 하는 것은 〈자리, 간격〉에서 이리가레가 본인의 텍스트로 아리스토텔레스의 텍스트 주변을 마치 피부처럼 둘러싸며 개입하여 눈부신 개념적 반전을 자주 이뤄냈음에도 성차의 문제가 결국은 난국에 봉착한다는 것이다. 이 난국은 근본적으로는 성차에 대한 **질료형상론적**hylomorphic 이해로부터 비롯된 것이다. 즉 남성과 여성이 물질과 형식처럼 항상 존재론적으로 결합되어 있다는 믿음으로부터 난국이 발생한다.

이리가레의 성차 개념 그리고 성차가 매우 중요하게 생성적인 방식들에 대한 그녀의 통찰이, 젠더와 섹슈얼리티에서의 이성애 규범성에 도전하는 것을 목표로 성차를 해석하는 작업에 유용하게 쓰일 수 있을까? 만약 성차의 구분이 '남성male'과 '여성female' 간 경계로 표시되는, 지금 점유하고 있는 그 자리에 고정되지 않았다면 어떤 모습이었을까? 그 경계가 엄격히 결정력 있는 방식으로 신체 위에 지도화되지 않았다면, 우리는 여성women 간 성차, 남성men 간 성차, 혹은 이런 범주 어느 쪽에든 편한 집이나 자리를 찾아내지 못하는 몸과 정신들의 성차를 이론화할 수 있었을 수도 있다. 따라서 성차의 자리를 퀴어하게 해석하는 작업은 첫 번째 문제를 풀어가는 과정에서 두 번째 문제의 답을 구할 수 있을지도 모른다.

<u>자리는 어디에 있나?</u>

《자연학》 중반부에서 아리스토텔레스는 자리의 문제로 넘어가면서, 우리가 실존과 움직임 둘 다 이해하고자 한다면 자리에 대해 철저히 이해해야만 한다고 설명한다. "그 이유는 존재하는 사물이라면 **어딘가**에 자리한다고 모든 사람이 가정하기 때문이고(실존하지 않는다는 건 그것의 자리가 어디에도 없다는 뜻이다─히르코케르부스[4]나 스핑크스가 어디에 있는가?), 동시에 가장 일반적이고 일차적인 의미에서 '운동'은 자리의 변화이기 때문이다."[5] 자리가 사물에게 실존 안에 견고히 내릴 닻을 충분히 제공하리라는 희망과 달리, 우리는 자리가 오직 관계를 통해서만 예상된다는 점을 발견하게 된다. 사물들의 자리는, 그리하여 자리의 '사물'은, 오직 다른 사물들을 통해서만 찾을 수 있다. 아리스토텔레스에 따르면, "자리의 실존은 상호 교체란 사실에서 명백해진다. 지금은 그릇에 물이 들어 있지만, 물을 따라내고 나면 거기엔 공기가 있게 된다. 그러므로 또 다른 몸이 여기 같은 자리를 점유할 때, 자리는 그 자리에 들어와 서로를 대체하게 되는 모든 몸과는 다른 것

으로 여겨진다."(208b, l.i)

아리스토텔레스가 《자연학》 4권의 서두에서 자리를 처음 소개할 때, 이 소개는 간접적으로 이뤄진다. 우리는 어떤 식으로든 자리를 직접 경험해서가 아니라, 몸이나 대상의 상실, 즉 또 다른 대상에 의해 제자리에서 쫓겨난 것(또는 파괴)을 근거로 자리를 추론하게 된다. "자리의 실존은 상호 교체란 사실에서 명백해진다." 자리는 서로 다른 별개의 몸 두 개가 남긴 비물질적인 잔여물이다. 자리의 문제는 처음부터 이미 관계의 문제, 이동성mobility의 문제, 교체의 문제, 몸의 문제다. 물을 따라내면 공기가 그 자리를 차지하는 것처럼, 같은 공간에서 하나가 다른 하나를 밀어내고 들어앉는 식으로 각기 다른 몸들의 승계를 통해 자리는 스스로를 드러낸다. 그리고 이 각기 다른 몸들의 관계는 상호 배타적인 한에서만 상호적이다. 즉 자리는 두 몸이 한 공간을 공유할 수 없다는 사실을 보여주는 증거로서 있는 것이다. 자리는 두 몸의 정체성이 경계 그어져 있고 분리되어 있음을 나타내는 표식이고, 오직 이런 연유로만 공간이 자리로 변모하게 된다. 자리는 두 몸이 결코 공존할 수 없는 공간, 그 둘이 결코 공유할 수 없는 공간이다.

따라서 자리는 관계의 결핍에 대한 증거이자, 물에서 공기로의 진행이 일어났다는 증거다. 여기선 물도 공기도 자신의 흔적을 남기지 않고, 그곳에 담겼거나 저장된 적 있다는 표식도 전혀 남지 않는다. 자리는 물이나 공기 어느 쪽과도 다른 한에서, 그리고 결코 흔적을 남기지 않는 한에서 자리이다. 자리는 상호 배타성으로 이루어진 관계들의 네트워크를 통해 수립되고 공허하게 존속한다. 자리는 자리에 거주하는 사물들로부터 분리되어 경계가 정해지는 한에서 존재한다. 그리고 거기 거주하는 사물들이 이처럼 언뜻 보기엔 적어도 서로 다르고 그 자리 안에 자신들의 어느 한 부분도 남겨두지 않고 통과해가버리는 한에서 자리로 존속한다.

따라서 아리스토텔레스는 자리를 상호 배타성의 관계로, 혹은 비非-관계로 제시하는 듯 보인다. 적어도 처음에는 그렇다. 그러나 텍스트가 진행되면서 자리는 관계가 일어나는 현장이 되고, 결국은 바로 그 관계 자체가 되어간다. 자리는 결국에는 **오직** 관계로서 수립된다. 즉 그 자리를 공유하나 결코 둘 중 어느 쪽도 자리인 것은 아닌 두 몸의 근접성에 의해서만 수립되는 것이다. 아리스토텔레스는 이렇게 쓴다. "자리는 담기는 몸과 접촉하고 있는, 담아내는 몸의 경계이다." 여전히 우리에게 주어진 건 상대방과 함께하지 않는 두 개의 별개의 실체들이지만, 지금 제공된 것은 전적으로 그 몸들 사이의 접촉으로 이루어진 하나의 자리다. 결국 아리스토텔레스는 이렇게 결론 내린다. "담아내는 것의 가장 안쪽의 움직이지 않는 경계가 바로 자리다."(212a, 1.20) 즉 하나의 대상, 하나의 몸이, 움직임 없이 고정되고 경계가 그어진 무언가의 맥락 안에서 움직이는 것이다. 그리고 그 고정되고 경계가 있는 무언가는 단지 접촉의 공간인 것만이 아니라 그 자체로 또 다른 몸인데, 이 몸은 자리의 수립에 필수적이지만 자리로 환원되지는 않으며, 자리 그 자체와 똑같은 것도 아니다. "따라서 만약 몸이 자신의 바깥에 또 다른 몸을 갖고 있고 그 몸을 담아내고 있다면, 그 몸은 제자리에 있는 것이고, 만약 아니라면 제자리에 있지 않은 것이다."(212a, 1.32) 그렇다면 자리는 캡슐 안에 넣듯 감싸주는 몸과 그 안에 담긴 몸 사이의 접촉면일 것이다.

여기서 아리스토텔레스는 간단히 언급하고 지나갔지만 이리가레는 상당히 길고 자세히 논한 다음의 골치 아픈 문제에 주목해보자. 만약 자리가 다른 것을 담아내는 역할을 하는 몸의 **가장 안쪽의** 경계라면, 그 몸에서 외부의 층은 그 나름의 자리가 없이, 자리의 바깥에 남겨진다. 이리가레는 담아내는 몸, 즉 여성적 몸의 가장 바깥쪽 표면이 스스로를 수용하게 될 수도 있을지, 또는 자신을 중심으로 자리를 배정할 수도 있을지를 알아보기 위해 이 바깥 경계를 피부로 읽자고 제안한다. "하지만 우리 각자(남성 또는 여성)는 하나의 자리를 갖고 있다—오직 그 또는 그녀의 몸을 감싸는 이 자리는 우리 몸의 첫 번째 외피이고, 육체적 정체성이고, 우리를 다른 몸들로부터 구분해 윤곽을 그려주는 경계다. 형식과 배치 형태 또한 사람의 몸 크기를 결정하고, 이 모두가 하나의 몸을 또 다른 몸으로 대체할 수 없게 만든다. 이것을 육체적 **조사**라고 부를 수 있을까?"[6]

히르코케르부스 또는 스핑크스

우리는 육체적 조사라는 이 문제로 다시 돌아올 것이다. 그건 정확히 무엇인가? 관측 활동인가? 촉각을 이용하는 작업인가? 그런 조사에 적합한 대상은 무엇이고 무엇이 부적합한 대상인가?[7] 여기서 우리는 여성이 남성을 위한 자리가 되려면 먼저 자신을 위한 자리로 존재해야 한다는 이리가레의 주장에 주목할 것이다. 아리스토텔레스처럼, 이리가레는 자리가 관계에 앞서 실존함을 보여줌으로써, 즉 타자가 그 안으로 움직여 들어가지 않는, 그럴 수도 없는, 근본적인 유계성을 보여주는 식으로 우리에게 자리를 소개한다. 우리는 몸의 자리로서 수립되는 자아의 자리를 갖고 있으며, 몸의 자리는 몸의 가장 바깥쪽에 있는 경계, 몸의 외피, 몸의 피부로 이해된다. 그러나 아리스토텔레스식 모델에서의 자리는 이 몸의 가장 외부 경계를 아직 망라하지 못한다. 자리에 관해 이리가레가 설명한 것처럼, 여기서 과업은 피부를 뭔가 담아내기도 하는 것으로 변환시키는 것, 피부를 자기 고유의 경계가 있는 외피로 느낌으로써 몸이 몸 자신에게 거처를 제공할 수도 있도록 하는 것이다. 몸은 남성적인 것을 제대로 담아낼 수 있기 전에 먼저 그처럼 혼자 힘으로 경계 짓는 기능을 수행해야 한다. 여성적인 것과 남성적인 것 간 관계를 향한 첫 번째 단계로 이리가레가 제안하는 것은, 여성이 자기 몸이 별개의 구체적 실체임을 알아내고 그렇게 주장하는 일이다.

　　나는 여기서 여성적인 것the feminine과 여성woman이 뭉뚱그려지는 순간으로 돌아가, 이 두 범주에게 단순한 동일성이 아닌 서로와의 관계를 부여하기 위해 이 두 범주를 세심하게 분리하여 사유하는 것이 가능할는지를 살펴볼 것이다. 이리가레가 기술한 이 관계적 속박을 이해하는 것이 중요하다. 이리가레에 따르면 여성이 별개의 실체로 출현하는 일은 타자와의 조우보다 먼저 일어날 수 없으며 오히려 타자와의 관계 속에서만 출현한다. 이 타자는 그녀와 근접해 있고, 그녀 안에 설치되어 있으며, 그녀가 그에게 제공할 자리 같은 것을 갖춰 귀환할 수 있으려면 그를 떠나서 그녀의 몸과 존재에서 가장 바깥쪽으로 확장된 부분으로 물러날 필요가 있다. 우리 각자, 즉 여성과 남성 둘 다의 **자기 자리**를 찾기 위해 여성적인 것은 그녀 자신의 특수성 안으로 움츠러들지만, 똑같은 골칫거리가 그녀의 고유한 개인적 몸의 층위에서 벌어졌음을 발견한다. 만약 우리의 피부가 "우리를 다른 몸들로부터 구분해 윤곽을 그려주는" 것이라면, 다른 몸은 내가 자신을 발견하는 정확한 순간과 정확한 자리에 이미 설치되어 있는 셈이다. 그래서 내가 아닌 이 타자가 내 고유한 경계의 윤곽을 그려주는 것이다. 몸이 자아에 귀속되는 건 몸이 "우리를 다른 몸들로부터 구분해 윤곽을 그려주는" 한에서이다. 따라서 여성적인 것은 자신의 자리가 불가피하게 남성적인 것의 자리와 경계가 맞닿아 있고 남성적인 것의 자리에 매여 있음을 발견한다. 그 결과 그녀는 자신의 피부 안으로 이어지고자 할 때조차 자기 반대편의 남성적인 것의 압박감을 피할 수 없게 된다.

하지만 남성과 여성이 불가피하게 완벽히 합쳐져 있을지라도, 또는 아마도 이 결합을 피할 수 없다는 점 **때문에**, 우리가 그러니 남성과 여성을 뭉뚱그릴 수 있거나 서로 대체 가능하다고 이해해서는 안 된다는 것을 이리가레는 명확히 한다. 남성과 여성 사이의 공유된 경계 지대는 그들 사이의 경계를 공고히 강화하는 계기가 된다. 그리고 이 경계, 범주화의 이 결정 요인은 결국은 신체적 형식이 되는데, 왜냐하면 "형식과 배치 형태 또한 사람의 몸 크기를 결정하고, 이 모두가 하나의 몸을 또 다른 몸으로 대체할 수 없게" 만들기 때문이다. 아리스토텔레스처럼 이리가레도 여기서 몸을 단순한 물질 덩어리보다는 더 정밀하고 뚜렷이 구별되는 무언가로 생각한다. 내 몸을 지도로 그린다는 것은 몸의 무게뿐 아니라 몸의 형식과 모양새를 느낀다는 뜻이고, 이 형식과 모양새는 내가 또 다른 몸, 또 다른 자아가 위치한 세계를 향해 나 자신을 밀어내는 압박을 느낄 때만 지각할 수 있다. 우리는 다시금 이리가레의 텍스트에서 또 다른 놀라운 반전을 보게 된다. 아리스토텔레스에게서 자리를 보장해주는 것은 한 종류의 몸이 다른 종류의 몸으로 대체 가능하다는 특성이라면, 반면 여기서 이리가레는 그러한 대체 가능성의 한계를 지적하면서, 몸의 형식과 모양새가 동일성까지는 아니더라도 근접성을 허용하고 가능케 해주는 하나의 정체성을 자리에게 보장해준다고 말하는 것이다. 만약 한 종류의 몸이 다른 종류의 몸으로 대체될 수 없다면, 두 몸은 같은 공간을 공유할 수도 있을 것이고, 같은 자리에 거주할 수도 있을 것이며, 그러면서 상대방에게 완전히 집어삼켜지거나 전멸당하리라는 공포를 느끼지 않아도 될 것이다. 그 두 몸이 서로와의 관계 속에서 결정되고 구성될지라도, 형식과 배치에서의 차이, 뚜렷이 구분되는 형태 구조가 그들에게 뚜렷이 구분되는 별개의 정체성을 보장하고 공고히 한다. 이 마지막 의견이 결정적으로 중요하다. 왜냐하면 공간에서 교체 행위가 일어나는 중에 만약 한쪽이 다른 쪽을 장악하거나 이긴다면, 완전히 무찔러진 것은 그쪽 존재만이 아니라 자리 그 자체이기 때문이다.

한 몸을 다른 몸으로 대체하는 일이 불가능하다는 말은 무슨 의미인가? 그리고 이 주장이 우리가 성차를 이해하는 데 어떻게 도움이 될 수 있는가? 여기서 내가 가장 관심이 있는 건 성차를 가로질러 몸들을 특징짓는다고 하는 단독성 또는 대체 불가능성이, 성차 **내부의** 몸들에 호환성을 귀속시킴으로써 보장되는 방식이다. 남성male 몸을 여성female 몸으로 대체할 수 없게 만드는 논리는, 모든 남성 몸이 그 어떤 다른 남성 몸이든 대신할 수 있다고 상정하거나 어떤 의미에선 여성들women이 대문자 여성Woman의 교환 가능한 부분들이라고 보는 논리와 같은 논리다. 이런 몸들에서 대체 불가능한 것은, 그 어떤 단독적 품질도 아니고 심지어 몸 크기와 모양새의 변천도 아니라, 그 몸들이 '남성적' 혹은 '여성적'인 것으로 지정되어 있다는 점이다. 이리가레는 이렇게 쓴다. "왜냐하면 남성적인 것은 수용하고 환영하는 **그릇**으로서 자신을 구성해야 하는데, 남성적인 것의 형태 구조, 실존, 본질은 자리의 그러한 건축 양식에 정말로 적합하지 않다."(39) 이런 식의 이해에서는 남성적인 것이 수용하고 환영할 능력이 없도록 만드는 것은 관계의 어려움도 아니고 남성적인 것에 그런 능력이 있다는 생각을 미처 못하는 상상력의 실패도 아니라, 오히려 남성적인 것의 형태 구조가 형편없이 "적합"하지 않다는 점이며,

이리가레는 이를 결정적 요인으로 간주한다. 하지만 우리가 남성성을 남성male 몸과는 다른 무언가로 이해하고자 한다면, 여성성을 자궁이란 그릇으로 환원될 수 없는 것으로 이해하고자 한다면 어떻게 될까? 성차가 형태 구조를 등록하는 명부 사이에서 그리 말쑥하게 분석적으로 설명되지 않는다면, 그래서 남성성이 단순히 형태 구조의 문제라기보다는 관계의 한 양상인 쪽에 더 가깝다면 어떻게 될까?

성차는 몸 표면에서 쉽게 읽혀야만 하는 걸까? 그리고 성차는 '자연스러운' 섹스와 같은 걸까? 물론 성차를 몸 또는 성기의 형태 구조에 의해 결정되는 남성male 또는 여성female이라는 범주로 환원시키지 않고서 성차의 문제를 제기할 방법은 무수히 많다. 예를 들어 동일시의 여러 가능성에 대해, 성차의 물질적 표지로 추정되는 성기 형태 구조의 이형적[8] 성향에 모방적으로 관련짓는 방향으로만 가능성을 넓히도록 요구하지 않는 방식으로 성차를 공식화할 수도 있을 것이다. 즉, 성차를 이분법적이지 않은 다른 방식으로 사유한다면, 성기 형태 구조가 성차뿐 아니라 자아까지도 본질적으로 결정한다고 단정하고 싶은 유혹에 좀 더 쉽게 저항하게 해주는 방식으로, [성차의] 범주는 결정적인 신체적 물질성으로부터 해방될 수 있다. 그러나 만약 성차가 범주적으로도 기능적으로도 (그 자체로 이분법적으로 이해되는) **성기**의 차이와 구별 불가능하다면, 성차는 성기의 차이이자 성기 이형성인 셈이다.

히르코케르부스나 스핑크스처럼, 아리스토텔레스와 이리가

레는 성적으로 결정 불가능한 것은 존재하지도 않고 그것이 있
는 장소를 어디서도 찾아낼 수 없다고 주장할 것이다("실존하지 않
는다는 건 그것의 자리가 어디에도 없다는 뜻이다─히르코케르부스나 스핑
크스가 어디에 있는가?"). 그 자체로 위치가 모호하고 성차의 견지에
선 근본적으로 결정 불가능한 히르코케르부스와 스핑크스는 이
들이 그 어디에도 위치하지 않음을 증명하기 위해 4권의 첫 구절
에 등장한다. 처음에 아리스토텔레스는 존재하는 모든 것이 각
자 적절한 자리를 가져야 함을 논증하기 위해 이 괴물 커플을 제
시하는 것처럼 보인다. 그러나 지금 상황에서 이 구절은 이런 주
장을 반대 방향으로부터 펼치는 것으로 보인다. 즉, 자리의 존재
론적 우월성을 보증해주는 건 바로, 범주적으로 결정 불가능한
것이라면 무엇이든 그 어느 적절한 자리에도 위치할 수 없다는
사실인 것이다. 사물이나 존재를 불가능하게 만드는 것은 문자
그대로, 그것에게 **자리가 없다**는 점이다. 실존에 대한 철저한 검
토를 통해 자리를 이해하고 분별하게 된다기보다는, 오히려 자
리에 걸맞은 적절한 지향이, 어떤 사물들이 존재하는지를 우리
가 밝혀내게/결정하게 도울 수 있는 것이다. 우리는 주위를 둘러
본다. 그 어느 자리에서도 히르코케르부스나 스핑크스를 발견하
지 못한다. 그러면 이 부재는 우리가 그런 것들은 존재하지 않는
다는 결론을 내릴 근거가 된다.

우리는 주위를 둘러본다. 마주치는 존재들이 남성male이나
여성female이라고 의식한다. 그러면 우리는 젠더 차이와 성적 차이
의 자리에 대한 결론을 신속하고도 확실하게 내린다. 여성적인

것은 곧 여성female이고 자궁이 있는 존재이며 여자woman이고, 남성적인 것은 남성이고, 이런 식이 바로 "형태 구조, 실존, 본질"이라고 결론 내리는 것이다. 그러나 육체적 조사의 어떤 척도나 어떤 방법으로 남성적 또는 여성적인 것을 정할 수 있는가 하는 문제는 아직 확정되지 않은 채 남아 있다.

<u>육체적 감시와 성적 결정 불가능성,</u>
<u>또는 그 간극을 염두에 두기</u>

우리가 조사하는 몸들이 가장 익숙한 이분법인 남성male과 여성female에 순응하길 저항한다면? 감시의 대상들이 트랜스젠더화된 몸이거나, 우리가 성차를 해석할 때 습관처럼 써온 익숙한 구분에 도전하는 다른 몸들이라면? 이리가레는 자리 안에서의 공존, 남성적인 것과 여성적인 것이 함께 거주할 수 있는 자리의 수립이 관계의 궁극적 목표라고 제안하면서, 이는 일단 남성적인 것과 여성적인 것 사이의 거리가 좁혀져야만, 즉 "(노동과 자연 양쪽 다에서의 구별에서) 둘 사이의 분열에 다리가 놓인다면"(37) 수립될 수 있다고 말한다. 그리고 그녀는 이 새로운 자리의 수립을 가능하게 만들 방법으로 "육체적 조사"를 제안한다. 따라서 이리가레가 제안한 육체적 조사는 두 몸 간 간격을 좁히고 간극을 가로질러 남성적인 것과 여성적인 것이 동일성 안에서, 자리 안에서 만나 같은 시공간을 점하도록 허용하는 일이다.

그럼에도, 이 간극을 승인하기까지 하면서(비록 아리스토텔레스가 이런 간격이 환영이자 형식의 속임수란 걸 정교하게 논증하긴 했지만 말이다. 211b, I.15-20을 보라) 이 분열, 이 간극, 이 체현된 차이에 대한 가장 생산적인 대응이 둘을 가깝게 붙여놓는 일인지는 불분명하다. 확실히 우리는 "육체적 조사"를 이리가레의 제안대로 타자의 차이를 파악하는 방법뿐 아니라 내 육신에 내재한 차이를 측정하는 방법으로도 생각해볼 수 있을 것이다. 이리가레의 주장에 따르면, 우리는 내 몸의, 있는 그대로의 물질성의 층위뿐 아니라 결국은 나의 형식을 이루는 타자와의 불안정한 경계의 층위에도 항상 이미 설치되어 있는 차이에 참여한다. 이런 식으로 자리는 자기-동일적이고 공유되는 동일성의 공간이 되는 대신에 좀 더 생산적이고 급진적으로 내가 타자의 타자성에 맞닥뜨리는 자리가 된다. 그런 차이를 섬멸하지도 취소시키지도 않고 타자를 내 고유의 이미지로 복제하지도 않는 것이다.

그렇다면, 이 육체적 조사의 효과는 무엇인가? 남성과 여성의 간극을 좁히기 위해 시도된 것이지만, 나는 이것이 조사의 부수적 효과일 뿐이라고 제안하고자 한다. 그 조사의 목표는 여성이 자신을 위한 자리를 수립할 수 있으려면 반드시 위치해 있어야 하고 거주해야 하는 여성의 가장 바깥쪽 경계를 찾아내는 것이다. 이 경계를 위치시키는 일이 특히 여성에게 매우 중요한데, 이리가레에 따르면 그 이유는 여성은 영속적으로 열려 있고 결코 폐쇄되거나 봉인되지 않기 때문이다. 하지만 경계가 한정되지 않은 몸은 그 몸이 평범한 물질적 대상이든 인간의 형태이든 간에 결코 온전한 전체가 될 수 없다. 여성은 자신의 일관성을 위해, 여성 자신의 단독성을 경계 설정하는 차이의 경계에 의지한다. 즉 남성적인 것의 외부 가장자리에 의지하는 것이다. 이 육체적 조사는 우리에게 신체적 존재에 대한 한 가지 조건을 보여주는 것 같다. 남성적인 것이 여성적인 것의 경계 지대를 정의하고 여성적인 것의 실존을 보증하기 위해 여성적인 것을 담아내는 자리의 역할을 맡을—이는 이리가레에게 가장 익숙한 성차의 형상화를 정확히 뒤집은 것이다—조건 말이다. 자리가 사물과 같은 시공간을 차지하고 경계들이 경계 지어진 것과 같은 시공간을 차지하듯이, 남성적인 것도 필연적으로 항상 여성적인 것과 같은 시공간을 차지하고, 남성도 항상 여성과 같은 시공간을 차지한다. 우리가 여성적인 것과 여성을 남성적인 것과 남성을 위한 가능성의 조건으로 이해하는 이리가레의 작업에 익숙하긴 하지만, 지금 이 장면에서 남성적인 것은 여성적인 것의 구성적 외부, 즉 그녀가 존재할 조건이 된다.

달리 형식도 경계도 없었을 여성적인 것에 남성적 형식이 형태를 부여해준다는 논리를 피해갈 한 가지 방법으로 이리가레가 간격이란 개념을 우리에게 제공하는 것 같지만, 이 가능성을 고려하기 위해선 우리는 아리스토텔레스식 모델에서 멀리 벗어나야 한다. 그 모델은 몸들 사이의 확장이 불가능할 것을 조건으로 요구하기 때문이다. 이 몸들은 항상 필연적으로 다른 몸과의 연속성 안에 존재하는 것으로 나타나므로, 이 몸들이 남성 몸과 여성 몸이라는 이리가레의 주장의 **직접적 결과로서** 남성과 여성은 결합을 피할 수 없게 된다.

두 개 이상 존재하려면

그러므로 처음에는 완전히 분리되어 있다고 상정된 두 범주 간에, 서로 떼어놓을 수 없을 만큼의 근접성이 마치 마법처럼 보장된다. 성차의 나눔을 가로지르는 존재 각각의 급진적 유계성에 대한 단언이, 각자에게 일관되고 구체적인 정체성뿐만 아니라 영원토록 가장 가까이 붙어 있는 접촉 지점과 만남의 자리도 확보해주는 것이다. 다른 범주에 속한 구성원과의 관계가 같은 범주의 구성원 간 관계보다 더 가깝고 더 필수적이라는 이 주장은 특히 아리스토텔레스식 공식화로, "연합된 몸들은 서로에게 영향을 주지 않지만 서로 접촉하는 몸끼리는 상호작용한다"(212b, 130)는 그의 논평에 압축되어 있다. 바로 이 같은 논리가 이리가레의 "남성과 여성은 가장 신비롭고 가장 창조적인 커플이다"(199)라는 선언의 밑바탕이 된다.

　성차의 전역에 걸친 관계들을 이론화함에 있어 이런 입장에서 나오는 결과들은 꽤 인상적인데, 명목상 성적으로 같은 범주'에 속하는' 사람들 간 관계를 우리가 고찰할 때 그런 결과가 더욱 적나라하게 드러난다. 즉, 성차 내부의 관계는 결국은 전혀 관계가 아닌 것이 되고 만다. 다른 여성에 관하여 여성의 입장은 오직 성적으로 무관심하거나 성적인 차이가 전혀 없는 경우만 있을 수 있다는 것이다. 이에 대해 많은 논쟁이 있었고, 윤리적 관계들과 성차에 대한 이리가레의 작업은 이성애 규범성과 동성애 혐오 사이 스펙트럼의 다양한 지점에 놓여왔다. 이런 유의 고발에 대응하여 이리가레는 동성애는 성적 **차이**보다는 성적 **선택**의 문제이고 이성애자들과 마찬가지로 동성애자들에게도 성차라는 과제가 일차적으로 중요함을 시사하면서 성차의 우선성을 단언해왔다. 이리가레의 관점에선 동성애자들에게 동성애는 단지 이 과제로부터의 도피일 뿐 그 조건의 재협상은 아니라는 것이다.

이런 대응은 성적 선택과 성차가 엄격히 분리되어 있고 분리될 수 있는 영역이라고 주장하고, '선택'을 동성애를 이해하기에 적합한 표제로 삼고, 게다가 이성애와 적절한 젠더화 둘 다를 필수적이고 의무적인 것으로 보는 본인의 견해를 강조한다는 점 등 여러 이유에서 부조리하다. 가장 우려되는 지점은 동성애가 차이로부터의 도피라는 주장, 즉 동성애 안에는 차이의 관계 따윈 없고 그저 같은 것에 대한 사랑만 작용한다는 주장일 것이다. 이리가레는 윤리적 관계를 달성하기 위해서는 **둘**로 이뤄진 하나의 커플이 필요하다고 말해왔다. 그리고 그녀가 이해하기에 이는 게이나 레즈비언 커플―또는 좀 다른, 더 퀴어한 짝짓기―가 절대 잘 감당할 수 있는 일이 아니다.

그럼에도, 그녀가 동성애를 마찰 따윈 없는 김빠진 관계의 부재로 일축하는 듯 보이는 바로 그 순간에, 그녀의 관계 이론은 동성애가 품은 여러 가능성을 달리 설명할 도구를 제공한다. 만약 우리가 이리가레가 제안하는 성차화된 경계가 위치한 장소를 재편한다면, 그것의 **자리**를 옮긴다면, 극복할 수 없는 딜레마로 제시된 것이 즉시 더 강력하고 전도유망한 것이 된다. 왜냐하면 만약 우리가 가장 엄격하게 상상된 남성male과 여성female의 범주로 우리의 시야를 제한하지 않는다면, 그리고 범주 안, 예를 들면 여성적인 것의 범주 안에서조차 젠더가 수행되는 무수히 많은 방식을 향해 우리의 고찰을 확장한다면, 우리는 차이들을, 어쩌면 심지어 차이 그 자체를 알아보기 시작할 수 있을 것이기 때문이다. 이 차이들은 심리적이고 감정적이고 관계적인 차이인 동시에, 또한 단연코 신체적이고 부인할 수 없이 물질적인 차이이다.

이리가레의 도식 안에서 유용해 보이고 심지어 매우 중요해 보이는 것은, 자아와 타자 간 경계 지대의 중요성과 그곳의 생성력을 강조하면서 차이를 관계의 핵심으로 놓을 것을 강력히 주장한다는 점이다. 이리가레에게 남성과 여성 간 이 경계는 때로는 덧없는 심연, 건너갈 수 없을 만큼 깊게 갈라진 비물질적인 구분이나 균열로, 또 때로는 육신처럼 손에 잡힐 듯 밀도 있는 촉각적 경계로 특징지어진다. 그러나 성차의 구분이 중요하다고 강조할 때, 그러한 구분을 항상 오직 남성과 여성 사이에만 그어놓는 것은 누구 또는 무엇에 이바지하는가?

만약 우리가 예를 들어 부치/펨 커플이 행동거지, 체현 양식, 신체에 거주하는 방식, 정서적 성향에서 서로 다르고 대조적인 양상을 예증할지도 모른다는 점에 주목한다면, 어떤 투자들

　3부 | 성차를 초월하기

이 이런 대립을 기술할 언어로 **성차**란 용어를 쓰는 것을 보류하길 요구하는가? 트랜스 남성transman과 이성애자 여성woman의 관계에서, 그들 간 차이는 확실히 신체적이고 단연코 '성차화된' 차이라는 점이 분명하지 않은가? 트랜스 남성man과 게이 남성man으로 이뤄진 커플관계에 성차가 있다는 것을 받아들인다면, 우리는 이 커플의 구성원 각자가 정말로 남성man임을 인식하고 인정하면서도 동시에 모든 남성성을 획일적인 하나의 남성male 범주 안으로 쉽게 뭉뚱그리는 짓에 저항할 수 있게 될 것이다. 이런 식으로 짝을 이룬 구성은 우리가 반드시 한쪽 섹스를 다른 쪽과 떼어놓지 않고서도 성차를 상상하는 데 도움을 줄 수 있다. 또한 트랜스 몸은 우리가 성적 경계들의 횡단을 재현 불가능한 위반이 아니라 차이에 대한 협상으로 이해하는 데 도움을 줄 수 있다. 남성male과 여성female의 경계를 가로지르는 움직임이 가능함을 인정한다는 것은, 신체적 외피가 성차의 절대적 타자성을 상징하는 표식으로서만 이해될 수 없음을 의미한다. 사실 트랜지션은 그 자체로, 이리가레가 여성들에게 착수하라고 명한 기획인 "피부 되찾기"를 위한 한 가지 방법으로 이해될 수 있다.

성차에 대한 이리가레의 육체적 조사는 그 자체로 차이의 우선성 및 차이의 자리에 관한 것이며, 이 조사를 통해 사람이 자기 몸에 거주하는 일에서조차 반드시 성차와의 조우가 필요하다는 점을 우리에게 보여줄 수 있다. 하지만 이런 조사는 성차의 자리를 오해하고 있다. 성차의 자리가 항상 **저기에 있다**면서, 내게 영원히 불가사의이고 결코 내가 도달할 수도 없고 알 수도 없는 타자 안에 위치시키는 것이다. 이처럼 성차와의 그 어떤 진짜 조우도 불가능하다는 점, 즉 성차가 내게 가장 가까이 있을지도 모르지만 나는 결코 성차를 알 수도 이해할 수도 없다는 주장은, 내가 성차에 참여하려고 애쓰는 바로 그 순간에조차 나라는 성적 존재를 차이로부터 떼어내어 폐쇄적이고 고립적으로 만들어버린다. 각각의 섹스에게 타자가 결코 넘나들 수 없는 적절한 고유 영역이 각각 주어질 때, 성차의 자리는 항상 이해의 범위 너머에, 그저 파악할 수 없는 곳에 있다. 그 결과는 결국 성차에 참여할 것처럼 가장해서 성차를 이겨낼 예방접종을 놓는 셈이다.

성차에 어떤 형언할 수 없는 힘이 있다는 것, 매혹적이고 뭔가 촉매작용을 하는 힘이 있다는 것은 사실 참일지도 모른다. 그러나 페넬로페 도이처Penelope Deutscher가 우리에게 일깨워준 바와 같이, 성차 개념, 특히 윤리나 정치의 토대로서의 성차 개념이 항상 그것의 가능성과 불가능성 사이의 긴장에 의해 활성화된다는 점을 기억하는 것이 중요할 것 같다.[9] 이러한 차이가 남성male과 여성female을 변경 불가능하게 지정된 것으로 이해하여 둘을 대비시키는 방식에만 속하지 않는 다른 방식들을 반드시 고찰해야 한다. 이리가레가 우리에게 요청하듯 우리가 차이에 생명력을 부여하고자 한다면, 우리는 여성성이 남성male 범주와 공존할 수 있다는 것 또한 받아들여야 한다. 즉 여성적인 것의 몇몇 반복 속에서 표현되는 남성성이 다른 종류의 남성성만큼이나 존재론적으로 탄탄하다는 점을 인정해야 한다. 윤리적이고 생산적이고 생성적인 관계의 영역으로부터 이런 식으로 짝을 이루는 관계들을 배제한다면, 섹스와 차이 둘 다를 가장 환원론적이고 생물학적인 방식으로 이해하는 셈이다. 그러나 이분법 체계 안에서 쉽게 정착하지 못하는 젠더들도 여전히 차이에 의해 활성화된다. 성적 결정 불가능성은 주체에게 너의 자리는 없다는 선고를 내리는 대신에, 오히려 주체성과 관계 둘 다의 심장부에 차이를 위치시킨다.

1   Luce Irigaray, "Place, Interval: A Reading of Aristotle, Physics IV", *An Ethics of Sexual Difference*, Trans. Carolyn Burke and Gillian C. Gill, Ithaca: Cornell University Press, 1984: 34-55.

2   Ibid., p. 35.

3   티나 챈터Tina Chanter는 자신의 저서《에로스의 윤리Ethics of Eros: Irigaray's Rewriting of the Philosophers》(New York: Routledge, 1995)에서 이 진술을 재공식화하여 성차 개념에 대한 페미니스트들의 논쟁을 짚는 문장으로 서두를 연다. "최근 몇 년간 페미니즘의 요구를 충족시켜온 가장 강력한 분석 범주 중 하나는 젠더 범주다."(1)

4   [역주] 샐러먼이 인용한 영역본에서는 "the goat-stag"로 표기하고 있는데 아리스토텔레스가 그리스어로 쓴 이름은 τραγέλαφος이고 후세에 라틴어로 번역된 이름으로는 hircocervus이다. 반은 숫염소(goat, 라틴어로 hircus), 반은 거대한 뿔을 가진 수사슴(stag, 라틴어로 cervus)이라는 신화 속 생명체를 가리킨다. 여기서는 라틴어 이름으로 표기하였다.

5   Aristotle, *Physics* IV, Trans. R. P. Hardie and R. K. Gaye, Oxford: Oxford University Press, 1930, 208a, l.30.

6   Irigaray, "Place, Interval", pp. 36-37.

7   이리가레의 논의에서의 신체적 유계성bodily boundedness, 무계성unboundedness, 그리고 육체적 조사에 관해서는 그로츠,《몸 페미니즘을 향해》를 보라.

8   [역주] 1장 역주6을 보라.

9   Penelope Deutscher, *A Politics of Impossible Difference: The Later Work of Luce Irigaray*, Ithaca: Cornell University Press, 2002. 이는 특히 그녀가 성차의 불확실한 시간성을 강조하는 대목에서 명백히 드러난다. "성차는 오직 앞으로 도래할 무언가일 수만 있다. 차이는 남성male과 여성female이라는 두 개의 정체성 사이에 놓여 있지 않다. 그런 게 성차여서는 안 된다."(121)

6장

성적 무관심/성차의 부재와
한계의 문제

트랜스섹슈얼 유령

엘리자베스 그로츠의 〈실험적 욕망: 퀴어 주체성을 재사유하기 Experimental Desire: Rethinking Queer Subjectivity〉는 재스퍼 레이버트 Jasper Laybutt 의 인용문으로 시작하는데, 레이버트는 이 논문의 주요 관심사인 퀴어성의 범주적 의미와 존재론에 대해 숙고하는 "'남성 레즈비언', FTM 트랜스섹슈얼"이다.

내게 퀴어는 그 어떤 젠더도, 그 어떤 성적 신조와 철학도 초월한다. 퀴어성은 존재의 상태이다. 또한 생활양식이다. 끝없이 대안적인 무언가다. 게이와 레즈비언 주류 둘 다에게 그렇다. 지금 퀴어한 것은 5년이 지나면 퀴어하지 않을 수도 있다. 만약 트랜스젠더 퀴어가 게이와 레즈비언 양쪽 공동체에서 받아들여졌다면 퀴어는 없었을 거다. 그것은 당신이

살고 있는 시대를 반영한다.[1]

제스퍼 레이버트가 제기한 질문들이 그로츠의 논문에 생기를 불어넣음에도, 이 서두의 인용문으로 소개된 다음에 레이버트 본인은 사라진다. 또한 레이버트가 불러낸 "트랜스젠더 퀴어"라는 범주가 퀴어성, 권력, 육체성에 대한 그로츠 논의의 틀을 잡아주는데도, 이 또한 첫 페이지 이후에는 논의에서 떨어져나간다. 〈실험적 욕망〉의 서두를 여는 이 인용문은 그 자체로는 별스럽지 않을지라도, 그로츠의 저서 《몸 페미니즘을 향해: 무한히 변화하는 몸 Volatile Bodies: Toward a Corporeal Feminism》[2]의 결론과 함께 읽으면 더욱 중요해진다. 결론 장의 마지막 세 쪽에서, 그 텍스트에선 처음으로 트랜스섹슈얼리티가 등장한다. 《몸 페미니즘을 향해》를 끝맺으면서 그로츠가 언급하는 MTF 트랜스섹슈얼은 〈실험적 욕망〉의 서두에 나온 FTM과 상응하면서 한 쌍을 이루는데, 이들은 그로츠의 "육체적 페미니즘"의 한계를 정말 문자 그대로 표시하는 트랜스섹슈얼 유령의 쌍둥이 사례다.

이 장은 성차와 육체적 물질성을 페미니즘적으로 다시 상상하는 작업 안에 트랜스섹슈얼리티가 어떻게 배치되는지를 검토하면서, 이 구조에서 어떤 육체적 가능성들과 동일시의 가능성이 생산되고 또 어떤 가능성이 가로막히는지를 질문할 것이다. 텍스트의 물리적 한계에 놓인 트랜스섹슈얼의 위치는 페미니즘에서 육체성과 성차에 대해 진행해온 많은 이론화 작업들과의 관계에서 트랜스섹슈얼리티가 놓이는 위치를 나타내는 징후다. 트랜스섹슈얼 유령은 그로츠의 이론 안에 결코 제대로 포함된 적이 없다. 그럼에도, 몸의 육체적 한계에 대한 전통적인 철학적 통념들에 문제 제기하고 무엇을 몸으로 '간주하는가'의 지평을 크게 넓히는 시도를 상당히 성공적으로 이뤄낸 그로츠의 저작 안에서 이 유령은 도무지 말로 표현할 수는 없지만 항구적으로 현존한다. 나의 주장은, 한계에 대한 이런 통념이 도전받을 뿐아니라 전이되고, 신체적 가소성可塑性의 한계에 대한 심문은 결국 젠더 가소성의 한계에 대한 의문으로 재편되며, 몸을 거의 무한한 재편성이 가능할 만큼 충분한 역량이 있는 곳으로 보증하기 위해서는 역설적으로 젠더 가소성의 가능성들이 폐제된다는 것이다.

《몸 페미니즘을 향해》는 육체성을 중요하게 또 급진적으로 다시 사유하는 작업이다. 그로츠는 폴 쉴더와 디디에 앙지외를 포함하여 본인이 관여한 몸 지형학의 다른 이론가들과 유사하게, 깊이와 내면성의 은유를 통해 정신을 재현하는 대신 몸의 지형학을, 육체적 표면을 하나의 모델로 사용해서 주체의 모든 효과를 쉽게 설명할 수 있다고 주장한다. 또한 그로츠는 몸이 단순히 사회적이고 문화적인 힘들이 주체를 빚어내는 일에 쓰일 뿐인 자력自力 없는 원재료raw material가 아니라, 주체성의 문제들에 중심이 된다고 주장한다. 그러나 앙지외와 쉴더와는 달리 그로츠는 성차가 체현과 주체성에 부수적인 요소가 아니라 그 둘 다의 구성 요소라고 역설한다. 그로츠의 기획은 여러 측면에서 반유물론적이고 결정적으로 페미니즘적이다. 그리고 그녀의 분석은 유연하고 불안정하며 끊임없이 변동하고 변동할 수 있는 동일시·변환·수정에 열려 있는 몸—자기 피부가 한정하는 범위마저 넘어설 수 있는 몸—의 가능성을 제공하는 듯하다. 처음에 그녀는 몸의 물질성을 선언하는 것에 대해 매우 조심스러워하고 생물학적인 것의 범주를 전략적으로 배치하는 일에 대해서도 충분히 의심하면서, 그런 범주에 그 어떤 존재론적 확실성도 부여하길 거부한다. "생물학적 몸은, 적어도 그런 것이 존재한다면, 몸에 대한 하나 또는 일련의 (사회적/문화적) 이미지를 매개로 해서만 주체에게 존재하는 것이다."[3] 그로츠에 따르면 생물학적 몸은 사회적 구성물이거나, 아니면 개개의 몸을 표상하는 동시에 몸이 무엇을 의미하는가에 대한 사회문화적 관념들을 표상하는 이미지들의 매개를 통해서만 읽을 수 있게 되는 것이다. [그로츠가 이 책에서 검토한 몸 이론가들의] 입장이 '생물학적 몸'을 인정하는 쪽도 있고 그렇지 않은 쪽도 있다는 점에서 동일하지는 않지만, 몸을 항상 이미 문화로 채워진 것이자 그 문화를 매개로 해서만 주체에게 입수 가능해지는 것으로 본다는 점에서는 이 입장들은 기능적으로 같다.

"비물리주의적 유물론"과 성기 이형성[4]

여기서 제시되는 몸과 주체의 관계는 1, 2, 3장에서 보았듯 우리에게 충분히 익숙한 영역이다. 나는 내 몸에 대해 내가 갖고 있는 정신적 이미지를 통해서만 내 몸에 접근할 수 있는데, 이 이미지는 극도로 유동적이고 생물학적 몸과의 결속력은 미약할 뿐이다. 이 몸 이미지는 살아 있는 몸에 부수적인 것이 아니며, 사람이 그 몸을 경험하게 해주는 유일한 수단이다. 그로츠가 헨리 헤드와 쉴더의 신경학 연구에 대한 논의를 통해 논증하는 것은, 그러한 몸 이미지가 우리에게 우리 몸과 우리 정체성을 부여하는 것이지 그 반대는 아니라는 것이다. 그로츠는 몸 이미지가 "안정된, 즉 상징적인, 정체성의 전제조건이자 원재료"라고 명시한다.(44)

그로츠는 몸을 "주체성의 원재료"로 이해하는 이론들에 반대하는 주장을 개진하는데, 그녀가 비판하는 이런 경향은 푸코, 미셸 드 세르토Michel de Certeau[5] 등의 저작에서 나타난다.(118, 155) 주체성의 원재료는 물질적 몸 같은 "그런 것stuff"이 아니라 오히려 몸 이미지다. 여기서 몸 이미지는 "대단히 광범위한 대상들을 수용하고 통합할 역량이 있다. 몸 표면에 접촉하여 거기 충분히 오래 머무르게 된 것이라면 그게 무엇이든 몸 이미지로 통합될 것이다".(80) "원재료"를 추론하는 노선을 논박하려 시도할 때, 그로츠는 유물론을 폐기하는 대신 오히려 그것을 재편하고자 노력한다. 생물학적 유물론을 자신이 "비물리주의적 유물론nonphysicalist materialism"으로 부르는 것으로 대체하자고 제안하는 것이다. 그런데 '비물리적 유물론'이란 게 정확히 어떤 모습인지는 여전히 분명치 않다. 그로츠는 물리적인 것과 물질적인 것을 어떻게 구분해서 분석해야 후자가 전자의 속박에서 풀려나게 될 수 있을지에 관해 명시적으로 밝힌 적이 없다. 그러나 그로츠는 주디스 버틀러와 마찬가지로 우리가 '자연적인' 몸이라는 문화 이전의 것에 의존하지 않고서도 몸의 물질성을 긍정할 수 있다고 주장하고 있는 것으로 보인다. 그로츠는 '자연적인' 몸이라는 개념을 명시적이고 반복적으로 거부하면서, '유기적인' 몸으로 여겨지는 것이 사실상 '자연적인 것'으로 '통하는' 이미 문화적인 몸이라고 주장한다.

생물학적인 몸이 그 몸을 전달하는 문화적 매개에 의지하지 않고서는 긍정될 수 없다는 주장은, 자연적이거나 생물학적인 것과 동등한 층위에 놓이는 경우가 많은 성차 또한 유사하게 구성되며 마찬가지로 문화적 매개에 의존한다는 주장과 부합한다. "가부장제로 인한 왜곡과 뒤틀림만 제거할 수 있다면 되돌아갈 수 있는 자연적인 몸, 접근할 수 있는 순수한 성차란 없다."(58) "순수한 성차"라는 신화를 낳은 것은 생물학적 몸이란 신화이고, 그로츠는 두 신화 모두를 의심한다. 여기서 그녀는 신경생물학적 논의들과 정신분석에 대한 본인의 해석을 통해 이 견해를 뒷받침할 힘을 끌어와 다음과 같이 결론 내린다.

[이로써] 분명해지는 것은 …… 몸은 결코 자연적으로 또는 선천적으로 심리적이거나 성적이거나 성별화된sexed⁶ 것이 아니라는 점이다. 몸은 특정 유형의 몸으로서 그 몸의 사회적 구성을 벗어나서는 정확히 가늠할 수도 없고 확정할 수도 없다. 이 말이 함의하는 바는, 사회적 구성이 상정하고 또

설명을 돕는 그 몸은 개방적이고 유연한 일련의 의미화작용으로, 몸을 표시하는 것들과는 매우 다른 용어로 고쳐 쓰이고 재구성될 역량이 있으며, 그리하여 결과적으로 오늘날 작동하는 성별화된 정체성과 심리적 주체성의 형식들을 재각인할 역량이 있다는 것이다. (60-61)

몸들이 부인할 수 없는 "중대한 물질성"을 소유하긴 하지만, 그로츠는 "생물학은 심리적으로 유연한 것으로 이해되어야 한다"고 강조한다.(28)

하지만 이것은 **너무 지나치게** 유연하진 않고, **무한정** 유연하지도 않다.《몸 페미니즘을 향해》는 예측 불가능하고 불안정하고 초과하는 몸, 즉 "생성becoming을 해낼 역량을 미리 알 수도 없는, 계획을 세워놓을 수도 없는" 몸을 이론화한다.(124) 그럼에도 텍스트가 진행될수록 그로츠는 일종의 물리적 한계에 제약받지 않는 몸을 제시하기를 점점 더 주저하게 된다. "몸은 몸의 생물학적 한계에 의해 제약받는다 ─ 덧붙이자면, 그 한계의 골조나 '신축성'을 우리는 아직 알 수도 없고 추정할 수도 없다. 우리가 어떤 **한계**가 있다고 상정해야 할지라도 말이다."(187)

그녀는 이어서 이렇게 쓴다.

일종의 생물학적 한계나 제약은 분명 존재하지만, 이런 제약은 인간의 몸이 스스로를 인공기관과의 합성에 열어놓고, 환경을 바꾸거나 고쳐 쓰고, 몸의 고유 공간과 대상들의 양상—이것들은 "유기적인 몸"(또는 문화적으로 그런 몸으로 통하는 것)의 외부에 있지만 그런 몸에 의해 내면화되고 그런 몸에 덧붙여지고 그런 몸을 보완하는 동시에 그런 몸에 의해 보완된다—으로의 통합을 통해 자신의 힘과 역량을 계속해서 증진시키는 인간 몸의 역량, 몸을 능가하는 그 역량을 통해 끊임없이 교체되고 극복될 수 있다.(187-188)

그로츠는 몸이 자신과 자신을 둘러싼 환경을 변환시킬 가능성을 품고 있음을 긍정하고, 스스로를 능가하는 몸, 거의 그 무엇이든 될 수 있는 몸의 가능성을 긍정하지만, 동시에 몸이 그럴 가망에 대해 불안을 표한다. 어쨌든 우리에게는 한계가 있어야 하고, 그렇지 않으면 몸의 물질성을 완전히 상실하고 만다는 것이다. 그리고 그 어떤 몸도 초과할 수 없는 그 한계란 바로 성차의 한계다. 결국 이것이 그로츠의 결론이다.

성차는 정체성이 있을 가능성의 조건—여기서 주체는 성기의 형태 구조라는 "순수한 차이"의 효과나 침전물이다—인 것만이 아니라, 몸의 존재론과 인식론 둘 다의 조건이다. "성차에 관한 이 개념, 근원적이고 구성적인 이 차이는, 엄밀히 말하자면 존재론적인 것이 아니다. 오히려 성차가 어떤 사물이나 실체, 어떤 존재들이 존재하는가(존재론적 질문)를 가능케 하는 한, 그리고 우리가 무엇을 알 수 있는가(인식론적 질문)보다 앞서 존재하고 그런 질문을 조건 짓는 한에서, 성차는 존재론 이전의—확실히 인식론 이전의—영역을 점유한다."(209) 그리고 결국 그로츠는 성차가 **물질적** 차이임을 명시한다. 그로츠는 몸을 주체성의 "원재료"로 보는 사유에 반대하는 논지를 유지하지만, 그럼에도《몸 페미니즘을 향해》가 진행되는 과정에서 논지의 이해관계가 바뀐다. 그녀는 몸을 주체성에 대한 원재료로 이해하면 몸과 자아의 형성에 결정적으로 중요한 심리적 차원들을 놓치게 된다는 제안으로 논의를 시작하지만, 이런 원재료 주장이 **물질적 몸 자체**의 중요성에 주의를 기울이지 않는다는 비판으로 결론을 맺는다. 주체성을 창조할 힘을 몸의 물질성에 과하게 투자하지 말자고 경고하는 주장으로 시작한 논의가, 신기하게 방향을 틀어서 몸의 물질성에 너무 적은 힘만 인정되는 방식들에 대한 불만이 되어버리는 것이다. 첫 번째 경우에 몸이 **원재료**raw material로 여겨져서는 안 되는 이유는 날것rawness이란 건 허구이고 몸은 항상 이미 문화의 산물이기 때문이다. 그러나 두 번째 경우에서 **raw**는 정반대 이유로 불만족스러운 형용사가 되는데, 이 형용사가 물질성이 미처 다 형성되지 않았거나 미완성임을 암시하면서 문화적 매개 없이 물질성이 생산하는 실질적 효과들을 부정한다는 이유에서다.

이 때문에 그로츠는 성차를 몸의 물질적인 것 위에 문화적 각인이 새겨진 효과로 설명하는 건 충분치 못하다고 제안하는데, 왜냐하면 그런 가정은 "몸에서 물질성 또는 물질적 특이성과 결정된 특성을 부정"하는 셈이기 때문이다. 즉 "순수한, 즉 물질적인 차이를 공준公準으로 인정하길 거부하는 것이다. 몸들을 무한히 유연하고 가단성 있도록 만들려는 것이다".(190) 성차는 이미 거기에, 문화가 작동하기 이전에, 두 성별_{sexes}의 '바로 그 진짜 신체적 차이'에, 즉 반박 불가능하게 물질적인 '순수한 차이' 안에 존재한다는 것이다.[7]

그로츠가 《몸 페미니즘을 향해》의 서두에서 제공하는 듯 보였던 몸의 확장은, 성차를 벗어나거나 지워버릴 조짐이 보인다는 이유로 그녀가 무한하게 유연한 몸이라는 관념을 거부함에 따라 철회된다. 따라서 몸은 성차의 문제와 관련해서는 고정되고 경직되어버리는데, 이는 다른 곳에 등록될 때나 다른 상황에서는 유연성이 몸의 특징으로 묘사된다는 점과 확연히 대조된다. 나의 몸 도식은 모자에 달린 깃털 장식이나 손에 쥔 지팡이를 포함하는 정도만큼 유동적일 수 있는 셈이다. 내가 내 몸과 함께 또는 내 몸으로서 취하고 사용하는 그 무슨 장치든 간에 그건 내 몸이 **된다**—하지만 내 몸은 성차 바깥에서는 내 몸이 '될' 수 없다. 사람은 몸의 한계, 몸과 세계 간 경계선을 넘을 수 있고 심지어 깨부술 수도 있지만, 몸에서 성적으로 특정한 부위들, 타고난 그 '부위들'만은 결코 바꿀 수도 없고 다른 무엇으로 대체할 수도 없다. 몸의 물질적인 것들은 '고쳐 쓸' 수 있을지도 모르지만, 그러한 변환은 성차의 영역에서는 불가능하다. 그 영역에서는 고쳐 쓰는 건 안 되고 그저 고려해보는 정도만 가능해 보인다.

성차는 몸 표면에서 쉽게 알아볼 수 있어야 하는가? 그리고 성차는 '자연스러운' 섹스와 같은 것인가? 우리가 5장에서 보았듯, 성차를 '순수한' 또는 '자연스러운' 물질성 범주로 환원하지 않고서도 성차에 관한 질문을 제기할 여러 방법이 있다. 예를 들어 느껴지는 섹스가 지각되는 섹스와 딱 맞고 그것이 외적인 젠더와 딱 맞고 또 내적인 젠더와도 딱 맞고 등등 모든 게 반드시 딱 맞아떨어지길 요구하지 않는 방식으로 성차를 상상해볼 수 있을 것이다. 즉, 만약 성차를 이분법적인 방식 말고 다르게 사유한다면, 성기의 형태 구조가 자아를 본질적으로 결정하는 요인이라고 단정하고픈 유혹에 더 저항하기 쉽게 만들어줄 방식으로 성차 범주가 '자연스러운' 물질성의 속박에서 벗어나게 될 수 있다. 그러나 그로츠가 결국 정착한 성차의 공식화는 범주적으로도 기능적으로도 **성기**의 차이와 구별할 수 없다.

성차를 이원적二元的이지 않은 다른 방식으로 고찰할 가능성, 그리하여 성기 이형성의 결정력에 얽매이지 않고서 성차를 사유할 수도 있게 될 가능성을 그로츠가 열어둔 것처럼 보이는 지점들이 있긴 하다. 분명히 그녀는 "(적어도) 두 종류의 몸이 있다"(22)고 썼는데, 여기서 괄호로 삽입된 조건은 비록 빈약하긴 하나 규범적으로 섹스화되지 않은 몸들이 있을 여지를 남겨놓는 듯 보인다. 그러나 이처럼 별 뜻 없이 비어 있는 덧없는 기호들은 대안적으로 섹스화된 주체 위치의 가능성을 약속하거나 심지어 성적 상상계의 대안적 영역을 약속하는 듯 보여도 결국엔 계속 텅 빈 채 남아 있어야 한다. 그로츠가 '남성man'이나 '여성woman' 이외의 다른 성적 주체 위치의 가능성을 고려하지 못하는 것은 아니다. 그녀는 남성male 또는 여성female 사이에 있는 단계적 차이 같은 것—그녀가 "테이레시아스[8] 같은 위치"라고 칭한 곳—은 그게 무엇이든 이론화될 수 없다고 명시하는데, 그 이유는 현상학적으로 봤을 때 살아 있을 수가 없는 위치이기 때문이다.(191) 그리고 그녀가 이 현상학적 생존 불가능성을 확증할 근거로 이용한 것이 트랜스섹슈얼의 경험이다.

인터섹스와 트랜스섹슈얼은 다시금 텍스트 안의 유령으로 기능한다. 둘 다 '적절한' 성별sex의 바깥 또는 사이에 그 어떤 주체 위치도 있을 수 없다는 기괴한 불가능성을 대신한다. 주체를 생산하는 성차의 매트릭스 안으로 발을 들이지 못하는 이들의 결핍이 그런 주체 위치를 삶이 불가능한 곳으로 만들어버리는 것이다. 그리고 이를 근거로 이들은 텍스트 밖으로 배제된다. 하지만, 남성male과 여성female 둘 다로서 또는 그 어느 쪽도 아닌 존재로서 사는 것의 불가능성("테이레시아스 같은 위치")이 인터섹스화된 몸을 그저 입에 담지도 못하게 만든다면, 그로츠에게 트랜스섹슈얼 몸은 이보다 뭔가 더 해로운 것이다. 그로츠가 트랜스섹슈얼을 논하기 전까지는 여성woman 범주는 여러모로 상당히 유동적이다. 그녀는 여성female의 성적 특이성에 대한 하나의 정의를 제시하길 꺼리고, 두 성별sexes에게 "매우 실질적인 차이"가 있거나 아니면 다른 "경험"이 있음을 시사하면서도 더 자세한 설명은 거부한다. 성적 특이성에 대한 이러한 "대안적 설명"은 "가부장제 바깥에 있는 새로운 형식의 재현 실천"(188)을 필요로 할 것이며, 이는 미래를 위한 기획이라고 그로츠는 명시한다.[9]

그러나 여성woman이란 무엇**인가**에 대해 말하는 것이 아직도 불가능한 반면, 여성이 무엇이 **아닌가**를 판정하는 건 꽤 쉽다. 다음의 인용문이 분명히 보여주듯 말이다.

> 각각의 성별sex이 겪는 경험과 살아가는 현실은 항상 서로에게 일종의 외부성 또는 이질성으로 남겨질 것이다. 트랜스섹슈얼이 품는 환상과는 반대로, 남성들men은 외과 수술을 받는다 한들 여성women으로 존재한다는 것이, 산다는 것이 과연 어떤 것인지를 결코 느끼거나 경험할 수 없다. 잘해봐야 트랜스섹슈얼은 여성성에 관한 본인의 환상을 실행에 옮길 수 있을 뿐이다—이 환상은 대개 외과 수술과 화학물질의 개입을 통해 꽤 조잡하게 변형된 결과를 마주하고 그 자체로 좌절되고 만다. 트랜스섹슈얼은 여성woman처럼 보일 수는 있을지 모르지만, 결코 여성처럼 느끼거나 여성으로 존재할 수는 없다. 남성male이든 여성female이든 아니면 그 밖의 다른 성some other term이든 간에, 하나의 성별sex은 성적으로 특이한 몸의 문화적인 의미화작용을 따라(그리고 그걸 넘어서겠다는 바람을 품고서) 경험하고 살아갈 수 있을 따름이다. 성차의 골치 아픈 문제는 성별 사이의 간극, 간격을 메울 지식의 실패를 수반한다는 점이다. 다른 성별에 대해 서로 예

측할 수도 없고 수용할 수도 없는 …… 무언가가 여전히 남
는다. (207-8)

우리는 성차를 가로지르는 관계들에 대한 이리가레의 설명
에서 익숙하게 본 간극과 간격의 언어로 되돌아온다. 신비로운
불가사의를 촉진시키는 영역으로서의 규범적 젠더에 대한 설명
으로 되돌아온 것이다. 아마 그보다 더 놀랍도록 익숙한 것은 이
단락에서 등장한 트랜스섹슈얼에 대한 진부한 형상화일 것이다.
이는 트랜스섹슈얼을 특징짓는 통속적 방식으로, 항상 이 사람
을 본인의 신체적 물질성에 대한 불행하고도 가망 없는 망상에
깊이 빠져버린 '생물학적' 남성male으로 추정하는데, 이 망상은 트
랜스섹슈얼에게 몸의 물질성이라는 현실을 붙드는 힘이 극도로
미약하다는 것을 나타낸다. 가장 이상한 점은 이런 고정관념이
이중적으로 이용된다는 점이다. 트랜스섹슈얼은 여성woman 범주
의 가독성과 일관성을 보장하는 구성적 외부가 된다. 트랜스섹
슈얼은 결코 그 범주에 도달할 수 없다는 바로 그 사실이, 여성들
에게 '여성'이란 위치를 창출해주고 보증해주는 것이다. 트랜스
섹슈얼리티 현상은 그로츠가 두 성별the sexes 사이에 존속하는 "신
비로운 잔여", 결코 다리를 놓을 수 없을 그 둘 사이의 간격을 가
리킬 수 있게 해준다.

중요하게 짚을 점은, 여기서 제시된 트랜스섹슈얼리티 이론
그리고 그 이론이 성차의 이론화 작업에서 갖는 함의가 외부에
서 관찰할 수 있는 형태 구조보다는 내부에서 유래된 **느낌**에 전

적으로 달려 있다는 것이다. 그로츠의 주장에 따르면, 트랜스섹슈얼이 여성woman일 수 없는 이유는 "그"가 결코 여성처럼 느낄 수 없기 때문이다. 내면의 느낌을 성적 정체성을 취할 수 있는(또는 이 경우엔 금지할 수 있는) 바탕으로 삼는 이런 움직임은 그로츠가 텍스트의 나머지 부분에서 체현에 관해 설명했던 내용들과 어우러지지 않는다. 그로츠가 기술하는 내면의 느낌은 한편으로는 매우 모호하고 정확한 위치를 찾아낼 수 없을 것 같은 감각인데, 이는 그것이 오직 부정적인 용어로만 기술된다는 사실에 기인한다.

여성woman"처럼 느끼거나 존재한다"는 것이 과연 무엇을 의미하는지 — 이건 신체적 느낌인가? 심리적 느낌인가? 항구적인가 아니면 가변적인가? 개념적인 건가? 관능적인 건가? 모든 여성women이 여성"처럼 느끼는" 건가? — 에 대해 우리는 아무 말도 들은 바가 없다. 우리에게 확실하게 보장되는 것이라곤 트랜스섹슈얼은 결코 거기에 도달할 수 없으리라는 것뿐이다. 그러나 우리가 4장에서 보았듯, 이는 MTF 대부분이 보고하는 내용과는 정반대다. MTF들은 "여성처럼 느낄" 뿐 아니라, 대부분 자신은 결코 남성처럼 느껴본 적이 없다고 단언한다. 이들이 MTF든 FTM이든 간에, 또한 자신을 남성으로, 여성으로, 아니면 그 밖의 다른 성으로 정체화하든 간에,[10] 이들의 정체성감각을 창출하는 것은 **느낌**의 지속성과 내구력이다. 사실, 젠더화된 동일시에 대한 지속적인 느낌은 트랜스섹슈얼리티에 대한 임상학적 정의의 기본 토대이다. 트랜스섹슈얼의 동기·욕망·느낌에 대한 확신에 찬 [그로츠의] 단언은 여성들의 경험을 총체화하는 식으로 재현하지 않도록 주의를 기울이면서 텍스트를 마무리할 비상한 방법이다. 다른 한편 이런 느낌은, 그게 무엇일지 정의할 수는 없어도, 개인의 정체성을 보증할 뿐 아니라 현재 트랜스섹슈얼을 범주 밖으로 쫓아낸 상태의 '남성man'과 '여성woman' 범주 자체를 보증할 역량이 있을 만큼의 흔들림 없는 확실성으로 특징지어진다. 텍스트 안에서 "느낌"의 갑작스러운 등장 그리고 앞의 인용문에서 느낌에 부여된 자리의 우선성은 형태 구조와 물질성을 성적 정체성의 기반으로 삼으려던 그로츠의 시도를 좌절시키는 것처럼 보일 것이다.

그러나 아마도 물질성에서 벗어난 이런 움직임이 생각만큼 큰 일탈은 아닐 수도 있다. 표면상으로는 그로츠가 마지막에 느낌을 강조함으로써 성적 정체성을 육체적 물질성의 등록부에서 빼내어 좀 더 규정하기 어려운 육체적 느낌이라는 등록부로 옮기는 듯 보인다. 그리고 만약 우리가 그로츠가 언급했던 가상의 트랜스섹슈얼들이 무엇을 느끼는지에 대한 그로츠의 보고를 믿어야 한다면, 느낌에 대한 이 강조는 그들에게 '여성' 범주가 계속 닫혀 있을 것을 보증한다. 그로츠가 꾸준히 주장하듯 성적 정체성을 결정하는 데 있어 성기의 형태 구조만으로 충분하다면, 수술한 트랜스섹슈얼이 여성woman의 형태학적 외양을 갖췄다면 그 사람이 자신을 여성'이라고' 주장하는 것을 부인할 방법은 없을 것이다. 또한 성기 수술을 받은 트랜스섹슈얼이라면 누구든 한 성별sex에서 다른 성별로 쉽게 패싱할 것이다. 이런 가능성에 대한 그로츠의 대응은 이중적인 듯하다. 즉, 트랜지션 이후 트랜스섹슈얼의 몸이 규범적으로 젠더화된 몸들과는 구별되는 조잡함으로 특징지어진다고 주장하는 한편, 좀 더 일반적으로는 성적 정체성을 수여해주는 것이 성기의 배치 형태가 아니라 느낌이라고 주장하는 것이다.

새로운 음경이나 질이 "조잡하다"는 비난은 매우 복잡한 성 재지정 과정의 테크놀로지와는 전혀 무관한 판단으로 보인다. 트랜스섹슈얼이 겪는 변환을 '조잡함'으로 특징짓는 판단을 내릴 이유가 무엇인가? 신체 변형에 관한 텍스트에서 다른 사례가 무수히 많고 그중 상당수는 성 재지정 수술보다 기술적으로 더 '조잡한'데도(문신, 피어싱, 상흔scarification[11] 등) 그중 어느 것에도 그런 비난을 공개적으로 하지 않으면서 말이다. 여기서 단언하는 새로운 음경이나 질의 조잡함은 육신을 재편하는 의학적 또는 기술적 특이성보다는 그렇게 재편되는 신체 부위의 특이성과 더 관련이 있다. 그로츠는 스스로 변환을 꾀하고 새로운 의미를 만들 가능성을 몸 표면에 개입하는 신체적 재편에까지 확장하는 일에는 관대함을 보인다. 하지만 몸 표면이 아니라 성적으로 특정한 신체 부위를 변환시키거나 재의미화하려는 시도에 대해서는 조잡하다고 평가한다. 따라서 사람이 "성적으로 특이한 몸의 문화적인 의미화작용을 따라(그리고 그걸 넘어서겠다는 바람을 품고서)" 살기 위해 몸 표면을 변환시킬 수는 있겠지만, 몸에 새겨진 문화적 의미화작용 대신 그 몸의 육신을 변환시키려는 시도는 그 무엇이든 그릇된 기획으로 여겨지는 것이다. 그로츠가 우리에게 성적으로 특수한 몸을 "넘어서" 살아갈 수 있으리라는 희망을 품으라고 명하긴 해도 사실 그 희망이 무엇이든 간에 이뤄질 가망은 없어 보이는데, MTF 트랜스섹슈얼이 바로 그런 일을 시도했다는 이유로 그로츠가 비난을 쏟아부은 직후에 그런 명령이 등장하기 때문이다.

그로츠가 계속 주장하는 바는 트랜스섹슈얼이 우리에게 주는 가르침이 있으며 그건 바로 성별sexes 사이엔 메울 수 없는 간극이 있다는 것이고, "다른 성별에 대해 서로 예측할 수도 없고 수용할 수도 없는" 무언가가 남겨진다는 것이다. 그로츠가 각각의 성별이 서로에게 결코 알 수 없는 불가사의를 표상한다는 주장으로《몸 페미니즘을 향해》을 마무리하기 때문에, 페미니즘 철학에서 두 성별 사이엔 신비로운 불가해함이 있다는 이런 생각을 가장 열렬하게 지지하는 뤼스 이리가레로 돌아가보는 편이 좋을 것 같다.

자연스러운 몸/처녀의 몸

신체적 물질성과 성차에 대한 그로츠의 이론화 작업은 적어도 세 가지 측면에서 뤼스 이리가레에 빚지고 있는데, 그중 가장 명백히 빚진 부분은 각 성별sexes을 서로에게 신비롭고 불가해한 존재로 만들어주는, 서로 간에 소화되지 않고 남겨지는 잔여가 있다는 생각을 이론의 선결 조건으로 삼은 부분이다. 아마 좀 더 감지하기 힘들긴 해도 마찬가지로 중요한 부분은, 성차와 물질성 간 관계에 대한 그로츠의 설명과 이리가레의 설명이 일치한다는 점이다. 그 관계는 자연스러움과 순수함의 범주들에 호소하고 그 범주들과 신체적 물질성을 기능적으로 동일시하는 데 전적으로 의존한다. 트랜스섹슈얼리티에 대한 그로츠의 주된 비판 중 하나가 트랜스섹슈얼리티는 신체적 **침해**이자 **자연스럽게** 주어진 신체적 물질성을 바꾸거나 늘리려 시도하는 가망 없는 짓이라는 내용임을 고려하면, 성차를 사유함에 있어 순수함과 자연이 결합된 범주들의 중요성이 두드러진다.

초기 저작인 《하나이지 않은 성 This Sex Which Is Not One》[12]에서 이리가레는 여성의 상품화와 상징 질서 안에서의 여성의 자리(또는, 정확히 말하자면, 자리의 **결여**)가 여성에게 하나가 아니라 두 개의 몸을 부여하는 분열을 예증한다고 주장한다. **"하나의 상품인 여성은 서로 화합할 수 없는 두 개의 몸으로 분열된다.** 그녀의 '자연적인' 몸 그리고 사회적으로 가치 있는, 교환이 가능한 몸. 이 후자는 특히 남성적 가치들을 모방한 표현이다."[13]

하나이지 않은 성은 하나이지 않은 **몸**으로 특징지어진다. 그리고 이리가레가 이처럼 화합 불가능하면서도 분리 불가능한 한 쌍의 몸을 제시하게 된 건 여성과 여성의 몸을 구성하면서도 그녀에게 아무런 자리도 내주지 않는 상징계에 도전하려는 동기에서 나왔다. 여성의 몸은 사회적인 영역과 "자연적인" 물질적 영역 간 긴장이 분명하게 드러나는 현장이 된다. 이리가레는 사회적인 영역을, 물질성을 지배하는 "자연적인" 질서와 나란히 존재하면서도 "화합할 수 없는" 영역으로 기술한다. 여성은 그 위에 한 층 포개진 사회적 가치를 짊어지고 있는 자연적인 몸이 아니다. 즉, 사회적 영역과 자연적 영역은 서로를 배제할 뿐 아니라 각각 하나의 몸을 생산하고 구성할 만큼 별개의 다른 영역이다. 여성의 사회적 "몸"은 "남성적 가치들"을 반영한 것으로 보이지만, 이리가레는 자연적인 것을 특권적 장소로 구성하지는 않는다. 자연적인 것은 사회적인 것보다 몸에 대한 권리가 더 이상 없거나 아마 훨씬 적을지도 모른다. 그 이유는 자연적인 것이라는 범주가 인용 부호로 묶여 오직 조건부로만 제시되거나 아니면 완전히 실현되지 못하는 것 또는 실현 불가능한 것으로, 즉 사회적인 것의 환영이나 환상으로 언급되기 때문이다. 따라서 이리가레는 일부는 사회적인 몸이고 일부는 자연적인 몸이라는 급진적으로 **탈**자연화된 여성상을 제시하며, 적어도 이 텍스트에서는 여성과 몸의 관계를 본질주의와는 동떨어진 것으로 설명하고 있는 듯하다.[14]

체현의 기반으로서의 자연적인 것의 위상이 처음 생각했던 것보다 더 복잡하다면, 《하나이지 않은 성》 안에서 몸의 위상은 훨씬 더 불분명해 보인다. 상품으로서의 여성은 두 개의 몸으로 **분열되어 있다.** 이 분열 전에 여성이 체현된 존재임을 암시하는 내용은 없다. 즉 이 분열 자체가 그녀를 구성하는 것처럼, 심지어 하나의 몸이 아니라 '몸들'로 구성하는 것처럼 나온다. 이런 몸들이 과연 육체적인 것이긴 한지 단언하긴 어려워 보이는데, 이 몸들은 여성 자신의 출현과 동시에 그리고 출현 이후에 나타나기 때문이다.

이런 몸들은 물질인가? 아마도 이리가레는 하나의 답을 넌지시 내놓았던 것 같다. **"따라서 상품으로서의 여성들은 분열에 종속된다.** 이 분열은 여성들을 유용성과 교환가치의 범주들로 갈라놓는다. 그리고 물질-몸과, 값비싸지만 가늠할 수 없고 파악할 수 없고 여성들 스스로 전유하기도 어려운 외피로 갈라놓는다. 또한 사적 용도와 사회적 용도로 갈라놓는다."(176)

그러므로 이 몸 중의 하나는 물질이고 다른 하나는 물질이 아니다. 자연적인 '물질-몸'이 있고, 물질이 그 안에 포함되는 사회적인 '외피-몸'이 있는 것이다. 이는 처음에는 여성/몸/자연을 남성적인 것과 사회적인 것에 대립·종속시키는 전통적 이분법 내부에서의 '여성 문제'라는 프레임으로 등장한다. 그러나 여성 몸의 자연적 물질성은 그것의 다른 반쪽인 사회적 몸과의 연결을 유지하고 있는 한에서만 알아볼 수 있다. 상품으로서의 여성들은 **"남성의, 남성을 위한 가치를 반영하는 거울이다.** 그렇게 복무하기 위해 그들은 자기 몸을 거울 작용을, 사변思辨을 지원하는 질료로서 남성들에게 넘겨준다. 그들은 자신들의 자연적이고 사회적인 가치를 남성의 활동이 새겨지고 표시되고 그 활동에 대한 신기루가 일어나는 장소로서 남성들에게 넘겨준다".(177) 상품인 여성은 매개되지 않은 자연적 물질성을 그 어떤 종류든 전혀 소유할 수 없다. 자연적인 것은 사회적인 것에 송두리째 넘겨져 남성의 가치를 반영하는 거울이자 남성의 활동에 대한 기록으로 기능한다. 상품으로서의 여성, 거울로서의 여성은 이 거울 기능

속에서 자신을 잃어버린다.

몸의 물질성은, 그런 게 애초에 거기 존재하기라도 했었다면(그처럼 먼저 존재하는 자연 물질을 이런 작용의 속성으로 쉽게 가정할 수 있는지는 확실치 않다), 상품화 과정을 통해 어디론가 사라져버린다. "초자연적이고 형이상학적인 기원이 그 물질적 기원을 대체한다. 따라서 그것의 몸은 투명한 몸, **순수한 현상학적 상태의 가치**가 된다."(179) 하나의 개념으로서 대자연의 기능은 순수하게 의존적인 것이 된다. 즉 사회적인 것이라는 거울을 기대놓을 받침대의 역할을 맡으며 여성/상품이 자연적인 것에서 사회적인 것으로 이행하도록 돕는데, 이리가레는 이 이행이 "결코 간단하게 일어나는 일이 아니"라고 지적한다.(185)

여성의 물질적 측면과 사회적 측면의 관계는 특별한 종류의 상품인 처녀의 형상에서 볼 수 있다. 그녀는 반영적인 사회적 외피에 감싸인 자연적인 물질적 몸으로 존재하기는커녕, 거울 역할을 하는 외피**에 지나지 않는다.**

> **다른 한편, 처녀인 여성은 순수한 교환가치다.** 그녀는 남성들 간 관계가 만들어질 가능성, 그 관계가 일어나는 자리, 그 관계를 나타내는 기호에 불과하다. 혼자 힘으로 또 본인 자체로는 그녀는 존재하지 않는다. 그녀는 사회적 교환에서 진짜로 관건이 되는 것을 덮어 감추는 단순한 외피일 뿐이다. 이런 의미에서 그녀의 자연적 몸은 표상적 기능 안으로 사라진다. …… 그녀에게 주어진 역할인 교환의 매개물로서,

여성은 **외모** 말고는 더 이상 아무것도 아니다. 여성에서 어머니로의 통과의례는 **외피의 침범**으로 달성된다. 즉 **금기의** 가치를 지닌 처녀막, 처녀성의 금기를 침범하는 것이다. 한번 꽃이 꺾이면 여성은 사용가치의 지위로 강등되어 사유재산으로 포획된다. 그러고는 남성들 간 교환에서 치워져버린다. …… **어머니로서도, 처녀로서도, 창녀로서도, 여성은 자기만의 쾌락을 누릴 권리가 전혀 없다.** (186-87)

처녀로 표시된다는 것은 항상 남성적 가치의 반영인 교환가치의 영역 안에 갇혀 다른 모든 걸 차단당한다는 뜻이다. 그녀의 자연적인, 물질적인 몸은 "표상적 기능", 즉 교환의 매개물이라는 기능 "안으로 사라진다". 여성 자신은 그녀의 몸과 더불어 사라진다. "그녀는 존재하지 않는다." 그녀는 그 안은 텅 비어 있을 뿐인 반영적 외피다. 처녀는 증가한 교환가치를 축적하기 위해 예비로 마련해놓는 물품이다. 《프리드리히 니체의 바다의 연인Marine Lover of Friedrich Nietzsche》에서 이리가레는 처녀성을 이런 식으로 기술한다.

이게 바로 남성/남성들 간 교환이 일어나는 방식이다. 소유하고, 이용하고, 소모하기. 과도하게 대상을 망쳐놓기. 가치를 뒤집는 보너스는 처녀성이다. 남성/남성들 사이에서는 상품을 감춰놓고 시험하는 짓밖에 없다. 자연으로부터 정말로 빼앗긴 것은, 엄마의 딸, 엄마와 딸이 공유하는 친밀함

…… 그는 친밀함에 대한 필요나 욕망을 교환가치라는 포장
지로 바꿔버린다.[15]

이 두 저작에서 제시되는 처녀성은 여성을 몸과 자아를 전
달하는 교환의 바깥에 놓으면서 여성의 욕망이 존재할 가능성
을, 심지어 여성 자체의 가능성마저도 배제해버린다. 처녀성은
여기서는 공허空虛로 형상화된다. 즉 남성적 의미화작용에 한정된
포장지로, 핵심은 텅 비어 있다.

반면 이리가레의 좀 더 최신작인 《나, 너, 우리 Je, Tu, Nous》는 꽤
다른 그림을 제시한다. 여기서 처녀성은 텅 빈 회로나 가치를 담
는 그릇 말고 다른 무언가 물질적 실체를 소유할 뿐만 아니라, 이
리가레에 따르면 여성들이 가치 있게 여겨야 할 긍정적인 원자
가를 갖는 무언가이다. 처녀성은 여성이 자기 고유의 정체성과
고유의 몸을 소유할 수 있게 해주는 것으로 재형상화된다.

처녀성과 모성은 내게 속한 영적 차원들을 수반한다. 이런
차원들은 남성적 문화의 식민 지배를 받아왔다. 즉, 처녀성
은 아버지(또는 남자 형제)와 남편 사이의 거래 대상이 되었
을 뿐 아니라 남성적 신성이 현현하기 위한 조건이 되어왔
다. 이것을 여성의 소유로, 여성이 권리와 책임을 갖는 자연
적이고 영적인 소유물로 재사유해야 한다. 모든 여성은 처
녀성을 자기네 고유의 신체적이고 영적인 소유물로서 재발
견해야 하며, 이는 여성들에게 개인적이고 집단적인 정체

성 지위를 되돌려줄 수 있다(그리고 다른 무엇보다 어머니와의 관계에서 가능한 충실함을 되돌려줄 수 있으며, 그럼으로써 남성들 사이의 거래에서 탈출하게 될 것이다). …… 여성들은 처녀와 어머니라는 이중의 정체성을 발전시켜야 한다. 삶의 모든 단계에서. 왜냐하면 처녀성은 그저 여성 정체성일 뿐이지만, 단순히 태어나면서 주어지는 것이 아니기 때문이다. 우리가 처녀로 태어난다는 것은 의심의 여지가 없다. 하지만 문화적인 속박과 가족의 족쇄에 매인 우리 몸과 영혼을 구출하기 위해 우리는 또한 처녀가 되어야 한다. 내겐 처녀가 된다는 것은 한 여성이 영적인 것을 정복하는 일과 같은 뜻이다.[16]

《하나이지 않은 성》과 《나, 너, 우리》 각각에서 진행된 처녀성 논의의 가장 두드러진 차이점은, 자산과 소유권의 언어가 전자에서는 심각하게 비난받았으나 후자에서는 여성이 자기 몸의 물질성을 '가질' 수 있게끔 해줄 유일한 수단으로 찬양된다는 점이다. 처녀성은 여성들에게 **속하고**, 여성이 **권리**를 갖는 **자산**이다. 이런 모성과 처녀성의 도구로 무장한 여성은 "영적인 것을 정복하는 일"을 달성할 수 있다. 여기서 정확히 무엇이 정복된다는 것인지 이리가레가 구체적으로 명시한 적은 없지만, 여성들이 "문화적 속박과 가족의 족쇄"로부터 스스로 벗어나려면 반드시 전투를 치러야 한다. 여기서 처녀성은 남성적 문화가 그것을 통제하려고 공들이기 전부터 존재한다. 처녀성은 더 이상 사회적 구성물이 아니라 자연적 소유물로서, 상징 질서의 작동을 통해 생성된 것이 아니라 문화적 식민지화 이전부터 존재하여 여성에게 속해 있던 것이다.

처녀의 몸을 자연적인 것과 물질적인 것을 비워버린 순수하게 사회적인 텅 빈 외피로 보던 견해는 자연적이고 물질적인 몸을 가장 우선시하는 처녀성이라는 관념으로 바뀌었다. 이 도식에서는 '자연적인 몸' 대신에 사회적인 영역이 사라진다. 이전에 사회적 영역이 차지했던 자리를 점거하는 것은 영적인 것이라는 범주이고, 이 영적인 것은 여성에게 속해 있으면서도 그녀가 정복해야 할 무언가가 여전히 남아 있는 차원이다. 그녀가 그것을 소유하고 있을 때조차 말이다(사람이 차원을 어떻게 소유하거나 회수할 수 있는 것인지는 끝까지 불분명하긴 하다). 이런 처녀성에서는 그 어떤 '문화'도 작용하지 않는다. 그저 '문화'는 여성이 소유하고 있던 이미 존재하는 자연적인 처녀성을 강탈해서 남성 간 교환을 매개하기 위한 가치가 담긴 대상으로 이용하게끔 하는 힘일 뿐이다. 일단 여성들이 처녀성을 회수하기만 하면 그것은 문화의 속박으로부터 여성들의 몸과 영혼을 해방하는 과업에 쓰인다.

이리가레를 온전히 몸으로만 이루어진 처녀성을 제시한 학자로 특징짓는 것은 좀 부당한 평가일 것이다. 그녀는 '처녀 되기'에 관한 견해를 제공함으로써 몸에 붙들려 묶여 있던 처녀성 개념을 약간 느슨하게 풀어준다. 여성들은 태어날 때 처녀지만, 이 처녀성은 상실되며 삶의 "모든 단계에서" 재발견되어야 한다. 이 재발견이 결정적으로 중요한데, 왜냐하면 재발견은 여성들이 영적 영역과의 관계 그리고 어머니와의 관계를 발전시킬 수 있도록 해줄 뿐 아니라, "여성들에게 개인적이고 집단적인 정체성 지위를 되돌려줄 수 있"기 때문이다. 그러므로, 이는 단수면서 또한 복수이고, 처녀성처럼 여성들이 한때 소유했지만 아마도 남성적 문화를 통해 어찌어찌 강탈당한 하나의 정체성이다. 여성들에게 이 잃어버린 정체성의 귀환은 처녀성의 재발견 없이는 불가능해 보인다.

여기서 정말 후하게 해석해서 정체성이 처녀성과 **동일한** 것은 아니라고, 즉 여성에게 되돌아온 정체성은 정체성을 데리고 와준 처녀성 그 이상의 무언가로 이루어졌다고 가정한다 해도, 이 재발견이 여성들에게 되돌려주는 것은 그 처녀성에 의해 구성되고 처녀성과 떼려야 뗄 수 없게 얽혀 있는 정체성이다. 이리가레는 새로이 발견한 이 정체성이 여성들을 문화의 속박으로부터 해방시킬 역량이 있다며 칭찬 일색이지만, 만약 이 정체성이 다른 무엇보다 여성들을 위한 **집단적** 정체성이라면 이 찬미는 시기상조처럼 보일 수도 있다. 이제 그 곤혹스러운 함의를 살펴보겠다.

그 신비로운 잔여

〈그들 사이의 상품 Commodities Among Themselves〉에서 이리가레는 〈시장에 나온 여성들 Women on the Market〉[17]에서 지도화했던 교환 영역에 대한 탐구를 이어가면서 다음과 같이 질문한다. "이 교환 체계 안에서 여성들 사이의 관계는 어떻게 설명될 수 있을까?"[18] 그 답은, 교환 체계 안에서 그런 관계는 아마 불가능하다는 것이다. 더욱이 이 체계 안에선 여성은 자기 자신과도 아무런 관계를 맺을 수 없다. 그녀가 "남성과 그의 동료 남성 사이, 사실상 남성과 그 남성 본인 사이의 중재·거래·이행移行·전이를 위한 계기로서만" 교환 내부에 존재하는 한에서는 말이다.[19] 여성은 사회질서의 본바탕이 되는 남성 동성사회적 유대가 수립되게끔 하는 회로로서 존재한다.

여성들 간 관계는 이런 교환 체계 바깥에서만 가능하다. 즉 "상품들"이 시장에 나가길 거부할 때에만 가능해지는 것이다. 이리가레는 "'또 다른' 종류의 거래"를 제안하는데, 이는 "사용과 교환이 구분되지 않는" 거래다.(197)[20] 이리가레는 〈우리의 입술이 함께 말할 때When Our Lips Speak Together〉[21]에서 상품화·교환·동일성이라는 "그들의 {남성적} 언어에서 벗어난" 여성 타자를 다루면서 〈그들 사이의 상품〉에서는 낌새만 보였던 이 관계를 실연해 보인다. 여성들은 "말해지는 기계, 말하는 기계"로서 자기 자신으로부터 부재했다. "적당한 피부로 감싸여 있긴 하지만 우리 고유의 피부는 아니다."[22] 처녀인 여성은 남성적 상징계, 즉 관계의 가능성을 가로막는 "폐쇄적인, 침투 불가능한" 체계의 창조물이다.

내게 말해봐. 못하겠어? 더 이상 바라지도 않니? 그냥 참고 싶니? 계속 침묵할 거야? 무구하게? 순결하게? 내면의 자

아를 계속 숨길 거니? 하지만 그건 타자 없이는 존재하지
않아. 강요된 선택으로 너 자신을 그렇게 갈가리 찢어놓지
마. **우리 사이엔**, 순결함과 순결하지 않음을 갈라놓는 파열
은 없어. 우리를 여자로 만드는 사건 따윈 없어. …… 찔러넣
고, 재빨리 해치우고, 그리고 끝. 우리의 쾌락은 그들의 체
계 안에 갇혀 있어, 거기선 처녀는 그들을 위한 것이고, 그들
이 아직 표식을 남기지 않은 대상일 뿐이야. 그들에 의해 그
리고 그들을 위해 여자로 아직 만들어지지 않은 대상. 그들
의 섹스로, 그들의 언어로 아직 각인되지 않은 대상일 뿐이
라고. 그들이 아직 침범하지 못한, 아직 소유하지 못한 대상
이라고. 그들을 위해 대기하는 그런 순결함에 남아 있는 게
있냐면, 그들 없이는 아무것도 없어, 그들 없이는 텅 비어 있
다고. 처녀는 그들이 교환·매매·운송할 미래야. 그들이 탐
험하고 첫날밤을 치르고 착취하기 위한 일종의 비축 물자인
거야. 도래하는 건 그들의 욕망이지, 우리 욕망은 아니야.[23]

남성적 경제 바깥에서 소통·욕망·관계의 가능성을 마련하
고자 한다면 처녀성은 초월하거나 떨쳐버려야만 하는 범주다.
교환 체계 바깥, 여성들 사이에서는 처녀라는 범주는 사라진다.

만약 둘 또는 더 많은 여성 "사이"에 어떤 회복력의 가능성
이 놓여 있다면 그것은 차이의 퇴거를 필요로 하는 가능성이며,
이는 심각한 결과를 초래할 것으로 보인다. 가끔 이리가레는 여
성들을 하나의 "여성"을 이루는 호환성 있는 조각들로 여기거나,

아니면 좀 강한 표현을 쓰자면, 적어도 여성들 서로가 자기 동일적이라고 생각하는 듯하다. 가끔 이리가레 본인은 "하나도 둘도 아닌" 여성들 간 관계의 가능성에 열중하는 듯 보이지만(특히 《하나이지 않은 성》에 마지막 장으로 수록된 〈우리의 입술이 함께 말할 때〉를 보라), **차이**가 다른 무엇보다 중요한 이론 안에 이런 논의가 자리하고 있다는 점에서 여성들이 이처럼 뭉뚱그려질 가능성이 초래할 결과는 근심스럽다. 차이라는 이 결정적 요소는 이리가레에게는 관계를 윤리적으로 만들기 위해 또는 흥미롭게 만들기 위해서라도 꼭 필요한 것임에도, 여성들 간 관계에선 이 차이라는 요소가 결핍된다. 이는 이리가레의 다음과 같은 공식화로 이어진다. "남성과 여성은 가장 신비롭고 창조적인 한 쌍이다. 다른 커플은 별로 그렇지 않으리라는 뜻으로 한 말은 아니지만, 그래도 남성과 여성이 가장 신비롭고 창조적이다. …… 당신은 차이를 사랑할 수 있다. 하지만 그건 당신과 같은 이들을 사랑할 수 있을 때에만 가능하다."[24] 따라서 동성 간 관계는 이성애적 유대가 수립되게끔 하는 회로로 기능한다. 이는 〈그들 사이의 상품〉과 〈시장에 나온 여성들〉에서 이리가레가 제안했던, 이성애 안에서 여성이 [남성] 동성애적 유대를 매개하는 회로로 기능한다는 생각을 기이하게 재공식화한 셈이다.

이리가레의 도식 안에서 가장 중요한 개념인 차이는 동일성을 통해, 즉 여성들의 "집단 정체성"을 강조함으로써 보장된다. 남성과 여성 간 차이는 오로지 여성 범주 내부에서 차이를 비워 냄으로써만, 즉 몸 자체를 사실상 붕괴시켜 뭉뚱그림으로써만 가능해진다.

한계를 재사유하기: 디스포리아와 차이

성차를 우선시하는 이리가레의 이론화 작업은 페미니즘 이론 안에서 젠더와 섹스에 관한 대화를 형성하는 데 결정적인 영향력을 발휘해왔다. 성별/섹스sex가 각자 다른 쪽에게 신비로운 불가사의를 표상하며 그 둘 사이는 다리를 놓을 수 없을 만큼 쪼개져 있다는 그녀의 단언 또한 페미니즘 이론에서 중심을 차지해왔고, 심지어 섹스라는 범주의 한계를 탐구하고자 하는 이론들 내부에서조차 그랬다. 페미니즘과 퀴어 이론에서 가장 호전적인 논쟁이 벌어지는 주제 중 하나가 트랜스젠더 문제였다는 건 그리 놀랄 일이 아닐 것이다. 왜냐하면 트랜스젠더 문제는 이 쪼개져 있는 성차에 사실상 다리를 놓을 수 있음을, 아니면 성차 관념 자체에 한계가 있을 수 있음을 시사하기 때문이다.

〈미소년과 왕에 대하여: 부치, 젠더, 경계에 대한 성찰of Catamites and Kings: Reflections on Butch, Gender, and Boundaries〉[25]에서 게일 루빈은 레즈비언 공동체 안에서 여성의 남성성female masculinity을 받아들이도록 분투하는 이들, 특히 트랜지션을 하고 FTM이 되기로 결정한 부치들의 힘겨운 투쟁을 자세히 풀어낸다. 루빈은 "부치란 무엇인가에 대해 레즈비언 문화에서 널리 퍼져 있는 가정 몇 가지를 논하고 해명하고 그에 도전"하는 것을 목표로 삼으며(466),

FTM에 대해 논의하면서 레즈비언 공동체에서 작동하는 섹스와 젠더에 대한 좀 더 단순화된 통념들을 복잡하게 만들어보고자 한다. 루빈은 섹스를 범주로 이해하는 모델이 섹스를 그 경계가 끊임없이 단속되어야 하는 영토로 형상화한다는 점을 비판하고, 이런 모델을 대신하여 그 주변부에 있는 존재들의 배제를 필수적으로 수반하지 않고서도 성차를 이해할 한 가지 방법으로 연속체 모델continuum model을 제안한다. 루빈은 연속체를 유달리 좋아하는데(그녀의 기념비적 논문 〈성을 사유하기: 급진적 섹슈얼리티 정치 이론을 위한 노트〉에서 제시하는 "일탈의 연속체continuum of deviance"에서도 이 선호가 드러난다), 이는 여성 남성성과 디스포리아를 설명할 하나의 수단으로서 연속체 내부의 연속체를 제시하는 방향으로 이어진다. 그녀는 부치들이 디스포리아를 겪는 경우가 자주 있음을 넌지시 짚으면서 자신은 **디스포리아**를 "지정받은 젠더 지위 또는 자신의 물리적인 몸과 불화하는 젠더 느낌과 젠더 정체성을 가진 사람들을 순전히 기술하는 용어"로 사용한다고 설명한다. "매우 강한 젠더 디스포리아를 가진 개인들, 특히 자기 몸이 자신이 원하는 젠더 정체성을 따르도록 몸을 바꾸고자 하는 강한 욕동을 품은 이들은 트랜스섹슈얼이라 불린다."(467)

그러므로 소프트 부치soft butch[26]에서 트랜스섹슈얼에 이르기까지 여성 남성성의 연속체는, 약한 불편감에서부터 신체적 변형을 바라는 트랜스섹슈얼의 "강한 욕동"까지 망라하는 신체적 디스포리아의 연속체와 뒤얽혀 있다. 이처럼 젠더와 디스포리아를 유사한 궤적으로 표현함으로써 두 가지가 성취된다. 즉 신체적 형태 구조에 매여 있던 정체성을 풀어주고, 남성과 여성male and female 사이에 확고한 경계를 붙박아놓을 수 없게 만드는 모델을 제시하는 것이다.

루빈은 만약 부치와 FTM이 서로 다르다면 이는 범주의 차이라기보다는 정도나 단계의 차이라고 주장한다. 이런 설명에서 한 사람의 트랜스섹슈얼로서의 위상은, 젠더 연속체 위에서 자신이 어디 있는지를 발견함으로써 결정되는 쪽보다는, 몸의 배치 형태에 의존하는 대신 오히려 자기 몸(의/에 대한/안에서의) 자기 느낌에 의존하는 **디스포리아** 연속체 위에서 자신의 상대적 위치를 찾음으로써 결정되는 쪽 지분이 더 많은 셈이다. 따라서 부치와 FTM은 표현과 형태 구조 둘 다의 견지에서 동일해 **보일** 수도 있다 ─ 그리고 둘의 차이는 정체화identification의 문제일 것이다. 루빈은 이 차이가 꽤나 미묘한 경우가 많다는 점을 넌지시 짚으면서 이렇게 말한다. "어떤 부치들은 심리적으로 ftm 트랜스섹슈얼과 구별할 수 없다. 그들이 선택한 정체성이 다르다는 점, 그리고 그들이 자기 몸을 기꺼이 변경하거나 변경할 수 있는 정도에 차이가 있다는 점을 제외하면 말이다. …… 부치와 트랜스섹슈얼 범주 간 경계는 침투 가능하다."(473)

부치와 FTM 간 "침투 가능한 경계", 정확히 바로 이 가능성이 트랜스젠더 문제와 드잡이하는 일부 페미니스트들이 우려하는 것이다. 비디 마틴Biddy Martin은 〈젠더 없는 섹슈얼리티와 다른 퀴어 유토피아들Sexualities Without Genders and Other Queer Utopias〉에서 페미니즘 이론 안에서의 성차의 형편에 대해 한 가지 바람과 수많은 걱정을 표한다. 그녀가 바라는 것은 "전통적인 경계들을 가로지르는 동일시와 욕망들이 젠더 정체성과 젠더 표현의 복잡성을 지워버리지 않도록 …… 젠더의 치환置換을 성적 목표, 성적 대상, 성적 실천들로 크게 증식시키는 것이다".[27] 그녀가 우려하는 것은 '퀴어 이론'의 범주에 대한 걱정, 유동성에 가치를 부여하는 퀴어 이론의 경향에 대한 걱정, 젠더가 탈출해야 하는 것으로 형상화되고 있다는 걱정, 몸의 의미화하는 역량과 관련된 걱정들이다. 이는 곧 성차의 한계에 대한 걱정이고, 부치와 트랜스젠더를 이론화하려는 시도로 인해 그 한계가 도전받거나 심지어 어쩌면 서서히 무너지는 방식에 대한 걱정이다. 마틴은 루빈의 〈미소년과 왕에 대하여〉에 직접 답하는 글을 쓰면서, 여성 남성성을 이해하는 연속체 모델을 문제 삼는다.

> 그러한 연속체의 정치적 목적, 즉 트랜스섹슈얼리즘에 들러붙은 낙인에 도전하겠다는 목적은 분명하고 설득력 있어 보이지만, 그리고 부치 레즈비언들이 역사적으로 젠더 디스포리아인지 젠더 기능장애dysfunction인지 하는 것과 연관되었다는 것도 사실이지만, 내가 말하고자 하는 바는 젠더 디스포리아나 젠더 기능장애를 너무 지나치게 부치성butchness의 중심에 놓는다면 부치성을 부정성으로 구성하고, 기이하게도 해부학적 구조를 정체성의 토대로 만들고, 부치와 대조적으로 펨을 적어도 암암리에 젠더 순응주의자로 암시하는 셈이라는 것이다.[28]

마틴은 연속체 모델의 정치적 목적에 공감하며 "트랜스섹슈얼리즘에 들러붙은 낙인에 도전"할 필요에 관해서는 루빈에게 동의하지만, 그녀가 반대하는 요점은 그 모델이 연속체 안에서 부치를 트랜스섹슈얼에 지나치게 가깝게 붙여놓는다는 것이다. 마틴이 보기에 이 근접성이 위험한 이유는 그것이 부치를 부정성에, 즉 트랜스섹슈얼의 특징으론 적절해도 부치를 기술할 때는 필요 없는 디스포리아에 감염시키기 때문이다.

핵심 질문은 이것인 듯하다. 동일시의 범주인 남성과 여성 male and female 사이를 움직일 가능성을 허용한다면 그 경계를 "가로지르는" 그것은 무엇인가? 남성과 여성 사이에 "침투 가능한 경계"가 있다면, 그 경계에 침투하는 건 정확히 무엇인가? 아마도 가장 분명한 답은, 젠더 경계에 침투하는 건 위반적으로 젠더화된 주체이고, 이 주체가 젠더화된 경계 사이를 (또한 아마 경계 너머를) 여행함에 따라 침투가 일어난다는 것 같다. 하지만 마틴이 연속체 모델을 반대하는 이유는 이보다 더 미묘한 무언가에 달려 있는 듯하다. 마틴의 설명에서 트랜스섹슈얼에서 부치로 침투하거나 이동하는 것은 일종의 전염병으로, 동일시 연속체에서의 근접성을 통해 전염되는 디스포리아인 것이다.

마틴의 불안은 가로지르거나 이동하는 사람들에 초점이 맞춰진 게 아니라, 오히려 그런 사람들이 그렇지 않은 사람들에게, 즉 (펨 또는 디스포리아를 겪지 않는 부치처럼) 소위 좀 더 "전통적인" 젠더 배치 안에 머물러 있는 사람들에게 제기하는 위험에 초점이 맞춰져 있다. 그런 위험은 한편으로는 트랜스섹슈얼이 "젠더 정체성과 젠더 표현의 복잡성을 지워버릴” 위험이다. 즉 그들이 가로지르는 바로 그 행위를 통해 그런 복잡성을 한 번에 알아보기 어렵게 만들어버림으로써 눈에 띄지 않게 지울 위험이 있다는 것이다. 다른 한편으로는 트랜스섹슈얼이 부치를 부정성에 감염시키고 또 부정성으로 뒤덮어 감춰버리는, 오염시키는 힘으로 기능할 위험이다. 따라서 하나의 범주로서 트랜스섹슈얼리티는 부치 범주를 강탈해서 눈에 띄지 않게 만들어버린다—그 범주가 가진 남들과 구별되고 분리되는 특성에 의해(부치는 트랜스섹슈얼의 좀 더 “극단적인” 젠더 위반과 닮지 않았기에 비가시적으로 된다), 동시에 그 범주의 침투성에 의해(부치는 트랜스섹슈얼리티와 디스포리아 측면에서 닮은 점이 있기에 비가시적으로 된다) 그렇게 된다는 것이다.

여성적 특이성이 삭제되든 아니면 부치성이 디스포리아와 엮여 트랜스섹슈얼리티 안으로 무너져 뭉뚱그려지든 간에, 이런 두 가지 위험을 피하도록 몸으로 돌아가자고 마틴은 요청한다. 구체적으로 말하면, 그녀는 몸의 **한계**, 몸이 의미화할 수 없는 것의 한계, 그리고 몸이 정의하는 성차의 한계에 주의를 기울이자고 요청한다. 마틴은 주디스 버틀러의 〈레즈비언 팰러스와 형태구조적 상상계〉를 독해하면서 이런 주장으로 결론을 맺는다. “아마 더욱더 요구되는 바는, 다시 말하자면, 몸이 의미화작용에 속한 드랙drag 그 이상으로 이루어져 있다는 점이다. 즉 우리가 지금은 생각조차 할 수 없거나 합법화되지 못한 것에 미래를 열어주는 바로 그 순간에도 **우리는 소여를, 그 한계를 더욱 존중할** 필요가 있다. 몸을 가로지르는 차이의 분배에 고정되거나 안정되지 않으면서 또한 있어도 없어도 그만인 것이 아닌 차이 개념을 생성하기 위해 우리는 이렇게 할 필요가 있다."[29]

"지금은 생각조차 할 수 없거나 합법화되지 못한 것"이 가능해지는 "열린 미래"에 대한 요청은 확실히 희망적이긴 하지만, 그럼에도 이런 "열린 미래"가 오직 신체적 한계—이것은 그다음엔 젠더의 한계로 재각인된다—에 의지해서만 확보된다는 것은 기이한 일이다. 여기서 유동성을 가치 있게 여기는 퀴어 이론이 그간 경시했고 의미화작용에 속한 드랙으로 여겨지는 몸의 역할은 안정화하는 힘으로 기능하기, 즉 우리를 몸과 정체성 간 관계—이때 몸은 정체성을 결정하는 건 아닐지라도 최소한 정체성을 예견하게 해준다—로 돌려보내기이다.

소여로서의 몸과 몸의 한계를 "더욱 존중"한다는 것은 어떤 의미일까? 마틴은 조앤 네슬Joan Nestle의 말을 인용해서 답하는데, 네슬은 "부치는 자기 나름의 신체적 감각을 존중할 방법을 모색하는 여성들이라고 강조하면서, 부치성을 남성성의 견지로 특징 짓기를 거부한다".(91) 부치들의 경우에 몸으로의 귀환은 젠더 가소성의 한계(또는 계략?)으로의 귀환이고, 즉 자신이 두 개의 항으로 이뤄진 성차의 "여성female" 쪽에 불가피하게 위치해 있음을 물질적으로 상기시키는 일이다. 자기 나름의 신체적 감각을 존중하기 위해 부치는 남성성을 피해야 한다, 왜냐하면 부치에게 남성성은 몸의 고유한 한계로부터 도피하는 탈체현적인 짓이기 때문이다, 이것이 네슬의 생각이고 마틴은 거기에 동의하는 것 같다. 여기서 부치에게 요청하고 있는 것은 여성 몸female body을 긍정하라는 것이다. 그 몸을 재현하거나 몸에 거주하는 방식은 무수히 많을 수도 있겠지만, 그 여성 몸은 동일시의 수준에서 절대적 한계를 이룬다는 것이다. 부치가 남성성 "놀이를 할" 수는 있겠지만 그녀의 몸이 더 잘 알고 있다는 것이 이들의 주장인 듯하다. 사실 여기서 제시되는 부치와 몸의 관계를, "열린 미래"에서는 가능해질 수도 있을 체현된 동일시들을 예견할 역량을 품은 관계로 개념화하기란 힘들다. 몸의 "드랙"은 이런 가능성들을 가능하게 만들기는커녕 폐제해버릴 것이다. 그리고 남성성의 거부를 원치 않는 부치에게는, 여성 몸의 소여에 대한 이 "존중"이 "젠더 동일시의 복잡성"을 행복하게 체현하는 쪽보다는 그 복잡성을 침울하게 체념하는 쪽에 더 가깝게 느껴지지 않을까? 잭 핼버스탬이 "여성의 남성성"이란 제목을 제공하면서 두 범주의 근본적인 병존 가능성을 주장한 이후 이 영역을 협상하는 일이 전보다 얼마나 쉬워졌는지 알 것이다.

지금까지 나는 성차를 공식화한 몇몇 이론에 대한 비판을 제시했다. 그 이론들은 성차를 보장하기 위해 한계에 대한 관념들에 의지하는데, 여기서 한계는 때로는 신체적 사실로, 때로는 범주적 불가능성으로 이해된다. 어느 쪽이든 간에 트랜스섹슈얼리티는 성차의 구성적 외부가 된다. 지금까지 페미니즘 이론에서 나왔던 성차의 다양한 치환이 트랜스젠더를 이론화하기 위한 도구는 그다지 제공하지 못했다거나, 아니면 심지어 성차 개념 자체가 트랜스섹슈얼리티와 병존 불가능하다는 결론을 내리고픈 유혹이 든다. 하지만 이는 너무 성급한 결론일 것이다. 어쩌면 성차 이론들은 트랜스섹슈얼리티의 이론화에 도움이 되는 방법들을 제공하는 방향으로, 또한 우리가 섹스를 이해하게 해주는 범주들 자체가 비규범적으로 젠더화된 존재들의 체험을 반영할 수 있도록 보장하는 방향으로 수정될 수 있을지도 모른다.

관계성을 가능하게 만드는 성차의 생성적 힘을 강조한 이리가레의 주장을 우리가 진지하게 받아들이되, 그 어떤 섹스든 그 안에 성차의 토대가 되는 절대적인 정체성이 있다고 상정하지 않는다면 어떻게 될까? 즉, 우리가 남성male이나 여성female 범주로부터 차이 그 자체를 내쫓지 않는 식으로 성차를 이해한다면 어떻게 될까? 성차를 섹스의 층위에 위치시킬 필요가 전혀 없는 무언가로 사유하는 일이 가능할까? 이런 입장이, 비디 마틴이 "몸을 가로지르는 차이의 분배에 고정되거나 안정되지 않으면서 또한 있어도 없어도 그만인 것이 아닌 차이 개념"을 기술하면서 제안한 것과 비슷할 수 있지 않을까? 그리고 이런 차이가 규범적 젠더 범주들로부터 안전한 거리에 차이를 보관해둘 수단이 아니라, 비규범적으로 젠더화된 타자와의 윤리적 관계를 수립할 수단으로 활용될 수도 있지 않을까? 만약 핼버스탬이 주장한 대로 "트랜스젠더는 페미니즘이 줄곧 이야기했던 젠더 트러블"[30]이 맞다면, 페미니즘이 그러한 차이를 비체화와 병리학의 영역으로 좌천시키는 대신 그 차이를 진지하게 받아들여서, 다양하게 살아가는 젠더 양태들과 페미니즘을 화합시키는 일이 결정적으로 중요할 것 같다.

1   Grosz, "Experimental Desire."(1) [역주] 샐러먼이 그로츠의 글 맨 첫 장
     첫머리에 나온 레이버트의 이 문장을 인용하면서 쪽수를 잘못 표기한 것으로
     보인다. 본문의 내용은 선집 *Supposing the Subject*(1994)에 실린 기준으로는
     p. 133, 나중에 이 논문이 실린 그로츠의 단독 단행본으로는 p. 207에 해당한다.
     (Elizabeth Grosz, "Experimental Desire: Rethinking Queer Subjectivity",
     Space, Time and Perversion: The Politics of Bodies, New York &
     London: Routledge, 1995: 207-227)

2   [역주] 1994년 출간된 이 책은 한국어판으로 두 번 출간되었으며 두 번 모두
     원제를 그대로 옮기는 대신 새로운 제목으로 나왔다. 엘리자베스 그로츠,
     《뫼비우스 띠로서 몸》, 임옥희 옮김, 여이연, 2001; 엘리자베스 그로스,《몸
     페미니즘을 향해: 무한히 변화하는 몸》, 임옥희·채세진 옮김, 꿈꾼문고, 2019.
     한편, 서론 역주에서 언급했듯 '그로츠'의 이름은 신판에서 '그로스'로 새로이
     번역되었으나, 2001년 한국어판 출간 이후 20년 동안 한국 여성학계에서 생산된
     관련 연구들 모두 '그로츠'란 표기를 따랐기에 여기서도 '그로츠'로 표기했다.

3   Grosz, *Volatile Bodies*, p. 41.

4   [역주] 1장에 역주를 달았듯 '성적 이형성sexual dimorphism'은 같은 종에서 암수의
     외부적 형태가 다른 현상을 가리키는 용어다. 그런데 여기서 샐러먼은 '성기
     이형성genital dimorphism'이란 표현을 사용하는데, 이에 대한 설명은 5장에 나온다.
     "예를 들어 동일시의 여러 가능성에 대해, 성차의 물질적 표지로 추정되는
     성기 형태 구조의 이형적 성향에 모방적으로 관련짓는 방향으로만 가능성을
     넓히도록 요구하지 않는 방식으로 성차를 공식화할 수도 있을 것이다. 즉, 성차를
     이분법적이지 않은 다른 방식으로 사유한다면, 성기 형태 구조가 성차뿐 아니라
     자아까지도 본질적으로 결정한다고 단정하고 싶은 유혹에 좀 더 쉽게 저항하게
     해주는 방식으로, [성차의] 범주는 결정적인 신체적 물질성으로부터 해방될
     수 있다. 만약 성차가 범주적으로도 기능적으로도 (그 자체로 이분법적으로
     이해되는) **성기**의 차이와 구별 불가능하다면, 성차는 성기의 차이이자 성기
     이형성인 셈이다."(5장 원문 138쪽) 간단히 말해 샐러먼은 'genital dimorphism'
     이란 표현을 사용하여 생명체를 남성과 여성으로 나누는 성별 이분법이 사실은
     외부 성기 모양에 의존한 직관적 구분을 '생물학적 물질성'에 기반한 '진실'로
     강제하는 문제를 비판하고 있다. 이와 관련해서 이 책에서 나는 'genital'을 '성기'
     로 번역했는데, '성기'와 '생식기'가 동의어로 쓰이기도 하나 보통 '생식기'는 내부
     기관(정소, 난소, 자궁)과 외부 기관(음경, 음핵, 질)을 모두 포괄하는 반면 '성기'
     는 이 중 외부 기관만 칭하는 경우가 많기 때문이다. 출생 시 시각적으로 드러난
     외부 성기 형태에 따라 법적 성별이 지정되며, 인터섹스처럼 이 지정성별과
     신체 내부의 다른 생물학적 요소(내부 생식기·염색체·호르몬 등) 및 본인의

젠더감각이 일치하지 않아 처음의 성별 지정 자체에 오류가 발견된 경우에도
지정성별에 맞춰 사람을 교정하는 방식이 강제되어왔다는 점에서, 성별 이분법
체계를 지탱하는 핵심은 외부 성기이다. 샐러먼이 'genital dimorphism'이란
구체적 표현을 사용한 것은 바로 이런 문제를 드러낼 의도로 보이기에 나는
'생식기' 대신 '성기'란 번역어를 사용하였다.

5   [역주] 미셸 드 셰르토Michel de Certeau는 프랑스의 예수회 신부이자 철학·
역사학·사회학·정신분석학·해석학·기호학·종교학·민족학 등을 망라한
다학제적 연구를 수행한 학자로, 그로츠의 책 5장 〈니체와 지식의 안무Nietzsche
and the Choreography of Knowledge〉에서 고찰된다.

6   [역주] 'sexed'의 번역에 있어 한국어판에서는 '성별화된'과 '성차화된'
을 번갈아 사용하며, 8장 제목인 "Sexed Bodies"는 〈성차화된 몸들〉로
번역되어 있다. 이는 성별의 의미에서의 '섹스'를 곧 남/여 이분법으로 이해하는
동시에 남/여 이분법을 세상 모든 생명체의 성별에 적용되는 것으로 자연화·
본질화하는 관점을 바탕으로 한다는 점에서 문제가 있다. 예전에 나는 그로츠와
주디스 버틀러의 육체적 페미니즘을 비교 분석한 작업에서 'sexed' 또한
'gendered'와 마찬가지로 사회적 구성으로서 지배적 인식틀인 남/여 이분법에
강제적으로 몸들을 할당하는 체계임을 드러내는 동시에 이러한 성별 구성이
반드시 이분법적일 필요가 없는 다른 가능성에 열려 있을 수 있고 그래야 함을
강조하기 위해 '섹스화된 몸'이라는 번역어를 사용한 바 있다.(전혜은, 2008,
2010) 이 해석은 시스젠더 중심적 페미니즘 몸 이론에 대한 버틀러의 비판을
적용한 것으로, ① 모든 몸이 다 '물질적인 몸'으로 인식/인정되는 것이 아니라
반드시 남/여 이분법에 잘 맞는다고 읽히는 몸들만이 '진짜 몸', '물질적인 몸'
의 위상에 오른다는 의미에서 ② 또한 그렇기에 이분법적 성별 체계가 그
자체로 자연스럽고 당연한 '물질'로 이해되고 있으며, 따라서 이 사회가 '몸'
으로 인식/인정하는 것은 그냥 몸이 아니라 항상 이미 특정 방식으로 구조화된
'sexed bodies'라는 의미에서 ③ 그리고 이것이 '자연'화된 '물질'의 위상에
올라감으로써 은폐되는 권력의 작동을 드러내고 위화감을 부여하여 문제시하는
것이다. 다만 그로츠의 책 8장에서 분명해지겠지만 그로츠는 한국어판 역자들의
해석대로 'sexed'를 남/여 이분법과 같은 의미로 이해하고 이리가레를 따라 이
이분법을 '성차sexual difference'—모든 존재론을 지배하고 거의 전前 존재론적
위상에 올라간 원리—로 정립한다. 이런 맥락을 반영하여 그로츠를 인용한
부분에서는 '성별화된'이란 번역어를 사용하였다. 그로츠의 'sexed'를 '성차화된'
으로 번역하지 않은 이유는 이 번역어를 이미 'sexuate'의 번역어로 사용했기
때문이기도 하지만, 사실상 그로츠의 이론에서 두 용어는 별다른 차이가 없기
때문이다. sexuate에 대한 설명은 서론 역주9를 보라.

7   [역주] 역자로서 지나친 개입일지 고민이 많긴 하지만 덧붙이자면, 그로스의 이 인용문이 샐러먼의 주장을 뒷받침한다고 보기엔 논리적 비약이 있다. 이 인용문이 위치한 그로스 책 8장 초반부(영문판 190-192쪽)의 내용을 보면 먼저 그로스는 몸이 완전히 문화적 각인의 효과라는 입장에도, 몸이 문화적 가치와 무관하게 유전적 또는 생물학적으로만 프로그래밍된 것이라는 입장에도 동의하기 어렵다고 말하면서 그 사이에서 몸을 사유하고자 노력한다. 그러면서 동시에 그 누구도 성차의 문제 바깥에 설 자리가 없음을 인정해야 한다고 말하면서, 성차 문제에 관해 그 어떤 중립적이고 객관적인 관점 같은 것을 설정하는 대신에 다른 성들과의 상호 타자성을 열어놓고 마주해야 함을 논의한다. 이런 맥락에서 위 문단의 인용문은 몸을 사유할 때 문화적인 것과 생물학적인 것의 이분법적 대립 틀 안에서 양자택일하지 말아야 함을 논하는 와중에 몸을 오로지 문화적 각인의 효과로만 보는 관점의 문제를 그로스가 지적하는 대목으로, 위 문단에서 샐러먼의 주장인 마지막 문장을 뒷받침할 근거로 동원하기엔 문제가 있다. 다만 샐러먼이 그로스의 논의를 성급하게 축약하느라 논리적 비약을 저지르고 있긴 하나 그로스가 책의 결론 장인 8장 후반부에서 성차를 진짜 물질적 차이로 수호한 것은 사실이다. 8장의 중반까지 그로스는 가부장제가 어떻게 성차를 왜곡시키는가의 문제, 즉 '사회적 각인의 효과'가 어떻게 성차에 대한 우리의 사유를 방해하는지를 논하면서 물질적인 것/사회적인 것의 이분법 사이를 유연하게 움직인다. 하지만 8장의 마지막 절에서는 이런 사회문화적 영향과 여성만의 고유한 물질적인 무언가를 화합할 방법으로 여성의 몸을 유체 모델로 정립하는 작업을 하는데, 이때 젖과 생리혈 같은 유체들이 가부장적 사회에서 왜곡되게 재현되고 이를 바탕으로 차별받아온 여성들의 집단적 경험을 여성 몸의 사회적이고 물질적인 고유성으로 강조하려고 하였으나, 사실상 (다음 절에서 샐러먼이 인용한) 그 유명한 트랜스 혐오 주장을 통해 '여성'의 범위를 다시금 '생물학적인 것'에 한정하는 결과를 초래했다. 그로스의 이 책(의 번역서)이 20여 년 넘게 몸 페미니즘을 소개하는 거의 독보적 텍스트로서 한국의 여성학 기초 교재로 유통되었다는 점에서, 2010년대 중후반부터 지금까지 활발한 페미니즘 안팎의 극렬한 트랜스 혐오 현상에 일정 부분 책임이 없다고 말하긴 어렵다.

8   [역주] 테이레시아스Tiresias는 그리스 신화에 등장하는 테베 출신 예언자로, 헤라 신의 저주를 받아 여자로 변해 7년을 살다가 다시 남자로 돌아갔다고 한다.

9   그로스는 《몸 페미니즘을 향해》 7장 〈강도와 흐름Intensities and Flows〉에서 "들뢰즈식 페미니즘"을 개괄한다. 이 페미니즘은 무엇보다 이원론에 대한 비판을 제기하며, 이원론의 '이것 아니면 저것' 인식틀에 '양쪽 다' 인식틀로 대응한다. 그러나 다음 장인 〈성차화된 몸들Sexed Bodies〉에서 그로스는 성적 이원론에 이의를 제기하는 대신 오히려 이원론에 더욱 강력히 전념하는 모습을 보인다.

그녀는 "주체, 사회질서, 심지어 자연 세계"(181)를 재사유할 가능성이 있는
방법으로 '양쪽 다' 패러다임 쪽으로 손짓하지만, 그러면서도 이 가능성을 성차
자체를 사유하는 데까지 확장하지는 않는다.

10 [역주] 그로츠의 원문에선 "whether male or female or some other term"
으로 나온 부분을 여기서 샐러먼은 의도적으로 "whether they identify as
men, as women, or as some other term"으로 고쳐 쓰고 있다.

11 [역주] scarification은 문화적·종교적·미적인 이유로 피부에 일부러 흉터를
만들어 장식하는 행위를 가리킨다.

12 [역주] 원전은 Luce Irigaray, *Ce sexe qui n'en est pas un*(Paris: Editions de
Minuit, 1977)으로, 샐러먼이 참고한 영문판은 다음과 같다. *This Sex Which Is
Not One*, trans. Catherine Porter, Ithaca: Cornell University Press, 1985.
텍스트의 제목은 다음의 한국어판을 따랐다. 뤼스 이리가라이, 《하나이지 않은
성》, 이은민 옮김, 동문선, 2000. 한편, 이 장에서 분석하는 이리가레의 저서 중
한국어판이 출간된 《하나이지 않은 성》과 《나, 너, 우리》에서는 저자 이름을 '뤼스
이리가라이'로 옮겼는데, 1990년대에서 2000년대 초반 한국 학계에서는 이
이름이 통용되었다. 다만 그 이후 '뤼스 이리가레'가 주로 쓰이고 있으므로(종종
'루스 이리가레'도 쓰인다) 여기서도 이 최근 동향을 따랐다.

13 Luce Irigaray, "Women on the Market", *This Sex Which Is Not One*, trans.
Catherine Porter, Ithaca: Cornell University Press, 1985, p. 180.

14 그러나 이리가레는 다른 텍스트들에서는 본질주의라는 비난에 취약한 모습을
보인다. 본질주의 논쟁에서 이리가레의 위치에 대한 역사는 다음을 보라. Naomi
Schor, "This Essentialism Which Is Not One: Coming to Grips with
Irigaray", *differences* 1.2(1989): 38-58.

15 Luce Irigaray, *Marine Lover of Friedrich Nietzsche*, Trans. Gillian C. Gill,
New York: Columbia University Press, 1991, p. 113. [역주] 원전은 다음과
같다. *Amante marina: Friedrich Nietzsche*, Milan: Feltrinelli, 1981.

16 Luce Irigaray, *Je, Tu, Nous: Toward a Culture of Difference*, Trans. Alison
Martin, New York: Routledge, 1993, p. 116-117. [역주] 원전은 다음과 같다.
Luce Irigaray, *Je, tu, nous: pour une culture de la difference*, Paris:
Librairie générale française: Grasset, 1990. 텍스트의 제목은 다음의
한국어판을 따랐다. 《나, 너, 우리: 차이의 문화를 위하여》, 박정오 옮김, 동문선,
1998.

17 [역주] 이 두 텍스트는 《하나이지 않은 성》에 각각 9장과 8장으로 수록되어
있다. 한국어판에서는 각각 〈여자들 사이의 상품들〉과 〈여자들의 시장〉으로
번역되었으며 한국어판이 출간된 텍스트는 한국어판 제목을 싣는 것이 관례지만,

이 제목들은 글의 요지를 제대로 담지 못하고 있다. 이리가레는 이 두 글에서 남성우월주의 사회에서 여성과 남성의 관계가 평등한 인간관계가 아니며, 여성이 남성들 간 사회적 관계를 뒷받침하는 교환 체계의 상품으로서 구조화되어 있음을 비판적으로 분석하고 있다. 이런 맥락에서 잠정적으로 각각의 제목을 〈그들 사이의 상품〉과 〈시장에 나온 여성들〉로 번역했다.

18   Irigaray, "Commodities Among Themselves", *This Sex Which Is Not One*, p. 194.

19   Ibid., p. 193.

20   Ibid., p. 196, 197.

21   [역주] 프랑스판의 제목은 "Quand nos lèvres se parlent"로 간단히 '우리의 입술이 말할 때'로 번역할 수 있다. 영문판은 여기에 "together"를 붙여 제목을 정했다. 한국어판 《하나이지 않은 성》에서는 〈우리의 입술이 저절로 말할 때〉로 번역했다. 그러나 이 글은 여성이 자신과 맺는 관계, 여성이 다른 여성과 맺는 관계를 '입술'이란 은유를 통해 친밀하고 농밀하게 그려내며, 글 내내 '너'에게 말을 걸고 '너'가 자기 말을 시작하길 권하고 있으며, 하나이지도 둘이지도 않은 '우리'의 관계를 남성우월주의적 가부장제 체계를 벗어나 재수립하는 시도를 한다. 이런 맥락에서 한국어판의 '저절로'보다는 영문판의 '함께'라는 부연 설명이 더 적절해 보인다.

22   Irigaray, "When Our Lips Speak Together", *This Sex Which Is Not One*, p. 205.

23   Ibid., pp. 211-212.

24   Luce Irigaray, "For Centuries We've Been Living in the Mother-Son Relation…", *Hecate* 9.1-2(1983); Elizabeth Grosz, *Sexual Subversions: Three French Feminists*, Sydney: Allen and Unwin, 1989, p. 178에서 재인용.

25   [역주] 이 글은 *Deviations: A Gayle Rubin Reader*(2011)에 수록되어 있으며 한국어판 《일탈》이 출간되어 있다. 한국어판의 제목을 따랐다.

26   [역주] 퀴어 문화에서 사용하는 이런 용어가 등장할 때면 (이성애 규범적 사회에 익숙하고 퀴어에 대해 잘 모르는) 소위 '일반' 독자들도 알아볼 수 있는 명확한 정의를 담은 역주가 달려 있어야 한다는 기대가 있기 마련이다. (그리고 깔끔하게 딱 맞는 상자에 담긴, 명확하게 식별 가능한 고정된 속성을 갖춘 정의를 내리기 어려운 이름들에 대해서는 그 이름과 연관된 사람들과 삶 전체에 '가짜', '변덕' 또는 '망상' 같은 의심의 꼬리표가 자주 들러붙는다.) 하지만 섹스와 젠더에 관련된 자신의 모든 느낌, 감정, 생각, 행동, 관계 맺는 방식이나 스타일 등을, 또 그런 것들이 타자와 사회와의 상호작용 속에서 만들어내는 결과를 미리 다 알고

예측하고 통제하고 명확하게 언어화하는 주체란 없다(시스젠더 이성애자에
속하는 사람들도 마찬가지다). 이런 맥락에서 '소프트 부치'를 살펴보면, 이
이름은 '레즈비언', '부치', '펨' 같은 큰 범주만으로는 자기 자신을 설명하기
어렵거나 상대방을 분간하기 어렵다고 느끼는 사람들이 만들어낸 귀납적 범주
중 하나이다. 위키피디아의 설명(https://en.wikipedia.org/wiki/Soft_butch)
을 보면 이 이름을 정의하는 특성과 관점이 매우 다양하고 일관되지 않음을
알 수 있다. 이런 비일관성은 '레즈비언'이란 범주 안에서도, 또 '부치'란 범주
안에서도 얼마나 다양한 감각, 체현, 정체성들이 넓고 느슨하게 생산적인 관계를
맺으며 변동하는지를 보여준다. 미국의 소셜 플랫폼 '레딧'에 있는 레즈비언
토론 커뮤니티 AyL에 2023년 "소프트 부치 대 부치"란 제목으로 올라온 글과 그
아래 이어진 댓글의 토론을 보면, 사람들이 '레즈비언'과 '부치'에 대한 커뮤니티
안팎의 정의와 재현과 기대에 대응하며 자신의 위치를 고찰하고 다른 이들과
관계 맺고 소통하는 데 이 이름을 사용하는 다양한 방식을 볼 수 있다. 다음을
보라. www.reddit.com/r/Actuallylesbian/comments/ypboik/soft_butch_
vs_butch/?tl=ko

27 Biddy Martin, *Femininity Played Straight: The Significance of Being
    Lesbian*, New York: Routledge, 1996, p. 78.

28 Ibid., p. 90.

29 Ibid., p. 82. (강조는 인용자)

30 주디스 핼버스탬, 〈우리에게 트랜스페미니즘이 필요한 이유Why We Need a
    Transfeminism〉, 2002년 2월 23일 산타크루즈의 캘리포니아대학교에서 열린
    〈트랜스페미니즘〉 학술대회 발표문.

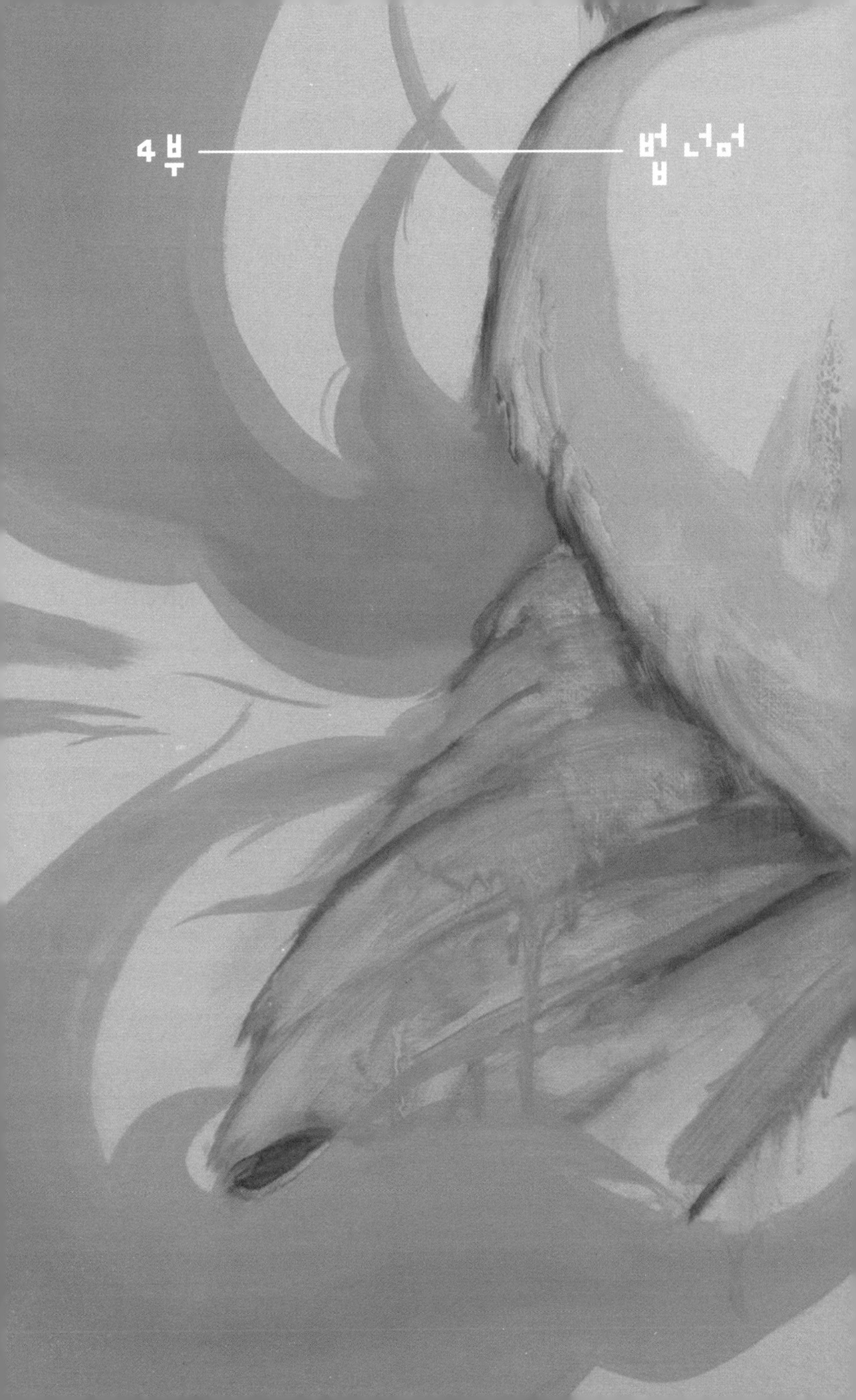

7장

문자를 보류하다

국유재산으로서의 섹스

기차가 역에 도착한다. 한 객실에 남매 사이인 소년과 소녀가 마주 보고 앉아 있다. 이들이 앉은 자리는 기차가 정차하면서 역 플랫폼을 따라 건물들이 스쳐가는 모습을 볼 수 있는 창가 쪽이다. 남동생이 말한다. "봐봐, 우리 **숙녀** 쪽에 도착했어!" "바보야!" 누나가 답한다. "우리가 **신사** 쪽에 도착한 거 안 보이니?" ...... 이 아이들에게, **신사와 숙녀**Ladies and Gentlemen는 이제부터 각자의 영혼이 각기 나뉜 날개로 날아가려 분투할 두 개의 나라일 것이고, 두 나라가 사실은 같은 나라이기에, 그리고 어느 쪽도 반대쪽의 영광을 떨어뜨리지 않고서 자기 우월성을 타협할 순 없을 것이기에 휴전은 더욱 불가능할 것이다.

—자크 라캉, 〈무의식에서의 문자의 심급 또는 프로이트 이후의 이성〉

우리는 궁금해진다. 편지를 도둑맞았다면, 그것은 누구에게
속하게 되는 걸까?

—자크 라캉, 〈'도둑맞은 편지'에 관한 세미나〉[1]

젠더 트랜지션을 일종의 경계를 가로지르는 일로 이야기하는 건
흔한 일이다. 트랜스를 한 젠더에서 다른 젠더로 이행하면서 경
계를 횡단하는 모습으로 형상화하는 것은 문학작품과 이론적 문
헌 모두에서 트랜스인 사람들과 비⦀트랜스인 사람들이 쓴 글 모
두에서, 트랜지션을 기술할 때 가장 흔하게 사용되는 수사일 것
이다. 이 마지막 장에서 나는 지금껏 트랜스들이 경계를 가로지
르는 형상이었다는 논평에 머무르지 않고, 이 형상화가 지금껏
제대로 탐구된 바 없는 함의들을 품고 있다고 주장하고자 한다.
그리고 그중 두 개의 함의에 주목하고자 한다. 첫째, 트랜스젠더
를 '경계를 가로지르는' 형상으로 이해하는 관점은 젠더를 그 자
체로 일종의 경계가 구획된 영역으로 형상화한다—즉 젠더를 몸
의 속성property 중 **하나**가 아니라 **그 자체로 부동산/소유물**property
로 형상화하는 셈이다. 나는 이런 환유적 조망眺望의 가능성과 난
관 둘 다를 탐구하고자 한다. 둘째, 나는 이 형상화가 트랜스들
에 대한 정책 결정이 구상되고 시행되는 방식에 영향을 끼쳐왔
음을 보이고자 한다. 이 장의 전반부에서는 바로 이런 식으로 트

랜스들을 묘사한 텍스트를 하나 살펴볼 것인데, 출간 후 많은 트랜스 자서전의 모델이 된 잰 모리스의 자서전 《수수께끼》이다. 이 장의 후반부에서는 2006년 11월 뉴욕시 보건위원회the New York City Board of Health[2]에서 제안이 나왔다가 한 달 만에 철회된 기획안을 검토할 것이다. 그 기획안은 트랜스들이 성기 수술을 마쳤다는 증빙서류를 제출하지 않고서도 출생증명서에 기재된 젠더를 수정하도록 허용하는 내용이었다. 나는 이 뉴욕시 기획안과 그것의 철회가 트랜스들이 어떤 종류의 주체인가에 대해서보다 젠더란 게 도대체 무엇인가에 대해 더 많은 것을 말해주며, 또한 트랜스들이 섹스가 무엇이고 그게 누구에게 속하는지에 대한 해석의 한계를 정하는 극단적 사례로 취급되고 있다고 주장하고자 한다.

"법 너머의 낯선 곳으로"

1974년에 출간된 《수수께끼》는 성전환 이야기를 일인칭 서사로 전한 최초의 자서전은 아니지만, 비교적 넓은 독자층을 얻은 자서전으로는 최초다. 책의 대중성과 그 결과로 모리스가 세계에서 가장 유명한 트랜스라는 유명세를 잠시나마 누린 것이 《수수께끼》가 트랜스 연구의 기본 텍스트가 된 이유 중 하나였고, 또다른 이유는 작가로서 모리스의 기량이었다. 그녀는 자서전 출간 전에도 제임스 모리스James Morris로서 저널리스트이자 작가로 성공적인 경력을 쌓고 있었고, 트랜지션 이후에도 역사서와 여행기를 계속 써냈다. 《수수께끼》는 트랜스 자서전의 구조적 관습, 잘못된 성별/섹스sex에서 진정한 성별/섹스로의 여정을 독자에게 전하는 순서와 방식의 수립에 크게 기여했다. 이후에 나온 많은 트랜스 자서전이 이와 똑같은 형식을 고수한다. 즉, 아주 어릴 적부터 겪은 젠더 딜레마, 숨죽여 숨어 있던 청소년기, 젠더 규범에서 이따금 탈출해서 격렬하게 뭔가를 좇거나 경력 쌓기에 몰두하던 경험, 트랜지션의 결정, 마침내 그 트랜지션으로 얻게 된 평화와 안도감을 서술하는 것이다. 서사 전체에 따라붙는 것은 성적 욕망의 문제를 젠더 문제와 조심스레 떼어놓는 작업이다. 이는 젠더 정체성(나는 남성인가 여성인가?)과 성적 지향(나는 동성애자인가 이성애자인가?)을 계속 합쳐버리는 통속적 경향을 바로잡으려는 시도로, 이와 같은 개념적 해명 작업은 오늘날의 트랜스 자서전들에서도 지속되고 있다. 그러나 《수수께끼》가 물려준 유산은 구조적인 것만 있지는 않다. 이 텍스트에는 트랜스젠더리즘에 대한 문화적 이해와 반응에서 흥미롭고도 종종 생각지도 못한 방식으로 지속되는 주제 및 서사적 요소들이 있다. 이 중 첫번째로 중요한 것은 젠더를 국가에 비유하고, 한 젠더나 다른 젠더에 속하는 성원권을 일종의 민족주의로 형상화된 충성심으로 그리는 방식이다.

다른 방향으로 진행되는 글, 즉 국가를 젠더에 비유하는 글을 떠올리긴 쉽다. 일반적으로 문학, 특히 기행문학은 이런저런 도시나 숲이나 평야에 젠더화된 특성을 부여하는 서술적 예시로 가득하고, 상당히 직설적으로 제국주의적이거나 민족주의적인 기획과 연결된 경우가 많다. 사실 모리스는 이런 종류의 젠더화 작업에 꽤나 의식적으로 참여한다. 예를 들어 모리스는 베니스에 대해 이렇게 쓴다. "내게 베니스는 옥스퍼드처럼 항상 여성적이었다. 그리고 나는 그녀를 여성적 원리가 일종의 뼈조직처럼 굳어진 곳으로 보았다." 이어지는 서술에서 모리스가 사용한 의인법은 자신을 돌아보는 방향으로 전환한다. "—내가 되고 싶은 것 모두가, 그녀의 우아함, 고요함, 반짝임 속에서 돌처럼 단단해져 있는 것 같았다." 베니스란 도시는 여성으로 의인화되고 "그녀"가 하나의 젠더를 가질 정도로 인간 존재에 비유되며, 화자가 부러워하는 여성성을 쉽게 드러낸다. 화자 본인은 자신이 그 어떤 젠더에 대한 권리도 제대로 주장할 수 없다고 느낀다. 그녀의 외양으로 확인되는 듯한 남성성은 그녀 내면의 여성성의 감각을 쓰라리도록 비참하게 만드는 원천이고, 그녀가 느끼기에 자신의 가장 내밀한 자아를 구성하는 여성성은 물질적으로 실현 불가능하다. 모리스가 젠더로부터 망명한 경험, 그리고 적절한 젠더에 다다르리라는 기대감은 다음과 같이 서술된다. "그저 내가 원했던 것은 해방, 또는 화해였다—나 자신으로 살아가고, 더 적절한 몸을 입고, 마침내 정체성을 달성하는 것 …… 그것만이 내게 자연스러워 보였다. 그래서 나는 길을 잃었다가 마침내 올바른 길을 찾아낸 여행자처럼 감사하는 마음으로 그 일에 착수했을 뿐이다."

젠더로부터의 이러한 망명을 모리스가 토지와 소유물의 언어로 묘사한 것은 그리 별난 일은 아니다. 무엇보다 그녀는 기행 문학 작가니까 말이다. 그러니 토지와 여행의 언어가 젠더라는 더 추상적인 수수께끼를 기술하는 데 적합하다는 점은 자연스러 워 보이지만, 아마 여기서 더 놀라운 지점은 여행을 시작하게 된 계기가 젠더의 수수께끼라는 점일 것이다. 모리스는 어린 시절 습관처럼 웨일스 변두리 지역을 홀로 떠돌다 아직 가닿지 못한 쪽을 바라보는데, 그 순간 내면의 자아감각이 외면화되는 것을 깨달았던 경험에 관한 이야기로 책을 시작한다.

> 동쪽을 바라보면 멘딥 힐스의 능선이 보이는데, 그 언덕의 바람이 불어가는 쪽에는 외가 사람들, 수수한 촌로들이 살 아서는 번성하고 죽어서는 황동 묘비로 기념되고 있었다. 서쪽을 바라보면 푸르른 웨일스 산맥이 보이는데, 그 측면 의 산기슭에는 친가 쪽 사람들이 내내 살아왔고, 나는 그쪽 지역이 훨씬 더 흥미로웠다. ……
> 양쪽 전망 모두 내 것처럼 느껴지곤 했고, 이 이중의 소유가 때로는 내게 자극적인 보편성의 감각을 선사했다. 마치 내 가 어딜 바라보든 나 자신의 어떤 면을 볼 수 있는 것처럼 느껴진 것이다―이는 건강하지 않은 망상이긴 했다. 나중 에야 깨닫게 되었지만, 그 어느 나라든 도시든 내가 거기에 집을 소유하지 않거나 그곳에 관한 책을 쓰지 않으면 방문 할 가치가 없는 것처럼 느껴지게 되었기 때문이다. 나폴레 옹 같은 환상이 모두 그렇듯 이것도 고독한 감각이었다. 만

약 그 모두가 내게 속해 있다면 나는 그 어느 특정 부분에도 속하지 않은 셈이었기에. (5)

어느 쪽에도 속하지 않는 중간 지대 또는 물리적 경계에 서서 길게 펼쳐진 각기 다른 풍경을 조망하는, 이중의 환상과 이중의 고립으로 이뤄진 이 지형학은 서사 전체에서 재차 소환되며, 심지어 각기 다른 자리에서 여러 번 재연되기도 한다. 이것이 에베레스트산에서 가장 두드러지게 반복되고 있음을 볼 수 있는데, 1953년에 모리스는 에드먼드 힐러리 경Sir Edmund Hillary과 텐징 노르게이Tenzing Norgay와 함께 사상 최초로 에베레스트 정상 등반에 성공했다. 그 여행에 대해 그녀는 이렇게 말한다. "내 인생에서 순수한 활력이 충만했던 최고의 날은 에베레스트에서의 마지막 날이었던 것 같다."

그럼에도 결국 모리스는 에베레스트에서 내려오면서 적어도 당분간은 여행을 그만둬야겠다고 결심한다. 그녀는 이렇게 쓴다. "나는 인생의 절반을 외국을 여행하며 보냈다. 그리고 최근에야 이 끊임없는 방황이 내 내면의 여정을 밖으로 표현한 것이었음을 알게 되었다." 모리스는 여행하며 보낸 삶이 젠더로부터의 일종의 소외감에서 태어났다고 생각하며, 여행을 멈출 필요성 또한 이 내면의 여정이 표현되어 나온 것으로 이해한다. 자신의 수수께끼로 점점 더 속을 끓이게 될수록, 섹스로부터 추방당했고 자신의 젠더를 표현할 수 없다는 무력감에 시달릴수록, 그녀에게 여행은 점점 더 불만족스러워진다. 그녀는 여행을 그만

두고 익숙한 장소에 뿌리내리게 된다면, 자신의 수수께끼를 풀고, 트랜지션을 받고, 마침내 잰으로 모습을 드러낼 수 있게 되리라는 생각에서 영국에 정착하기로 결심한다.

모리스는 물리적 자리에 그렇게 고정됨으로써 그녀가 "성별sex 사이의 국경"이라 부른 것(116) ─ 이는 조망과 국가를 통해 성별/섹스를 은유하는 동시에 문자 그대로 해석하는 또 다른 표현이다 ─ 을 넘어갈 수 있게 되길 바란다. 하지만 지리적 방황을 끝내고 한곳에 정착한다면 자신의 젠더도 공고해지리라는 모리스의 희망은 실현될 수 없는데, 그 이유는 누가 트랜지션을 할 자격이 있는지를 결정하는 규제적 기준, 즉 모든 트랜스섹슈얼에게 익숙한 고통인 케어care[3] 기준의 게이트키핑 기능 때문이다. 당시 영국의 성 재지정 수술 전문 외과 의사들은 환자에게 몇 가지 기준을 충족시킬 것을 요구했다. 건전한 정신, 단련된 건강한 몸, 최소 몇 년간 새로운 젠더로 살아온 역사. 모리스는 이 모두를 충족했다. 모리스가 주저한 이유는 의사들이 내건 마지막 필수 조건 때문이었다. 의사들은 모리스가 "그의" 아내인 엘리자베스와 법적 혼인 상태를 유지하는 한 수술을 하지 않겠다고 한 것이다. 그 논리는 다음과 같았다. 수술 전 모리스는 남자로 인식되었으니, 의사들이 개입해서 수술로 모리스의 젠더 디스포리아를 경감시키는 일을 해주려면, 수술 자체가 이전에는 이성애 결혼이었던 것을 레즈비언 관계로 "창조"하지 않으리라는 보증이 있어야만 한다는 것이었다. 섹스 ─ 나는 남성male 아니면 여성female 성별/섹스에 속하고 남자man 아니면 여자woman로 인식된다 ─ 와 섹슈얼리티 간 명확한 구분은 이제는 흐려지기 시작했는데, 이는 트랜스의 행실 때문에 또는 트랜스 당사자의 요청으로 생겨난 것이 아니라, 트랜스섹슈얼리티의 의료 관리를 지배하는 동성애 혐오 논리의 결과로 벌어진 것이다.

모리스 앞에 놓인 선택지가 몇 가지 있었다. 그녀는 영국에 계속 살고 결혼을 유지할 수 있다, 하지만 성 재지정 수술은 포기해야 한다. 이 선택지로 가면 미래가 점점 더 불행해질 것이 확실해 보였다. 아니면 그녀는 공격받아도 법적으로 방어하기 쉬운 성별/섹스를 확보하기 위해 훌륭하고 행복한 결혼을 끝낼 수도 있을 것이었다. 결국 모리스는 이 두 선택지를 모두 거절했다. 그녀는 자신이 레즈비언도 동성애자도 아니며 결코 그런 적 없다고 여러 번 주장했다. 또한 그녀는 레즈비언이 **되는 것**을 피하려면 엘리자베스와 "결국엔 이혼해야 한다"고 판단했다. 하지만 그런 파국은 아직 오지 않았고, 모리스는 결혼을 대가로 자신의 젠더를 구매한다는 것이 내키지 않았다. 그녀는 엘리자베스와의 이혼을 거부했고, 따라서 영국에서 성 재지정 수술을 받을 자격을 얻지 못했다. 그녀는 이렇게 쓴다. "평생 나만의 싸움을 해왔기에 나는 여왕 폐하를 모시는 판관들의 법정에 제물을 바치듯 내 운명을 바칠 기분이 들지 않았다. …… 우리는 우리가 정한 때에 우리의 결혼을 다정하게 마무리할 것이고, 내가 예전에 그토록 많이 위로와 기분 전환을 위해 나갔던 것처럼, 법 너머의 낯선 곳으로 수술을 받으러 나갈 것이다."

"법 너머의 낯선 곳foreign parts beyond the law"을 찾는 것이 모리스

의 목적지이고 여행의 목표가 된다. 성 재지정 수술은 모리스를 위해 "이질적인 부분foreign parts"으로 짜인 새 몸을 구성하는 일로 이루어질 것이다. 그리고 그 결과 그녀의 몸 자체가 "법 너머의" 대상이 될 것이다. 모리스는 1972년 7월 영국에서 모로코로 갔다. 영국을 벗어나 카사블랑카로 몰래 떠난다는 것은 한 문자를 다른 문자로['남성'에서 '여성'으로] 바꾼다는 것을 의미한다. 국경을 벗어나 다시금 떠돌이가 되는 것, 성별/섹스를 바꾸면서도 아내는 지키기 위해 나라를 떠나는 것, 법의 눈 밖에 나지 않고 결혼을 유지하기 위해 "법 너머의 낯선 곳으로" 떠나는 것을 의미한다. 따라서 그녀는 성적 정체성 아니면 국민 정체성 둘 중 하나를 포기해야만 자신의 성별/섹스를 전환할 수 있다. 모로코에서의 체류는 일시적이라 결국엔 집으로 돌아오겠지만, 그녀가 영국으로 돌아올 때는 떠날 때와 같은 사람은 아닐 것이다. 잰 모리스가 집으로 돌아오더라도, 제임스 모리스는 최종적으로 영국에서 추방당한 것이다.

모로코에 도착하자마자 모리스는 카사블랑카에서 유명한 외과 의사인 B 박사를 찾아 나선다. 그녀가 찾는 외과적 개입은 기술과 전문성이 필수적이면서도 법 바깥에 존재해야 한다. 그녀가 케어를 받을 클리닉은 영국의 클리닉과 같은 방식으로 규제받지 않으며, 빠져나갈 구멍이 많다는 바로 이 특징이 클리닉의 성공을 보장한다. 사실 모리스는 이와 같은 게이트키핑의 부재가 생명을 살리는 방법이라고 본다. 다양한 이유로 자국에서 케어를 거부당한 트랜스들을 이런 클리닉들이 받아주기 때문이다. 그녀가 들려주는 카사블랑카에 다다른 동료 여행자들의 이야기는 "수년간 수백 명, 아니 아마도 수천 명의 트랜스섹슈얼을 방랑자의 운명에서 구해낸" 일종의 트랜스섹슈얼 디아스포라를 상정한다. "자국에서는 수술이 거부되는 경우가 너무도 많았기에 더욱 절망적으로 고통받던 이들은 구원을 찾아 멕시코로, 네덜란드로, 일본으로 전 세계를 떠돌았다."(135)

모리스는 전반적으로 카사블랑카를, 그리고 특히 B 박사의 클리닉을 환상적이고 화려하게 묘사한다. 그녀는 그곳을 "신화와 전설의 도시, 불사조와 판타지의 도시, 정기적으로 성변화聖變化⁴가 일어나는 곳"으로 여긴다.(136) 이어서 그녀는 이렇게 묘사한다.

> 클리닉은 내가 상상했던 것과 달랐다. 내가 기대한 건 연기 자욱한 중동의 전통시장 같은 곳이었지만, 클리닉은 도시의 더 으리으리하고 현대적인 지역 중 한 곳에 있다는 사실이 밝혀졌다. 클리닉의 입구 하나는 널찍한 대로 쪽으로 나 있었고 다른 입구는 조용한 주택가 뒷골목에 있었다. 그곳에서 좀 더 일상적인 업무는 이런저런 종류의 산부인과 진료였다. 그래서 대기실에서 《엘르》와 《파리-매치》를 건성으로 넘기며 기다리는 동안 나는 출산이 임박한 어머니들의 소리 죽인 호소에서 아버지들이 불안하게 서성대는 발소리에 이르기까지 수많은 탄생의 소리를 들었다. 이따금 옆방 진료실에서 B 박사가 누군가의 운명을 저울질할 때면 이곳

은 완전한 정적에 빠져들었다. 또 가끔은 복도 아래쪽 어딘가에서 여성들이 아랍어로 정신 나갈 듯 비명을 지르는 아우성이 밀려 들어왔다. 마침내 접수원이 내 이름을 불렀고, 나는 벽을 따라 책이 줄지어 꽂혀 있는 어둑한 마에스트로의 안전案前으로 안내되었다. ······

나는 복도를 지나고 계단을 올라 클리닉의 안쪽 구역으로 안내되었다. 우리가 들어갈수록 분위기가 짙어졌다. 방마다 더 무겁게 커튼이 드리워지고, 점점 더 벨벳 같은 질감에, 더욱 관능적으로 변했다. 인물을 조각한 흉상도 등장했고, 내 기억엔 진한 향수 냄새도 났던 것 같다. 곧 나는 보았다. 분명 내게는 하렘의 매력을 내비치는 이 은둔처의 어둑한 벽감을 따라 내게로 다가오는, 그다지 눈에 띄지는 않으나 오달리스크풍[5]의 분위기를 풍기는 인물을. 그 사람이 마담 B였다. 그녀는 긴 흰색 로브를 입고 있었는데, 아마도 허리쯤에 술 장식이 달렸던 것 같고, 카프탄[6]의 풍성한 화려함과 간호사 유니폼의 위생을 미묘하게 그럭저럭 결합해놓은 차림새였다. 그녀는 금발이었고, 신중하고 신비로운 분위기를 풍기고 있었다. ······ 내 통제를 넘어선 힘들이 나를 카사블랑카에 있는 이 클리닉의 5호실로 데려왔고, 이제는 내가 도망치고 싶어진다 한들 그럴 수 없었다. ······ 나는 거울에 비친 나 자신에게 작별 인사를 하러 갔다. 우리는 이제 다시는 만나지 못할 테니, 나는 그 다른 자아와 마지막으로 길게 눈을 맞추고 행운을 비는 윙크를 건네고 싶었다. 내가 그러는

동안 밖에서 거리의 행상인이 플루트로 섬세한 아르페지오
[7]를 연주하는 소리가 들려왔다. 몇 번이고 반복되는 매우 부
드럽고 명랑한 소리가 달콤하고도 점점 약하게 거리로 스며
들었다. 천사들의 날갯짓, 읊조리며 나는 휘청휘청 침대로,
망각으로 되돌아갔다.[8] (136-140)

카사블랑카에 대한 모리스의 꽤 감각적이고 화려한 논평이
담긴, 책에서 몇 쪽 안 되는 적은 분량을 차지하는 이 대목은 이
책을 넘어 멀리 여행을 다녔다. 예를 들어 모리스가 클리닉에 도
착하는 장면은 샌디 스톤의 기념비적 에세이 〈'제국'의 역습〉의
서두에서 재조명된다. 스톤은 모리스가 제공하는 "'동양적이고'
거의 종교적인 변환 서사"를 언급하면서, 여기에는 무언가 섹스
와 국가의 융합, 환상적인 것과 사실적인 것의 융합, 마법과 과학
의 융합, 동양과 서양의 융합 같은 것이 있으며 이것이 현대의 트
랜스 저작에도 계속 반향을 일으키고 있다고 말한다. 그러나 애
초에 모리스가 클리닉을 찾아갈 수밖에 없었던 문제, 즉 그녀가
트랜지션을 하지 않으면 자신의 젠더 수수께끼가 해결될 수도
없을뿐더러 이렇게는 도저히 살아갈 수 없다는 결론을 내리게
몰고 간 문제의 답은, 다시금, 통과transit에 있다.

모리스의 클리닉 장면은 트랜지션을 거의 마법과도 같은 사건으로 그려낸다. 그녀는 제임스 모리스로 잠들었다가 잰 모리스로 깨어나는 것이다. 우리는 보통 태어날 때 주어지는 섹스의 편안하고 자연스럽고 변경 불가능해 보이는 특성을 모방해서 젠더 트랜지션 장면에 대한 서사를 구축하려는 저자의 충동에 공감할 수 있다. 그러나 텍스트의 나머지 부분에서 분명해지듯, 한 섹스에서 다른 쪽 섹스로의 트랜지션은 단일한 사건이 아니다. 그건 차라리, 일부는 법적이고, 일부는 의료적이고, 일부는 행동양식과 관련되어 있고, 일부는 사회적인 행위인 집합체를 축약해서 지칭한 것이다. 트랜지션은 성공적인 '최종 결과'가 결코 진정으로 완료되지는 않을지라도 환자 본인이 만족하고 주변 사람들이 인정할 만한 방식으로 섹스와 젠더를 조화롭게 만드는 장기적 기획이다. 그리고 이런 섹스화된 의미화 작용의 범주 각각은 훨씬 더 개별적인 단위로 해부될 수 있다. 예를 들어 '성 재지정 수술'은 단일한 수술적 절차가 아니며, 몸의 다양한 부위에 여러 차례, 때로는 수십 차례의 수술이 진행된다. 알아보기 쉽게 섹스화된 몸a legibly sexed body의 원인으로 그중 단 하나의 수술만을 지목할 순 없다.

성전환 수술(또는 그 수술)이란 관용구는 부정확한 명칭인데, 그 이유는 성기 수술은 가장 일상적인 사회적 상호작용에서는 탑 수술보다 덜 중요하기 때문이다. 이는 젠더를 사실은 **섹스**와

별 관련이 없는 것으로 만든다—섹스가 성기의 배치 형태를 가리키는 것으로 이해된다면, 젠더는 그보다는 행동거지, 복장, 행동양식, 사회적 인식과 더 관련이 있는 것이다. 문화는 섹스를 성기와 등치관계로 주장하는 경우가 많다. 하지만 문화가 작동하는 방식을 보면 섹스의 귀속은 성기의 배치 형태와 거의 아무런 관련이 없다. 프로이트가 논평했듯, 우리가 거리에서 지나가는 사람을 보고 처음 감정鑑定하는 것은 즉각 저 사람이 **남성**male**인가, 여성**female**인가?** 하는 것인데, 거의 모든 경우에 우리는 그 사람의 성기 배치 형태에 대한 아무런 정보도 없는 상태에서 그런 판단을 내린다. 성기의 배치 형태가 섹스나 젠더의 결정 인자가 되는 것은, 규범적으로 젠더화된 사람들에게는 정확히 단 한 번, 출생 시 일어난다. 그러나 트랜스들에게는, 자신에게 부여된 관료적 섹스를 자신의 현상학적 섹스에 맞추려 노력할 때 이런 일이 다시금 일어난다. 이런 현상이 예증하는 바는, 성기 배치 형태가 섹스를 결정하는 수단으로서 호소력을 가질 때는 일종의 젠더 트러블이 이미 문제가 되고 있을 때, 즉 한 개인이 어떤 식으로든 이미 판독되지 않을 때뿐이라는 것이다. 예를 들어 한 남성 군인이 이라크에 파병 갔다가 골반에 부상을 입고 돌아왔다면, 그의 성기 배치 형태가 바뀌거나 아예 성기가 없어졌다 할지라도 갑자기 그의 섹스가 논란에 휩싸이진 않을 것이다. 아무도 그의 섹스를 의문시하지 않는 **이유는** 아무도 그의 젠더를 의문시하지 않기 때문이다.

모리스의 경우, 그녀는 수술하기 1년 전인 1971년에 공문서에 지정된 섹스를 고치려 시도한다. 그녀의 신원/정체성identity에 대한 새로운 '공식적' 문서를 입수하는 일은 놀랍도록 간단했고, 앞으로 보겠지만 오늘날의 절차보다 훨씬 더 수월했다. 그때까지 모리스의 삶에서 가장 어려웠던 측면은 그런 문서들이 이 사람의 젠더는 겉모습으로 보이는 그 젠더가 아니라고 주장하는 상황에서 공적 공간에서 여러 가지를 협상하며 고비를 넘기는 일을 계속해야 했던 점이다. 사실, 모리스가 트랜지션을 하기로 결정한 데는 결국 자신의 공인된 젠더 표현과 신체적 젠더 표현이 일치하길 바라는 욕망이 동기가 되었다. 경계에 놓인 그녀의 젠더는 그녀 또한 물리적으로 경계에 놓인 공간에 있을 때 가장 큰 어려움을 겪는다. 특히 공항은 엄청난 불안을 불러일으키는 곳이다. 이 시점에 모리스는 외과 수술 전이었고, 호르몬 투여 중이었고, 하루 종일 여자로 살아가고 있었고, 전부는 아니라도 대부분 여자로 패싱하고 있었다. 그녀는 공항의 보안 검색대에서 기대와 두려움을 안고 대기하던 장면을 유쾌하면서도 사실적인 문체로 전한다(이런 문체는 그녀가 자기 경험을 이야기하는 대목 대부분에서 보이는 특징이다).

나는 양성구유兩性具有 상태가 어떤 면에서는 악몽이지만 다른 면에서는 모험이란 걸 알게 되었다. 뉴욕 케네디 공항의 세관을 통과하고서 보안 검색대로 다가가는 순간을 상상해보라. 청바지에 스웨터를 입고 있고, 경찰이 내가 어느 쪽 섹스에 속한다고 추정할지 모르니 어느 쪽으로 결정 나든 대응할 준비를 해야 한다. 통로를 따라 내려가며 그들에게 다가갈수록 그들이 말없이 평가하는 것이 느껴진다. 그들이 내 슬링백을 수색할 때 나는 '선생님Sir' 또는 '부인Ma'am'이란 호명에 따라 내 행동 방침을 결정할 수 있도록 열심히 귀 기울인다. 통로를 지나면 남자들은 남성 검색 줄로, 여자들은 여성 검색 줄로 나뉘어 줄을 선다는 걸 알고 있는데, 지금까지도 난 어느 쪽에 서야 할지 모르겠다. 어느 쪽 줄에 서더라도 꼼꼼하게 검사가 진행된다면 해부학적 구조의 애매함이 드러날 것이고, 그러면 나는 그 모든 불명예스러운 조사와 검사에, 주변 모두의 당혹감에, 오락거리로 삼거나 경멸하는 태도, 퉁명스러운 사과, 내 등 뒤에서 들려오는 킬킬거림에 처넣어질 것이다. 하지만 '선생님'이나 '부인'이란 부름이 오지 않으면, 나는 커튼을 통과해서 아직 어느 쪽 줄로 갈지 결정하지 않은 승객들이 갈라지기 시작하는 분기점으로 가 있으려고 소심하게 나아간다. 끔찍하게 두려운 순간이 지나간다. 모든 사람이 나만 보고 있는 것만 같다. 그때 들려오는 소리: "아가씨 저쪽으로 가세요. 여기서 길 막지 맙시다." ─ 그러면 나는 즉시 여자 쪽 줄에 합류해서, 나의 협조에 감사하는 여자분에게 점잖게 (그리고 증명되었듯이) 그다지 능숙하지는 않게 몸수색을 받고, 또 다른 작은 위기에서 기쁘게 (왜냐하면 물론 나는 줄곧 이런 결론을 바랐기 때문에) 하지만 또 떨면서 빠져나온다. 이건 위태로운 상태다. 사람이 하루 단위도 아니고 매 순간 상황에 재빨리 적응하면서 살아남아야

하는 것이다. (109-110)

여기서 모리스는 자신의 "위태로운 상태"를 서술하는데, 이 위태로움은 그녀의 경우에 젠더의 작동이 너무도 읽기 쉽고 투명하게 되었다는 사실, 즉 젠더 규범에 맞추기 위해 지금껏 애써 온 그녀의 노력이 공항 보안 검색대 앞에 줄서기 같은 일상적 절차에 의해 눈에 띄게 될 때, 그 노력을 자연스러운 행동거지 속에 녹아들게 해서 숨길 수 없다는 사실에 내재해 있다. 모리스가 젠더의 경계에 붙들려 있다는 점이 더욱 선명하게 부각되고 만다. 자신의 젠더에 대한 모리스 **본인의** 감각은 결코 경계에 놓여 있지 않기 때문이다. 그녀가 자신을 여성woman으로 느끼는 감각은 꾸준하고 확실하다. 그녀가 공항 검색 줄의 분기점에서 멈춰 선 이유는 자신의 젠더가 어느 쪽인지 스스로 확신이 없어서가 아니라, 그녀가 어느 쪽 줄에 속하는가의 문제는 자신이 어떻게 느끼는가가 아니라 남들에게 어떻게 읽히는가의 문제라는 걸 인식하고 있기 때문이다. 즉, 그녀는 매 순간 자기 주변의 모든 사람의 얼굴, 행동거지, 행동양식을 유심히 살피면서, 그들이 그녀를 얼마나 성공적으로 읽고 있는지를 성공적으로 읽어내려 노력한다. 여성woman으로 성공적으로 패싱하거나 반대로 남성male으로 읽힌다면, 어느 쪽이든 그녀는 안전해진다. 하지만 만약 그녀가 트랜스섹슈얼로 '읽힌다'면, 즉 적절한 젠더를 전혀 갖추지 못했다고 읽히면 위험이 닥친다.

공항 보안 검색 줄에서의 젠더화된 분기점 앞에서 불안하게 망설이는 이 순간은 젠더의 과정 자체에 대한 예증으로 이해할 수 있다. 그 과정은 결코 순수하게 육체적인 것도 순수하게 의지에 의한 것도 아니며, 오히려 한 사람의 신체적 외양과 행동양식에 대한 다른 사람들의 기대와 해석을 통해 창조되고 강제되는 것이다. '몸의 물질성'이란 표현이 있으니, 그 문구대로 몸의 물질성이 젠더 편성에 관여하지는 않을까? 물론 그렇다. 하지만 이런 문구가 배치되어 활용되는 방식은 성기를 콕 짚어서 몸의 젠더의 '진실'이 바로 거기에 위치해야 한다는 고집을 담은 암호화된 방식인 경우가 많다. 그러나 공항 심사가 입증하듯, 몸의 물질성은 단순한 성기 그 이상을 망라한다. 그리고 젠더의 결정에서 성기는, 성기보다 더 잘 변화할 수 있지만 그렇다고 해서 성기보다 덜 물질적인 것은 아닌 몸의 다른 측면들보다 관련성이 훨씬 더 적다. 즉, 몸의 모양새와 크기, 이에 더해 머리 모양, 걸음걸이, 옷차림, 목소리의 높낮이 등이 젠더의 결정에 결정적으로 중요하다—성기는 결코 그러지 못할 방식으로 말이다. 젠더는 이런 식으로 변화에 열려 있을 수 있어도 섹스는 그럴 수 없다고 주장할 수도 있을 것이고, 많이들 그렇게 주장해왔다. 젠더는 사회적 역할이고 섹스는 물질적 사실이라는 주장의 일관성은 섹스를 물질적이고 생물학적인 특징으로, 젠더를 행동양식과 관련이 있고 문화적인 특징으로 규정하는 일에 달려 있다. 하지만 섹스에도 문화적 삶이 있다. 그리고 트랜스들의 경험을 통해 밝혀진 바에 따르면, 섹스의 관료 체제the bureaucracy of sex는 섹스가 신체적 범주일지 몰라도 또한 항상 다른 무언가이기도 하다는 것을 보여준다.

젠더리스로 읽힐 위험, 젠더로부터의 망명으로 읽힐 위험은 이 경우엔 더 심해지는데, 그 이유는 모리스가 발급받은 서류들, 특히 **여행**에 필요한 각종 공식 서류가, m이나 f가 있어야 할 자리에 완고하게 빈칸만을 제공하면서 성별/섹스의 지위를 모조리 보류하기 때문이다. 여권에 얽힌 모리스의 경험은 섹스를 바꾸는 문제가 주로 서류 작업의 문제, 즉 그녀가 지금은 제임스 모리스가 아니라 잰 모리스라는 정보를 국가에 알릴 때 작동하는 답답한 관료주의적 문제**라는** 사실을 부각시킨다. 공문서와 각종 서류에서 그녀의 성별/섹스가 바뀌는 일은 단편적으로 조금씩 진행되긴 했지만, 여권이 정말 예외적 경우임을 그녀는 알게 된다.

나는 현재 내 상태(수술 전이고, 호르몬 투여 중이고, 모든 시간을 여자로 살고 있음)를 보건복지부와 여권 담당 부서에 이야기했다. 휘태커 연감[9]에 실릴 만큼 융통성 없고 엄격하던 응대 방식이 누그러진, 예상치 못하게 유연한 반응이 돌아왔다. 시간이 지나면 내 새로운 성 역할이 공식적으로 인정받으리라는 확언을 기관이 해준 것이다. 그 전까지 내가 과도기적 단계를 견딜 수 있도록 새로운 서류를 발급받을 수도 있었다. 내가 오래전 내 비밀을 털어놓았던 담당자가 있는 주거래 은행은 간결하게 나를 Mr.에서 Miss로 바꿔 기재해줬다. 옥스퍼드 카운티 의회는 새 운전면허증을 발급해줬다. [그런데] 여권 담당 부서의 복지 담당자는 **성별/섹스를 전혀 표기하지 않은** 여권을 내게 보냈다—나의 인터섹슈얼 여행의 마지막 해 동안 이런 일이 뒤섞여 있었으니, 외국에 서 마주한 공무원들의 당혹스러움이란. (121, 강조는 인용자)

여권에 있는 그 빈칸, 여권 소지자의 성별/섹스에 관한 질문에 침묵하는 그 빈칸을 우리는 어떻게 해석해야 할까? 서류에서 m이나 f 문자가 제거되면 무엇이 보류되는 것인가? 그리고 누구로부터 보류되는 것인가? 이 이질적인 서류 모음은 잰 모리스의 성별/섹스에 대해 상당수 다르고 심지어 상반되는 보고를 제공하는 듯 보일 것이다. 신원 증명 서류들의 경우, 그 문서들은 젠더를 확인해주거나 아니면 저버릴 수 있으며, 이 배신 가능성은 국가가 제임스 모리스를 남자(man)로 확인한 문서들을 봉인할 의향이 있다는 사실로 증명된다. 하지만 은행 기록이 잰 모리스는 여자(woman)라고 단언하는 데 아무 어려움이 없다면, 또 운전면허증이 번거로운 일 따위 없이 그녀의 성을 재지정해준다면, 같은 일이 여권에는 적용되지 않는다. 여권은 섹스의 문제에 모조리 이의제기한다—문자를 보류하고, 섹스의 문제에 침묵하면서, 마치 그녀의 몸 자체가 더 이상 지니고 있지 않은 젠더화된 지위의 증거를 자기가 쥐고 있는 양 구는 것이다. 또한 여권이 그저 문자를 보류하는 일만으로 이 여권 소지자는 부적절하게 젠더화되었다는 신호를 보낼 수 있다는 점에도 주목해야 한다. 트랜지션 과정 중의 이 시점에 그녀는 말하자면 공항 보안 검색 줄을 통과하는 일 같은 것을 해내기 위해 잠깐이나마 소위 제임스로 '패싱'할 수는 있다. 하지만 여권이 그녀에게 혐의를 제기한 젠더의 부재를 체현할 방법, 젠더리스로서 '패싱'할 방법은 전혀 없다. 모리스는 국가의 수준에서 그녀를 정확한 위치에 놓겠다고 약속하는 바로 그 문서에 의해, 섹스의 수준에서는 제자리를 잃고 혼란에 빠지는 상황에 시달리는 것이다.

이런 관료주의적 맞바꿈에서 섹스란 무엇인가? 이 경우에 섹스는 젠더와 지독하게 불화하는데, 왜냐하면 문서에 의해 결정되고 보류되는 '섹스'의 지정을 대신하기엔 그 어떤 젠더 수행도 충분히 설득력 있지 않고, 여성성을 어떻게 드러내 보이든 죄다 불충분하기 때문이다. 섹스는 문서들이 규정하는 것이다. 그리고 문서에 적힌 **m**이나 **f**가 그 문서 소지자의 섹스를 단순히 보고하는 게 아니라 문서 소지자의 섹스에 대한 진실이 되고 그 소지자에게 섹스를 부여해준다는 의미에서, 섹스는 수행적인 것이 된다.

서류에 적힌 지정된 문자는 그게 섹스에 대한 지식이든 아니면 섹스 그 자체든 간에, 일종의 재산property으로 기능한다. 이 경우에 섹스는 우리가 앞 장에서 보았듯 소유권을 제안하거나 증여하는 일종의 신체적 소유물property도 아니고, 당사자 개인에게 속하는 속성property도 아니다. 섹스는 사유재산이 아니라 오히려 **그 자체로 국가에 귀속되는** 재산인 것이다. 모리스는 자신에 관한 연방정부 기록물이 극적으로 봉인되었음을 보게 된 순간을 서술하면서 이 딜레마를 짚고 있다.

예를 들어 자기 결정권의 갈등, 즉 한 인간 존재에게 자기 고유의 정체성을 선택할 권리가 어느 정도까지 있는가에 관한 갈등이 있다. 내게 새 사회보장 카드를 전달하기 위해 소관 부처에서 나온 남자가 나에 관한 서류 일체를 보여줬을 때 좀 오싹한 기분이 들었다. 그 서류들은 뉴캐슬에 있는 국가 기록원에 전달될 준비가 된 것으로, 테이프로 감은 다음 왁스로 인장을 찍어 봉인되어 있었다. 그는 이렇게 말했다. "특별 허가가 없이는 그 누구도 파일을 들여다볼 수 없을 겁니다." 하지만 나는 그가 **나에게조차** 그 서류를 들여다봐도 된다고 하지 않았음을 알아차렸다. (171)

문자의 행위성

라캉의 논문 〈무의식에서의 문자의 심급 또는 프로이트 이후의 이성The Agency of the Letter in the Unconscious or Reason since Freud〉[10]은 일종의 경계를 넘나드는 작업으로, 이 글이 다루는 주제는 이성과 무의식의 중간, 글쓰기와 말하기의 중간에 놓여 있다.[11] 그의 논의에선 말해지는 것에 많은 특권이 몰리는데, 라캉이 "정신분석 경험이 무의식 안에서 발견하는 것은 언어의 전체 구조다"라고 말한 것이 바로 이 논문에서다.[12] 라캉에 따르면, "문자"가 무엇인지에 대해 우리는 어떻게 이해해야 할까?

아주 간단하게, 문자 그대로^{a la lettre} 이해하면 된다. '문자'란 말로 내가 가리키는 것은 구체적인 담론이 언어로부터 빌려오는 물질적 지지대이다. 이 간단한 정의가 상정하는 것은, 언어는 언어가 말하는 주체에게 제공하는 다양한 심리적·육체적 기능과 혼동되어선 안 된다는 것이다―그 주된 이유는, 언어와 언어의 구조는 각각의 주체가 본인의 정신적 발달에서 언어 안으로 진입하게 되는 특정 시점보다 앞서 존재하기 때문이다. (147)

우리는 "말하는 주체에게 제공하는 다양한 심리적·육체적 기능과" 언어를 혼동하지 말라는 경고를 받는다. 즉 어느 특정 발화자에게서 나온 특정 발화 사례를 가져와 어느 단 하나의 발언에 말^{word}의 힘을 귀속시키는 잘못을 하지 않도록 주의하라는 것이다. 이는 까다로운 일이고, 우리가 여기서 선을 지키라고 요청받은 그 선은 흐릿하다. 즉, 분명 우리는 우리가 언어를 배치하고 활용하는 방식을 목적과 의미와 영향력이 있는 일로 이해해야 한다. 하지만 라캉이 우리에게 보여주고 있는 것은, 언어가 우리의 형상을 미리 나타낸다는 것, 심지어 우리가 언어를 배치하기 전부터 존재하면서 우리가 말할 가능성의 조건들을 형성한다는 것이다. 이게 바로 정신분석적 장면 안에서 **언어 안으로 진입**한다는 문구가 그토록 흔한 이유이고, 이 문구가 단순한 은유가 아닌 이유다. 즉 우리가 그 장면 안으로 우리 나름의 약간의 자유를 가지고 갈 순 있을지라도, 언어의 규칙이 이미 정해져 있고 언어의 표현 방식이 이미 갖춰져 있다는 의미에서 우리는 언어 안으로 진입한다. 마찬가지로 언어도 우리에게 들어온다. 또는 앞으로 보겠지만 "기표가 기의에 들어온다".

라캉이 설명을 이어감에 따라, '문자'라는 추상적 관념은 출생증명서나 여권에 있는 **m**과 **f**와 점점 더 비슷한 것이 되어간다.

> 따라서 또한 주체가 언어의 노예처럼 보일 수 있다면, 주체는 그의 자리가 태어나면서부터 오직 그의 고유명^{proper name}에 의해 이미 각인되는 보편적 움직임 안에서 더욱더 담론의 노예가 되는 것이다. 공동체의 경험이나 이 담론의 실체를 참조해봤자 아무것도 해결하지 못한다. 왜냐하면 이 경험은 이 담론 자체가 확립한 전통 안에서 자신의 본질적 차원을 취하기 때문이다. 이 전통은 역사의 드라마가 그 안에 새겨지기 훨씬 전부터 문화의 기본 구조를 정한다. 그리고 바로 이 구조들이 가능한 교환들의 배치를 드러내는데, 이에 관해 언어가 인가한 치환 바깥에서는 무의식에서라도 상상하는 것조차 불가능하다. (148)

〈무의식에서의 문자의 심급 또는 프로이트 이후의 이성〉이 무의식이 언어처럼 구조화되어 있다는 은유적 선언으로 가장 잘 알려져 있다면, 라캉이 언어와의 유비로 설명한 심리 구조가 무의식만 있는 건 아니다. 라캉은 또한 문자를 해설하면서 그것을 **젠더**와 유비하였다. 언어에서 참인 것은 젠더에서도 참이다. 즉 그건 태어나면서부터 주어진 것으로서, 단순히 우리에게 건네지는 게 아니라 우리 안에 새겨지는 것이고, 이 각인은 고유한/적절한 이름proper name을 물려받음으로써 이루어진다. 언어가 작동하는 방식에 대한 우리의 오해를 예증하기 위해 라캉은 소쉬르의 그 유명한 삽화인 나무 이미지에 '나무'란 단어word를 써놓은 그림을 제시한다. 우리는 기표와 기의를 한 쌍으로 짝지음으로써 의미화작용이 일어난다고 생각하는 데 익숙해져 있다. 나무 그림과 단어 '나무'는 매개되지 않은 등가等價로 연결되어 있다. 그는 두 개의 문이 그려진 두 번째 그림을 가져와서 이 그림을 반박하는데, 똑같은 문 두 개 중 하나엔 '숙녀용'이, 다른 하나엔 '신사용'이 적혀 있다. 라캉은 어떻게 말과 사물의 관계가 단순히 색인 같은 관계가 아닌지를 보여주기 위해 이 "창작된" 예시를 이용한다. '숙녀용'은 그 문자 아래 있는 문을 색인처럼 가리키지 않으며, 오히려 옆에 있는 문자 '신사용'과 상호 보충적인 관계이다. 이 예시로 라캉은 말이 단독으로 그 어떤 불화도 균열도 없이 사물을 실증주의적으로 아우르는 게 아니라, 오히려 의미화작용의 연쇄 속에서, 다른 단어들과의 관련 속에서 존재한다는 것을 우리에게 보여준다. 라캉이 기술한 화장실 문의 사례에서, 그 문들이 시행하는 "비뇨기적 분리"는 개별적인 문 각각의 특수성에서 나온 결과가 아니라, 젠더의 인식과 거부에 관해 이미 널리 받아들여진 관행 및 관습의 결과다. 우리가 앞 장들에서 봤듯이 이 두 개의 문은 젠더 그 자체가 아니지만, 그럼에도 문의 특이성을 통해 적절한 젠더에 맞도록 규율하기를 시행 중이다.

문자와 문자의 행위성에 대한 잰 모리스의 경험으로 되돌아가보자면, 우리는 그녀의 사례를 특별한 경우로 보고, 그녀가 발급받은 여권에서 성별을 기재해야 할 부분이 특별히 빈칸으로 남겨진 건 그녀 상황이 이례적이라서 그런 것뿐이라고 생각하고 싶은 유혹에 빠질 수도 있을 거다. 하지만 트랜스젠더에 대한 미국 정부의 대응은 거의 40년이 지난 지금에도 많은 면에서 잰 모리스가 경험했던 것과 놀라울 만큼 비슷하다. 예를 들어 모리스가 서술한 기록 봉인은 오랫동안 인터섹스와 트랜스섹슈얼 환자를 위한 케어 표준에 따른 트랜스섹슈얼리티 의료 관리의 마지막 단계였다. 국가에 의해 시행된 트랜스 개인의 공식 기록 봉인은 당사자에게 개인 소지품, 편지, 사진 등 개인의 '이전 삶'을 증명할 만한 건 모조리 폐기하라는 권고와 병행되었다. 샌디 스톤은 이를 두고 트랜스젠더화된 주체가 "사라지도록 프로그래밍된" 기이한 방식이라고 말한다.[13]

2006년 11월 뉴욕시 보건위원회는 트랜스젠더와 트랜스섹슈얼 관련 규정을 개정하기 위한 기획안을 검토했다.[14] 이 기획안은 현행 규정을 비판하는 트랜스 인권 옹호자들의 지지를 받았다. 이들은 트랜스들의 젠더에 맞는 공식 문서 발급에 관한 현행법 규정이 시대에 뒤떨어진 기준에 근거해 있으며, 일반적으로는 섹스에 대한, 그리고 특히 트랜스에 대한 잘못된 정보에 기반해 있다고 주장했다. 사실 현재의 뉴욕시 기획안은 1971년까지

거슬러 올라가는데, 이는 잰 모리스가 대서양 건너편에서 성 정체성과 국가 인증에 얽힌 희비극을 천천히 헤치며 자신의 길을 나아가던 때와 같은 해였다.

뉴욕에서 신원을 증명할 문서 재발급을 주관하는 규정들은 구체적으로 어떤 문서냐에 따라 다르다. 예를 들어 사회보장국 The Social Security Administration에서는 수정된 허가증을 재발급받으려면 성기 수술을 했다는 증거를 제출하도록 요구하지만, 차량관리국 the Department of Motor Vehicles에서 면허증을 재발급받을 땐 그럴 필요가 없다.[15] 이 규정들은 또한 관할구역에 따라서도 다르다. 뉴욕시와 뉴욕주 둘 다 출생증명서를 수정하기 위해서는 성기 수술 증거가 필요하지만, 시와 주가 요구하는 성기 수술은 **서로 다르고** 확인 기준도 다르다. 뉴욕시에서는 출생증명서를 갱신하려면 트랜스 여성에겐 질 성형('네오버자이너neovagina'라고 불리는 것의 창조), 트랜스 남성에겐 음경 성형('네오팰러스neophallus'의 창조)을 했다는 의료적 증거가 필요하다.[16] 출생증명서 정정을 허용하는 모든 주와 마찬가지로 뉴욕주에서도 정정을 완수하려면 성 재지정 수술을 했다는 증거가 필요하다.[17] 하지만 뉴욕주는 뉴욕시와 좀 다르고 덜 엄격한 기준을 적용하는데, MTF에게는 음경절제술(음경 제거)만을, FTM에게는 자궁절제술과 양측 유방절제술(자궁과 유방 제거)만 요구하는 것이다. 뉴욕주는 트랜스 개인이 뉴욕주의 기준에 따라 다른 성별/섹스sex에 적절하게 '속한' 성기를 제거했다는 증거를 내보일 수 있는 한에서 당사자가 현재 살아가고 있는 젠더로 수정된 출생증명서를 발급해주며, 이 증명 절차를 거치지 않으면 성별란을 빈칸으로 남긴 출생증명서를 발급해준다.

그러므로 트랜스 여성은 빈칸이 없는 문서를 얻으려면 자기 **몸**에 빈칸을 만들라는 요구를 받는 셈이다. 문서는 그녀의 몸이 자기 성별/섹스를 말하지 못하게 될 때까지 그녀의 성별/섹스를 말해주지 않을 것이다. 이 경우에 성별/섹스는 주 정부에 귀속되는 명칭이고, 가장 문자 그대로의 의미에서 그녀가 한때 '다른' 성별/섹스의 구성원인 적이 있었다는 그 어떠한 증거든 그녀 몸에서 모조리 없애버린 다음에야 비로소 개인에게 수여된다. 이런 사례들에서 문제가 되는 그 몸의 섹스를 판정할 권력은 주 정부의 수중에 있는 것이다. 섹스를 판정할 이 권력이 주 정부가 인정할 수 있는 형태로 그 몸을 성형할 책임이 있는 바로 그 외과 의사의 수중에 쥐어졌을 때도 마찬가지로 권위적이다. 어떤 경우에는 문서 변경 승인에 있어 가장 중요한 요소는 그 수술의 결과로 생기는 신체 부위의 실존도 아니고, **문제가 되는 신체 부위도 아니라, 수술 그 자체다.** 신체 부위들과 그것들의 진실성 문제는 성 재지정 수술과 관련해서 복잡하게 뒤엉켜 있다. 내 친구인 한 트랜스 여성은 호르몬 투여를 시작하고서 유방이 상당히 발달하는 경험을 했는데, 규범적으로 젠더화된 여성_{female}에 붙어 있는 유방으로 패싱하는 게 완벽하게 가능할 정도였다. 그런데 그녀의 성 재지정 수술을 담당하는 외과 의사가 이 패싱 가능한 유방을 불합격시키면서, 그녀 몸에 자란 그것들은 유방일 수가 없으니 치료 과정에서 제거하고 유방 보형물로 교체해야 한다고 고집했다. 이 결정 뒤에 놓인 논법은 다음과 같다—성 재지정 수술은 남성male을 여성female으로 바꾸는 수술이다, 따라서 그녀는 수술 전까지는 남자man이고, 남자라면 유방이 자랄 수가 없다. 외과 의사의 말에 따르면 실리콘을 주입해 성형한 유방이 "진짜 유방"이고, 그녀 몸에서 자라난 그 부산물들은 비록 완벽하게 유방처럼 보이긴 하지만 그저 남성에게서 유선 조직의 비정상적 발달을 가리키는 여성형 유방증gynecomastia일 뿐이란다. 그녀 몸에 자랐던 유방은 제때 제거되었고 외과 수술로 만들어진 '진짜'가 그 자리를 대신 차지했다.

뉴욕시 보건위원회 회의에 소집된 전문가 패널 중 일부는 이 출생증명서 수정 기준마저 지나치게 풀어주는 것 아니냐고 반대하면서, 출생증명서를 결코 변경하면 안 된다고 제안했다. 그중 한 사람인 정신과 의사 아서 지트린 박사Dr. Arthur Zitrin는 출생증명서를 수정해야 하는 사정 따윈 없다고 말했다. "출생 시의 섹스를 변경해서는 안 됩니다. 그건 사실에 입각한 기록factual record입니다. 만약 그들이 뭐든 설득력 있는 이유를 내놓으며 젠더를 변경하길 원한다면, 아마 별표(*)를 달아놓는 정도로 바꿔야 할 것입니다." 나는 트랜스섹슈얼리티에 대한 관료주의적 운영을 지배하는 논리를 꽤 압축적으로 보여주는 이 성명을 분석하는 데 시간을 좀 할애하고자 한다.

지트린 박사가 "출생 시의 섹스를 변경해서는 안 됩니다"라고 말할 때, 이는 트랜스들과 그들의 옹호자들이 출생 시 지정받은 성별/섹스에 대한 공식 기록에 간섭하거나 문서를 정정하도록 허용해서는 안 된다는 뜻이다. 지트린은 생략 표시라는 수사적 형식을 쓰자는 이런 의견을 제시하면서, 출생증명서가 한 사람의 섹스에 대해 출생 시 존재한 신체적 증거를 보호하는 역할을 한다는 것을 시사하기 위해 섹스와 기록 보존 간 거리를 무너뜨린다. 하지만 어쩌면 그의 말을 문자 그대로 받아들이는 것이 훨씬 더 정확할 것이다. 이 계율은 문자 그대로 섹스를 사실에 입각한 기록으로, 서류 작업의 문제로 바꿔놓는 것이다. 지트린이 기획안을 반대하는 이유는 그의 판단으론 한 사람의 섹스에 대한 공식적 역사, "사실에 입각한 기록"을 멋대로 건드리는 짓이기 때문이다. 그래서 대신 새로이 지정된 성별/섹스에 별표를 찍어 타협하거나 아니면 다른 식으로 복잡하게 표시해놓자고 제안하는 것이다. 그는 출생증명서에 적힌 m이나 f가 자연적인 사실을 기록한 것이라고 이해한다. 즉 모든 아기는 섹스가 남성male 아니면 여성female으로 태어나며, 개인이 **젠더**를 갖고 뭘 하든 간에 **섹스**의 이 사실은 변하지 않는다고 이해하는 것이다. 지트린이 섹스와 젠더 사이에 긋는 구분이 매우 중요해 보인다. 그의 용법에 따르면 '젠더'는 변하기 쉽거나 시간이 지나면서 달라질 수 있고, 또는 몸의 형태 구조와의 관계가 좀 미약하고 완전히 확실한 연관성은 없고, 따라서 섹스라는 신체적 '사실'에 반대되는 위치에 놓여 있는 속성을 기술하는 용어다. 지트린은 출생증명서가 그 자체로 이 불변의 사실에 대한 역사적 증거로 기능하며 정부는 이것을 수호하는 역할을 맡는다고 본다. 출생증명서 수정 거부는 공식 기록을 수호하기 위한 것으로, **섹스**라는 불변의 진리를 예측 불허로 변화하는 의심쩍은 **젠더**로부터 보호한다. 정말로 만약 젠더를 바꿨거나 바꾸길 바라는 사람이 있다면—지트린은 "설득력 있는 이유"가 있다면 이런 일이 일어날 수도 있다고 말한다—"아마 별표를 달아놓는 정도로 바꿔야" 한다고 그는 제안한다. 달리 말하면, **섹스**에 별표를 붙여서 이 섹스가 전혀 합법적이지도 않고 사실상 섹스가 아니라 **섹스로 패싱하는 젠더**일 뿐이라는 점을 우리가 알 수 있도록 해야 한다는 것이다.

사실에 입각한 기록은 확실히 모든 출생을 남성male 아니면 여성female으로 딱 잘라 구분해서 등록하지만, 우리는 잠시 멈춰서 그 사실에 입각한 기록이란 것이 어떻게 존재하게 되었나를 고찰해볼 수 있을 것이다. 신생아의 섹스 자체가 지트린의 믿음처럼 명백하게 이분법적인 것은 아니라는 점은 소아 비뇨기과 전문의라면 누구든 증언할 수 있을 거다. 예를 들어 모호한 성기를 가지고 태어난 유아들의 사례를 생각해보자. 그들은 하나의 섹스, m 또는 f를 지정받는데, 여기서 이런 관료적 지정은 그저 물질적인 신체적 사실에 붙인 비물질적인 표지인 것만은 아니고, 무언가 비언어적인 물질적인 것에 딱 맞는 색인표인 것도 아니다. 그보다는 그런 신체적 물질을 교정하는 작업이고, 그런 성기 자체가 그런 언어적 보충 없이는 표명하지 않거나 구현하지 않는 의미를 그 성기에 부과하는 작업인 것이다. 이 유아들은 출생 직후 소위 정상화를 위한 수술 절차를 겪는 경우가 많은데, 이는 성기의 외양을 그 지정된 성별/섹스에 맞추도록 고안된, 의료적으로 불필요한 미용 수술이다. 인터섹스와 트랜스들은 섹스가 발견된다기보다는 지정되는 것이고 문서에 기록되는 순간 바로 그렇게 해석되는 것임을 입증함으로써, 젠더는 옮겨 다닐 수도 있겠지만 섹스는 확고한 토대라고 믿는 통념에 도전한다. 우리가 섹스를 고정된 이분법으로 개념화하는 한, 우리는 그런 이분법 바깥에서 나타나는 섹스들을 오인하거나 잘못 재현하는 것 이상의 나쁜 짓을 저지르는 셈이다. 우리는 그런 섹스들을 아예 존재하지 않는 것으로, 히르코케르부스나 스핑크스처럼 불가능한 존재로 설정하는 셈이다. 사람들이 젠더를 마음대로 수정하게 놔두는 건 지나치게 자유로운 젠더 해석이고, 본인의 제안이 이 문제를 바로잡을 일종의 교정책이라고 믿는 게 지트린의 입장이다. 여기서 한 가지 강조하고 싶은 것이 있다. 내 생각에 이런 입장에서 가장 놀라운 점은, 지트린이 옹호하는 "사실에 입각한 기록"에의 충실함이 논리적으로는 경악스럽겠지만 필연적으로 물질성에 대한 배반을 요구한다는 점이다.

이것이 서류 작업에 트랜스들의 섹스를 그대로 반영하는 것을 목표로 하는 대신 그들의 섹스를 서류 작업에 맞춰 조정하려 드는 유일한 법령인 것은 아니다. 국토안보부the Department of Homeland Security의 명령에 따라 지난 몇 년간 사회보장국은 '불일치 통지서no-match letters'라 알려진 것을 발송하고 있다. 불일치 통지서는 고용주가 사회보장국에 제출하는 고용인에 대한 정보(이름, 성별, 출생일, 사회보장번호)가 그 고용인에 대해 사회보장국이 갖고 있는 서류상의 정보와 맞지 않을 때 발송된다. 트랜스들은 서류에 기재된 젠더가 출생증명서에 기재된 섹스와 맞지 않을 때 이 통지서의 수취인이 될 수 있다. 앞서 살펴보았듯이 관할구역마다 서류에 기재되는 지정성별 변경을 승인하는 기준도 달라지기 때문에 트랜스 개인이 혼자서 이 불일치를 바로잡기란 불가능할 수도 있다. 그러나 이 불일치 통지서가 겨냥한 대상으로 트랜스들은 부수적이고 심지어 우연히 걸린 표적인 셈인데, 그 통지서의 실질적인 목적이 노동자가 사회보장번호를 속였음을 고용주에게 폭로함으로써 불법적인 (즉, 취업에 필요한 정식 서류가 없는) 노동자를 찾아내 해고하도록 강제하는 것이기 때문이다. 불일치 통지서는 시민권 위반을 표적으로 삼지만, 동시에 부지불식간에 젠더 위반을 겨냥할 수 있다는 점이 드러난다.

성적 제유提喩는 실수다

불일치 통지서의 가장 중요한 측면은 일치하지 않는 대상의 신원/정체성identity에 있다. 그러나 이 통지서가 수취인을 고발하는 그 불일치란 과연 무엇인가? 정확히 무엇이 일치하지 못하고 있는 건가? 이런 사례에서 불일치 통지서로 표시된 사람들이 트랜스젠더라 할지라도, 여기서 불일치는 신체적으로 겉에 드러나는 젠더와 서류상으로 기록된 젠더 간의 불일치가 아니다. 근육질에 수염 기른 사내가 불일치 통지서를 받았다고 상상해보자. 그 사람의 운전면허증, 유권자 등록증, 신체적 외양이 모두 '남성'을 가리키고 있을지라도, 서류상의 증거와 신체적 증거가 더 많이 갖춰진 젠더가 아직도 '여성'으로 적혀 있는 출생증명서가 알

4부 | 법 너머

리는 젠더와 일치하지 못할 때 '불일치'가 일어난다. 따라서 불일치는 실재하고 체현되어 있고 외관으로 뚜렷이 드러나는 젠더인 남성과, 이 사람의 감정도 심지어 외양조차도 결코 설명하지 못했던 젠더 사이에 있는 것일지도 모른다. 그렇다면 이런 질문이 나오게 된다. '사실에 입각한 기록'에 적힌 젠더가 **현상학적 삶을 전혀 가지지 못할 때조차** 그 젠더의 보존을 고집한다는 것은 무엇을 의미하는가? 이 경우에 이는 젠더의 영역을 다시 기술한다—더 이상 개인의 느껴지는 감각도 아니고, 외부 세계에 대한 지각도 아니며, 오히려 사실에 입각한 기록의 영역으로, 즉 신체적 물질성이나 사회적 인식의 문제라기보다 문서화의 문제로 재기술하는 것이다. 출생증명서의 경우에 섹스는 국유재산이고, 국가에 의해 유아에게 부여되는 **m**이나 **f**는 다른 무엇보다 우선하는 성적 특성처럼 군다. 즉 **m**이나 **f**가 주체의 몸을 따르는 게 아니라 반대로 주체의 몸이 그것에 순응하도록 요구하는 절대 변치 않는 성별 지정으로 행세하는 것이다.

이런 각각의 사례에서 문자의 보류는 잰 모리스가 국가를 상대한 본인의 경험을 서술한 내용과 유사하긴 하나, 젠더와 젠더의 분배를 단속하는 담론의 목표는 변화를 겪은 듯하다. 아마도 이 변화는 문화적 불안 또한 변화해온 방식들로 인한 결과로 보인다. 한때 트랜스들에게 내려진 명령이었던 '사라지도록 프로그래밍'되기는, 이제는 그 자체로 위협이 되는 듯하다. 모리스가 경험했던 것이 비가시적이 되라는 요구였다면, 뉴욕시의 기획안과 사회보장국의 불일치 통지서는 그 정반대를 옹호하고 있는 것처럼 보인다. 다루기 힘들게 젠더화된 사람들에게 표식을 남겨서 식별할 수 있도록 하자고 주장한다는 점에서 말이다. 오늘날 주된 불안은 트랜스들이 패싱에 실패하는 것이 아니라, 오히려 그들이 **너무 잘** 패싱할까봐 걱정스러운 데 있다—즉 그들이 우리 사이를 돌아다닐까봐, 그런데도 우리가 그들을 우리**로부터** 구별해낼 수 없을까봐 불안한 것이다. 이 불안은 국적, 국경 통제, 테러와의 전쟁에 대한 현재의 우려를 기이할 정도로 정확하게 반영한다. 젠더 정체성의 요새화fortification와 마찬가지로 국가 정체성의 요새화는 불확실성의 제거를 필요로 하며, 트랜스 관련 규제가 더욱 엄격해지는 현상은 자유의 수사가 결국은 얼마나 얄팍해질 수 있는지를 다시금 알려준다.

우리가 젠더와 트랜지션의 사례들에서 문자letter의 힘에 대해 질문할 때, 우리가 **그** 문자라고 단수형으로 말할 때 언뜻 보기엔 우리가 실수하는 것처럼 보일 수도 있을 것 같다. 젠더를 인가하는 문화적 장치가 엄청나게 다양한 만큼, 그런 장치를 둘러싸고 일어나는 지정도 무수히 많고 다양해 보이기 때문이다. 정말로 그런 장치는 너무나 광범위하고 복잡하게 뒤얽혀 있고 매우 다양하며 널리 퍼져 있어서, 결국엔 문화 자체와 다를 바 없다. 기호로서의 문자가 있고 발송하는 통지서letter가 있다. 트랜스들이 본인의 'letters'에 대해 말할 때면 정신과 의사들이 이 사람은 트랜지션할 만하다고 선언하면서 발급해준 증명 서류들을 칭하는 경우가 많다. 이런 증서letters는 케어 표준에 입각해서 요구되는데, 행위성과 문자letter의 문제를 좀 골치 아픈 상황에 밀어넣는

다. 사실상 이 증서는 그 서류에 지명된 개인이 트랜스섹슈얼이
고 그러므로 트랜스섹슈얼이 **되도록** 허용되어야 함을 증명하는
것이다.

또한 호칭 방식을 정하는 문자, 즉 경의를 표할 때 젠더를
Mrs., Miss, Ms. 또는 Mr. 어느 것으로 부를지 정하는, 분리 기능
을 하는 낱자가 있다. 여기엔 m이나 f가 있는데, 이 문자는 출생
증명서, 사회보장카드, 학생증, 운전면허증, 전화요금 고지서, 의
료보험카드, 집문서, 의료 기록, 사망증명서에서 비록 항상 정확
히 똑같게 복제되는 건 아니더라도 별다를 것 없이 가시화되고
따라서 뚜렷이 표시되고 반복되는 무언가의 진실을 확인해주는
듯하다. 사실, 개인이 스스로 증명할지도 모를 젠더화된 진실을
마침내 말하는 건 때로 최후에나 가능할 뿐이다. 이것이 바로 그
웬 아라우호Gwen Araujo의 어머니가 딸의 사망 후에, 딸이 살아 있
을 땐 보류되었던 이름과 젠더의 공식적 변경을 국가가 내주도
록 만들기 위해 투쟁했던 이유다.[18] 이런 letters의 무리에서, 각각
의 letter는 저마다 고유의 젠더화된 진실을 증명한다. 이 증식의
다산성에서 가장 괄목할 만한 점은 기호들의 무리 전체가 단 하
나의 기호로의 환원에 복무하는 방향으로 활성화된다는 점이다.
염색체적 성별/섹스인 XX 또는 XY, Mr., Mrs., Miss 또는 Ms.에
의해 부여되는 명목상의 성별/섹스, 각기 다른 서류에서 젠더를
표기하는 m이나 f는 결국엔 단 하나의 문자로 귀착되어야 하는
것이다. 하나의 기호로서 m이나 f는 관련된 개인의 젠더 정체성
을 가리키는 것일 수도 있다. 또한 이는 다른 무언가를 가리키는

것일 수도 있다. 왜냐하면 섹스는 내 젠더에 대해 내가 느끼는 감각을 의미할 수 있고, 출생 시 지정받은 내 젠더를 의미할 수도 있고, 현재 다른 사람들이 인지하고 있는 대로의 내 젠더를 의미하는 것일 수도 있기 때문이다. 또한 나의 유전자 구성(염색체적 성별/섹스), 나의 이차적인 성별/섹스 특성(표현형적 성별/섹스phenotypic sex), 나의 외부로 드러나는 형태 구조적morphological 성별/섹스(눈에 보이는 성기), 나의 내부에 있는 형태 구조적 성별/섹스(남성male이라면 고환과 전립선, 여성female이라면 질, 자궁, 난소), 나의 호르몬적 섹스 등등을 의미하는 것일 수도 있다.

이 모든 다양한 letters가 약속하는 것은 다름 아닌 바로 성적 제유다. 즉 우리가 문자를, 달리 말해 중앙정부와 지방정부의 논리와 정책에 가장 깊이 배태되어 있고 개인의 통제 범위에서는 가장 멀리 떨어져 있는 성적 의미화작용의 일부를, 그 사람의 섹스에 대한 진실 전체를 말해주는 것으로서 이해해야 한다는 확약이다. 하지만 우리가 성별/섹스를 지정하는 문자를 그 자체로 성별/섹스를 의미한다고 받아들일 때, 우리는 거기에 필연적으로 오인誤認일 수밖에 없는 인식/인정을 부여하는 셈이다. 라캉이라면 인식/인정의 문제가 관건일 때 우리가 지금보다 더 나은 대안을 찾을 순 없다고 믿게 했을 것이고, 어쩌면 그가 옳을지도 모른다. 그럼에도 우리는 찾아야 한다. 모든 걸 체념하고 단일한 성별 지정에 굽히고 들어가 그것만을 위하라는 문화적 명령이 존재할 때, 그런 오인이 깊을수록 다름 아닌 삶 그 자체를 위험에 밀어넣기 때문이다.

1   [역주] Jacques Lacan, "The Agency of the Letter in the Unconscious or Reason since Freud"; "Seminar on 'The Purloined Letter'"(*Ecrits*, Trans. Alan Sheridan, New York: Norton, 1981). 이 두 인용문이 실린 텍스트의 제목은 다음 한국어판을 따랐다. 자크 라캉, 《에크리》, 홍준기·이종영·조형준·김대진 옮김, 새물결, 2019.

2   [역주] 뉴욕시 보건위원회the New York City Board of Health(정식 명칭은 뉴욕시 보건 및 정신위생 위원회the New York City Board of Health and Mental Hygiene)는 뉴욕시 보건 및 정신위생국The New York City Department of Health and Mental Hygiene 산하 부서로 보건 의료 전문가 11명으로 구성되어 뉴욕 시민의 건강복지 보호 및 개선을 위해 다양한 정책 수립 및 제도 개선안을 마련하는 임무를 맡는다. 이 전문가들은 시의회의 동의를 얻어 시장이 임명하고 임기는 6년이며, 무보수 봉사직이되 정당한 이유 없이는 임기 완료 전 해임 불가능하다.

3   [역주] 트랜지션을 (질병이나 잘못된 것을 고쳐서 낫게 한다는 의미의) '치료cure' 로 보는 해석은 시스젠더 중심주의적 관점에서 트랜스를 병리화하는 접근이기에, 트랜스 당사자들에게 필요한 의료적 도움 및 돌봄 제공을 목표로 하는 트랜스 친화적 의료 담론에서는 '케어care'라는 좀 더 중립적인 용어를 사용하는 경향이 있다. 《건강관리 실무표준》에서는 '케어'를 '건강관리'로 번역하고 있다. 당사자들에게 트랜지션이 단순히 단 한 번 또는 단 한 종류의 수술로 끝날 수 없으며 비규범적 젠더로 살아가는 삶 전체의 심신 건강과 맞물린 사안이라는 점에서 '건강관리'라는 포괄적인 해석이 더 적절할 수 있다. 다만 우리가 지금 읽고 있는 모리스 서사의 맥락에선 '트랜지션'과 '케어'가 '수술', 특히 성기 수술을 가리키고 있기에 일단은 '케어'로 음차하였다.

4   [역주] 성변화聖變化, transubstantiation는 로마 가톨릭 신학의 개념으로, 빵과 포도주가 예수 그리스도의 몸과 피로 바뀐다는 믿음을 가리킨다. 가톨릭 신앙 체계의 기본인 일곱 가지 성사 중 이 믿음을 바탕으로 한 예식이 성체성사聖體聖事 또는 성찬례聖餐禮라 불리는 예식으로, 축성된 빵과 포도주를 신자들과 나누며 그리스도와의 일치를 기원한다. 여기서는 트랜지션의 비유로 쓰였다.

5   [역주] 오달리스크odalisque는 18세기 말부터 유럽에서 유행했던, 오리엔탈리즘을 바탕으로 '동방'의 분위기를 풍기는 여성 누드를 그리는 예술 양식을 가리키는 용어다. 그림 속 인물은 오스만제국 또는 유럽인이 상상하는 옛 이슬람 국가 어딘가의 하렘에 사는 후궁이나 여자 노예로 상정되었다.

6   [역주] 카프탄caftan은 튀르키예 전통 의복으로, 남성복은 소매가 길고 여성복은 대개 가오리 모양으로 소매가 넓게 내려오며 치렁치렁하게 늘어뜨린 긴 천의 앞에 트임이 있어 여닫을 수 있는 모양새가 기본이다.

7   [역주] 아르페지오arpeggio는 화음을 이루는 각 음을 차례로 누르는 연주

방식이다. 분산화음 또는 펼침화음이라고도 부른다.

8   [역주] 원문에서 "천사들의 날갯짓Flights of angels"이란 표현은 셰익스피어
     희곡 〈햄릿〉의 5막 2장에서 햄릿이 숨을 거둔 직후 호레이쇼가 그를 애도하며
     독백하는 대사 "천사들이 날갯짓하며 그대의 안식을 위해 노래하길flights of angels
     sing thee to thy rest"에서 따온 것으로 보인다.

9   [역주] 휘태커 연감Whitaker's Almanac은 영국의 대표적 백과사전으로, 1년마다
     그해의 사건·통계·지식·각종 정보를 집대성한 정기간행물이다.

10   [역주] 샐러먼이 참고한 라캉 영문판은 앨런 셰리던Alan Sheridan이 번역한
     판본이다(Lacan, Jacques. *Ecrits*, Trans. Alan Sheridan, New York: Norton,
     1981[original 1977]). 앨런 셰리던은 1960~1980년대 미국에 프랑스의 유명한
     사상가와 소설가들의 작품을 들여오는 데 앞장섰던 전문 번역가로, 자크 라캉,
     미셸 푸코, 장 폴 사르트르Jean-Paul Sartre, 알랭 로브-그리예Alain Robbe-Grillet 등의
     저작이 셰리던을 거쳐 미국에 소개되었다. 라캉이 쓴 프랑스어 원본 텍스트의
     제목은 "L'instance de la lettre dans l'inconscient ou la raison depuis
     Freud"인데, 이 텍스트는 미국에선 오랫동안 셰리던의 번역대로 "The Agency
     of the Letter in the Unconscious or Reason Since Freud"란 제목으로
     유통되다가 2006년 미국의 정신분석학자이자 라캉 전문가인 브루스 핑크의
     번역으로 출간된 《에크리》영문 완역판에서야 "The Instance of the Letter in
     the Unconscious, or Reason Since Freud"로 바뀌었다(Jacques Lacan,
     Ecrits: The First Complete Edition in English, Trans. Bruce Fink, W.W.
     Norton & Company, 2006). 그러니 샐러먼이 이 절의 제목으로 쓴 "문자의
     행위성the agency of the letter"은 사실 미국에서의 라캉 텍스트 번역의 변천사에서
     나온 것이다(더욱이 핑크의 완역판이 나온 뒤에도 셰리던의 번역판은 *Ecrits:
     A Selection*이란 제목으로 꾸준히 재출간되고 있으며(가장 최근이 2021년)
     이 판본에선 여전히 'agency'란 번역을 고수한다). 한국어판 《에크리》는 1966
     년 프랑스어 판본(Jacques Lacan, *Écrits*, Paris: Seuil, 1966)을 기준으로
     번역되었으며 그래서 "문자의 심급"이란 표현이 사용되었다. 다만 'agency'와
     'instance' 중 어느 쪽이 라캉의 주제를 더 정확히 옮긴 것인가 하는 문제와는 좀
     다른 방향에서, 여기서 샐러먼이 라캉의 논의를 끌어온 의도는 m/f 문자가 단순히
     항상 이미 구분되어 존재하는(그렇다고 가정되는) '남성'과 '여성'을 사후적으로
     기술하는 기능을 한다기보다 오히려 사람의 성별을 규정하며 당사자의 인생을
     좌우하는 현상, 즉 문자가 사람보다 더 행위성을 갖고 있다고 볼 수도 있는
     상황을 이론적으로 설명하기 위한 것이다. 이런 맥락에서 절 제목은 '행위성'으로
     번역했다.

11   라캉에 의지하면서 중요하게 짚고 갈 것이 있다. 나는 정신분석학에 설명이나

해석적 통제권을 넘기고 싶지 않고, 또한 라캉이 트랜스젠더를 설명하는 데
도움이 될 코드나 열쇠를 어떤 종류든 우리에게 제공한다고 생각하지도 않는다.
그보다 나는 트랜스들의 경험이 라캉의 텍스트가 아마 더 잘 해명될 수 있게
만들어주리라는 바람으로, 또 그다음엔 그의 텍스트가 이런 사례들에서 문자란
무엇이고 문자의 권력은 어디서 나오는지를 우리가 생각해보도록 도우리라는
바람으로 라캉을 끌어왔다.

12   Jacques Lacan, "The Agency of the Letter in the Unconscious", *Ecrits*,
Trans. Alan Sheridan, New York: Norton, 1981, p. 147.

13   Stone, "The Empire Strikes Back"(295). 영국과 미국의 체계가 각자 성전환을
관리하는 방식에서 너무 정확히 닮은 지점을 뽑아내는 일을 조심해야 할 이유가
몇 가지 있다. 영국의 트랜스 관련 법의 현황에 대한 설명은 법학자인 스티븐
위틀의 저작을 참조하라. 위틀은 영국의 젠더 인정법과 잉글랜드에서 트랜스들의
법적 지위에 관해 광범위한 저술 작업을 해오고 있다. [역주] 영국 젠더 인정법
The Gender Recognition Act 2004은 영국에서 젠더 디스포리아를 겪고 있는 성인이
자신의 법적 젠더를 바꿀 수 있게 허용한 의회법이다.

14   트랜스들의 성별/섹스 인증 배후에 있는 법적 근거뿐 아니라 위원회가 이
기획안을 검토하는 동안 회의에 수반된 협상들에 대한 포괄적이고 통찰력 있는
고찰은 다음을 보라. Paisley Currah and Lisa Jean Moore, "'We Won't
Know Who You Are': Contesting Sex Designations in New York City Birth
Certificates", *Hypatia: A Journal of Feminist Philosophy* 24.3(2009): 113-
135.

15   [역주] 사회보장국The Social Security Administration은 사회보장제도 전반을
관리하는 연방정부 산하기관이다. 차량관리국the Department of Motor Vehicles은
도로 교통 및 차량 관련 업무를 맡은 공공기관으로 주 정부 산하기관이다.

16   [역주] 앞서 6장에서는 "neovagina", "neophallus"를 '새로운 질', '새로운
음경'으로 풀어 썼지만 여기서는 강조 표시까지 붙은 개념어로 등장했기에
음차했다. 사전을 찾아보면 '수술로 만들어진 질과 음경'을 가리키는 단어로
소개되고, '신新질', '신남근' 같은 번역어도 온라인상에서 찾아볼 수 있다. 그러나
트랜스젠더가 수술 후 갖게 된 질과 음경을 그냥 질과 음경이라고 부르면 안 될
이유가 뭐란 말인가. 수술 후 특수한 의료 관리가 지속적으로 필요해서 (의료
목적을 위한 중립적 의미로만) 병원 기록에 따로 적어두는 경우가 아니라면, 굳이
이런 새로운 용어를 붙여 부르는 일에서 행정편의주의적 사고와 트랜스젠더를
시스젠더로부터 식별하고야 말겠다는 시스젠더 중심적이고 트랜스 차별적인
낙인 효과 말고 다른 생산적인 무언가를 기대하긴 힘들 것이다.

17   다음을 보라. Dean Spade, "Compliance Is Gendered: Transgender

Survival and Social Welfare", *Transgender Rights*, Ed. Paisley Currah, Richard Juang, and Shannon Minter, Minneapolis: University of Minnesota Press, 2006, pp. 212-241.

18 [역주] 그웬 아라우호Gwen Araujo는 17세의 나이로 당시 알고 지내던 남성들에게 집단 폭행을 당한 끝에 살해당한 트랜스 여성이다. 관련 재판에서 가해자들은 '평범한 일반인'이라면 상대가 트랜스젠더임을 알게 되면 너무 놀라거나 공포에 질려 방어적으로 폭력을 쓸 수 있다고 우기는 '트랜스 패닉trans panic' 방어 전략을 사용했다. 오랜 소송 끝에 가해자 모두 유죄판결을 받았으나 이 방어 전략의 힘으로 1급 살인죄 대신 2급 살인죄와 과실치사죄에 그쳤으며, 증오범죄도 인정되지 않았다. 그러나 이 사건은 트랜스 인권운동의 주요 전환점이 되었다. 사건이 발생한 캘리포니아주에서부터 점진적인 변화가 일어나 2006년에는 배심원단이 피해자의 젠더나 성적 지향에 대한 편견에 기초한 판결을 내놓지 못하도록 하는 '그웬 아라우호 피해자 정의 법안the Gwen Araujo Justice for Victims Act'이 통과되었고 2014년에는 미국 최초로 트랜스 패닉 방어 전략이 금지되었다 (사건 관련 흐름은 다음을 참조. Juan Carlos Guerrero, "TIMELINE: How the murder of transgender teenager Gwen Araujo unfolded", 2022.11.19. https://abc7news.com/who-is-gwen-araujo-timeline-documentary-transgender-murder/12451079/). 그웬 아라우호 사건을 다룬 다큐멘터리 〈Being Gwen: A Life and Death Story〉가 2002년에 ABC7 뉴스에서 제작되었고(https://abc7news.com/documentary-details-life-and-death-of-17-year-old-gwen-araujo/12451012/), 2006년에 TV 드라마로도 제작되었다. 〈A Girl Like Me: The Gwen Araujo Story〉(https://www.imdb.com/title/tt0787484/) 한편 2018년부터 민주당은 미국 모든 주와 연방법원에서 게이/트랜스 패닉 방어 전략을 금하는 법안the Gay and Trans Panic Defense Prohibition Act을 발의해왔고, 2024년까지도 통과되지 못한 상태이긴 하나 이미 15개 주 이상에서 금지 조치를 시행하고 있다. 그러나 2025년 트럼프가 다시 대통령이 되면서 성소수자 인권과 관련된 모든 것들이 끔찍하게 퇴보 중이다.

처음부터 끝까지 주디스 버틀러에게 감사드린다. 영감을 주는 그의 저작과 변함없는 지지 덕분에 이 책이 나올 수 있었다.

이 책의 편집을 맡아준 컬럼비아대학교 출판부 웬디 로크너와 수전 펜삭, 그리고 이름은 밝힐 수 없지만 원고를 검토해준 세 분께 감사드린다. 이들의 제안이 원고를 보강하는 데 도움이 되었다.

프린스턴대학교에, 그리고 여기 이름을 적은 이들을 포함한 동료들과 친구들에게 감사드린다. 에두아르도 카다바Eduardo Cadava, 자히드 처더리Zahid Chaudhary, 앤 청Anne Cheng, 짐 클라크Jim Clark, 이사벨 클라르크-데세Isabelle Clark-Decès, 질 돌란Jill Dolan, 제프 돌번Jeff Dolven, 다이애나 퍼스Diana Fuss, R. 마리 그리피스R. Marie Griffith, 다니엘 헬러-로젠Daniel Heller-Roazen, 클라우디아 존슨Claudia Johnson, 메레디스

마틴Meredith Martin, 데보라 노드Deborah Nord, 제프 누노카와Jeff Nunokawa, 나이젤 스미스Nigel Smith, 발 스미스Val Smith, 알렉산드라 바스케스Alexandra Vazquez, 스테이시 울프Stacy Wolf, 마이클 우드Michael Wood. 또한 이 작업의 많은 부분을 완성할 수 있도록 지원해준 프린스턴대학교 교수 모임에 감사드린다—레오너드 바르칸Leonard Barkan, 포기할 줄 모르는 메리 하퍼Mary Harper, 캐롤 리골로Carol Rigolot, 캐스 가너Cass Garner, 린 드티티아Lin DeTittia, 그리고 특히 동료 연구원 마르고 세네데이Margot Canaday, 젠 루빈스타인Jen Rubenstein, 벤 카프카Ben Kafka, 그레이엄 존스Graham Jones, 미리엄 패티Miriam Petty, 멘디 오바다이크Mendi Obadike, 비앙카 칼라브레시Bianca Calabresi, 마르틴 셰르칭어Martin Scherzinger에게 감사드린다. 그리고 프린스턴대학교 동문회 기금과 대학 내 LGBT 센터의 데비 바저스키Debbie Bazarsky에게도 감사드린다.

앨런 슈리프트Alan Schrift와 조해나 미언Johanna Meehan에게 깊은 감사를 보낸다. 이들이 작업 초반부터 보내준 지속적인 격려가 없었다면 나는 길을 찾지 못했을 것이다. 내 조바심을 친절과 지적 관대함으로 받아준 제임스 키세인James Kissane과 크누트 타르노프스키Knut Tarnowski에게도 감사드린다.

카자 실버만Kaja Silverman, 조앤 스콧Joan Scott, 데이비드 카잔지언David Kazanjian, 조시 살다나Josie Saldana, 켄 코벳Ken Corbett, 데이비드 앵David Eng, 테이무 루스콜라Teimu Ruskola, 즈린카 스타훌야크Zrinka Stahuljak, 로레 무라트Laure Murat 같은 좋은 분들과 함께하게 되어 정말 기쁘다. 게일 웨이스Gail Weiss, 에바 지아레크Ewa Ziarek, 앤절라 맥

로비Angela McRobbie, 페니 도이처Penny Deutscher, 앤 머피Ann Murphy, 사미르 하다드Samir Haddad, 메리 베스 메이더Mary Beth Mader, 다이앤 펠피치Diane Perpich, 켈리 올리버Kelly Oliver, 데니스 라일리Denise Riley, 페트라 쿠퍼스Petra Kuppers, 엘리자베스 위드Elizabeth Weed, 앤 파우스토-스털링Anne Fausto-Sterling, 캐롤 암스트롱Carol Armstrong에게도 감사드린다. 또 트랜스 사안과 관련해서 대화하며 지혜를 나눠준 C. L. 콜C. L. Cole, 잭 핼버스탬, 리사 C.Lisa C., 에릭 슈나이더Erik Schneider, 딜런 스콜린스키Dylan Scholinski, 파트리크 르텔리에Patrick Letellier에게도 많은 도움을 받았다.

내가 UC 버클리에 있던 동안의 동료들과 친구들에게도 감사드린다─호메이 킹Homay King, 캐서린 짐머Catherine Zimmer, 질 스타우퍼Jill Stauffer, 베스 퍼거슨Beth Ferguson, 길리언 하킨스Gillian Harkins, 카트린 팔Katrin Pahl, 제임스 살라자르James Salazar, 롭 미오트케Rob Miotke, 엠마 비안키Emma Bianchi, 펠리페 구터리에즈Felipe Gutterriez, 제인 테일러슨Jane Taylorson, 맥신 프레데릭슨Maxine Fredericksen, 칼 프레데릭슨Carl Fredericksen.

이 기획이 아직 학위논문 형식이던 시절에 이루 말할 수 없이 귀한 의견과 조언을 전해준 주디스 버틀러, 카자 실버만, 샤론 마커스Sharon Marcus, 데이비드 호이David Hoy에게 감사드린다. 1장을 읽고 논평해준 칼 브리토Karl Britto, 마이클 루세이Michael Lucey, 카리스 톰슨Charis Thompson, 파올라 바케타Paola Bacchetta, 레이 길모어Leigh Gilmore에게 감사드린다. 버클리와 프린스턴대학교의 내 학생들에게, 특히 캐시 해너백Cathy Hannabach에게 감사드린다.

진정한 우정과 지속적인 연대감을 이어준 더스틴 레이 저미어Dustin Ray Jermier, 아먼 카스마이Armon Kasmai, 미스 AMiss A, 마이크 네일드Mike Nield, 릴라 서킬드Lila Thirkield에게 감사드린다.

렉싱턴클럽과 서니Sunny, 에이스Ace, 대니Danny, 리비Libby, 이베트Yvette, 켈리Kelly, 스텝Steph, 브리Bre, 키키Kiki에게 감사드린다. 에이스 모건Ace Morgan, 릴리 로드리게스Lily Rodriguez, 앨리슨 와이코프Allison Wykoff의 예리한 안목에 감사드린다.

이 책을 쓰는 동안 내게 다양한 쉴 곳이 되어준 제인 휴버Jane Huber와 게리 키와누카Gerry Kiwanuka, 파트리크 르텔리에와 키스 호지Keith Hodge, 넬로 카를리니Nello Carlini, 벤 카프카와 줄리 코Julie Coe, 그리고 웬디 브라운에게 감사드린다.

줄리 샐러먼Julie Salamon, 셰릴 클라크Cheryl Clark, 리처드 샐러먼Richard Salamon, 마릴린 에이어스-샐러먼Marilyn Ayers-Salamon에게 감사드린다.

마지막으로, 모든 면에서 A. B. 후버A. B. Huber에게 무한한 감사를 보낸다. 당신은 나의 나침반이 늘 향하는 북극점이야.

옮긴이 해제[1]

어떤 이들에게는, 몸은 자명한 것이다. 그리고 그 몸이 당연히 남성 아니면 여성의 몸이어야 한다고 믿는 사람 중 결코 '일부'라고 말할 수 없는 많은 이들이, 태어날 때부터 주어진 남성과 여성의 자리에 곱게 머물러 있지 않는 이들을 병적이고 타락했고 잘못되었고 위험한 존재로 낙인찍는 커다란 흐름을 이루어왔다. 2018년 세계보건기구WHO의 국제질병분류ICD 11차 개정판의 정신장애 항목에서 삭제된 것을 마지막으로 지금은 그 어느 국제적인 질병 분류 체계에서도 트랜스젠더가 질병이나 장애로 기술되지 않는데도 이런 낙인은 여전히 강력하게 남아 있다. 예를 들어 2010년대 중후반부터 급부상한 한국의 트랜스 혐오 담론에서 대표적 공격 용어 중 하나는 '젠신병자'('젠더'와 '정신병자'의 합성어)이다.

《감정의 문화정치》에서 사라 아메드가 논했듯, 모멸·혐오·공포와 같은 부정적 감정·의미·기호들은 사회적으로 주변화된 타자들에게 훨씬 더 쉽게 들러붙고, 그것이 오랜 시간 반복되면 의미가 더 이상 흐르지 못하는 봉쇄 효과가 일어난다. 수많은 사람이 수많은 시공간에서 혐오 담론을 축적해온 효과로 장애인은 계속 '병신'이 되고, 동성애자는 계속 '변태'가 되며, 트랜스젠더는 '정신병자'로 굳어지는 것이다. 이렇게 의미가 고정되고 나면 당사자 개개인이 일상에서 매일 맞서 싸워도 그 의미를 쉽게 벗겨낼 수 없고, 그 의미가 원래 그 타자의 속성이었던 것처럼 다시금 혐오를 정당화하는 근거로 쓰이는 악순환이 일어난다. 그리하여 '혐오해도 되는 타자'가 생산된다. '젠신병자'라는 혐오 발언은 이런 과정을 거쳐 SNS상에서 이미 '밈meme'으로 굳어져 통용되고 있다. 그리고 이렇게 당연시된 혐오 밈은 실제 당사자들의 생명을 위협하는 폭력으로 너무도 쉽게 발전하고 그 폭력을 정당화하는 역할을 맡는다. 따라서 이런 혐오의 의미 봉쇄를 중단시키고 그 의미를 걷어내는 작업이 필요하다. 연구자의 책무는 이처럼 혐오의 작동 방식을 파헤치는 한편으로, 그런 혐오 담론을 논박할 수 있는 이론적 자원을 다양하게 발굴하여 대항 담론을 발전시키는 일일 것이다.

'젠신병자'라는 용어는 섹스/젠더를 각각 물질적인 것/정신적인 것으로 이해하는 이분법적 틀을 전제한다. 여기서 전제되는 섹스와 몸의 일치도 문제가 많지만, 골치 아픈 것은 몸의 물질성을 반박 불가능한 토대로 삼는 이 인식틀이 서구 형이상학의 역사에서 몸에 대한 정신의 우위를 내세웠던 강력한 전통—플라톤과 아리스토텔레스에서 기독교 철학으로 이어져 근대 철학을 거쳐 현대에 들어서는 신자유주의적 자기계발 담론에 연료를 공급해온—에 대한 비판적 틀로서 명맥을 이어왔다는 점이다. 다시 말해, '백인-남성-비장애인-중상위 계급'처럼 기득권을 쥔 위치에 있는 주체들이 정신/몸의 이분법적 위계에서 '정신'의 고고한 위상을 차지하고 이를 정당화하는 이론들을 생산하는 동안, 그보다 못한 '몸'으로 치부된 타자들은 이 위계에 대항하는 과정에서 자신들과 함께 폄하되어온 몸의 중요성에 주목했다. 예를 들어 페미니즘에서는 정신/몸을 남성/여성에 등치시켜 전자에 우월성을 부여하는 이분법적 위계에 맞서 싸우는 과정에서 몸, 특히 여성의 몸의 가치를 발굴하고 의미를 부여하는 작업이 진행되어왔다. 페미니즘 몸 이론이라고 부를 만한 이 흐름은 뤼스 이리가레의 성차 이론을 바탕으로 발전해왔다. 그런데 이 흐름에 속한 이론가들은 여성의 몸을 중심으로 철학을 재편하는 과정에서 남성/여성의 관계만을 성적 차이로 인정하고, 이 성차의 개념화에 필요한 남성과 여성이라는 이분법적 성별 범주를 몸의 물질성과 등치시켰다. 그러다보니 이 성차를 교란하는 트랜스의 존재 자체가 이런 페미니즘 몸 이론과 양립 불가능하고 배척해야 마땅한 골칫거리로 취급되어왔다.

달리 말하자면, 트랜스젠더를 '몸의 물질성'이라는 '진짜' '현실'을 감히 무시할 수 있다고 믿는 (정신병리적) 망상에 빠진 존재, 나아가 그 물질적 토대를 파괴하는 위법한 존재로 재현하는 담론이 이토록 오랫동안 강력했던 이유는 한편으로는 시스젠더 이성애 중심적인 사회 체계 때문이지만, 다른 한편으론 전통적으로 사회적 소수자 정치들이 운동의 토대로서 몸의 물질성에 의존해온 경향이 강했기 때문이기도 할 것이다.[2] 이런 맥락에서 몸의 물질성을 옹호하는 주장들은 진보와 보수를 가릴 것 없이 너무 잘 먹히기 때문에 거기 얽혀 있는 혐오와 배제를 논박하기가 더욱 어려워지곤 한다.

나는 《퀴어 이론 산책하기》 2장과 3장에서 주디스 버틀러와 이브 코소프스키 세즈윅 같은 퀴어 페미니즘 이론가들이 이 문제에 대한 대항 이론을 어떻게 구축해왔는지를 정리한 바 있다. 이 이론가들에 더해 주목해야 할 학자는 이 책의 저자인 퀴어 페미니즘 현상학자 게일 샐러먼이다. 샐러먼은 《라티샤 킹의 삶과 죽음: 트랜스 혐오에 대한 비판 현상학The Life and Death of Latisha King: A Critical Phenomenology of Transphobia》(2018),[3] 공동 편집자로 참여한 선집 《비판 현상학의 50가지 개념50 Concepts for a Critical Phenomenology》(2019),[4] 그 외 여러 논문[5]을 출간하면서 다양한 사회적 소수자들을 위한 비판 현상학을 마련하는 작업에 매진해왔다. 다시 말해 오랫동안 시스젠더-이성애자-백인-비장애인-남성을 인간의 기준으로 삼아 생산되어온 주류 현상학에 제동을 걸고, 기존의 현상학이 주목하지 않았던 다양한 타자들을 중심에 두는 급진적이고 (무엇보다) 교차적인 이론과 정치를 위한 도구로서 현상학을 고쳐 쓰는 작업에 참여해왔다.[6]

특히 샐러먼이 초점을 맞춰온 이들은 규범적인 젠더 이분법에 들어맞지 않는 존재들이다. 첫 번째 저서이자 우리가 본 이 책 《몸을 추정하기: 트랜스젠더와 물질성의 수사학》에서 샐러먼은 비규범적 젠더 체현을 설명해줄 이론을 마련하는 데 힘쓴다. 섹스, 젠더, 섹슈얼리티와 관련된 수많은 다양성과 차이를 '남성/여성' 그리고 '동성애/이성애'라는 경직된 이분법적 분류 체계 안에 구겨넣는 것이 (주류 사회는 물론 페미니즘과 '퀴어'라는 제목을 달고 생산되는 담론들에서마저) 일반적인 상황에서, 샐러먼은 "인식론적 불확실성이 규범적으로 젠더화되지 않은 존재들의 삶에 윤리적으로도 정치적으로도 큰 도움이 될 수 있음"을 주장한다.(서론) 샐러먼의 관심사는 '인식론적 불확실성'에 대한 설명력을 이론적으로 확보하고, 이를 통해 그러한 불확실성을 체현하는 사람들이 그저 자기 자신으로 살아갈 수 있도록 돕는 것이다. 따라서 샐러먼의 작업은 불확실성을 끊임없이 단속하고 제거하려는 움직임이 당사자들에게 얼마나 심각한 폭력으로 기능하는지를 증언하는 동시에, 그처럼 확실성과 동일성에 집착하는 폭력이 얼마나 불명확하고 모순적인지를 논증함으로써 그러한 폭력에 대항한다. 나아가 현재의 경직된 규범 체계에 모든 것을 끼워 맞추지 않을 다른 길을 모색함으로써 더 많은 차이를 살릴 수 있는 다른 세상 만들기에 일조하고자 한다.

이때 샐러먼은 트랜스와 물질성의 골치 아픈 관계에 주목한다. 이 책은 트랜스젠더와 트랜스섹슈얼의 존재를 진짜 또는 가짜로 주장하는 담론들의 중심에 '물질성'이 놓여 있다는 통찰에서 출발한다. 즉, 샐러먼은 트랜스를 '가짜' 취급하는 시스젠더-

이성애 중심적 주류 담론도, 트랜스를 '진짜'로 증명하려는 당사자 담론도 '반박 불가능한 물질성'에 의존하는 현상에 주목하여, 한편으로는 그러한 '진짜 물질성'이란 것이 얼마나 모순적으로 생산되는 사회적 구성물인지를 다각적으로 논증하고, 다른 한편으로는 뭔가 확실하고 본질적인 물질이란 것에 의지하지 않고서도 트랜스 체현을 설명할 길을 이론적으로 모색한다.[7] 이 작업은 단지 이론적인 것만이 아니라 현실에 개입하는 비판 실천인데, 왜냐하면 물질성에 대한 본질주의적 이해와 이를 바탕으로 구축된 배타적인 정체성 정치는 주류 언론을 비롯해 법·행정 체계는 물론이고 페미니즘과 게이 레즈비언 공동체에서도 나타나는 트랜스 배제와 혐오에 연료를 공급해왔기 때문이다. 샐러먼은 이론과 실제를 오가는 이 혐오 폭력의 순환을 끊고 차이를 사유하고 살릴 공간을 마련하고자 한다.

이런 목표 아래 이 책은 총 4부로 구성되었다. 1부에서는 정신분석학(1장)과 현상학(2장)에 초점을 맞춰 트랜스 체현을 지지해줄 이론적 기반을 마련하고자 시도한다. 이 두 학문의 독보적 장점은 정신적인 것과 물질적인 것이 어떻게 서로 연결되는지, 그리하여 주체가 자기 몸을 어떻게 인식하게 되는지에 대한 정교한 설명을 제공하고, 주체가 자기 몸을 느끼는 감각과 외부에서 인식되는 몸 간의 거리를 이론화한다는 점이다. 이는 우리가 그 어떤 매개 없이 '진짜 몸의 물질성'을 알 수 있다는 통념을 해체하고, 트랜스들이 몸, 자아, 정체성을 인식하고 형성하는 방식을 병리화하지 않는 이론을 만드는 데 유용하게 쓰일 수 있다.

2부에서는 1부 마지막 절에 이어 트랜스섹슈얼 당사자 담론 일부에서 몸의 물질성이든 주체의 행위성이든 뭔가 쉽게 의지할 수 있는 본질주의적이거나 의지주의적인 설명을 선호하고 '사회적 구성'과 엮이기 싫어하는 경향성에 비판적으로 개입하는 한편,(3장) 페미니즘과 게이 레즈비언 학계 및 공동체에서 트랜스의 존재 자체를 여성/여성성에 대한 폭력으로 규정함으로써 트랜스 혐오를 정당화하는 방식을 논박한다.(4장)

3부에서는 페미니즘 몸 이론의 토대로 사용되어온 성차 이론이 구조적으로 트랜스를 배제하는 양상을 분석하는 한편, 성차를 남/여 이분법을 넘어서 더 다양한 급진적 차이에 열어놓을 가능성을 타진한다.(5장과 6장) 이런 논의를 통해 2부와 3부는 트랜스-페미니즘-게이 레즈비언 학계 및 공동체 간의 민주적 통합을 저해하는 요인들을 이론적 층위에서 파훼하려 시도하면서, 이 관계들을 생산적인 방향으로 재정립할 방법을 모색한다.

4부이자 마지막 장인 7장에서는 행정법 체계가 불변의 진리로 강제하는 성별 이분법이 '자연스러운 몸의 물질성'에 기초한 것이 아니라 사실상 기표로서의 이분법 체계를 물질화하는 방식을 분석하는 한편, 어떻게 트랜스 주체들의 '섹스'가 개인이 '갖는' 사적 소유물이 아니라 국가가 결정하고 소유하고 처분하는 자산으로 구성되고 관리되는지를 예증한다. 그리고 젠더 이분법 범주에 맞지 않는 존재들을 이분법에 억지로 끼워 맞추는 일이 그런 일을 지지하는 자들의 기대와 달리 일관성은커녕 얼마나 부조리하고 엉망진창인지를 보임으로써 물질과 성에 대한 견고한 환상을 깨부순다.

"몸을 추정하기" 1: 트랜스 체현을 이론화하기

이 책의 원제인 'assuming a body'는 몸을 몸으로 인식/인정하는 것이 결코 자명한 일이 아님을 드러낸다. 여기서 assume은 '취하다'와 '추정하다'의 이중의 의미를 담고 있다. 우리는 어떻게 해서 이 몸을 '내 몸'으로 받아들이는가? 어떻게 해서 내 몸이 여성 또는 남성의 몸이라고 인식하게 되는가? 또 어떻게 우리는 지나가는 타인의 몸을 여성 또는 남성으로 추정하는가?

트랜스 체현 이론을 구성할 자원을 탐색하는 1부에서 샐러먼은 많은 퀴어 페미니스트 학자들이 지적했듯 정신분석과 현상학이 남성 중심적으로 계보를 구축해온 경향과 특히 정신분석이 역사적으로 성소수자를 비정상으로 낙인찍는 대중적 인식에 이론적 연료를 공급해온 문제를 시인하면서도 이 두 학문의 유용성에 주목한다. 샐러먼이 정신분석학과 현상학에서 초점을 맞추는 지점은 이 두 학문이 몸의 물질성이 반박 불가능하다는 믿음에 의존하는 대신에 몸과 정신의 관계를 탐구하면서 어떻게 어떤 물질을 '내 몸'으로, '여성 또는 남성의 몸'으로 인식하는가에 대한 프로세스를 이론화하는 방식이다.[8] 샐러먼은 이 두 학문에서 생산되어온 자아 형성 이론들에서 몸을 남성/여성의 이분법적 범주에 반드시 끼워 맞출 수 없게끔 하는 몸의 근본적인 애매성과 유동성을 뒷받침해줄 만한 지점들을 발굴해낸다. 여기서 핵심은 '느껴지는 감각felt sense'이다. 트랜스 정체성이 의심받는 기본적 이유는 당사자가 자기 몸에 대해 느끼는 감각과 외부에서 그 몸을 읽고 추정한 결론이 충돌하기 때문이다. 그런데 정신분석학과 현상학은 '신체적 에고', '몸 도식', '고유감각', '체현' 등의 개념을 통해 (시스젠더-이성애 중심적 사회가 몸의 '진짜 물질성'이라고 착각하고 강제하는) '몸의 육체적 윤곽'보다 '느껴지는 감각'을 우선시하는 이론을 제공한다. 이때 느껴지는 감각은 전적으로 생물학의 영역에 귀속되어 있거나 아니면 의지주의적 주체가 제멋대로 정하는 것이 아니라, 철저히 타자와 세계와의 관계성의 맥락에서, 그리고 그러한 관계가 경험적으로 축적된 역사성의 맥락에서 설명된다. 정신분석과 현상학에서 나온 자아와 몸의 형성에 관한 이론들의 공통된 주장은, '내 몸'이란 것이 필연적으로 오인, 차이, 거리, 타자성, 관계성을 통해, 그리고 그러한 것들이 축적된 역사를 통해 형성된다는 것이다. 이런 점에서 내가 내 몸을 특정한 방향으로 감각하고 인식하게끔 해주는 몸 도식 또는 성적 도식은 그 어떤 해부학적 구조나 형태 구조에도 근본적으로 매여 있지 않으며, 유동적이고 가변적이고, 따라서 (그러한 도식이 원래는 '나'의 범위가 어디까지인지를 가늠하고 정하기 위해 형성된 것이라 하더라도) 처음부터 불가피하게 주체와 타자의 경계를 흐려놓을 잠재력을 품고 있다.

몸을 이렇게 이해할 때의 이점은 첫째로, 주체가 오로지 수동적으로 운명을 받아들여야만 하는 본질주의적 물질성 모델에도, 주체가 모든 권한을 틀어쥐는 의지주의적 모델에도 빠지지 않을 수 있게 해준다는 점이다. 느껴지는 감각은 자의적 선택과 같지 않으며, 그것은 내가 태어난 순간부터 세계와 관계 맺고 복잡하게 상호작용하며 살아 있다는 뜻이다. 여기서 수동과 능동은 떼려야 뗄 수 없게 뒤얽혀 있다. 말하자면 "내 몸에 대한 내 경험, 내 몸의 확장과 효능에 대한 내 감각, 내가 내 몸을 거주 가능하게 만들기 위해 애쓰는 방식들, 내가 내 몸을 활용하는 용법―또는 욕망으로 몸부림치는 가운데 아마도 몸이 나를 활용하는 용법―이, 나라는 물질성이 무엇이든 간에 그 물질성과 내가 필수적으로 맺는 관계"인 것이다.(114) 둘째로, 이런 논의들은 외부에서 읽고 추정하는 몸과 본인이 자기 몸에 대해 느끼는 감각 간의 괴리가 트랜스들에게만 해당하는 것이 아니라 모든 인간의 형성에 필수적인 동일시 과정 자체라는 점, 달리 말해 "규범적인 젠더의 생산 자체가 몸의 '느껴지는 감각'과 몸의 육체적 윤곽 간의 괴리에 의존"한다는 점을 보여주며, 따라서 트랜스들을 가짜 취급하거나 병리화할 근거가 없음을 입증한다.(10) 특히 샐러먼이 2장에서 공들여 분석하는 메를로-퐁티의 '체현', '실존', '육신', '초월' 같은 개념은 트랜스 주체들이 자신을 감각하고 이해하고 정의하고 자신의 모습대로 살고자 투쟁하는 그 모든 과정을, 규범적으로 젠더화된 주체들과 근본적으로 다를 바 없는 인간 실존의 자연스러운 양상으로 설명할 수 있게 해준다. 예를 들어 메를로-퐁티에게 실존이란 "지금까지 무의미했던 것이 의미를 떠맡게끔 하는 과정 자체", "즉 그저 성적인 의미만이 있던 것이 좀 더 일반적인 중요성을 갖게끔 하는 과정"을 이르는 말로서 "본래 결정될 수 없는" 성질을 띤다.(112-113) 그리고 실존이 본질적으로 결정될 수 없기에 사람이 자신이 처한 상황을 나름대로 설명하려 애쓰고 또 바꾸려 노력하면서 어떻게든 자신을 둘러싼 환경에서 살길을 뚫어가려는 그 모든 행위에 메를로-퐁티는 '초월'이란 이름을 붙인다. 이런 설명은 트랜스들이 겪는 '젠더 디스포리아'를 정신병이 아니라 다양한 실존 중의 하나로 자리매김하게 도울 뿐 아니라, 억압적인 젠더 이분법 체계 속에서 그런 위화감을 견뎌내며 치열하게 생존을 모색하는 트랜스 주체들의 다양한 노력을 그 자체로 인정하고 존중한다.

이런 논의들은 우리가 어떻게 신체적 한계와 규범적 인식틀에도 불구하고 자기 몸에 대한 고유한 느낌과 인식과 역사와 자기 '삶'을 갖게 될 수 있는지를 설명해준다.

"몸을 추정하기" 2: 추정하는 힘들을 해체하기

1부에서 논한 'assuming a body'가 실존적 차원에서 모든 인간 존재가 이 몸을 '자기 몸'으로 받아들이기 위해 거치는 필수적인 과정을 가리킨다면, 책의 2, 3, 4부에서는 당대의 지배적인 '인식 가능성의 매트릭스(들)matrices of intelligibility'[9]과의 상호작용 속에서 일어나는 'assuming a body'의 현상들, 즉 여기서는 배타적이면서도 모순적인 섹스-젠더-섹슈얼리티 규범 체계와의 관계 속에서 몸을 추정하고 취하는 다양한 행위와 현상을 분석하면서 물질성에 부여되는 절대적 진리와 일관성의 환상을 해체한다. 앞서 트

랜스 주체성이 문제가 되는 이유는 외부에서 그 몸을 읽고 추정
해서 판단한 바와 당사자가 느끼는 감각이 심각한 충돌을 일으
키기 때문이라고 서술했지만, 사실 외부의 이 시선이란 결코 객
관적인 지식이 아니라, 모든 생명체를 남성과 여성 단 두 개의 범
주로 구획하는 젠더 이분법 체계를 진리라고 믿고 그것을 기준
으로 자신이 저 몸의 진실, '진짜 물질성'이란 것을 읽었다고 굳
게 믿는 추정 작업일 뿐이다. 이 인식틀에 부합하는 몸만 '진짜
물질성'으로 인식/인정하고, 모든 존재에게 이 틀에서 허용하는
몸(남성 아니면 여성의 몸)만을 부여한다는 의미에서, 그리고 개개인
이 그렇게 지정받은 범주에 순응하려는 노력을 게을리하지 않아
야만 '인간의 몸'으로 인식/인정해준다는 의미에서, 현재의 시스
젠더-이성애 규범적 사회에서 '몸을 추정하기'는 특정 방식으로
(만) '몸을 취하기'를 강제하는 것이기도 하다.

이런 식의 '몸을 추정하기'에는 다음과 같은 것들이 포함된
다―수술을 통한 트랜스 주체들의 몸 변화를 새로운 신체 부
위의 '생성'으로 보는 대신에 소위 여성성이나 남성성의 정수로
여겨지는 신체 부위(유방/페니스)의 '훼손', '거세', '상실'로 해석하
기,(4장) 여성성이나 남성성의 정수라는 그 신체 부위가 트랜지
션 과정에서 생성되었더라도 법적 성별 정정 절차가 완료되지
않으면(또는 완료되었더라도) 그 부위를 당사자의 젠더감각에 비
로소 맞는 여성성과 남성성의 증거로 인정해주지 않기,(4장, 7장)
MTF는 기껏해야 여자인 척하는 남자일 뿐이고 본질은 여성들
에게 성적 위협을 가하려는 치한이며 FTM은 여성 공동체를 파

괴하고 남성 권력을 구걸하는 여성 혐오자들이라고 추정하기,(4장, 5장) 레즈비언 공동체 안에서 부치나 다이크의 젠더 표현이 어떠하든 간에 그들도 트랜스젠더와는 완벽히 구별되는 '여성'이라고 추정하고 그 추정을 스스로 증명할 것을 강요하기,(4장) 트랜지션을 한 사람은 남/여 이분법적 범주의 한쪽에서 반대쪽으로 완전히 이주해서 오로지 그쪽 특성만 갖게 되었다고 추정하고 그 추정의 증명을 당사자에게 강요하기(3장, 7장) 등. 이런 추정들은 서로 모순적으로 뒤엉켜 있고, 사실 '몸의 육체적 윤곽'이나 '성기의 배치 형태'에 기초한 것도 아니다. 트랜스 주체들이 트랜지션을 거쳐 외형이 바뀌어도 현재의 몸은 무시당하고(4장에서 샐러먼은 언론에서 FTM을 재현할 때 탑 수술 흉터만 두드러지게 조명하는 경향이 눈앞에 있는 사람의 외양은 거짓이고 그 '진짜 성별', 즉 제거된 '여성의 유방'은 흉터 아래에 묻혀 있다고 해석하도록 시청자들을 유도하는 방식을 비판적으로 분석한다), 거리에서 마주치는 사람에 대한 성별 추정은 상대방의 성기에 대한 아무런 정보도 없으면서 이뤄진다. 결국 이런 추정은 오로지 젠더 이분법 체계를 절대시한다는 규칙만 따른다는 점에서 늘 불명확하고 부조리하다.

7장에서 MTF인 잰 모리스의 자서전에 대한 분석은 이러한 '몸을 추정하기'의 허상과 강제를 여실히 보여준다. 성별 정정 전에도 내내 여성으로 살아왔고 여성으로 패싱되어왔음에도 모리스가 남/여 따로 줄을 서는 공항의 보안 검색대 앞에서 주변 사람들에게 자신이 어느 쪽 성별로 읽힐지 매번 긴장하면서 그때그때 호명되는 성별('Mr.'나 'Ms.')에 자신을 맞추는 상황은 그 자체로 젠더화의 과정을 예증한다. "그 과정은 결코 순수하게 육체적인 것도 순수하게 의지에 의한 것도 아니며, 오히려 한 사람의 신체적 외양과 행동양식에 대한 다른 사람들의 기대와 해석을 통해 창조되고 강제되는 것이다."(353) 또한 모리스가 성기 수술 직전에 성별 정정 절차를 거치고 있음을 알리면서 개인정보 변경을 요청하자 은행, 보험회사, 운전면허 등록기관, 여권 담당 부서 등 각기 다른 기관에서 모리스의 성별을 각기 다르게 표시한 증명 서류를 내준 일, 성별 정정이 끝난 뒤 그 과정과 관련된 문서 기록 전체가 FBI의 기밀문서로 분류되어 모리스 본인도 열람할 수 없게끔 국가기관에 봉인된 일, 그리고 트랜스 주체들이 자신의 젠더감각에 맞는 성별로 살고 있고 외양도 그렇게 읽힌다 한들 법적으로 등록된 지정성별과 맞지 않으면 사회보장국에서 직장으로 보내는 '불일치 통지서'가 트랜스들에게 실직과 빈곤, 신변의 위협을 야기한다는 점은, 남성과 여성을 각각 나타내는 m과 f라는 문자 기호가 ('진짜 물질성'으로 믿어지는) '섹스'를 반영한 것이 아니라 반대로 개개인의 사람에게 '섹스'를 부여하거나 박탈하는 상징 권력으로 기능한다는 점을 보여준다. 그리고 '섹스'는 개인의 소유물이나 속성이 아니라 국가에서 관리하는, 차라리 '관료주의적'이라고 부를 만한 대상임을 보여준다. 사실 이는 트랜스 주체들뿐 아니라 다양한 사회적 소수자들도 겪는 일이다. 미국에서 저소득층 유색인과 유색인 장애인을 불법 감금하여 대규모 불임 시술을 강제로 시행했던 역사, 한국에서도 1950년대에서 1960년대까지 장애인 불임 시술이 강제되었던 일, 국가 주도로 한국전쟁에서, 그다음에는 미군 대상으로 성노동자 여성들을 관리하고 착취해온 역사, 21세기 저출산 문제의 해결책이랍시고 전국의 여성을 대상으로 가임기 지도를 관공서에서 만들었던 일 등은 ('성별'의 의미와 '성적인 것'의 의미 둘 다에서) '섹스'가 늘 개인의 자율을 넘어선 국가적 자산으로 관리되어왔음을 입증한다.[10]

이처럼 젠더 이분법 체계 안에서 몸의 추정과 강제는 내외부의 차이를 단속하고 동질성이란 허상을 획득하려는 경직된 정체성의 정치를 활성화한다. 3장에서 샐러먼은 일부 트랜스섹슈얼 당사자 담론들이 퀴어 이론을 오인하고 배척하는 상황을 타개할 방법을 모색한다. 그리고 4장에서는 트랜스학이 페미니즘과 함께 가야 할 필요성과 상호 유용성을 제시하는 한편, 페미니즘과 트랜스학의 관계가 전자가 후자를 일방적으로 하위 분야로 흡수하는 방식이 아닌 민주적인 통합으로 나아가려면 어떻게 해야 하는지를 고민한다. 이 과정에서 샐러먼은 트랜스섹슈얼 당사자 담론에서의 퀴어 이론의 배척과 페미니즘 및 레즈비언 공동체에서의 트랜스 배척에서 어떤 공통점을 발견하는데, 그것은 젠더 이분법 체계에 기초한 물질성에 대한 본질주의적 옹호, 의지주의적 주체 모델, 그리고 이런 믿음들이 추동하는 동질성에 대한 강박이다.

먼저 페미니즘에서 동질성의 강박은 독자적 분과학문으로서 유지되려면 '여성' 범주를 '지속성과 일관성'을 제공해줄 토대로 만들어야 하고 여성의 경험에 인식론적 특권을 부여해야 한다는 관념과 연관되어 있다. 이런 생각은 트랜스학과 페미니즘의 통합을 어렵게 만드는 요인이다. 더욱이 몸에 대한 페미니즘 이론화 작업들의 구심점인 뤼스 이리가레의 성차 이론은 남/여의 '차이'에 관한 이론 같지만, 사실상 그 차이를 범접 불가능한 전前-존재론적 토대로 만들기 위해 남성 범주와 여성 범주 각각의 내부의 차이를 억압하고 남성과 여성 사이에는 건널 수 없는 간극을 상정하는 동일성의 이론으로 구축되어 있다. 트랜스 주체들은 이 이분법적 범주들 내부에 차이를 생산하고 범주들의 외부에선 간극을 채워주기 때문에, 페미니즘 성차 이론은 현재의 학문적 설명력을 유지하려면 트랜스의 존재 자체를 부정할 수밖에 없는 구조이다.(6장)[11] 레즈비언 공동체에서의 동질성의 강박 또한 '여성'과 '여성성'을 '남성'과 '남성성'으로부터 명확히 구분 짓고자 하는 욕망과 필요에서 나오며, 그 때문에 부치 다이크처럼 남성적 젠더 표현을 하는 사람들은 레즈비언 페미니즘의 역사에서 늘 논란의 대상이 되어 '여성'으로서의 자격 증명을 요구받고 검열당하기 쉽다.[12]

한편 동질성에 대한 강박은 시스젠더 중심적 담론에서만 있는 것이 아니라 트랜스섹슈얼 당사자 담론에서도 나타나는데, 이때 페미니즘과 레즈비어니즘의 정체성 정치에서 동질성과 일관성을 보장하는(그리리라 믿어지는) '본질적 물질성'을 트랜스 담론에서도 똑같이 적용하려는 제이 프로서 같은 이들도 있지만,(1장) 3장에서 검토하는 트랜스 저술가들의 논의에서 이 물질성의 위상과 역할을 대신 차지하는 것은 '느껴지는 감각'이다. 이 담론들에서 '느껴지는 감각'은 외부의 억압과 무관하게 트랜스 당사자가 품은 내면의 진실과 진리를 고스란히 담고 있어서 트랜스를 외부 세계와 아무런 영향도 주고받지 않는 독자적인 실체로 입증해주며, 그러면서도 동시에 '남성' 아니면 '여성' 둘 중 하나의 성을 정확히 가리키고 있다고 해석된다. 본질주의와 의지주의적 주체 모델을 교묘히 합친 이 논리에 대해 샐러먼은 1장과 2장에서 검토한 정신분석의 몸 도식과 현상학 개념들, 그리고 권력과 주체의 관계에 대한 버틀러의 수행성 논의를 끌어와 논박한다. '느껴지는 감각'이란 것이 항상 이미 나를 둘러싸고 있는 세계와 타자들과의 관계 속에서 형성되는 것이며 그 감각을 구체적으로 인식하고 언어화하는 과정 또한 당대의 인식가능성의 매트릭스와 관련해서(이 관련성이 전적인 의존이 아니라 대항의 성격을 띨지라도) 형성되는 것임을 논증하는 것이다. 이는 트랜스의 존재를 부정하는 것이 아니라, 어떤 정체성을 나의, 우리의 이름으로 만들고자 할 때 "우리가 욕망과 정체성을, 내부와 외부를, 자아와 타자를, 굳이 상호 위협적인 방식으로 이해해야 할 필요가 있을까"를 질문하면서 "차이와 함께 가면서 정체성을 공들여 만들 공간"을 고민하자는 제안이다.(240) 샐러먼은 '정체성=동일성'으로 이해하고 내외부의 차이를 제거하는 배타적인 정체화 대신 섹스와 젠더, 섹슈얼리티, 몸, 정체성의 관계를 늘 결정되지 않은/결정될 수 없는 상태로 살려놓는 복잡한 차이의 양상을 살리는 정체화 과정을 중심에 놓고 진지하게 사유하려는 노력이 트랜스/게이 레즈비언/페미니즘 학계 및 운동과 공동체의 연대와 통합을 위해서도 필요하다고 본다.

차이와 더불어 살아갈 세상을 만들기 위하여

이러한 제안과 함께 샐러먼은 책 곳곳에서 이 동질성의 정체성 정치와 젠더 이분법의 틀을 이미 벗어나서 살아가는 다양한 퀴어 실존을 증언하고 그러한 실존에 설명력을 부여해온 다른 트랜스 연구자들의 논의를 소개하면서 대안적인 언어를 마련하려 노력한다. 예를 들어 샐러먼은 3장에서 트랜스 남성적인 사람들에게만 끌리기에 '레즈비언'에 대한 일반적 정의인 '여자를 사랑하는 여자'라는 표현으로는 도무지 설명할 수 없는 퀴어한 욕망, 또는 부치와 게이 사이에 만들어지는 유사성처럼 남성/동성, 이성애/동성애의 이분법적 선을 따라서는 설명하기 어려운 관계성을 설명할 개념으로 '호모에라틱'이라는 신조어를 제시한다. 그리고 '렉스클럽의 소년들'의 사례를 통해 사람들이 얼마나 다양한 양태로 섹스와 젠더를 살아가는지, 우리가 '동질하다homo-'고 믿고 있는 동성애 정체성 범주 안에서도 젠더 체현이 얼마나 이질적으로 분산되어 있는지, 우리가 남성성이나 여성성이라고 믿고 있는 것들이 이분법적 범주를 가로질러 얼마나 다채롭고 예측 불가능하게 유통되는지를 이야기한다. 또한 게일 루빈이 레즈비언 공동체 안에서 부치와 FTM의 관계를 단절 대신 연결로 이해할 방법으로 제시한 연속체 모델(6장)과 그리핀 한스베리가 시스젠더 남성, 젠더퀴어, 트랜스 남성, 부치 다이크 등을 포함해 남성성과 관련되어 정의되는(또는 스스로 그렇게 정의하는) 다양한 존재들의 남성성을 무엇보다 공동체와의 상호작용과 관계성을 중심으로 설명할 방법으로 제시한 트랜스매스큘린 공동체의 스펙트럼 모델(4장) 등을 소개하고 검토한다.[13] 그리고 6장에서는 페미니즘의 성차 이론을 완전히 내버리는 대신에, 성차를 경이로움의 윤리로 채우려 했던 이리가레의 이상을 살려 현재의 이분법적 성차 이론을 더욱 다양하고 복잡한 성적 차이들을 위한 이론으로 고쳐 쓰자고 제안한다.

샐러먼의 이러한 작업은 이분법적 규범에 맞지 않는 존재들을 비정상으로 낙인찍는 짓을 논박할 강력한 언어를 공급함으로써 결과적으로 더 다양한 존재들이 살 만한 삶을 누릴 세상으로 가는 다리를 놓는다. 한국에서도 페미니즘 및 레즈비언 공동체에서의 트랜스 배척 현상이 가시화되었고 사회 일반에서 젠더 이분법을 위반한 것으로 보이는 존재들에 대한 노골적인 폭력과 살해가 꾸준히 발생하고 있는 만큼, 샐러먼의 작업이 적어도 상생을 고민하는 사람들에게 필요한 자원이 되리라 전망한다.

용어에 관하여

이 책에 등장하는 여러 퀴어 관련 용어에는 대부분 역주를 달아 추가 설명했다. 여기서 설명할 필요가 있는 용어들은 '트랜스젠더리즘', '트랜스섹슈얼리티', '트랜스젠더화된 몸'이다. 사실 샐러먼이 책 어디에서도 이 용어들을 엄밀히 정의하지 않은 채 사용하고 있을 뿐 아니라, 이 용어들은 요즘에는 그리 쓰이지 않는 정도를 넘어 혐오적 의미를 담은 용어로 여겨지는 경향도 있기에 현대의 독자들이 보기엔 좀 당황스러울 것 같다. 여기서 나는 명확한 용어 정의를 제공하진 않을 것이다. 오히려 이 용어들에서 주목하고 싶은 것은 담론사적 맥락이다. 샐러먼의 이 책이 퀴어 이론의 학계 등장으로부터 10년 후인 2010년에 출간되었고, 우리의 현재로부터는 15년 전이라는 이 시간의 흐름을 생각할 필요가 있다. 그래서 당대에는 가장 진보적인 의미를 담아 만들어졌던 용어가 시간이 흐르면서 다른 중요한 의미에 자리를 내어주거나, 용어가 유통되면서 원래 의도했던 의미에서 벗어나거나, 특히 혐오 세력이 용어를 탈취해서 왜곡시키거나 하는 변화가 일어날 수 있다. 그러므로 내가 3장 역주30에서 'sex reassignment surgeries'란 용어에 얽힌 미국과 한국의 의미 변화를 정리했듯, 어떤 개념어든 시공간과 맥락을 무시하고 항상 같은 뜻으로 정의되기도 어렵고, 항상 반드시 정치적으로 옳은 용어로 고정되지 못할 수도 있다는 점을 염두에 두면 좋겠다.

먼저 이 책에서는 기존의 학문 분야, 저자, 텍스트, 또 인구 집단을 묶어 부를 필요가 있을 때는 '트랜스젠더'라는 확정된 표현을 사용하는 것으로 보인다(종종 'transpeople'도 사용했고 이 단어는 '트랜스들'로 번역했다). 그리고 이론적으로 엄밀하게 서술할 필요가 있을 때는 '트랜스젠더화된 몸' '트랜스젠더화된 존재' 같은 형용사적 표현을 쓰는 것으로 보인다. 샐러먼이 이런 표현을 쓴 이유는 현대에 명확히 정체성의 이름으로 유통되는 '트랜스젠더'를 부정하기 때문이 아니라, '규범적으로 젠더화된 몸'과 '비규범적으로 젠더화된 몸'이란 표현들과 보조를 맞추기 위해서라고 볼수 있다. 이 개념들은 젠더에 대한 본질주의적 관점을 반대하고 트랜스이든 비-트랜스이든 모두의 젠더가 구성된 것임을 강조하기 위해 쓰인다. 즉, '규범적으로 젠더화된 normatively gendered'은 지정성별─정확히 말하면 눈에 띄는 외부 성기 모양을 근거로 출생 시 지정받는 성별─에 별 무리 없이 편안함을 느끼는 사람들이 자연스럽고 당연한 '정상인'이 아니라 마침 자신의 젠더감각과 지정성별이 잘 맞았던 운 좋은 경우일 뿐임을 드러내기 위한표현이다. 다시 말해 이런 표현들은 소위 '정상인'의 지위를 차지한 규범적 주체의 바로 그 자리가 사회적으로 구성된 것임을 폭로함으로써, '정상인'(퀴어 담론에서는 이제 이런 이들을 부르는 말로 '시스젠더'가 쓰인다)과 트랜스젠더를 구별하여 후자를 병리화해온 인식론적 폭력에 맞서는 대항 담론으로서 만들어진 것이다.

그러나 이런 용법이 학술적으로는 유의미한 담론 투쟁일 수있으나, 여전히 시스젠더 중심성이 강력한 사회에서는 '트랜스젠더'를 확실하고 확고한 정체성으로 붙잡아주지 않는 '트랜스젠더화된 몸' 같은 표현이 오히려 전환치료의 빌미를 주는 양 악의적으로 해석될 여지가 충분하다('뭐, 트랜스젠더도 사회적으로 구성된 거라고? 그럼 치료하면 바뀌겠네?'). 추정컨대 이런 왜곡으로 인해 처음의 전복적 의미가 퇴색되고 당사자들이 '트랜스젠더화된 존재'라는 표현으로 자신을 설명할 수는 없게 되었을 것이다. 특히나 이책 3장에서 살펴본 트랜스섹슈얼 저술가들(샐러먼은 학계 안팎의 모든 저자를 딱히 구별 없이 'writer'라고 칭한다)이 '사회적 구성'이란 개념이 트랜스들의 생존에 위협이 된다고 생각하여 극렬히 반대하던 경향이 왜 나왔을지를 생각해보면, 그리고 N. 오르도버가《미국의 우생학》에서 서술했듯 혐오자들뿐 아니라 퀴어들도 자신을 명확히 증명해서 현실에 붙박아줄 수 있는 뭔가 진짜 본질적인 생물학적 증거를 원하는 경향이 존재했음을 생각하면, '트랜스젠더화된 존재'라는 표현이 점점 쓰이지 않게 된 흐름이 이해가 간다. (다만《미국의 우생학》에서 입증하듯 역사적으로 혐오자들이 퀴어를 증명하는 생물학적 증거에 집착했던 이유는 그 증거가 되는 요소를 색출하여 박멸하기 위함이었음을 생각하면, 이 책에서 샐러먼이 사회적 구성을 마냥 배척하는 트랜스 당사자 담론을 왜 그토록 설득하려 애쓰는지도 이해할 수 있을 것이다.)

'트랜스젠더리즘'과 '트랜스섹슈얼리티'도 이와 비슷한 흐름을 거쳐 지금은 쉴라 제프리스 같은 혐오자들이 쓰는 용어로 탈취된 것으로 보인다. 샐러먼이 이 책에서 아무런 정의 없이 이 용어들을 쓰는 걸 보면 2000년대 초반에는 퀴어 학계 및 공동체 담론에서 이 용어들이 모두가 아는 단어처럼 유통되었으리라 짐작할 수 있다. 한국에서 '트랜스젠더리즘'이란 용어의 정의를 처음 제시한 글은 김지혜, 〈페미니즘, 레즈비언/퀴어 이론, 트랜스젠더리즘 사이의 긴장과 중첩〉(《영미문학페미니즘》 제19권 2호 (2011): 53-77)으로, "트랜스젠더의 이슈, 역사, 정체성, 정치학 등을 다루는 포괄적인 담론을 지칭한다"고 제시하고 있다.(53) 이런 맥락에서 '트랜스젠더리즘'은 적어도 2000년대에서 2010년대 초반까지는 당사자 담론을 통칭하는 중립적인 용어로 쓰였던 것 같고, '트랜스섹슈얼리티' 또한 (이 개념이 섹슈얼리티와 그리 연관이 없기에 더 오해를 사기 쉬운 표현이긴 하나) 트랜스섹슈얼의 당사자 담론을 통칭하는 개념으로 쓰였던 것 같다. 그러나 2020년대 중반을 넘어선 현재, 이 용어들은 검색 결과마다 혐오 표현으로 규정되고 있다. 현재 한국에서 '트랜스젠더리즘'으로 검색해서 나오는 한글 텍스트들은 죄다 극우보수 기독교 혐오 세력이나 터프(트랜스 배제적 래디컬 페미니스트의 준말, Trans-Exclusionary Radical Feminist, 줄여서 TERF) 진영에서 생산한 텍스트들로서, 터프들이 퍼뜨린 '젠더론'과 유사하게 성별을 자기 멋대로 자유롭게 선택할 수 있다고 믿는 주의를 조롱하는 혐오적 의미가 이제는 돌이킬 수 없을 만큼 들러붙은 것으로 보인다.[14]

그러나 이 책에서 쓰인 트랜스 관련 용어들이 현대에 잘 쓰이지 않는다고 해서, 이 책의 의미가 모두 퇴색되었고 지금 와서 읽기엔 구닥다리가 되었다고 생각해서는 안 될 것이다. 현재와 약간의 시간적 거리가 있는 책을 번역해서 소개할 때면 이 책의 현재적 의의를 어필해야 하는 순간이 오는데, 사실 이렇게 이론서인 동시에 강력한 정치적 목표와 열망을 가진 책의 시의성을 이야기할 때마다 착잡한 마음이 드는 건 어쩔 수 없다. 이 책을 과거 퀴어 선배들의 담론 투쟁사로서만 조명할 수 있게 세상이 나아진다면 좋으련만. 《미국의 우생학》 한국어판 서문에서 저자인 N. 오르도버가 2003년에 쓴 책이 트럼프 치하 미국에서 여전히 시의성을 갖는 현실을 통탄했듯, 샐러먼의 이 책도 책의 역사적 의의만을 논하기엔 현재의 백래시 광풍 속에서 절박한 시의성을 가진다. 2025년 트럼프 정부는 미군 내 트랜스젠더 군인 배제 정책을 재시행했고,[15] 올해에는 미국 대법원이 보수 기독교계가 요구하는 성소수자 전환치료(성소수자를 소위 '정상'으로 돌려놓겠다는 치료 명목으로 약물 투여·뇌 수술·전기 충격·성폭력 등 다양한 고문을 강제해온 역사적 관행)를 '표현의 자유'로 옹호하면서 전환치료를 금지한 콜로라도 주법을 위헌으로 판결했고, 이로써 다른 주의 전환치료 금지법도 효력을 잃게 되었다.[16] 지금껏 조금씩 전진해오던 성소수자 인권이 국가권력에 의해 크게 무너지는 이 참담하고 막막한 현실 앞에서, 뿐만 아니라 전 세계에서 가장 큰 권력과 부를 쥔 자들이 전쟁을 확산시키고 최소한의 인도주의적 가치마저 산산이 부수는 현실 앞에서 우리는 무엇을 어떻게 해야 할까.

7장 마지막 문단에서 샐러먼은 지정성별에 복종하라는 문화적 명령이 존재하는 사회에서 성별을 지정하는 문자(m과 f, '남성'과 '여성')가 그 자체로 진짜 본질적이고 물질적인 성별/섹스를 의미한다는 오인이 깊어질수록 그런 지정에 맞지 않는 삶 자체가 위험에 내몰린다는 점을 말한다. 그러니 이 강력한 오인 앞에서 체념하고 있을 수만은 없다고, 다른 대안을 찾아 계속 싸우자고 제안한다. 애정을 담아 퀴어 공동체를 '우리'라고 부르는 오르도버가 《미국의 우생학》에서 한 말을 여기서 함께 읽고 싶다. "지금은 역사학자에게 분명 위안이 되는 순간은 아니지만, 저는 평생 저항을 배우며 살아온 사람입니다. 역사의 수레바퀴는 반드시 돌아갈 것이고, 우리가 그렇게 할 것입니다. 우리 공동체와 운동은 살아남을 것입니다. 다만, 우리 운동과 공동체 안에서 쓰러져가는 사람들이 늘어날수록 뜬눈으로 밤을 지새우는 날들이 길어져만 갑니다. 지금 이 순간, 우리가 우생학과 그것이 놓인 체계에 맞서려 한다면, 다음 세 가지를 해야 합니다. 첫째, 이 정권의 정책과 조치에 대해 가시적으로, 끈질기게 저항해야 합니다. 둘째, 파시즘적 담론, 전체주의의 점진적 수용, 그리고 어떤 공동체든지 그 공동체를 비인간화하려는 시도의 정상화를 허용해서는 안 됩니다. 마지막으로, 최대한 많은 사람을 최대한 오래, 안전하게 지켜내야 합니다."(한국어판 서문, 17쪽)

한국에서도 다각적으로 일어나는 이런 지난한 싸움에 이 책이 조금이라도 도움이 되길 바랄 뿐이다.

⁂

이 책은 인천대학교 인문학연구소 디지털-감응 인문학 연구단의 첫 번째 번역 총서로 빛을 보게 되었다. 김정경 소장님과 선임 연구원 김민아 선생님께 깊이 감사드린다. 또한 이 책을 받아주시고 기다려주신 오월의봄 박재영 대표님과 이다연 편집자님께 감사드린다. 특히 이다연 편집자님은 리아 락슈미 피엡즈나-사마라신하의 《가장 느린 정의: 돌봄과 장애정의가 만드는 세계》에 이어 두 번째 협업인데, 꼼꼼하고 다정한 선생님과 서로 격려하며 작업한 모든 순간이 좋았다. 내게는 이 책이 지금껏 번역을 함께 해온 오랜 지기인 제이와 떨어져 홀로 내는 첫 번역서인데,

힘들고 외로울 수 있는 책 작업을 든든한 동료애로 채워주신 선생님께 감사드린다.

책 표지는 한국의 논바이너리 예술가 김도아 작가의 회화 작품이다. 표지 사용을 허락해주신 작가님께 감사드린다. 첫눈에 매료되었던 작가님의 그림을 표지로 모시게 되어 기쁘고, 덕분에 이 책이 더욱 뜻깊어졌다. 샐러먼은 이 책 2장에서 메를로-퐁티의 애매성의 철학을 트랜스 체현을 뒷받침할 주요 이론적 자원으로 논했는데, 이 애매성이 가진 고단함과 불안과 상처와 대항 담론적 가능성이, 경계적 존재로 살아가기의 그 모든 복잡함이 김도아 작가님의 모든 작품에 담겨 있다. 때로는 조용히 배어나고 때로는 격렬하게 휘몰아치며 때로는 다 타버린 재만 남은 애매성의 실존을 시각화한 작가님의 작품들을 처음 접했을 때 나는 퀴어로서 살고자 고군분투해온 궤적을 읽었고, 이토록 강렬한 생의 궤적이 범주에 맞지 않는다는 이유로 얼마나 쉽게 휘발되는지를 읽었고, 그러한 지워짐에도 불구하고 이 애매한 몸으로 살아가기를 그치지 않으려는 결의를 읽었다. 그리고 이런 작품과 함께라면 조금 더 살아보고 싶다고 생각했다. 너무도 많은 퀴어들이 너무 일찍 하늘로 떠나는 이런 세상에서 예술을 통해 우리의 살아 있음을 증언하는 예술가들의 존재가 얼마나 귀한가를 생각했다. 2026년 한국대중음악상 시상식에서 2017년 수상에 이어 다시금 일렉트로닉 음반 부문 최우수상을 수상한 음악가 키라라님의 수상 소감이 화제가 되었듯, 한국의 모든 퀴어들이, 특히 트랜스젠더, 논바이너리, 젠더퀴어, 어떤 이름이든 이분법적 젠더 규범을 횡단하는 지친 여행자들이 오래오래 함께 살 수 있는 세상이 되길 바란다. 이 책이 필요한 독자들이 오래 살아주면 좋겠다.

마지막으로, 엄마와 우리 개 왓슨이에게 감사의 말을 전하고 싶다. 건강도 안 좋은데 인문학 한답시고 돈도 잘 못 벌어오는 자식을 응원하는 엄마가 있다는 건, 그것도 경제적 형편도 안 좋은 집에서 퀴어인 자식을 받아들이고 도와주는 엄마가 있다는 건 정말 드문 행운이라는 걸 잘 안다. 사실 살면서 몇 번을 커밍아웃했지만 홀로 산 지 오래되니 엄마가 과연 나를 퀴어 자식으로 인식하는지 잘 모르겠다. 물론 아직도 자식의 결혼에 대한 바람을 슬쩍 내비치실 때도 있지만 이제는 나도 '늙어서 남의 가사노동까지 떠맡고 싶지 않다'는 말로 회피하고 엄마도 수긍한다. 그런데 2025년 12월 감사하게도 《가장 느린 정의》가 한국출판문화상 번역 부문을 수상하게 되었을 때 엄마가 자식 자랑한답시고 엄마 직장에 내 책을 몇 권 사서 돌렸다는데 그 책이 상 받은 번역서도 아니고 《퀴어 이론 산책하기》였다. (……?) 내가 모르는 엄마 주변인들에게 전방위 커밍아웃을 할 생각은 전혀 없었지만 어쨌든 앞으로도 이 자식은 이런 책을 쓰고 번역하며 살아가리란 걸 이해해주시는 엄마께 감사드리며 이 불효자식은 엄마가 덜 아프시고 괜찮은 상태로 장수하시길 빌 뿐이다.

우리 개 왓슨이에게는 늘 고마우면서도 미안하다. 2014년 1월에 보호소에서 데려왔을 때 동물병원에서 세 살로 추정했으니 올해 열다섯 살일 텐데, 보호소 개들은 나이 많다고 하면 다시

버려질까봐 수의사 선생님들이 대충 세 살로 답한다는 이야기를 최근에야 들었다. 이 다정한 업계 관행 덕분에 왓슨이가 정말 몇 살인지는 아무도 모르지만, 다행히 지금도 밥 잘 먹고 잘 자고 잘 싸고 산책도 잘하고 있다. 여러 건강 문제가 있고 그중엔 심각한 것도 있지만 수의학의 도움을 받아 어찌저찌 현상 유지 중이다. 다만 열다섯 살이 되도록 하루 네 번 네다섯 시간 산책을 요구하시고(내게만 그런다. 엄마네 가서는 안 그런다) 집 반대 방향으로는 그리도 힘차게 뛰어가면서 집 방향으로는 한 걸음도 걷지 않겠다 버티며 심지어 집에 갈 때 안고 가지 않으면 사랑이 식었다고 서러워하는 멈뭄이를 모시기엔 쉰네가 너무 낡고 지쳐서 매일 어떻게 살아 있는 건지 모르겠다. 너의 쉰네는 소모품이니 아껴 쓰라고 잔소리하면 젊은 날엔 못 들은 척만 하던 애가 요즘은 콧김 뿜어대며 못마땅함을 숨기지 않는다. 산책 때만 웃어주고 집에서는 궁시렁대듯 콧김 뿜는 걸로 모든 대화를 갈음하는 개상전과 함께 늙어가면서 산책-몸살-통증-마감의 쳇바퀴에 굴려지며 맨날 '디질 거 같다'는 말이 입에 붙었지만, 평생 딱히 맘 둘 곳 없이 살아왔던 나를 이승과 이어주는 거의 유일한 끈이 우리 개인 것도 사실이다. 그래서 마감 임박해서 도저히 산책과 일을 병행할 기력이 없어 근처 엄마네에 맡겨야 할 때면 1인 가구의 삶에 개 맡길 곳이 있다는 게 다행이다 싶다가도 죄책감과 우울감이 턱끝까지 차오른다. 우리 개 언제 갈지 모르는데 소중한 시간을 허비하고 있는 것 같아서.

산책하고 발 닦일 때마다 스무 살까지만이라도 같이 살자는 소원을 주입한 지 10여 년, 우리 개 스무 살 되기까지 5년밖에 안 남아버렸다. 안 그래도 우리 개 열다섯이라고 하면 곧 죽을 때 아니냐는 악담을 해대는 인간들이 많아서 마음이 안 좋은데 내가 소원 기한을 짧게 잡았나 싶어 요즘은 '지금부터 10년 세는 거다'라고 주입 중이다. 그 10년을 매년 1월 1일마다 처음부터 다시 세자는 뜻이라는 걸 우리 개는 알까. 정 안 되면 너 강아지별 올라갈 때 나도 따라갈 테니 강아지별 관리자가 인간은 못 들어온다고 막으면 네가 잘 말해줘야 한다고 속살대곤 하는데, 관리자 설득이 안 될 수도 있고 아직 계약한 책들도 남아 있으니 우리 개가 덜 아프고 오래오래 살아주면 좋겠다.

어쩌다 보니 해제보다 멍뭉이 이야기가 더 길어진 것 같지만 열다섯 살 멍뭉이에게 책을 헌정할 기회도 얼마 남지 않았을지 모르니 독자님들이 너그러이 봐주시면 감사하겠다. And May the BOKSILBOKSIL Force Be with All of You.

2026년 봄
산책길에 고양이 밥 주는 건 참아도
동네 강아지들 간식 주면 여전히 쏭내는 왓슨이와 함께,
전혜은

1   이 글은 전혜은, 〈트랜스 체현 이론을 위하여: 퀴어 이론가 게일 샐러먼 읽기〉
     (《문학동네》 제28권 제3호(통권 108호), 2021 가을)와 〈퀴어 페미니즘 현상학자
     게일 샐러먼〉(《여/성이론》 제 49호, 2024 겨울)을 엮어 수정하고 확장하였다.

2   물론 이 말은 흑인인권운동, 장애인권운동 등 다양한 사회적 소수자 정치가
     획일적으로 몸의 물질성을 본질적 토대로 수호한다는 뜻은 아니다. 각 운동의
     발전 초기에는 그런 경향성이 우세했지만, 그에 대한 비판과 대안 또한
     사회적 소수자 정치 안에서 발전해왔다. 예를 들어 비판적 인종 이론은 '인종'
     이란 범주 자체가 인간 종種의 다양성을 구분하고 구획하여 차별과 지배의
     근거를 마련하고자 했던 제국주의적 시각에서 탄생한 우생학적 범주임을
     폭로해왔다. 또한 비판적 인종 이론은 백인과 가까운 신체적 특성을 특권화해온
     백인우월주의를 단순히 뒤집어 더 검은 피부색과 곱슬머리 같은 신체적 외양을
     흑인 정체성의 토대로 삼는 운동 방식이 미국에서 혼혈이 만들어진 억압의
     역사와 혼혈인의 존재를 당사자 운동 및 이론에서 배제하는 문제를 지적해왔고,
     뭐든 팔아먹는 자본주의 체제에서 흑인의 외양도 '이국적'이라는 딱지가 붙어
     유행 상품으로 각광받는 상황에 대처하기엔 특정한 물질적 토대를 상정하는
     가시성의 정치가 뚜렷한 한계가 있음을 지적해왔다. 몸의 물질성을 정체성의
     토대로 삼아 구성원을 결집시키던 토대주의의 한계를 폭로하고 대안적인 운동
     방식을 찾아가는 이 변화는 당연하고 자연스럽게 일어난 게 아니라, 남들과
     확연히 이 집단을 구별해주는 공통된 물질적 본성이란 것을 체현할 수 없었던
     소수자 속의 소수자들이 문제제기하고 투쟁하며 바꿔온 역사다.

3   Gayle Salamon, *The Life and Death of Latisha King: A Critical
     Phenomenology of Transphobia*, New York: NYU Press, 2018. 이 책에서
     샐러먼은 15살의 흑인 트랜스 여성 청소년 라티샤가 학교 안에서 동급생에게
     살해당한 트랜스 혐오 폭력 사건을 분석한다. 사건에 대한 언론 보도와 재판
     과정에 초점을 맞춰, 이 사건을 '트랜스'에 관한 사안으로 인정하느냐, 또 '혐오'
     폭력으로 인정하느냐와 관련하여 피해자의 젠더와 인종을 둘러싸고 모순적으로
     얽히는 담론들에 현상학적으로 접근한다. 이를 통해 트랜스 혐오적 상상력의
     범위 안에서 무엇이 말해질 수 있고 무엇이 말해질 수 없는지, 이 적나라한 살인
     사건이 어떤 식으로 서사화되면서 인종과 젠더가 어떻게 지워지는 동시에
     편파적으로 재구축되는지를 비판적으로 분석한다.

4   *50 Concepts for a Critical Phenomenology*, Eds. Gail Weiss, Gayle
     Salamon, and Ann V. Murphy, Northwestern University Press, 2019. 이
     선집은 페미니즘, 장애 이론, 퀴어 이론, 비판적 인종 이론 등 사회적 소수자들이
     일궈온 이론들의 교차 지점에서 오래 활동해온 학자들이 비판 현상학의 주요
     개념들을 해설할 자리를 마련하여 비판 이론의 도구와 방향성을 체계화하는

시도이다.

5 예를 들어 다음을 보라. Gayle Salamon, "The Phenomenology of Rheumatology: Disability, Merleau-Ponty, and the Fallacy of Maximal Grip." *Hypatia* 27.2 (2012): 243-260; "The Meontology of Masculinity: Notes on Castration Elation." *parallax* 22.3 (2016): 312-322; "Gender Essentialism and Eidetic Inquiry." *Rethinking Feminist Phenomenology: Theoretical and Applied Perspectives*. Ed. Sara Cohen Shabot and Christinia Landry. Rowman & Littlefield, 2018: 33-50; "What's Critical about Critical Phenomenology?" *Puncta* 1.1 (2018): 8-17. 이 중 2012년 논문 〈류머티스학의 현상학: 장애, 메를로-퐁티, 최대한의 움켜쥠의 오류〉는 내 번역으로 《여/성이론》 49호(2024)에 수록된 바 있다. 이 논문은 기존 현상학의 남성 중심성과 비장애 중심성을 비판적으로 해체하고, 메를로-퐁티의 '움켜쥠'이란 개념을 장애 여성 두 명의 서사에 나타난 체현 양상과 함께 엮어 분석하면서 아프고 장애가 있는 몸들을 부족함·열등함·고통·영원한 미숙未熟으로 규정해온 비장애 중심적 현상학 대신에 이런 몸들에 급진적으로 다른 가치를 부여하는 대안적인 장애 체현의 현상학을 제시한다.

6 비판 현상학에 대한 전반적인 설명은 선집 《비판 현상학의 50가지 개념》을 보라. 비판 현상학의 역사와 흐름에 대해서는 곧 출간될 사라 아메드의 《퀴어 현상학》 (Sara Ahmed, *Queer Phenomenology: Orientations, Objects, Others*, Durham and London: Duke University Press, 2006) 한국어판 옮긴이 해제에서 간결하게 정리해 소개할 예정이다.(오월의봄, 근간)

7 샐러먼의 이런 접근법은 퀴어 이론을 포함한 비판 이론들에서 물질성에 대한 이해를 근본적으로 바꿔놓은 주디스 버틀러의 역작 *Bodies that Matter*(1993)에 기초해 있는데, 사실 샐러먼의 이 책을 *Trans Bodies that Matter*로 불러도 될 정도다. 버틀러가 이 책에서 주체와 비체의 생산 메커니즘으로서 물질화materialization 이론을 처음 제시했을 때, 버틀러는 존재론의 권위를 내세운 인식론적 폭력들을 해체하는 이 작업이 '그래서 진보 정치가 주목해야 할 진짜 비체가 누구라는 거냐'라며 자격 조건을 따지거나 비체의 물질성을 본질주의적으로 고정하는 방향으로 축소될 위험을 경계하여 구체적으로 비체를 밝히라는 질문들에 답하지 않았다.(다음을 보라. Irene Costera Meijer and Baukje Prins, "How Bodies Come to Matter: An Interview with Judith Butler", *Signs: Journal of Women in Culture and Society*, 23.2(1998): 275-286. 관련 정리는 다음을 참조. 전혜은, 《섹스화된 몸》, 257~258쪽.) 이런 태도는 비체로 생산되는 구체적 존재들의 현실을 외면한 것이라기보다는, 젠더와 섹슈얼리티 영역뿐 아니라 장애, 인종, 계급 등 다른 영역에서의 비체 생산에도

비판적으로 개입할 수 있는 이론을 만들기 위함이기도 했다. 실제로 버틀러의 물질화 이론은 다양한 연구 분야에서 광범위하게 사용되어왔다. 이러한 구체적 활용의 연장선상에서 샐러먼은 버틀러의 이론을 트랜스 이슈에 명시적으로 연결하여 심화 분석을 진행한다.

8   정신분석과 현상학을 트랜스 체현 이론의 자원으로 탐구한 1부의 논의에 대한 좀 더 자세한 해설은 전혜은, 〈트랜스 체현 이론을 위하여: 퀴어 이론가 게일 샐러먼 읽기〉를 보라.

9   버틀러의 이 개념에 대한 설명은 전혜은, 《퀴어 이론 산책하기》 2장 참조.

10   그리고 국가의 재산으로서의 '섹스'의 관리는 우생학과 깊은 관련이 있다. 다음을 보라. N. 오르도버, 《미국의 우생학: 혐오와 차별은 어떻게 '과학'이 되었나》, 김현지 옮김, 오월의봄, 2026.

11   여담이지만 샐러먼의 이 책을 보게 된 건 박사과정을 수료한 뒤였는데, 이 책 6장에서 트랜스 혐오와 관련해서 그로츠를 비판한 내용이 내가 2008년 2월에 낸 석사논문에서 그로츠를 비판적으로 분석한 내용과 겹쳐서 놀랐다. 세월이 흘러 내가 이 책의 번역을 맡게 되면서 언젠가 옮긴이 후기를 쓰게 되면 내가 표절한 게 아니라는 걸 꼭 이야기하고 싶었다. (이제는 절판되었지만 내 석사논문은 2010년 《섹스화된 몸》이란 제목으로 출판되었다.)

12   한편 샐러먼이 흥미롭게 지적했듯, 부치가 과거에는 과한 남성성으로 비난의 대상이었다가 최근에는 트랜스와 떼어놓기 위해 여성성의 마지막 보루인 양 옹호되는 현상이 한국에서도 '탈코(탈코르셋)'운동에서 비슷하게 관찰된다. 탈코운동을 주도한 '래디컬 페미니스트'들은 소위 '여성스러움'을 폄하하고 남성적 젠더 표현만을 인간성의 이상으로 상정하여 부치 스타일을 이상적 여성성이자 페미니즘의 바람직한 가치로 찬미하면서도, 이런 부치 스타일이 젠더 이분법에 교란을 일으킬 가능성은 철저히 부정하면서 가장 극렬하게 트랜스 혐오에 앞장서왔다.

13   이 책에서 본격적으로 다루진 않았지만 퀴어 이론의 발전에 핵심적으로 기여한 트랜스 연구자들의 작업은 수잔 스트라이커가 공동 편집자로 펴낸 선집 *The Transgender Studies Reader*를 참조하라. 이 책에선 2006년 제1판만 소개되었지만(*The Transgender Studies Reader*, Ed. Susan Stryker and Stephen Whittle, New York: Routledge, 2006), 이 선집은 2013년에 제2판이, 2023년에는 다른 편집자와 작업한 제3판(Dylan McCarthy Blackston and Susan Stryker)이 *The Transgender Studies Reader Remix*란 제목으로 출간되었다.

14   2019년 한국 터프가 세를 확장하던 당시 페미니스트 연구 웹진 Fwd에서 낸 시사 비평 〈쉴라 제프리스의 《젠더는 해롭다》 출간에 부쳐: 트랜스젠더리즘은

해롭다?〉(2019)에서 호주의 대표적 터프인 쉴라 제프리스가 어떻게
트랜스젠더리즘이란 용어를 오염시켰는지를 상세히 다룬 바 있다. https://
fwdfeminist.com/2019/10/31/critic-4/

15   상세한 정리는 다음을 보라. https://en.wikipedia.org/wiki/Transgender_
personnel_in_the_United_States_military

16   배시은, 〈미 대법 '청소년 전환치료 금지법'에 위헌 판결···성소수자 인권
후퇴 판결 이어져〉, 《경향신문》, 2026.4.1. https://www.khan.co.kr/
article/202604011519001#ENT

1장은 다음의 논문으로 먼저 나왔다. "The Bodily Ego and the Contested Domain of the Material", *differences: A Journal of Feminist Cultural Studies* 15, no. 3, 2004, 95-122.

2장은 다음의 선집에 먼저 실렸다. "The Sexual Schema: Transposition and Transgenderism in the Phenomenology of Perception", *You've Changed: Sex Change and Personal Identity*, Ed. Laurie Schrage, Oxford University Press, 2009.

3장은 〈렉스클럽의 소년들: 트랜스젠더리즘과 물질성의 수사학〉이란 제목의 논문으로 먼저 나왔다. "Boys of the Lex: Transgenderism and Rhetorics of Materiality", *GLQ: A Journal of Lesbian and Gay Studies* 12, no. 4, September 2006, 575-597.

4장의 일부는 각각 〈트랜스페미니즘과 여성학의 미래〉와 〈트랜스 남성성과 관계: 그리핀 한스베리의 〈미들 맨〉에 대한 논평〉이란 제목으로 먼저 나왔다. "Transfeminism and the Future of Women's Studies", *Women's Studies on the Edge*, Ed. Joan Scott, Duke University Press, 2008.; "Transmasculinity and Relation: Commentary on Griffin Hansbury's 'Middle Men'", *Studies in Gender and Sexuality* 6, no. 3, 2005, 265-275.

참고문헌

Ahmed, Sara. "Orientations: Toward a Queer Phenomenology." *GLQ: A Journal of Lesbian and Gay Studies* 12, no. 4(2006): 543–574.

______ *Queer Phenomenology: Orientations, Objects, Others*. Durham: Duke University Press, 2006.

Alcoff, Linda Martin. "Merleau-Ponty and Feminist Theory on Experience." In Fred Evans and Leonard Lawlor, eds., *Chiasms: MerleauPonty's Notion of "Flesh,"* pp. 251–272. Albany: State University of New York Press, 2000.

Allen, Jeffner, and Iris Marion Young. *The Thinking Muse: Feminism and Modern French Philosophy*. Bloomington: Indiana University Press, 1989.

Althusser, Louis. *Lenin and Philosophy and Other Essays*. Trans. Ben Brewster. "Ideology and Ideological State Apparatuses," pp. 127–136. New York: Monthly Review Press, 1972.

Anderson, Benedict R. *Imagined Communities: Reflections on the Origin and Spread of Nationalism*. Rev. ed. New York: Verso, 1991.

Anzieu, Didier. *The Skin Ego*. Trans. Chris Turner. New Haven: Yale University Press, 1989.

Aristotle. *Physics*. Trans. R. P. Hardie and R. K. Gaye. Books 1–4. Oxford: Oxford University Press, 1930.

Bailey, J. Michael. *The Man Who Would Be Queen: The Science of GenderBending and Transsexualism*. Washington, DC: Joseph Henry Press, 2003.

Bender, Lauretta, Keiser, Sylvan and Schilder, Paul. *Studies in Aggressiveness, from Bellevue Hospital, Psychiatric Division, and the Medical College of New York University, Department of Psychiatry*. Genetic Psychology Monographs 5.18, nos. 5–6. Worcester, MA: Clark

University, 1936.

Bergson, Henri. *Matter and Memory.* New York: Zone, 1991.

Bermúdez, José Luis, A. J. Marcel, and Naomi Eilan. *The Body and the Self.* Cambridge: MIT Press, 1995.

Bernstein, Fred. "On Campus, Rethinking Biology 101." *New York Times,* March 7, 2004.

Bindel, Julie. "Gender Benders, Beware." *Guardian Review,* January 31, 2004.

Bornstein, Kate. *Gender Outlaw: On Men, Women, and the Rest of Us.* New York: Routledge, 1994.

———. "Her Son/Daughter," *New York Times Magazine,* January 19, 1998, p. 70.

Braidotti, Rosi. *Nomadic Subjects: Embodiment and Sexual Difference in Contemporary Feminist Theory.* New York: Columbia University Press, 1994.

Brisson, Luc. *Sexual Ambivalence: Androgyny and Hermaphroditism in Graeco-Roman Antiquity.* Berkeley: University of California Press, 2002.

Brown, Patricia Leigh. "A Quest for a Restroom That's Neither Men's Room Nor Women's Room." *New York Times,* March 4, 2005.

Brown, Wendy. "The Impossibility of Women's Studies." In *Edgework: Critical Essays on Knowledge and Politics,* pp. 116–135. Princeton: Princeton University Press, 2005.

Butler, Judith. *Bodies That Matter: On the Discursive Limits of "Sex."* New York: Routledge, 1993.

———. *Excitable Speech: A Politics of the Performative.* New York: Routledge, 1997.

———. *Gender Trouble: Feminism and the Subversion of Identity, Thinking Gender.* New York: Routledge, 1990.

———. "How Can I Deny That These Hands and This Body Are Mine?" *Qui Parle* 11, no. 1 (1997): 1–20.

———. "Merleau-Ponty and the Touch of Malebranche." In Taylor Carman and Mark B. N. Hansen, eds., *The Cambridge Companion to MerleauPonty,* pp. 181–205. Cambridge: Cambridge University Press, 2005.

———. "Sexual Ideology and Phenomenological Description: A Feminist

Critique of Merleau-Ponty's *Phenomenology of Perception.*" In Jeffner
Allen and Iris Marion Young, eds., *The Thinking Muse: Feminism and
Modern French Philosophy*, pp. 85–100. Bloomington: Indiana University
Press, 1989.

______ *The Psychic Life of Power: Theories in Subjection.* Stanford: Stanford
University Press, 1997.

______ *Undoing Gender.* New York: Routledge, 2004.

Califia, Pat. *Sex Changes: The Politics of Transgenderism.* San Francisco:
Cleis, 1997.

Cameron, Loren. *Body Alchemy: Transsexual Portraits.* San Francisco: Cleis,
1996.

Chanter, Tina. *Ethics of Eros: Irigaray's Rewriting of the Philosophers.* New
York: Routledge, 1995.

Chiland, Colette. *Transsexualism: Illusion and Reality.* Middletown, CT:
Wesleyan University Press, 2003.

Colapinto, John. *As Nature Made Him: The Boy Who Was Raised as a Girl.*
New York: HarperCollins, 2000.

Cromwell, Jason. *Transmen and FTMs: Identities, Bodies, Genders, and
Sexualities.* Champaign: University of Illinois Press, 1999.

Currah, Paisley, and Lisa Jean Moore. "'We Won't Know Who You Are':
Contesting Sex Designations in New York City Birth Certificates."
Hypatia: A Journal of Feminist Philosophy 24, no. 3 (2009): 113–35.

Damasio, Antonio R. *Descartes' Error: Emotion, Reason, and the Human
Brain.* New York: Avon, 1995.

______ *The Feeling of What Happens: Body and Emotion in the Making of
Consciousness.* New York: Harcourt Brace, 1999.

Davis, Lennard J. "Gaining a Daughter: A Father's Transgendered Tale."
Chronicle of Higher Education, March 24, 2000.

Denny, Dallas, ed. *Current Concepts in Transgender Identity.* New York:
Garland, 1998.

Derrida, Jacques. *On Touching—Jean-Luc Nancy.* Trans. Christine Irazarry.
Palo Alto: Stanford University Press, 2005.

Deutscher, Penelope. *A Politics of Impossible Difference: The Later Work of
Luce Irigaray.* Ithaca: Cornell University Press, 2002.

______ *Yielding Gender: Feminism, Deconstruction and the History of*

Philosophy. New York: Routledge, 1997.

Devor, Holly. *FTM: Female-to-Male Transsexuals in Society.* Bloomington: Indiana University Press, 1997.

Diprose, Rosalyn. *Corporeal Generosity: On Giving with Nietzsche, Merleau-Ponty, and Levinas.* Albany: State University of New York Press, 2002.

Dobkin, Alix. "The Emperor's New Gender." *off our backs* 30, no. 4 (2000): 14.

Dreger, Alice Domurat. *Hermaphrodites and the Medical Invention of Sex.* Cambridge: Harvard University Press, 1998.

Elliot, Patricia, and Katrina Roen, "Transgenderism and the Question of Embodiment: Promising Queer Politics?" *GLQ: A Journal of Lesbian and Gay Studies* 4, no. 2 (1998): 231–261.

Epstein, Julia, and Kristina Straub. *Body Guards: The Cultural Politics of Gender Ambiguity.* New York: Routledge, 1991.

Evans, Fred, and Lawlor, Leonard, eds. *Chiasms: Merleau-Ponty's Notion of Flesh.* Albany: State University of New York Press, 2000.

Fanon, Franz. *Black Skin, White Masks.* New York: Grove, 1967.

Fausto-Sterling, Anne. *Myths of Gender: Biological Theories About Women and Men.* New York: Basic Books, 1985.

______ *Sexing the Body: Gender Politics and the Construction of Sexuality.* New York: Basic Books, 2000.

Feinberg, Leslie. *Stone Butch Blues.* Ithaca: Firebrand, 1993.

______ *Transgender Warriors: Making History from Joan of Arc to Dennis Rodman.* Boston: Beacon, 1996.

______ *Trans Liberation: Beyond Pink or Blue.* Boston: Beacon, 1998.

Findlay, Heather. "Losing Sue." In Sally Munt, ed., *Butch/Femme: Inside Lesbian Gender,* pp. 133–145. London: Cassell, 1998.

Foucault, Michel. *Discipline and Punish: The Birth of the Prison.* Trans. Alan Sheridan. 2d ed. New York: Vintage, 1995.

______ *Madness and Civilization: A History of Insanity in the Age of Reason.* New York: Vintage, 1988.

______ *The History of Sexuality,* vol. 1: An Introduction. Trans. Robert Hurley. New York: Vintage, 1980.

______ *The History of Sexuality,* vol. 2: The Use of Pleasure. Trans. Robert

Hurley. New York: Vintage, 1990.

Freud, Sigmund. "Some Psychical Consequences of the Anatomical Distinction Between the Sexes." In *The Standard Edition of the Complete Psychological Works*, 19:248–258. London: Hogarth, 1953.

______ *The Ego and the Id*. Trans. James Strachey. In *The Standard Edition of the Complete Psychological Works*, 19:1–66. London: Hogarth, 1961.

Freud, Sigmund. *Three Essays on the Theory of Sexuality*. Trans. James Strachey. New York: Basic Books, 1963.

Freytag, Fredericka. *The Body Image in Gender Orientation Disturbances*. New York: Vantage, 1977.

Gallagher, Catherine, and Thomas Walter Laqueur. *The Making of the Modern Body: Sexuality and Society in the Nineteenth Century*. Berkeley: University of California Press, 1987.

Gallagher, Shaun. "Body Image and Body Schema: A Conceptual Clarification." In Donn Welton, ed., *Body and Flesh: A Philosophical Reader*. Malden, MA: Blackwell, 1998.

Gatens, Moira. *Imaginary Bodies: Ethics, Power and Corporeality*. New York: Routledge, 1996.

Green, Jamison. "The Art and Nature of Gender." In Felicity Haynes and Tarquam McKenna, eds., *Unseen Genders: Beyond the Binaries*, pp. 59–70. New York: Peter Lang, 2001.

Grosz, Elizabeth. "Experimental Desire: Rethinking Queer Subjectivity." In Joan Copjec, ed., *Supposing the Subject*, pp. 133–157. London: Verso, 1994.

______ "Freaks." *Social Semiotics*, 1, no. 2 (1991): 22–38.

______ "Intolerable Ambiguity: Freaks as/at the Limit." In Rosemarie Garland Thompson, ed., *Freakery: Cultural Spectacles of the Extraordinary Body*, pp. 55–68. New York: New York University Press, 1996.

______ *Jacques Lacan: A Feminist Introduction*. New York: Routledge, 1990.

______ *Sexual Subversions: Three French Feminists*. Sydney: Allen and Unwin, 1989.

______ *Space, Time, and Perversion : Essays on the Politics of Bodies*. New York: Routledge, 1995.

______ *Volatile Bodies: Toward a Corporeal Feminism, Theories of Representation and Difference*. Bloomington: Indiana University Press,

1994. Halberstam, Judith. *Female Masculinity.* Durham: Duke University
Press,
1998.

________ *In a Queer Time and Place.* New York: New York University Press,
2005.

________ "Transgender Butch: Butch/FTM Border Wars and the Masculine
Continuum." *GLQ: A Journal of Lesbian and Gay Studies* 4, no. 2 (1998).

Halberstam, Judith, and C. Jacob Hale. "Butch/FTM Border Wars: A Note
on Collaboration." *GLQ: A Journal of Lesbian and Gay Studies* 4, no. 2.
(1998): 283–285.

Hampton, Adriel. "Transsexual Ousted from Shelter Shower for Sexual
Orientation." *San Francisco Independent*, February 10, 2004.

Hansbury, Griffin. "The Middle Men: An Introduction to the Transmasculine
Identities." *Studies in Gender and Sexuality* 6, no. 3 (2005): 241–264.

Haskell, Molly. "Midnight in the Garden of Male and Female: Edward Ball
untangles a Charleston Mystery: who, and what, was the Southern belle
Dawn Langley Hall?" *New York Times Book Review*, April 4, 2004, p. 10.

Hausman, Bernice Louise. *Changing Sex: Transsexualism, Technology, and
the Idea of Gender.* Durham: Duke University Press, 1995.

________ "Recent Transgender Theory." *Feminist Studies* 27, no. 2 (2001):
465–490.

Head, Henry. *Aphasia and Kindred Disorders of Speech.* New York: Hafner,
1963.

Head, Henry, and W. H. R. Rivers. *Studies in Neurology.* London: Frowde
Hodder and Stoughton, 1920.

Husserl, Edmund. Ideas 1. The Hague: Nijhoff, 1964.

________ *The Crisis of European Science and Transcendental
Phenomenology: An Introduction to Phenomenological Philosophy.*
Trans. David Carr. Evanston, IL: Northwestern University Press, 1970.

________ *The Idea of Phenomenology.* Dordrecht: Kluwer Academic, 1964.

Irigaray, Luce. *An Ethics of Sexual Difference.* Trans. Carolyn Burke and
Gillian C. Gill. Ithaca: Cornell University Press, 1984.

________ "For Centuries We've Been Living in the Mother-Son Relation . . ."
Hecate 9, nos. 1-2 (1983).

________ *Je, Tu, Nous: Toward a Culture of Difference.* Trans. Alison Martin.

New York: Routledge, 1993.

______ "Place, Interval: A Reading of Aristotle, *Physics* IV." In *An Ethics of Sexual Difference*, pp. 34–55. Trans. Carolyn Burke and Gillian C. Gill. Ithaca: Cornell University Press, 1984.

______ *Sexes and Genealogies*. Trans. Gillian C. Gill. New York: Columbia University Press, 1993.

______ *Speculum of the Other Woman*. Trans. Gillian C. Gill. Ithaca: Cornell University Press, 1985.

______ *This Sex Which Is Not One*. Trans. Catherine Porter. Ithaca: Cornell University Press, 1985.

Kessler, Suzanne J. *Lessons from the Intersexed*. New Brunswick, NJ: Rutgers University Press, 1998.

Kirby, Vicki. *Telling Flesh: The Substance of the Corporeal*. New York: Routledge, 1997.

Lacan, Jacques. *Ecrits*. New York: Norton, 1981.

______ *Four Fundamental Concepts of Psychoanalysis*. New York: Norton, 1977.

Laplanche, Jean. *Life and Death in Psychoanalysis*. Trans. Jeffrey Mehlman. Baltimore: Johns Hopkins University Press, 1976.

Laqueur, Thomas Walter. *Making Sex: Body and Gender from the Greeks to Freud*. Cambridge: Harvard University Press, 1990.

Leder, Drew. *The Absent Body*. Chicago: University of Chicago Press, 1990.

Levy, Ariel. "Where the Bois Are." *New York Magazine*, January 5, 2004.

Lindemann, Gesa. "The Body of Gender Difference." *European Journal of Womens Studies* 3, no. 4 (1996): 341–361.

McCloskey, Deirdre N. *Crossing: A Memoir*. Chicago: University of Chicago Press, 1999.

MacKenzie, Gordene Olga. *Transgender Nation*. Bowling Green: Bowling Green State University Popular Press, 1994.

McLean, Sandra. "It's a Boi Thing." *Courier-Mail*. June 7, 2003.

Mantilla, Karla. "Men in Ewes' Clothing: The Stealth Politics of the Transgender Movement." *off our backs* 30, no. 4 (April 2000): 5.

Marech, Rona. "Nuances of Gay Identities Reflected in New Language: 'Homosexual' Is Passé in a 'Boi's' Life." *San Francisco Chronicle*, February 8, 2004.

_______ "Throw Out Your Pronouns—'He' and 'She' Are Meaningless Terms in the Bay Area's Flourishing Transgender Performance Scene." *San Francisco Chronicle*, December 29, 2003, D1.

Martin, Biddy. *Femininity Played Straight: The Significance of Being Lesbian*. New York: Routledge, 1996.

Merleau-Ponty, Maurice. *In Praise of Philosophy*. Trans. John Wild and James M. Edie. Evanston, IL: Northwestern University Press, 1963.

_______ *Phenomenology of Perception*. Trans. Colin Smith. London: Routledge, 1962.

_______ *Signs*. Evanston, IL: Northwestern University Press, 1964.

_______ *The Primacy of Perception: And Other Essays on Phenomenological Psychology, the Philosophy of Art, History and Politics*. Trans. Arleen B. Dahery et al. Evanston, IL: Northwestern University Press, 1964.

_______ *The World of Perception*. Trans. Oliver Davis. New York: Routledge, 2004.

Merleau-Ponty, Maurice, and Claude Lefort. *The Visible and the Invisible: Followed by Working Notes*. Trans. Alphonso Lingis. Evanston: Northwestern University Press, 1968.

Meyerowitz, Joanne. *How Sex Changed: A History of Transsexuality in the United States*. Cambridge: Harvard University Press, 2002.

Millot, Catherine. *Horsexe: Essay on Transsexuality*. Brooklyn, NY: Autonomedia, 1990.

Mitchell, Juliet. *Psychoanalysis and Feminism*. New York: Vintage, 1974.

Mitchell, S. Weir. *Injuries of Nerves and Their Consequences*. Philadelphia: Lippincott, 1872.

More, K., and S. Whittle. *Reclaiming Genders: Transsexual Grammars at the Fin De Siecle*. Washington, DC: Cassell, 1999.

Morris, Jan. *Conundrum*. New York: Harcourt Brace Jovanovich, 1974.

Munt, Sally. "Orifices in Space." In Sally Munt and Cherry Smith, eds., *Butch/Femme: Inside Lesbian Gender*, pp. 200–209. Washington, DC: Cassell, 1998.

Munt, Sally, and Cherry Smyth. *Butch/Femme: Inside Lesbian Gender*. London: Cassell, 1998.

Namaste, Viviane K. *Invisible Lives: The Erasure of Transsexual and Transgendered People*. Chicago: University of Chicago Press, 2000.

Nataf, Zachary I. *Lesbians Talk Transgender*. London: Scarlet, 1996.

Natanson, Maurice. *Edmund Husserl: Philosopher of Infinite Tasks*.
Evanston, IL: Northwestern University Press, 1973.

Nestle, Joan, ed. *The Persistent Desire: A Femme-Butch Reader*. Boston:
Alyson, 1992.

Nestle, Joan, Clare Howell, and Riki Wilchins, eds. *Genderqueer: Voices
from Beyond the Sexual Binary*. Los Angeles: Alyson, 2002.

Ovid and A. D. Melville. *Metamorphoses*. Trans A. D. Melville. New York:
Oxford University Press, 1998.

Price, Douglas B., and Neil J. Twombly, eds. *The Phantom Limb Phenomenon:
A Medical, Folkloric, and Historical Study: Texts and Translations
of Tenth- to Twentieth-Century Miracle Accounts of the Miraculous
Restoration of Lost Body Parts*. Washington, DC: Georgetown University
Press, 1978.

Prosser, Jay. *Second Skins: The Body Narratives of Transsexuality*. New
York: Columbia University Press, 1998.

Rayfield, Tom. *Dear Sir or Madam*. London: JWT Direct, 1994.

Raymond, Janice G. *The Transsexual Empire: The Making of the SheMale*.
New York: Teachers College Press, 1994.

Riley, Denise. *Am I That Name? Feminism and the Category of "Women" in
History*. Minneapolis: University of Minnesota Press, 1988.

Rubin, Gayle. "Of Catamites and Kings: Reflections on Butch, Gender, and
Boundaries." In Joan Nestle, ed., *The Persistent Desire: A FemmeButch
Reader*, pp. 468–482. Boston: Alyson, 1992.

Rubin, Henry. "Phenomenology as Method in Trans Studies." *GLQ: A Journal
of Lesbian and Gay Studies* 4, no. 2 (1998): 263–281.

______ *Self-Made Men: Identity and Embodiment Among Transsexual Men*.
Nashville: Vanderbilt University Press, 2003.

Schilder, Paul. *Introduction to a Psychoanalytic Psychiatry4*. Trans. Bernard
Glueck. New York: International Universities Press, 1951.

______ *On Psychoses*. New York: International Universities Press, 1976.

______ *The Image and Appearance of the Human Body: Studies in
the Constructive Energies of the Psyche*. New York: International
Universities Press, 1950.

Schor, Naomi, and Elizabeth Weed. *The Essential Difference*. Bloomington:

Indiana University Press, 1994.

Shepherdson, Charles. "The Role of Gender and the Imperative of Sex." In Joan Copjec, ed., *Supposing the Subject*, pp. 158–182. London: Verso, 1994.

______ *Vital Signs: Nature, Culture, Psychoanalysis*. New York: Routledge, 2000.

Sherrington, Charles Scott. *The Integrative Action of the Nervous System*. Cambridge: Cambridge University Press, 1947.

Siegfried, J., M. Zimmermann, and René Baumgartner. *Phantom and Stump Pain*. New York: Springer, 1981.

Silverman, Kaja. *Male Subjectivity at the Margins*. New York: Routledge, 1992.

______ *The Threshold of the Visible World*. New York: Routledge, 1996.

______ *World Spectators*. Stanford: Stanford University Press, 2000.

Spade, Dean. "Compliance Is Gendered: Transgender Survival and Social Welfare." In Paisley Currah, Richard Juang, Shannon Minter, eds., *Transgender Rights*, pp. 212–241. Minneapolis: University of Minnesota Press, 2006.

______ "Mutilating Gender." In Susan Stryker and Stephen Whittle, eds., *The Transgender Studies Reader*, pp. 315–332. New York: Routledge, 2006.

______ "Remarks at Transecting the Academy Conference." http://www.makezine.org/transecting.html.

______ "Resisting Medicine/Remodeling Gender." *Berkeley Women's Law Journal* 18 (2003), pp. 15–37.

Stone, Sandy. "The *Empire* Strikes Back: A Posttranssexual Manifesto." In Julia Epstein and Kristina Straub, eds., *Body Guards: The Cultural Politics of Gender Ambiguity*, pp. 280–304. New York: Routledge, 1991.

Stryker, Susan. *Transgender History*. Berkeley: Seal, 2008.

______ "Transgender Studies: Queer Theory's Evil Twin." *GLQ: A Journal of Lesbian and Gay Studies* 10, no. 2 (2004): 212–215.

______ "The Transgender Issue: An Introduction." *GLQ: A Journal of Lesbian and Gay Studies* 4, no. 2 (1998): 145–158.

Stryker, Susan, and Stephen Whittle. *The Transgender Studies Reader*. New York: Routledge, 2006.

Sullivan, Nikki. *A Critical Introduction to Queer Theory*. New York: New York

University Press, 2003.

Tea, Michelle. "Transmissions from Camp Trans." *Believer*, November 2003, pp. 61–81.

Thomson, Rosemarie Garland. *Freakery: Cultural Spectacles of the Extraordinary Body*. New York: New York University Press, 1996.

Tiemersma, Douwe. *Body Schema and Body Image: An Interdisciplinary and Philosophical Study*. Amsterdam: Swets and Zeitlinger, 1989.

Todes, Samuel. *Body and World*. Cambridge: MIT Press, 2001.

Valentine, David. *Imagining Transgender*. Durham: Duke, 2007.

———. "'The Calculus of Pain': Violence, Anthropological Ethics, and the Category Transgender." *Ethnos: Journal of Anthopology* 68, no. 1 (2009): 27–48.

Vitello, Paul. "The Trouble When Jane Becomes Jack." *New York Times*, August 20, 2006, p. 9.1.

Volcano, Del LaGrace, and Judith Halberstam. *The Drag King Book*. London: Serpent's Tail, 1999.

Wallon, Henri. *Les Origines du caractère chez l'enfant: Les préludes du sentiment de personnalité*. 2d ed. Paris: PUF, 1949.

Wallon, Henri, and Gilbert Voyat. *The World of Henri Wallon*. New York: Aronson, 1984.

Weiss, Gail. *Body Images: Embodiment as Intercorporeality*. New York: Routledge, 1999.

Weiss, Gail, and Dorothea Olkowski, eds. *Feminist Interpretations of Maurice Merleau-Ponty*. University Park: Penn State University Press, 2006.

Weiss, Gail, and Honi Fern Haber. *Perspectives on Embodiment: The Intersections of Nature and Culture*. New York: Routledge, 1999.

Welton, Donn. *Body and Flesh: A Philosophical Reader*. Malden, MA: Blackwell, 1998.

Whittle, Stephen. "Where Did We Go Wrong? Feminism and Trans Theory— Two Teams on the Same Side?" In Susan Stryker and Stephen Whittle, eds., *The Transgender Studies Reader*, pp. 194–202. New York: Routledge, 2006.

Wilchins, Riki Anne. *Read My Lips: Sexual Subversion and the End of Gender*. Ithaca: Firebrand, 1997.

Wills, David. *Prosthesis*. Stanford: Stanford University Press, 1995.

Young, Iris Marion. "Pregnant Embodiment: Subjectivity and Alienation."
In *Throwing Like a Girl and Other Essays in Feminist Philosophy and
Social Theory.* Bloomington: Indiana University Press, 1990.

______ "Throwing Like a Girl." In Jeffner Allen and Iris Marion Young, eds.,
The Thinking Muse. Bloomington: Indiana University Press, 1989.

______ "Throwing Like a Girl, Twenty Years Later." In Donn Welton, ed., *Body
and Flesh: A Philosophical Reader.* Malden, MA: Blackwell, 1998.

Zaner, Richard M. *The Problem of Embodiment: Some Contributions to a
Phenomenology of the Body.* The Hague: Nijhoff, 1964.

몸을 추정하기

초판 1쇄 펴낸날　2026년 4월 24일

지은이　　게일 샐러먼
옮긴이　　전혜은
펴낸이　　박재영
편집　　임세현·이다연
디자인　　조하늘
제작　　제이오
펴낸곳　　도서출판 오월의봄
주소　　경기도 파주시 회동길 513 203호
등록　　제406-2010-000111호
전화　　070-7704-5240
팩스　　0505-300-0518
이메일　　maybook05@naver.com
X(트위터)　　@oohbom
블로그　　blog.naver.com/maybook05
페이스북　　facebook.com/maybook05
인스타그램　　instagram.com/maybooks_05

ISBN　　979-11-6873-177-6 93100

이 저서는 2026년 대한민국 교육부와 한국연구재단의 지원을 받아 수행된 연구임
(NRF-2025S1A5C2A02022414)

만든 사람들
책임편집　　이다연
디자인　　조하늘